부자들은 왜 우리를 힘들게 하는가?

WINNER-TAKE-ALL POLITICS by Jacob S. Hacker and Paul Pierson
Copyright ⓒ 2010 by Jacob S. Hacker and Paul Pierson
All rights reserved.

This Korean edtion was published by Book21 Publishing Group in 2012
by arrangement with The Susan Rabiner Literary Agency
through KCC(Korea Copyright Center Inc.), Seoul.

이 책은 (주)한국저작권센터(KCC)를 통한 저작권자와의 독점계약으로
(주)북이십일에서 출간되었습니다.
저작권법에 의해 한국 내에서 보호 받는 저작물이므로 무단전재와 복제를 금합니다.

부자들은 왜 우리를 힘들게 하는가?

|승자 독식의 정치학|

제이콥 해커 · 폴 피어슨 지음 | 조자현 옮김

21세기북스

✣

다음 세대는 보다 강건해진 미국에서 살게 되길 바라며
우리 아이들, 아바(Ava)와 오웬(Owen), 시드라(Sidra)와
세스(Seth)에게 이 책을 바친다.

서문

30년간의 싸움

　월가 금융인들에게 2009년은 아주 환상적인 해였다. 2009년, 38개 대형 금융회사는 자사의 투자자 및 경영진에 총 1400만 달러라는 엄청난 돈다발을 안겨주었다. 이는 사상 최고의 경이적인 액수였다.[1] 1869년 설립 이래, 오랜 역사를 이어온 골드먼삭스(Goldman Sachs) 역시 최고의 수익을 거두며 직원 한 사람당 평균 60만 달러의 보너스를 지급했다. 이 액수가 기록적인 것은 사실이지만 그 전례가 아주 없었던 것은 아니다.[2] 미국 기업들의 임직원 급여 지급 상한선이 사라지면서 지난 30년간 월가에서도 이런 무제한 지급이 관행처럼 이어졌기 때문이다. 매년 최고 연봉자 순위를 발표하는 〈알파(Alpha)〉(〈피플(People)〉이 매년 '가장 아름다운 사람'을 선정하는 반면 월가의 〈알파〉는 '소득이 가장 높은 사람'을 선정한다)에 따르면 골드먼삭스의 최고경영자 로이드 블랭크페인(Lloyd C. Blankfein)이 2007년 6800만 달러의 연봉을 받았고, 같은 해 상위 25명의 헤지 펀드 매니저의 평균 연봉은 8억 9200만 달러에 달했다고 한다.[3]

2009년도의 월가 보너스가 충격적이었던 것은 단순히 그 수치 때문만은 아니다. 그런 거액의 보너스가 미국의 경제, 정부와 관련하여 시사해주는 내용 때문이다. 대부분 평범한 월급쟁이인 중산층이 대공황 이래 최악의 경기 침체로 허우적대는 동안 그러잖아도 고임금을 자랑하는 월가 금융인들은 돈 잔치를 벌이고 있었다. 그들은 1년 넘게 연방 정부로부터 받은 수천억 달러의 구제금융은 물론 연방준비제도이사회(FRB)의 막대한 간접 원조를 이용해 그런 돈 잔치를 벌였던 것이다. 사실 미국의 경제 위기는 월가의 무모한 영업 관행으로 촉발된 측면이 아주 컸다. 그럼에도 불구하고 금융 위기가 발발하자 미국 정부는 금융 대재앙을 막아야 한다며 대형 금융회사들에 엄청난 지원금을 마구 퍼주었다. 그리고 골드먼삭스 같은 대형 금융회사들은 그런 공적자금을 교묘히, 그리고 지속적으로 임직원들의 개인 주머니를 불리는 데 전용하고 있었다.

사실 월가의 고소득자들에게 그 정도의 보너스는 평상시에 비하면 미약한 수준이었다. 단지 그들은 예상치 못한 거액의 보너스 지급으로 세간의 이목이 집중되는 것을 막기 위해 액수를 낮춰야 했던 것이다. 어쨌거나 미국 경제가 전체적으로 휘청거리고 있고 제2의 구제금융 사태를 막기 위해 금융업계의 영향력을 제한하고 금융 시스템을 개혁해야 한다는 비난 여론이 들끓는 상황에서 그런 거액의 보너스는 결코 보기 좋은 그림이 아니었기 때문이다. 겉으로는 수백에서 수천만 달러의 보너스가 전부인 것처럼 보였다. 그러나 그 안을 들여다보면 그런 보너스와 맞먹는 거액의 스톡옵션(stock option)과 이연 보수(deferred compensation, 보수를 일정 기간 미뤘다가 지급하는 방식-옮긴이)가 숨어 있었다. 〈뉴욕타임스(New York Times)〉의 설명을 인용하자면 "부의 딜레마에 직면한 월가 금융인들은 자신의 엄청난 보너스를 그럴듯하게 포장해야" 했던 것이다.[4]

정확히 말하면 이것은 대다수 미국인들이 직면한 딜레마와는 아주 거리가 멀었다. 월가에는 돈줄이 마를 날이 없이 자금이 흘러들었지만 미국의 실물 경제는 2007년 금융 시장 붕괴 여파로 계속 허우적대고 있었다. "골드먼삭스는 '신의 업무'를 대행하고 있다"는 블랭크페인의 주장(부자가 천국에 들어가기가 얼마나 힘든지에 관한 성경 구절을 망각한 것이 분명하다)에도 불구하고 수천만 명의 중산층 주택 소유자들은 부동산 시장 붕괴로 계속 고통을 겪어야 했다. 사실 따지고 보면 이런 부동산 시장 붕괴는 골드먼삭스 같은 금융회사들이 서브프라임 모기지 기반의 자산유동화증권에 무모하게 투자함으로써 촉발된 것이었다.[5] 그 결과, 미국 전역에서 주택 가격이 급락했고 2006년 12월~2008년 6월 사이에 미국의 주택 가치가 40%나 증발하는 사태가 벌어졌다.[6] 미국의 실업률은 10%대까지 치솟았고 채용 1건당 몰려드는 구직자 수가 평균 6명에 달했다.[7] 유례없는 재정 적자에 직면한 연방 정부와 주 정부는 사회 안전망 확충 예산을 삭감하고 세금을 인상해야 했다. 또 수십만 명의 교사들이 해고 위협에 시달렸다. 경제 전문가들 사이에서는 미국이 완전고용 상태를 회복하는 데 앞으로 오랜 세월이 걸릴 것이라는 부정적 전망이 쏟아졌다. 그리고 경력이 산산조각 나고, 가정이 파괴되고, 안정된 삶의 기반을 잃은 미국인이 헤아릴 수 없을 정도로 늘었다.

극히 대조적인 2009년도의 이 두 이야기는 좀 더 긴 이야기 가운데 가장 최근에 일어난 고통스러운 한 부분에 지나지 않는다. 30년이라는 세월을 거치는 동안 부유층과 그보다 더 높은 최상위 부유층에게 돌아간 경제 성장의 과실은 계속 늘어난 반면 빈곤층부터 상위 중산층에 이르는 나머지 미국인들은 바닥을 모르고 점점 더 아래로 추락했다. 2009년 두둑한 보너스를 챙긴 월가 금융인들이 경제 최상위층으로 진입하는 동안 경제 최하위층에 발이 묶여 있던 미국의 중산층과 노동자 계층은 동시대인들이 계속 하늘 높이 올라가는 모습을 마냥 지켜보아야 했다. 이 책의 제목처럼 미국 경제는 그렇게 '승자 독식'의 세계로 변하고 있었던 것이다.

이런 사실을 적나라하게 보여주는 놀라운 통계치가 있다. 1979년부터 국제통화기금(IMF)이 "세계 경제가 대침체(Great Recession)기에 들어섰다"고 선언한 2009년 3월 10일 바로 전날까지 미국의 상위 1% 부유층의 소득이 전체 가구 소득에서 차지한 비율이 36%에 달했다는 사실이다. 고용주가 부담하는 건강보험, 각종 세금과 복지 수당을 모두 제했는데도 그 정도였다.[8](경제적 부가 상위 부유층에 과도하게 집중되고 있음을 그대로 보여주는 이런 'DNA 증거'는 다음 장에서 자세히 설명하도록 하겠다) 그리고 2001~2006년에 상위 1%가 올린 소득이 전체의 53%를 넘어서면서 그 편향 정도가 훨씬 심화되었다. 그렇다. 이 5년 동안 미국인이 1달러씩을 벌어들일 때마다 그 중 50센트가 넘는 돈이 상위 1% 즉, 100가구 중 1가구에 해당되는 부유층의 주머니로 들어갔던 것이다.

더욱 놀라운 사실은 상위 1% 중에서도 최상위층에 해당되는 0.1%(1000가구 중 1가구)의 전체 세후 소득 비율이 1979년부터 2005년 사이에 20%를 넘어섰다는 것이다. 반면 경제 하층부를 이루는 60%의 가구에 돌아간 소득은 13.5%에 불과했다. 이 기간에 발생한 전체 소득이 파이 한 개라고 했을 때 0.1%에 해당하는 최상위층 30만 명이 차지한 조각은 60%의 하위층 1억 8000만 명에게 돌아간 조각보다 1.5배가 많았다는 얘기다. 지난 20년 사이 미국이 '가진 자'와 '가지지 못한 자'로 양분되었다고 여기는 사람들이 급증한 것은 어쩌면 당연한 일인지도 모른다. 물론 곧 알게 되겠지만 모든 성장의 과실이 극소수 최상위층에 집중되면서 이들 경제적 승자가 모든 것을 '독식하고 있다'는 표현이 좀 더 정확하겠지만 말이다.[9]

이해가 안 될 정도로 극심한 이런 빈부 격차는 1970년대 후반 이전까지 미국 경제의 상징이었던 40년 공동 번영의 역사 어디에서도 그 전례를 찾아볼 수 없는 일이다. 그리고 다른 선진국 어디에서도 이런 사례를 발견할 수 없다. 30년 전만 해도 미국은 소위 '혼합 경제'를 특징으로 하는 민주주의 부국 가운데 하나였다. 물론 당시에도 미국은 다른 국가들에 비해 좀 더 불평등하긴 했다. 그렇지만 급속한 경제 성장의 과실이 사회의 광범위한 계층에 돌아가고 있었다. 하지만 이제 그것은 옛말이 되고 말았다. 1980년대 이후 미국은 이런 혼합 경제 국가에서 멀어지더니 점점 과두주의 자본주의 국가에 가까워지고 있다. 브라질, 멕시코, 러시아처럼 경제적 풍요가 힘을 가진 소수에게만 집중되는 그런 나라가 되어가고 있다는 얘기다. 물론 미국은 이런 과두주의 국가들과는 비교가 안 될 정도로 부유하다. 그러나 불평등을 옹호하는 세력들의 주장과는 달리, 이런 과두주의 현상이 거의 나타나지 않는 다른 선진국보다 미국이 훨씬 급속한 경제 성장을 거둔 것도 아니다. 그리고 미국은 지나칠 정도로 부유층에 집중된 경제 성장의 과실이 사회 빈곤층과 중산층으로 흘러가는 경제 기적도 일어나지 않았다.

오히려 그 반대였다. 겉보기엔 멀쩡한데 중병에 걸려 열이 펄펄 끓는 사람처럼, 점점 심화되는 미국의 불평등은 국민들의 생활수준 전반에 실질적 영향을 미치는 경제 변화 중 하나에 불과했다. 미국의 경제 성장은 부유층에는 엄청난 부를 안겨주었지만 대다수 미국인에게는 고용 보장 붕괴에서부터 건강보험 혜택 감소, 주택 압류 피해자 및 개인 파산자 증가, 사회적 신분 상승 정체, 개인 부채 급증에 이르기까지 아주 부정적인 방향으로 작동했다. 그리고 이런 경제 상황이 3년도 아니고 13년도 아니고 무려 30년 동안 지속되었다. 이제 승자 독식은 미국의 경제를 규정하는 가장 중요하고 뚜렷한 특징으로 자리 잡았다.

어떻게 이런 일이 벌어질 수 있었을까? 경제 전문가들은 전 세계적으로 일어난 전반적인 경제 위기가 미국의 경제 변화를 조래했고 그것이 불가피한 결과였다는 식으로 진단을 내렸다. 자신의 현재 상태를 받아들이지 못하는 환자에게 고통스러운 진실을 알려주는 의사처럼, 이들은 전후 세대의 공동 번영은 경쟁이 심하지 않은 단순 기술 경제에서 비롯된 것이며 그런 시대는 끝났다고 단언했다. 첨단 기술 혁명으로 문화, 정치, 정책의 차이가 모두 사라지면서 세계 경제 무대가 '평평'해졌다는 것이다. 오늘날과 같은 극심한 경쟁과 세계화 추세에서는 교육 수준과 전문 기술이 경제의 운명을 좌우하며 그로 인한 경제 격차가 불가피하다는 것이 그들의 논리였다.

물론 이런 진단은 독특한 이데올로기에 근거해 그럴듯하게 포장된 것이다. 한쪽에서는 진보적 경제 전문가들이 더 많은 사람들이 부유층에 진입할 수 있도록 교육 분야에 대규모 투자를 해야 한다고 목소리를 높인다. 그러나 또 다른 한쪽에서는 보수적 경제 전문가들이 미국 경제가 경쟁력을 갖출 수 있도록 더 많은 세금 인하와 규제 완화가 단행되어야 한다고 주장하고 있다. 그러면서 머지않아 부유층의 경제적 풍요가 서민층에 흘러들어갈 것이라며 장밋빛 청사진을 제시한다. 그러나 양측의 주장과는 상관없이 미국의 경제 상황에 대해 이런 진단들이 제시한 변화 요인은 대체로 비슷했다. 세계화, 기술 숙련도 변화, 첨단 기술의 변화, 경제 변화……. 온갖 수치들이 나열된 경제 보고서에서 우리가 자주 볼 수 있는 말이다. 그리고 이런 보고서들의 결론을 한마디로 요약하면 바로 이것이다. '바보야, 문제는 경제야!'(It's the economy, stupid!) 기억하는가? 클린턴 대선 캠프에서 내걸었던 유명한 캐치프레이즈 말이다.

하지만 우리가 이 책에서 제시하려는 진단은 경제 전문가들의 이런 주장과는 상당히 동떨어져 있고 조사 방법 역시 많이 다르다. 우리는 자신의 상태를 잘 받아들이지 못하는 환자에게 괴로운 진실을 알려주는 의사보다는 숨은 단서를 찾는 수사관에 더 가깝다. 그런 단서들은 경제 분석가들이 지목하는 유력한 용의자 너머에 있는 진범을 가리켜 준다. 그리고 우리가 발견한 사실들은 현 경제 상황에 대한 기존의 주장들과는 거리가 멀었다. 훨씬 더 충격적이었다. 그러나 한편으로는 그런 사실들을 통해 우리는 불평등의 급증을 불가피한 현실로 받아들이게 만드는 미묘한 위장막 같은 것을 걷어낼 수 있다. 그러면서 기존의 경제 진단이 아주 잘못된 것임을 깨닫게 될 것이다. 하지만 미국의 정치가 누구에게 유리한 방향으로 돌아가고 있는지 알려주는 불편한 결론에 맞닥뜨리게 된다. 그리고 그런 결론은 몇 가지 새로운 궁금증으로 이어질 것이다.

사실 그런 궁금증은 우리가 주위에서 자주 느끼는 것이기도 하다. 수십억 달러를 버는 헤지 펀드 매니저가 어떻게 자신의 비서보다 적은 세금을 낼 수 있을까? 오늘날처럼 경제적 불확실성이 급증한 시대에 일반 직원들이 노조를 결성하거나 노조 활동에 참여하는 것이 왜 이토록 어려울까? 과거에는 일반 노동자의 20~30배 수준이던 경영자 보수가 어떻게 200~300배 수준으로 치솟았을까? 기업 경영자들은 월가 거물들과 더불어 소득 상위 0.1%의 절반 이상을 차지하는 집단이다.[10] 그리고 지난 30년 동안 일반 국민들의 경제 소득 증가율은 미미한 수준에 그친 반면 이런 부유층의 소득은 폭증했다. 이런 상황에서 미국 정치인들은 부유층에 대한 세금을 왜 그렇게 대폭 삭감해야 했을까?

이런 질문들에 답하기 위해서는 우리가 지금까지 들어오고 봐왔던 것들을 더 넓고 깊게 파고들어가야 한다. 그래야만 이제껏 간과하거나 당연시해왔던 미국 정가의 변화와 정부 정책들의 깊은 속내를 파악할 수 있기 때문이다. 우리가 무심히 넘겼던 정부 정책들 속에 실제로는 아주 거대하고 중대한 의미가 숨어 있다. 그렇기 때문에 지금까지 자세히 살펴보지 않아서 제대로 알지 못하고 있던 정치, 경제의 이면을 깊숙이 파헤쳐볼 필요가 있다. 왜냐하면, 이런 것들이 미국의 승자 독식 경제의 심장부와 이어져 있고 미국의 민주주의에 일어나고 있는 중대한 변화를 포착하는 데 많은 도움이 되기 때문이다. 그 과정에서 우리는 세상에 잘 알려지지 않았던 인물들을 접하게 될 것이다. 겉으로 드러나지 않았지만 미국 정치에 조직적 변화의 바람을 몰고 오고 그런 정치적 변화가 종국에는 경제적 변화로까지 이어지게 만든 숨은 주역들을 말이다.

이 책은 미국의 경제 실책들을 고발하는 기존의 저작들과는 거리가 멀다. 우리는 특정 개인의 탐욕이나 무능함을 꼬집고 비판하기 위해 이 책을 집필한 것이 아니다. 미국의 현 위기 속에는 어떤 강조점들이 존재한다. 그리고 미국의 승자 독식 경제의 원인과 그 결과 역시 아주 분명하게 드러나고 있다. 우리의 탐색 활동이 끝날 때쯤이면 우리가 느끼는 불만의 근원과 실상이 아주 분명해질 것이다. 그러나 오늘날 우리가 겪고 있는 이 위기는 미국의 민주주의와 자본주의 간 오랜 갈등의 역사 가운데 가장 최근의 사태에 불과하다. 이런 투쟁의 역사는 갑자기 일어난 것도 아니고 급격하고 불가피한 변화라는 말로 간단히 설명될 수 있는 것도 아니다. 갈수록 심화되는 미국의 승자 독식 경제가 가끔 불가항력처럼 느껴질 때도 있다. 이런 경제의 수혜자들에게는 그런 식으로 설명하는 것이 편할 것이다. 그러나 과두주의 경제 쪽으로 서서히 그리고 꾸준히 기울고 있는 미국의 현 상황은 인간의 통제력을 벗어난 불가항력이 절대 아니다.

우리가 지금부터 하려고 하는 이야기는 30년간의 싸움에 대한 이야기다. 고통스런 갈등으로 점철된 이 30년의 이야기 속에는 잠깐 빛을 발하다 역사의 뒤안길로 사라진 인물, 선거 대결에서 거둔 일시적인 승리만이 아니라 그 이상의 것들이 들어 있다. 미국의 정치인들은 국민 대다수를 희생시켜가면서 미국의 정치와 경제 원칙들을 극소수 부유층에 유리하도록 교묘하게 수정했다. 그것도 아주 오랜 세월에 걸쳐 서서히 말이다. 전직 민주당 상원의원이었던 존 브로(John Breaux)처럼 모든 정치인들이 대놓고 그런 활동을 펼친 것은 아니다. 브로는 언젠가 상원 표결에서 "자신의 표를 돈을 받고 팔 수는 없어도 제일 비싼 값을 부르는 사람에게 빌려줄 수는 있다"고 뼈 있는 농담을 하기도 했다. 또 공화당 상원의원인 필 그램(Phil Gramm)처럼 월가를 '성역'으로 추켜세우며 노골적으로 지지를 표명한 사람도 많지 않았다. 그러나 우리가 앞으로 들려줄 이야기의 이유와 결과에 근거했을 때 미국의 모든 정치인들이 승자 독식 경제에 점점 더 강한 매력을 느낀 것만은 분명하다.

우리의 이야기는 크게 세 부분으로 나누어져 있다. 승자 독식 경제 이면에 숨은 비밀을 파헤치게 될 1부에서는 지난 한 세대 동안 미국의 시장에서 실제로 일어난 일들을 직접 대면하게 될 것이다. 그리하여 그 30년 싸움에서 누가 승자가 되었고 누가 패자가 되었는지, 그리고 미국 정부가 이 새로운 경제 시스템을 만드는 데 어떤 식으로 기여했는지를 알게 될 것이다. 여기에서는 경제 관련 수치들도 많이 다루게 된다. 30년 세월을 거치는 동안 미국 경제에 어떤 일들이 일어났는지, 그 핵심에 좀 더 가까이 다가갈 수 있게 해주는 수치들이기 때문이다. 그리고 그런 통계 수치들이 궁극적으로 가리키는 것에 대해서도 이야기하게 될 것이다. 그런 활동을 통해 우리는 이제껏 모르고 있었던 진실에 발을 들여놓게 된다. 미국이 어떻게 승자 독식 경제에 이르게 되었는지 알기 위해서는 먼저 지난 30년간 미국 정부에 일어난 변화를 살펴보아야 한다. 정부의 활동과 그 수혜 대상을 근본적으로 바꿔놓은 그런 변화 말이다.

그러나 이 첫 번째 미스터리를 해결하고 나면 더 깊은 미스터리가 우리를 기다리고 있다. 미국 정부가 승자 독식 경제를 건설하는 데 앞장선 것이 정말 사실이라면 '어떻게 그런 일이 가능할 수 있는가?'라는 의문이 생길 것이다. '선거를 통해 정기적으로 국민의 심판을 받는 나라에서 어떻게 극소수 계층만을 위한 활동을 그렇게 오래 지속할 수 있었을까?'라는 의구심 말이다. 우리는 그 단서를 찾아가는 과정에서 그것이 아주 오랜 세월에 걸쳐 일어났고 지난 30년간의 싸움이 미국의 과거 역사와 닮은 점이 많다는 것을 보여줄 생각이다. 지난 세기 전반부에도 역동성과 불평등이 심화되는 미국 경제에 정부가 어떤 식으로 관여했는지에 대해 대규모 논쟁이 일어났었기 때문이다.

2부에서는 승자 독식 경제의 근본 원인에 대해 심도 높은 고찰이 이루어진다. 사람들이 일반적으로 생각하는 것과는 달리 우리는 그 근본 원인을 1970년대의 정치 변화 속에서 찾을 수 있다. 70년대는 미국의 정치 역사에서 망각의 10년이었다. 사람들은 심각한 문화적 충돌과 선거제도의 대대적 변화가 일어났던 1960년대의 정치 양극화와 대립이 그 근원이라고 생각한다. 그러나 보수주의 대(對) 진보주의 구도로 몰아가는 기존의 이런 스토리라인 때문에 우리는 더 큰 위기를 초래했던 변화의 발발 시기와 특징을 놓치고 있었던 것이다. 뿐만 아니라 그런 싸움판을 완전히 바꿔놓은 중요한 정치 활동 역시 간과하고 있었다.

3부에서는 이런 혹독한 시련기를 거쳐 탄생한 미국 정치의 새로운 자화상을 적나라하게 그리려고 한다. '승자가 모든 것을 독식하는 정치판'을 그대로 보여주고 그 속에서 공화당과 민주당이 워싱턴 정가의 배후세력인 최상위 부유층에 어떤 식으로 접근하고 반응했는지 들려주는 것이다. 그리고 미국 정가의 변화 원인과 그 결과는 물론 오바마 대통령이 30년 동안 이어진 싸움 중에서 가장 장대한 전투를 치러야 했던 최근의 싸움도 함께 소개할 생각이다.

사실 우리는 이 책을 마치면서 승자 독식 정치의 종언을 고하고 싶었다. 그것이 우리가 이제부터 소개할 이 긴 이야기를 통해 진실을 알려주고자 하는 궁극적인 목적이었다. 그러나 30년간 지속된 싸움의 결과를 하루아침에 지운다는 것은 불가능한 일이었다. 우리의 이야기 속에 깊이 자리 잡고 있는 정치 회복의 난관들은 아주 막강한 힘을 갖고 있다. 하지만 아무리 높고 힘든 난관도 미국인들을 굴복시키지 못할 것이다. 그것은 인간의 힘으로 어떻게 할 수 없는 자연적 불가항력이 아니라 인간이 만들어낸 정치적 난관이기 때문이다. 그리고 우리는 과거에도 그런 난관에 직면했던 경험이 있다. 미국이 품은 민주주의의 이상과 현실 정치 간의 괴리는 비단 오늘날뿐만 아니라 과거에도 아주 심했다. 하지만 당시 개혁 세력들은 그런 괴리를 극적인 방법으로 좁혀나갔다. 그렇다고 해서 이런 과거 역사가 우리가 맞닥뜨리고 있는 현재의 난관을 곧바로 해결해준다는 뜻은 아니다. 그러나 이런 난관이 극복 가능하고 반드시 그래야 한다는 단호한 의지를 불어넣어주기에는 충분하다.

차례

서문 30년간의 싸움 • 6

제1부 모든 것을 독차지한 1%의 미스터리

제1장 범죄는 증거를 남긴다 • 25

현장 조사반 | 중요한 세 가지 단서 | 빈곤층에서 부유층으로 거꾸로 흘러가는 부 | 피해자가 없는 범죄 | 21세기의 첫 10년 | 소득 그 너머 | 유력하지만 잘못 짚은 용의자

제2장 위장막에 가려진 용의자 • 70

부당한데도 미국의 정치와 정책의 무죄를 주장하는 이유 | 한 수 위 | 재분배 축소 | 규칙의 수정 | 미국 노조의 붕괴 | 경영자들에게 건네는 백지 수표 | 금융 시장의 법칙 | 저 높은 곳에 있는 친구들

제3장 사라진 신대륙의 꿈 • 119

모든 공화국이 갖고 있는 아주 오래되고 치명적인 약점 | 가난한 사람들을 위한 정부? | 진보주의 운동의 문제점 | 정치 표류 | 정치 회복 | 정치 회복을 기다리며

제2부 정치는 어떻게 부자들의 수단이 되었나?

제4장 **겉으로 드러나지 않은 1970년대의 변혁 • 151**

그 활동을 자세히 들여다보라 | 카터랜드 | 선거 쇼에서부터 조직 싸움까지 | 에베레스트에 처음 올랐던 사람은 누구인가? | 조직의 우위 | 중요한 것은 조직이다 | 다수를 대변하지 않는 민주주의 | 조직 싸움의 정치 | "도대체 저 작자들은 누구야?"

제5장 **조직 싸움의 정치 • 186**

전 세계 기업인들이여, 대동단결하라! | 네이더스(Naders)를 따라잡다 | 텍사스 로비스트, 워커 | 카터 행정부 시대의 재계 | 워싱턴 정가에서 영향력을 상실한 노조 | 자본이 지배하는 미국 의회 | 온 세상이 부유층의 발 아래 놓이다

제6장 **사라진 중산층 • 219**

노동계의 몰락 | 회원 조직에서 관리 조직으로 | 탈유물론자의 시대 | 보수 성향 국민의 증가 | 닻을 올린 미국의 유권자 | 오해, 근시안적 사고, 상관관계에 대한 인식 부족 | 무소식은 절대 희소식이 아니다 | 이것은 누구의 책임인가?

차례⁺

제3부 끝나지 않는 진흙탕 싸움

제7장 두 정당 이야기 • 261

궤멸 실패 | 양당의 숨겨진 본 모습 | 돈이 모든 것을 바꿔놓다 | 공화당의 부활 | 수세에 몰린 민주당 | 민주당, 재계, 그리고 현직 의원이라는 카드 | 민주당, 너 자신부터 고쳐라 | 친기업적 정당 만들기 | 브로와 공화당의 로맨스 | 누구를 위한 정당인가? | 공화당 연합의 등장 | 양분된 하원 | 공화당 구세대의 몰락

제8장 19세기와의 가교 만들기 • 313

필 박사의 경제 진단 | 새로운 공화당 | 남부 지역의 부상 | 종교 세력의 보강 | 자유시장에 열광하는 사람들 | 공화당의 사냥꾼들 | 언제나 보수 | 급속도로 확산되는 레이건식 정책 | 감세 조치의 이면에 숨은 속임수 | 최고경영자들의 천국 만들기 | "여러분은 나의 정치적 기반입니다"

제9장 민주당의 편승 • 360

모든 것을 월가에 긍정적인 방향으로 | 상습적 방조 | 클린턴의 해결 방식 | 겉만 번지르르하고 속은 텅 비었다 | 민주당과 정치적 표류 | 중도파라는 난관 | 하루만 공화당원 | 60표에 이를 때까지 기다리다 | 감세를 가능하게 만든 것 | 최고경영자 보수 증가 옹호하기 | 규제 철폐 옹호 | 마크 한나와 민주당 의원들

제10장 대격돌 • 409

정치 회복 방안 모색 | 정상을 탈환한 민주당 | 싸움 준비 | "내용을 보지도 말고 무조건 반대하라" | 여전히 진행 중인 공화당의 보수 우경화 | "노(NO)"만 외치는 정당 | 얼어붙은 커피 | 조직은 여전히 중요하다 | 로비업계의 경제 호전 | 내 영역에 발 들여놓지 마! | "당신은 절대 천재가 아니다!" | 방해, 대응, 혼란 | 재난

결론 승자 독식 몰아내기 • 468

계속되는 조직 싸움 | 두 정당 이야기 | 민주당 통치 활동의 교정 | 정치 표류에서 징지 회복으로

감사의 글 • 497

주 • 502

/제1부/

모든 것을 독차지한
1%의 미스터리

제1장
범죄는 증거를 남긴다

미국인은 범죄 드라마를 좋아한다. 그런데 거기에는 그럴 만한 이유가 있다. 즉각적으로 미스터리를 만들어내는 흥미로운 장면이 등장하기 때문이다. 그리고 그런 장면에는 곰곰이 생각하게 만드는 단서들이 들어 있다. 첨단 과학 수사 기술이 등장하는 최근 범죄 드라마의 경우, 이런 경향이 점점 더 강해지고 있다. 수사관은 용의자를 찾고 심문하고 범행 동기에 의문을 제기하고 알리바이를 확인한다. 그리고 구성이 아주 치밀한 드라마는 그 과정에서 깜짝 놀랄 일들이 벌어지기도 한다. 전혀 예상치 못한 사건과 반전이 일어나면서 앞에서 잘 이해가 되지 않았던 부분들을 만족스럽게 설명해주는 것이다.

이런 전형적인 범죄 드라마와 마찬가지로 우리 책 역시 모든 것이 수수께끼로 둘러싸인 하나의 미스터리에서 출발한다. 그리고 이것은 미국인의 삶에 아주 중대한 영향을 미치는 미스터리다. 2차 세계대전이 끝난 후 30년 동안 경제 번영의 혜택이 모든 계층에 골고루 돌아갔는데 왜 그 다음부터는 경제 성장의 과실이 부유층에만 집중되기 시작했느냐는 것이다. 미국 경제는 왜 고소득자와 부유층에는 엄청난 부를 창출해주면서 일반 국민들에게는 갈수록 고통과 위험만 안겨주는 것일까? 미국 최고의 경제 전문가들을 계속 괴롭히고 있는 이 흥미로운 미스터리는 여기저기에 그 단서들이 흩어져 있다.

물론 1970년대 이후 미국에서 일어난 경제 변화를 모르는 것은 아니다. 심지어 2008년, 미국을 뒤흔든 경제 위기 발발 전에도 사회학과 정치학 같은 유관 분야의 학자와 전문가들이 관련 수치를 집계하여 그 의미를 놓고 격렬한 논쟁을 벌이기도 했다. 그러나 매번 그들은 막다른 골목에 다다르거나 결정적인 증거를 제시하는 데 실패했다. 그래서 용의자들을 수없이 체포하고 심문하고 피해자들이 계속 늘어나는데도 광범위한 공동 번영의 종말은 여전히 미제 사건으로 남게 되었다.

그러나 이것이 계속 미제 사건으로 남은 것은 사건의 결정적 용의자가 조사망을 빠져나갔기 때문이라는 것이 우리의 생각이다. 우리가 발견한 결정적 용의자는 바로 미국의 정치였다. 일련의 경제 사건들을 설명하기 위해 수사관들은 경제 용의자들을 찾아다녔다. 그러나 그런 용의자들은 대부분 뚜렷한 알리바이를 갖고 있었다. 그리고 중요한 사실은 정작 범행 순간에는 그 근처에 머물지도 않았다는 것이다. 그리고 그런 용의자들은 다른 나라에서도 미국에서와 똑같은 활동을 펼쳤다. 그러나 거기에서는 미국과 같은 승자 독식 현상이 나타나지 않았다.

우리가 이번 장에서 하려고 하는 것은 미국을 이렇게 만든 미국 정치를 비난하는 것도, 그렇다고 정확한 진상을 파악하는 것도 아니다.

이런 활동은 뒷부분에서 이루어진다. 여기에서는 이런 미스터리의 정답이 설득력을 갖추기 위해 필요한 모양새와 우리가 결정적 용의자로 미국의 정치를 주목하게 된 단서들을 소개하는 것으로 그치려고 한다. 2장에서는 우리가 '미국의 정치를 범인으로 지목하는 이유'를 제시할 생각이다. 하지만 우리가 이 첫 번째 미스터리를 해결한다 해도 그것은 더 깊숙이 숨어 있는 또 다른 미스터리로 이어진다는 것을 알게 될 것이다. 우리의 두 번째 미스터리는 바로 이것이다. "정치적 평등이라는 이상 위에 수립되었고 중산층 유권자들이 강력한 영향력을 행사할 것 같은 정치 시스템에서 어떻게 민주 정치가 승자 독식 세상을 만드는 데 그렇게 크나큰 기여를 할 수 있었을까?"

현장 조사반

모든 수사 활동과 마찬가지로 사건이 일어난 실제 경위를 알지 못하면 용의자를 찾을 수 없다. 그리고 24시간이 지난 사체와 24년이 지난 사체가 사건에 대해 동일한 정보를 제공해줄 수는 없다. 24시간밖에 경과되지 않은 사체가 훨씬 더 많은 사건 정보를 담고 있는 것은 당연하다. 우리는 분명하고 간단하고 검증 가능한 단서를 잡아내야만 어떤 설명을 배제해야 하고 또 어떤 설명을 포함시켜야 할지 결정할 수 있다. 하지만 불행하게도 우리의 현 경제 상황에 대한 논의에는 그런 명확성이 대부분 결여되어 있다.

사실 대다수 경제 전문가들은 지금까지 엉뚱한 곳을 파헤치고 있었다. 숙련 노동자와 비숙련 노동자 간의 임금 격차 확대에만 초점을 맞추면서 경제계를 대학 이상 학력의 '유산자'와 고졸 이하 학력의 '무산자'로 양분해왔던 것이다. 하지만 우리가 발견한 단서에 따르면 진짜 미스터리는 '모든 것을 독차지한 계층의 소득과 재산이 급속도로 증가하고 있다'는 것이었다. 하지만 경제 소득이라는 사다리의 맨 꼭대기를 차지한 이런 극소수의 초부유층이 바로 아래 단계의 사람들보다 교육 수준이나 직업 숙련도가 월등히 높은 것도 아니었다. 그런데도 바로 아래 단계의 사람들은 그런 천문학적인 돈을 만져보기는커녕 꿈조차 꿀 수 없었다.

더 나아가 이 미스터리는 단순히 모든 것을 독차지한 계층의 소득 급증으로만 끝나는 문제가 아니다. 도대체 어떤 식으로 경제 구조의 새 판을 짰기에 부유층의 경제 활동 무대는 위험성이 점점 줄어들고 중산층의 경제적 위험은 점점 늘어나고 있느냐는 것이다. 대다수 미국인들은 갈수록 무거운 부채에 시달리고 사회 안전망의 구멍은 점점 커지고 노동자, 일반 투자자, 납세자의 금융 위험은 계속 눈덩이처럼 불어나고 있다. 경제 성장의 과실이 소득 최상위층에 지나치게 집중되는 현상은 미국 경제 전반에 걸친 광범위한 변화의 하나에 불과하다. 이보다 더 난해한 미스터리는 광범위한 중산계층에 안정과 번영을 안겨주던 미국 경제가 왜 그런 작동 방식을 멈추었느냐는 것이다. 체계적인 윤곽도 드러나지 않고 어떠한 해명도 되지 않고 있는 이 난해한 미스터리의 답은 바로 승자 독식 경제의 부상에 있다.

경제 상황에 대한 혼란이 지속되는 가장 큰 이유는 경제 전문가들이 의존하고 있는 증거들이 중요한 사실관계를 제대로 설명해주지 못했기 때문이다. 그들은 빈곤층, 중산층, 부유층이 어떻게 생활하는지에 초점을 맞춰 미국인의 소득을 조사했고, 그 조사 방법으로 미국 통계국(Census Bureau)에서 사용하는 인구 센서스(Current Population Survey)를 채택했다. 해마다 여름철이 끝나갈 무렵이면 뉴스에 미국인의 수입 및 빈곤 추세가 보도된다. 이는 통계국에서 매년 실시하는 인구 센서스 결과에 근거한 것이다. 하지만 이런 조사에는 심각한 문제점이 내포되어 있다. 부유층에 대한 조사가 제대로 이루어지지 않고 조사를 해도 대부분 자신들의 수입을 정확히 밝히지 않는다는 것이다. 그냥 문항지에 나와 있는 최대한도 속에 자신의 수입을 묻어버리는 것이다. 이런 것을 흔히 탑 코딩(Top Coding) 방식이라고 부른다.('소득 25만 달러 이상'처럼 일정 분포 이상의 카테고리는 단일 카테고리로 묶어버리는 것을 뜻함-옮긴이) 결국 대다수 연구가는 경제적 승자들을 제대로 살펴볼 수 없는 상태에서 승자 독식 경제를 조사하고 있었던 것이다. 이것은 '부유층과 유명인의 라이프스타일 표본'을 조사한다면서 한 해 수입이 12만 5000달러밖에 안 되는 부부의 재정 상태를 열심히 들여다보는 것과 마찬가지다.("봐라, 그들 집에도 세탁기와 건조기가 있지 않은가!")

하지만 기존의 이런 조사 방식을 완전히 뒤집은 두 젊은 경제학자가 나타났다. 토머스 피케티(Thomas Piketty)와 엠마누엘 사에즈(Emmanuel Saez)가 바로 그 주인공이다. 이들은 대륙이라는 물리적 공간을 뛰어넘었다. 피케티는 파리 경제대학(Paris School of Economics)에서, 사에즈는 미국 캘리포니아 대학(University of California) 버클리 캠퍼스에서 활동했다. 물론 두 사람 모두 프랑스인이라는 공통점을 갖고 있다. 2009년, 36세의 사에즈는 존 베이츠 클라크 메달(John Bates Clark Medal)을 수상했다. 이것은 경제학 분야에서 지대한 공을 세운 40세 미만의 젊은 경제학자에게 주어지는 상이다. 그리고 이 수상에는 소득세 통계를 이용해 미국 등 선진국의 경제적 소득 분배의 실상을 독창적으로 파헤친 피케티와의 이 공동 연구가 상당한 역할을 했다.[1]

피케티와 사에즈의 접근 방식은 단순하지만 아주 혁신적이었다. 참고인들(가장 중요한 참고인인 부유층 사람들은 쉽게 만날 수도 없고 잘 만나주지도 않는다)의 증언 대신 그들은 사실관계 그 자체를 파고들었다. 좀 더 정확히 말하면 그들은 부유층의 실제 재산 상황이 그대로 드러나는 특수 데이터를 조사의 원천으로 삼았다. 세금을 납부할 때 작성하는 소득 신고가 바로 그것이었다. 물론 임금, 연봉, 자본 이득, 기타 수입과 관련하여 제출하는 이런 정보들 중에는 잘못 기입한 것도 있고 거짓으로 작성하는 경우도 있다. 그러나 대충 작성하는 세대 소득 조사와는 달리 세금 관련 서식들은 꼼꼼하게 기록해야 하고 수치를 정확히 기입해야 할 강력한 법적 구속력을 갖고 있다. 그리고 이보다 더 중요한 사실은 세대 소득 조사에서 자주 누락되는 이런 부유층이 철저한 조사가 필요한 대상으로 분류되어 있다는 것이다. 물론 세금 관련 데이터에도 허점이 아예 없는 것은 아니다. 그것을 잘 아는 피케티와 사에즈는 그런 데이터의 오류를 바로잡기 위해 많은 노력을 기울였다. 예를 들면 이들은 세금을 신고하지 않는 부유층이 있다는 것을 알고 오차를 줄이기 위해 조사 결과를 적절히 조정했던 것이다.[*] 그럼에도 불구하고 이 두 사람의 조사 방법은 경제적 부의 전체적 분배 상황을 설명하는 데 세대 소득 조사와는 비교할 수 없을 정도로 아주 효과적이었다.

그리고 피케티와 사에즈가 제시한 조사 결과를 통해 우리는 미국 경제의 승자 독식이 얼마나 심각한 상태인지 눈으로 직접 확인할 수 있었다. 1970년대 이후 고도의 경제 성장으로 발생한 엄청난 소득의 대부분이 일반 조사에서 누락되던 바로 그 사람들의 주머니로 들어갔다는 사실이 드러난 것이다. 단순히 소득 상위 10%가 아니라 상위 1%, 그리고 그 상위 1% 중에서도 가장 윗부분을 차지하는 극소수의 사람들에게로 말이다.

중요한 세 가지 단서

부유층을 상위 중산층 그룹에 포함시키는 일반적인 조사 방법과 비교했을 때 피케티와 사에즈의 데이터는 DNA 감식에 가깝다. 이전까

---

* 피케티와 사에즈의 조사 데이터는 시간이 흐르면서 계층 간 소득 격차가 얼마나 벌어졌는지를 알려줄 뿐 개별 가구의 생활 정도를 파악하는 것은 어렵다는 사실을 미리 지적해두고 싶다. 이것은 기존의 소득 조사 방식에서도 파악이 불가능한 부분이다. 오늘날 부유층이 과거보다 더 부유해졌다고 말할 수는 있지만 부유한 사람들과 부유하지 않은 사람들의 매년 소득 증감의 변화까지 설명할 수는 없다. 그러나 우리가 앞으로 살펴보게 되겠지만 가구 소득의 증가 혹은 감소를 감안한다 하더라도 이런 기본적인 패턴에 큰 변화가 일어나는 것은 아니다. 장기적인 소득 변화는 일반 사람들이 생각하는 것보다 훨씬 제한적이기 때문이다. 아니 어쩌면 훨씬 더 공고해졌을 수도 있고 1960년대 이후 점점 하락했을 수도 있다. 어쨌거나 소득별 계층은 통계 수치가 만들어낸 허구가 아니다. 부유층은 훨씬 부유해졌는데 빈곤층과 중산층은 그렇지 않다면 사회 구조에도 거기에 맞춰 커다란 변화가 나타났을 것이다.

지는 오로지 가시적인 증거만으로 조사 활동을 펼친 사건에 이제 DNA 검사를 활용하게 된 것이다. 그리고 이런 DNA 증거를 통해 우리는 지금까지 간과해온 세 가지 중요한 단서들을 확보할 수 있게 되었다.

첫 번째 단서: 소득의 초집중 현상

첫 번째 단서는 승자 독식 경제 하에서 그 이름에 걸맞게, 아주 놀라울 정도의 소득 집중 현상이 일어났다는 것이다. 전체적으로 경제 격차가 크게 벌어지긴 했지만 가장 큰 수혜계층은 소득 분배 사다리의 맨 꼭대기에 있는 사람들이었다.

좀 더 쉽게 이해할 수 있도록 모든 계층의 소득이 똑같은 비율로 증가하는 사회가 있다고 가정해보자. 이런 사회에서는 부유층도 다른 계층과 동일한 비율로 소득이 늘어난다. 그렇기 때문에 국가 전체의 소득에서 부유층이 차지하는 비율도 계속 동일할 수밖에 없다. 지금부터 이런 가공의 사회를 '브로드랜드(Broadland)'라고 부르기로 하자. 이 브로드랜드는 부유층의 소득만 일방적으로 증가하는 현실 세계인 리치스탄(Richistan, 부자들의 나라, 부자를 의미하는 'Rich'에 카자흐스탄처럼 나라 이름 뒤에 자주 붙는 장소를 나타내는 어미 '-stan'을 붙여 만든 신조어-옮긴이)과는 반대되는 가상의 공간이다. 로버트 프랭크(Robert Frank)라는 작가가 만들어낸 이 '리치스탄'이라는 단어는 아주 적절한 명칭이라는 생각이 든다.[2]

하지만 브로드랜드는 인류 평등주의자들이 주장하는 그런 환상의 세계는 아니다. 그냥 간단히 말하면 경제 성장에 따른 소득 분배가 너무 넘치지도, 너무 부족하지도 않을 정도로 공평하게 이루어지는 곳이다. 어쩌면 2차 세계대전이 끝난 후 1970년대 초반까지 지속되었던 미국의 상황과 비슷한 점이 많다고 볼 수도 있다. 실제로 이 시기에는 상층부보다 하층부와 중산층의 소득 증가가 좀 더 빠르게 일어났다.

그렇다고 해서 브로드랜드가 정확히 한 세대 전의 미국을 의미하는 것은 아니다. 상위 1%의 소득이 미국의 전체 소득에서 차지하는 비율은 1974년 약 8%에서 2007년(전년 데이터 기준) 18%로 늘어나며 두 배 이상 증가했다. 만약 여기에 투자나 배당 소득 같은 자본 소득을 포함시킬 경우, 상위 1%의 소득 비율은 9%를 약간 상회하던 정도에서 23.5%로까지 치솟게 된다. 1913년(이런 데이터가 처음으로 작성된 해) 이래 이보다 비율이 더 높았던 적은 1928년이 유일하다. 대공황으로 이어진 주식 시장 붕괴 직전까지 당시 미국의 상위 1%가 전체 국민 소득에서 차지한 비율이 24%였던 것이다.

상위 1%라고 하면 언뜻 부유층인 것처럼 들리지만 1970년대 이후 상위 계층에서 일어난 폭발적 소득 증가의 최대 수혜자라고 하기에는 이것은 너무 광범위한 범주나. 피케티와 사에즈가 제시한 증거는 소득 분배 사다리의 더 높은 곳으로 올라가서 상위 0.1%, 심지어 그보다 더 위쪽에 있는 상위 0.01%의 지갑 속을 들여다볼 수 있게 해주었다. 미국에서 최고 소득을 자랑하는 1만 5000가구가 이 0.01%에 해당된다. 이들은 개인전용 제트기, 고급 대저택 같은 것들을 거리낌없이 구입할 수 있는 계층이다. 부와 명예를 대표하는 라이프스타일의 표본이라고 불러도 전혀 손색이 없을 정도다.

그런 개인 제트기와 대저택의 내막은 이러하다. 소득 상위 0.1% (1000가구 중 가장 부유한 1가구)는 자본 소득을 포함하여 매년 1조 달러 가량을 벌어들인다. 이 말은 가구당 평균 연소득이 710만 달러라는 계산이 나온다. 1974년만 해도 이들 상위 0.1%의 평균 소득은 100만 달러가 조금 넘는 정도였다.(이런 모든 소득은 인플레이션을 감안해 2007년도 달러 가치로 환산한 액수다) 미국 전체 소득에서 차지하는 비율을 따져봤을 때 이 상위 0.1%가 차지한 경제적 파이는 2.7%에서 12.3%로 무려 4배 이상 증가했다.

우리는 앞으로 여러 장(章)에 걸쳐 이런 최상위 부유층에 대해 자주 이야기하게 될 것이다. 그러므로 여기에서는 이 계층에 해당되는 사람들이 대부분 예술, 엔터테인먼트, 스포츠 분야의 슈퍼스타가 아니라는 점만 간단히 밝히고 넘어가겠다. 자신들이 축적한 부에 의지해 살아가는 임대사업자들 역시 20세기 초까지만 해도 여기에 포함되었지만 지금은 더 이상 해당 사항이 없다. 이 부류를 이루고 있는 주된 구성원은 기업 경영자들이 대부분이고 그 중에서도 금융회사 경영자들의 비율이 가장 높고 계속 늘어나는 추세다. 최근 법조계, 의료계, 부동산, 기타 고수익 업종에 종사하는 고소득자들이 두각을 나타내고 있지만 이른바 '워킹 리치(working rich)'로 통하는 이런 경영자들과 비교하면 조족지혈이다.[3]

이쯤 되면 이 슈퍼리치(superrich) 그룹의 소득 초집중 현상이 더 이상 놀랍지도 않을 것이다. 상위 0.1%의 소득이 이렇게 증가하는 동안 상위 0.01%(1만 가구 중 가장 잘 사는 1가구에 해당됨)의 소득은 훨씬 더 비약적으로 상승했다. 1974년에는 400만 달러 정도였던 이들의 연 평균 소득은 현재 3500만 달러가 넘는다. 과거에는 미국의 소득이 100달러 증가할 때마다 그 중 1달러 정도가 이들에게 향했다면 이제는 그 수치가 17달러당 1달러 수준으로 급상승했다. 즉 미국 국민 소득의 6% 이상이 이들 0.01%에게 흘러들어가고 있다는 얘기다. 국민 소득에서 초부유층이 차지하는 이런 비율은 세금 관련 데이터를 집계하기 시작한 1913년 이래 가장 높은 수준이다.

경제 성장 과실의 분배 방식에 생긴 변화를 자세히 살펴볼수록, 전체 인구의 극히 일부분에 해당되는 이 최상위 부유층에 엄청난 소득이 집중되고 있다는 사실만 더욱 분명해질 뿐이다.[4] 세금을 포함한 소득(세전 소득)을 통해 피케티와 사에즈가 밝혀낸 사실에 따르면, 미국은 브로드랜드에서 리치스탄으로 이동한 것이 분명하다. 국민 소득의 대부분을 하위 90%가 차지하던 나라(1960년대, 경제 팽창기의 소득 분배 패턴)에서 국민 소득의 절반 이상이 최상위 1%에 집중되는 나라(2002년부터 2007년 사이에 일어난 최근 경제 팽창기의 소득 분배 패턴)로 변한 것이다. 그런 점에서 볼 때 극소수 부유층에는 지난 30년간의 승자 독식 경제가 부의 황금기였다고 말할 수 있다.

두 번째 단서: 초집중 현상의 지속

DNA 증거를 통해 드러난 중요한 두 번째 단서는 소득이 최상위 부유층으로 집중되는 분배 구조의 변화가 1980년대 이후 계속 유지되고 있다는 것이다. 그리고 그 증가 속도도 과거와 비교해 엄청나게 빨라졌다.

우리는 〈도표 1〉에서 그런 사실을 직접 확인할 수 있다. 빈곤층의 빈곤이 더 심화되지는 않았을지 몰라도 부유층의 부가 꾸준히 상승했다는 것은 분명히 알 수 있다. 경제가 좋았을 때(1990년대 중반부터 후반까지 경제가 호황이었던 시절)나 나빴을 때(1980년대 초반 경제가 극도의 침체기에 빠졌던 시절)나 상황은 마찬가지였다. 그리고 공화당 소속 대통령 시절(레이건, 조지 부시 2세 대통령 재임시절)이나 민주당 클린턴 대통령 재임 시절이나 별반 다르지 않았다. 잠깐 반전 현상이 나타났던 적은 1980년대 후반과 2000년경, 주식 시장이 폭락했을 때가 유일하다. 그러나 주식 시장의 침체로 인한 이런 일시적 퇴보는 오히려 더 높이 올라갈 수 있는 발판 역할을 해주었다. 결국 지난 30년 동안이 이들 부유층에는 계속 호시절이었던 것이다.

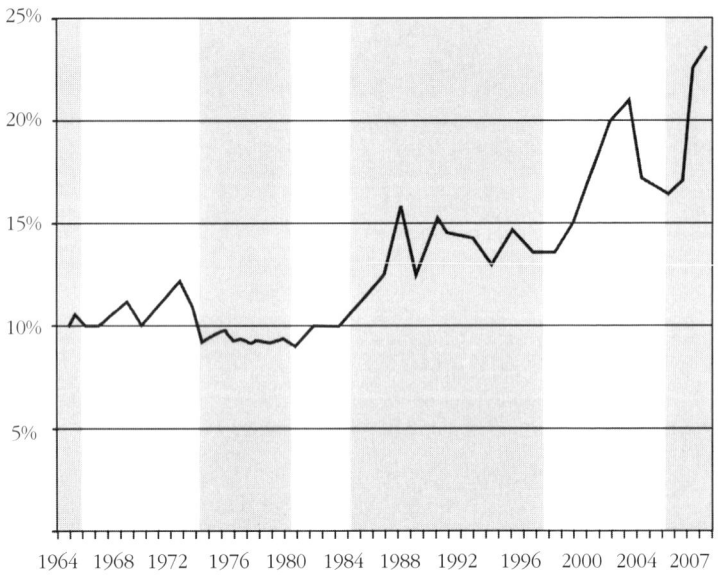

[도표 1] 1960~2007년까지 미국의 상위 1%가 전체 국민 소득에서 차지하는 비율(자본 소득 포함)
출처: 토머스 피케티, 엠마누엘 사에즈 공동 논문 〈미국의 소득 불균형(1913년~1998년)〉, Quarterly Journal of Economics 118호, No. 1 (2003): 1-39. http://elsa.berkeley.edu/~saez/TabFig2007.xls.

간단히 말해 우리의 미스터리를 해결하기 위해서는 단순한 사실 하나가 해명되어야 한다. 최상위 부유층의 소득이 전체 국민 소득에서 차지하는 비율이 1980년 이후 계속 상승하고 있는 현상이 바로 그것이다. 게다가 그런 추세가 경기 순환 사이클이나 대통령의 소속 정당과 상관없이 계속 이어지고 있다는 것도 함께 설명이 이루어져야 한다.[5] 물론 집권 정당의 변화, 경제의 활황이나 불황이 어느 정도는 영향을 미쳤을 것이다. 그러나 승자 독식의 경제를 만드는 데는 다른 무언가가 작동한 것이 분명하다. 국민 대다수가 공유했던 경제 번영기와 승자 독식 경제 시기를 극명하게 갈라놓은 그 무언가가 존재한다는 말이다.

세 번째 단서: 비부유층으로 향한 미미한 혜택

이제 세 번째 단서를 살펴볼 차례다. 그런데 이 마지막 단서는 우리를 아주 어리둥절하게 만들었다. 너무 당황스럽고 논쟁의 여지가 많은 내용이기 때문에 우리는 이 장의 나머지를 이 단서의 사실관계를 규명하고 파헤치는 데 할애하려고 한다.

세 번째 단서는 바로 이것이다. 한쪽에서 최상위층이 그렇게 막대한 소득을 올리는 동안 중산층과 노동자 계층은 더 이상 경제 성장의 혜택을 보지 못했다는 사실이다. 부유층의 소득이 엄청나게 늘어난 이 시기에 나머지 미국인들의 소득은 오히려 퇴보했다. 그러나 우리가 아직 살펴보지 못한 것이 있다. 그들이 전체적으로 퇴보했느냐 하는 것이다. 경제 성장의 과실 대부분이 최상위층으로 흘러들어가던 그 시기에 중산층과 노동자 계층 생활은 어떠했는가? 더 부유해지고 경제적으로 더 안정을 누렸는가? 경제적 신분 상승 가능성이 더 높아졌다고 생각하게 되었는가? 한마디로 승자 독식 경제에서 그들이 누린 혜택이 어느 정도였느냐는 것이다.

이 물음에 대한 답은 다음 두 마디로 요약할 수 있다. "많지 않다." 미국의 전체 국민 소득에 관한 DNA 증거를 살펴보면서 우리는 상위 계층의 경제 소득은 크게 증가한 반면 대다수 미국인들에게 돌아간 소득은 아주 미미했다는 사실을 발견했다. 심지어 소득 분배 사다리에서 최상위층 바로 아래 단계에 위치한 고숙련 노동자 계층도 예외가 아니었다. 그러나 소득 관련 증거는 이런 사실들을 아주 많이 축소해서 설명하는 경향이 있다. 그 너머의 승자 독식 경제라는 더 큰 그림으로 눈을 돌리면 부유층에 집중된 경제 성장의 과실이 "서민층에 흘러들어간다"는 주장은 점점 설득력을 잃게 된다. 우리는 단순히 상대적 소득 감소에 대해 이야기하는 것이 아니다. 승자 독식 경제의 낙진은 경제적으로 안정된 생활을 유지해오던 중산 계층에 광범위하고 깊숙한 영향을 미쳤다. 그리고 최근 일어난 일련의 사건들에서 드러난 것처럼 미국 전체 경제에까지 크나큰 타격을 입히고 있다.

빈곤층에서 부유층으로 거꾸로 흘러가는 부

로널드 레이건이 대선 승리를 거두는 데 지대한 공헌을 했던 유명한 슬로건이 있다. '4년 전보다 살림살이가 좀 나아지셨습니까?' 이것을 살짝 바꿔 우리는 다음과 같은 질문을 던지고 싶다. "30년 전보다 살림살이가 좀 나아지셨습니까?" 좀 더 구체적으로 "30년 전과 비교해 중산층과 저소득층의 살림살이가 얼마나 나아졌습니까?"라고 말이다. 이 질문에 대한 대답은 지난 30년간의 경제 추세를 판단하는 데 아주 중요한 부분을 차지한다. 요컨대 모든 사람의 소득이 크게 늘어났고 부유층의 소득은 그보다 더 많이 늘어났다면 그것은 별로 심각한 문제가 아닐 것이다. 사실 이것은 모든 것을 독차지한 부유층에 더 많은 감세 혜택을 주어야 한다고 주장하는 사람들이 자주 들먹이는 시나리오다. 이것이 일명 '트리클다운'(Trickle-Down, 사회의 최상위 부유층이 부유해질수록 더 많은 일자리가 창출되면서 그 부가 서민과 저소득층에 확산된다는 이론-옮긴이) 시나리오다. 밀물이 들어오면 대형 요트와 작은 배들이 모두 떠오르게 되고 그때 대형 요트가 좀 더 많이 뜬다고 해서 특별히 문제될 것이 있느냐는 식이다.

그러나 트리클다운 정책이 유일한 해결책은 아니다. 또 다른 시나리오도 가능하다. 굳이 이름을 붙인다면 '트리클업(trickle-up)' 시나리오라고 부를 수 있다. 대다수 미국인들의 경제 사정은 기본적으로 현상 유지되거나 악화되어 가는 데 반해 부유층의 부는 엄청난 속도로 계속 축적되고 있다. 현재와 같은 상황에서는 밀물이 들어와도 모든 배가 떠오를 수 없다. 지금의 경제 상황은 개방된 넓은 바다가 아니라 수문을 통과하지 못한 배는 낙오되는 그런 갑문 형태에 가깝기 때문이다. 대형 요트들은 떠오르겠지만 작은 배들은 물 근처에 가지도 못한 채 대부분 그 자리에 묶여 있게 된다. 여기서 우리는 '작은 배들이 떠오르지 못하는 것은 들어오는 물을 모두 대형 요트들을 떠오르게 하는 데 써서가 아닐까?'라는 의구심을 품게 된다. 나머지 계층의 경제 수준을 고르게 향상시키는 데 사용되어야 할 자원을 부유층이 독차지하기 위해 갑문을 잠갔을 수도 있다는 것이다.

그렇다면 트리클다운과 트리클업, 이 두 시나리오 중에서 어느 쪽이 더 효과적일까? 증거에 일관성이 부족하고 각각의 한계에 대해 논쟁의 여지가 있지만, 트리클다운 경제학이 그 옹호자들의 주장처럼 그렇게 효과적이지 않다는 것은 분명한 사실이다. 반대로 트리클업 경제학은 모든 계층에 아주 효과적으로 작동할 것 같다.

정부의 세금과 복지 수당

트리클업 정책의 효과를 설명하기 위해서는 피케티와 사에즈가 제시한 것과는 약간 다른 형태의 데이터가 필요하다. 앞에서 언급했던 것처럼 피케티와 사에즈가 살펴본 세금 기록은 부유층이 기본적으로 신고하는 가계 소득에 임금, 연봉, 투자 소득, 증여 등 세금 관련 서류에 나타나는 개인적 수입들을 추가한 것이었다. 그러나 이런 수입에는 정부의 복지 수당, 예를 들면 사회보장연금 같은 것은 포함되어 있지 않다. 또한 세금이 미치는 영향 역시 고려되지 않았다. 그것들은 세금을 내고 난 후의 소득이 아니라 납세의 근거가 되는 소득인 것이다.

여기에서 누락된 이런 부분들은 불평등을 연구하는 데 중요한 자료가 될 수 있다. 왜냐하면 미국을 비롯한 선진국에서는 정부의 세금과 복지 수당이 보다 균등한 소득 분배 도구로 사용되기 때문이다. 부유층으로부터 더 많은 세금을 거둬들여 빈곤층에 더 많은 복지 수당을 제공하는 것이다. 그리고 위에서 누락된 부분들이 중요한 의미를 갖는 것은 직장에서 제공하는 보수 가운데 건강보험, 은퇴 연금 같은 비현금성 수당들이 상당하기 때문이다. 따라서 미국의 중산층 및 저소득층의 가처분소득을 정확하게 파악하기 위해서는 세금이나 복지 수당은 물론 직장에서 받는 비현금성 보수의 총액까지 살펴볼 필요가 있다. 기본적인 세금 데이터에는 이 두 가지가 배제되어 있기 때문이다.

다행히 미 의회 내 예산 보조 기구인 의회예산처(CBO: Congressional Budget Office, 이하 CBO)에서 이런 광범위한 지표들을 발표하고 있다. 이런 지표들은 정부 및 민간 기업의 복지 수당 관련 소득 조사 결과에 기본적인 세금 데이터를 결합한 것이다. 뿐만 아니라 CBO는 소득이 상이한 사람들의 적정 연방세 납부액도 계산했다. 그 결과, 정부는 가계 소득 흐름을 연구하는 데 금본위제를 고려하게 되었다. 1913년까지 거슬러 올라갔던 피케티와 사에즈의 데이터와는 달리, 1979년 이후 데이터밖에 존재하지 않지만 이렇게 보강된 DNA 증거 덕분에 우리는 지난 30년 동안 미국의 빈곤층, 중산층, 부유층 가계의 소득 흐름에 일어난 변화와 그 실상을 자세히 들여다볼 수 있었다.[6]

그리고 우리는 거기에서도 극명한 차이를 발견했다. 빈곤층의 소득은 거의 진전이 없고 중산층은 아주 미미한 증가세를 보인 반면 부유층의 소득은 가파르게 증가했기 때문이다.

빈곤층, 중산층, 부유층 가구의 소득은 얼마나 늘었는가?

가장 간단하게 측정할 수 있는 경제 소득에 대한 논의부터 시작해보자. 상이한 소득 계층의 소득 증가율을 살펴보는 것이다. 물론 이런 수치들은 모두 인플레이션을 감안하여 작성된 것이다. 여기서 가장 주목해야 할 사실은 CBO가 데이터를 보유하고 있는 지난 27년 동안 미국 경제가 전반적으로 상당한 증가세를 기록했다는 것이다. 보강된 DNA 증거에 따르면, 1979년부터 2006년(현재로서는 2006년 데이터까지밖에 확보할 수 없다) 사이에 미국 가구의 실질 소득은 평균 50% 가까이 증가했다. 전체적으로 매년 1.5%가량 소득이 상승한 것이다. 1979년에는 가구당 평균 소득이 4만 7900달러였던 것이 2006년에는 7만 1900달러로 1.5배 정도 증가했다. 이것은 아주 반가운 소식이 아닐 수 없다.

그런데 별로 반갑지 않은 소식은 그렇게 증가된 소득이 모두 어디로 갔느냐는 것이다. 적어도 부유층을 제외한 다른 계층에는 이것이 결코 기분 좋은 이야기가 될 수 없을 것이다. 우선 빈곤층 관련 수치부터 살펴보도록 하자. 〈도표 2〉에서 보다시피 미국 전체 가구 중 극빈곤층에 해당되는 하위 20%의 평균 소득은 1만 4900달러에서 1만 6500달러로 늘어났다. 정부 세금 및 복지 수당, 직장에서 제공하는 각종 복지 수당을 포함해도 지난 27년 동안 겨우 10% 증가하는 데 그쳤다.

그렇다면 중산층은 어떨까? 그들은 더 나아졌다. 그러나 그렇게 많이 나아진 것은 아니다. 하위 40%에서 상위 40% 사이에 해당되는 이 중간층 20%의 평균 소득(인플레이션을 감안한 수치임)은 4만 2900달러에서 5만 2100달러로 늘어났다. 21% 정도 증가한 것이다. 어쩌면 이런 증가 소식에 기뻐할지도 모른다. 그리고 이 기간에 가구별 구성원 수의 감소로 구성원 1인당 평균 소득도 좀 더 늘어났다. 그러나 연간 실질 소득은 겨우 0.7% 증가한 것으로 나타났다. 결국 이 기간 동안 소득 증가율은 평균 50%에도 미치지 못했다는 얘기가 된다. 연간 상승률 역시 별로 높지 않았다.

그런데 여기서 우리가 고려해야 할 사실이 하나 있다. 그리고 그것은 이런 수치들을 더욱더 충격적으로 보이게 만들 것이다. 그것은 1970년대 후반과 비교했을 때 대다수 미국 가구의 노동 시간이 더 늘

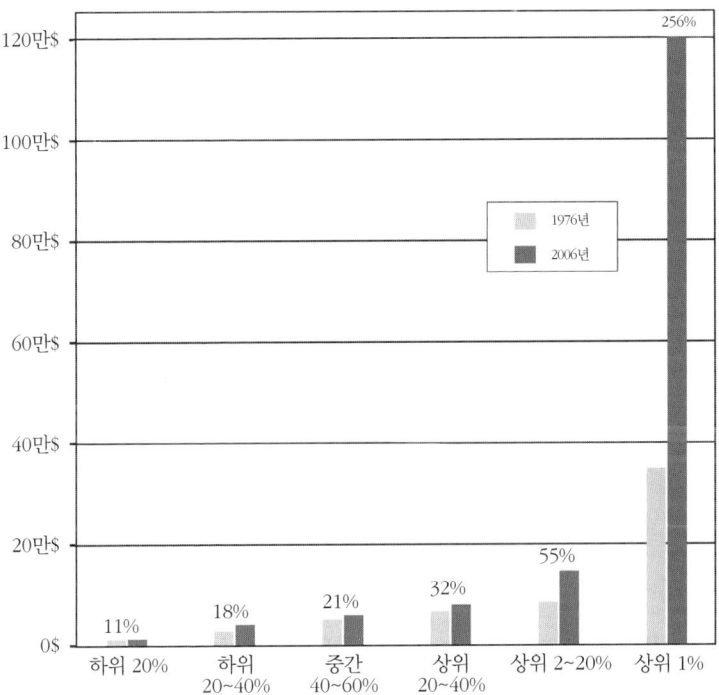

[도표 2] 가구별 세후 평균 소득
(1979~2006년 정부 및 민간 기업에서 제공하는 복지 수당이 포함된 수치임)

출처: 미 의회예산처 작성 수치. 과거 실효 세율(1979~2006년) 임금, 연봉, 사업 소득, 임대료, 과세 및 비과세 이자, 배당금, 실현된 자본 소득, 현금이전 지출, 현금성 은퇴 수당은 물론 노인의료보험, 저소득층 의료보험, 고용주 부담 의료보험 같은 각종 복지 수당, 식권, 학교 아침 및 점심 급식, 주택 마련 보조금, 전기세 보조금 등을 고려하여 계산한 소득이다. 연방세는 소득에서 제외되었다. 이런 연방세에는 가구 및 개인에게 직접적으로 부과되는 소득세와 급여세 외에도 기업들에 부과되는 세금(법인세, 사회보장연금, 저소득층 의료보험, 연방 실업보험세)이 포함된다.

어났다는 것이다. 한 세대 전보다 직장에 다니는 여성의 수가 크게 증가했고 그 결과, 가족의 소득과 가족 구성원이 직장에서 보내는 시간 모두 늘어날 수밖에 없었다. 자녀가 있는 근무 연령 기혼 부부의 경우, 이런 시간들을 추가하면 1979년보다 2000년도의 근무 시간이 10주 정도 더 늘어난 것으로 나왔다. 소득 증대가 그런 추가 근무 시간에서 비롯되었다는 사실을 감안한다면 결국 중산층 가구의 소득은 제자리걸음이고 빈곤층 가구는 하락했다고 보는 편이 더 타당하다.[7]

그렇다면 그 늘어난 소득은 모두 어디로 간 것일까? 정답은 아주 간단하다. 부유층, 특히 최상위 부유층의 주머니로 들어간 것이다. 미국 전체 가구에서 최상위 1%에 해당되는 부유층의 세후 소득(세금을 뺀 순수입)은 1979년 33만 7100달러에서 2006년 120만 달러로 대폭 증가했다. 거의 260%나 늘어난 것이다. 바꿔 말하면 상위 1%의 평균 소득이 불과 25년 사이에 3배 넘게 증가했다는 얘기가 된다. 〈도표 2〉를 보면 이런 소득 격차가 잘 나타나 있다. 상위 1%의 2006년도 평균 소득이 동일 축 상에 있는 다른 그룹과 확연한 차이가 나는 것을 발견할 수 있다.

그러나 이것이 전부가 아니다. 상위 1%의 소득은 상위 0.01%가 벌어들인 소득과 비교하면 거의 무색할 수준이다. 이들 상위 0.01%는 CBO가 2005년까지 자체 분석을 통해 별도로 관리한 집단이다. CBO가 집계한 데이터를 보면 1979년에는 상위 0.01%에 해당되는 가구의 세후 평균 소득이 400만 달러를 약간 상회하는 정도였는데 2005년에는 2430만 달러에 육박할 정도로 대폭 증가했다. 약 25년 사이에 5배 이상 상승한 것이다.

성장의 불균형으로 부유층은 얼마나 더 부유해졌는가?

관련 통계 수치를 살펴보면 이런 사실이 아주 극명하게 드러난다. 1970년대 후반 이후 경제 성장의 과실은 대부분 최상위 부유층이 가져갔다. 그렇다면 다른 계층의 실질 소득과 관련해서 이것이 시사하는 것은 무엇인가? 앞에서 잠깐 언급했던 브로드랜드로 돌아가 보자. 1979년부터 2006년까지 모든 계층의 소득이 같은 비율로 증가했다면 매년 빈곤층이나 중산층의 소득은 얼마나 늘어났을까? 2차 세계대전이 끝난 후 30년간 경험했던 그런 소득 증가가 일어났을까? 만약 미국이 1979년부터 2006년까지 이 27년 동안 리치스탄으로 이동하지 않고 브로드랜드에 계속 머물러 있었다면 계층별 미국인의 삶은 얼마나 개선되었을까?

가구 소득 계층	리치스탄*	브로드랜드*	차이 (브로드랜드-리치스탄)
하위 20%	1만 6500$	2만 2366$	5866$ 너 부유해짐
하위 20~40%	3만 5400$	4만 5181$	9781$ 더 부유해짐
중간 40~60%	5만 2100$	6만 4395$	1만 2295$ 더 부유해짐
상위 20~40%	7만 3800$	8만 4209$	1만 409$ 더 부유해짐
상위 20~10%	10만 915$	10만 6696$	5781$ 더 부유해짐
상위 10~5%	13만 2258$	12만 8714$	3544$ 더 빈곤해짐
상위 5~1%	21만 1768$	18만 1992$	2만 9776$ 더 빈곤해짐
상위 1%	120만 300$	50만 6002$	69만 4298$ 더 빈곤해짐

[표 1] 리치스탄 대 브로드랜드
* 리치스탄은 2006년도 미국 가구의 실제 소득
* 브로드랜드는 1979년부터 2006년까지 모든 계층의 가구가 동일한 소득 증가율을 보인 것으로 가정한 경우

우리는 이 대답을 〈표 1〉에서 직접 확인할 수 있다. 1979년부터 2007년까지 부유층의 소득 증가로 빈곤층이나 중산층에 돌아간 혜택은 거의 없었다. 하지만 동일한 경제성장률 하에서 부가 좀 더 균등하게 분배되었다고 가정했을 경우, 〈도표 2〉에서 40~60%에 해당되는 중간층 가구의 평균 소득은 1만 2000달러가 넘게 된다. 그리고 극빈곤층인 0~20% 가구의 평균 소득도 5800달러가 넘는다. 다시 한번 말하지만 이것은 전체적인 경제성장률에는 어떠한 변화도 일어나지 않고 단지 경제 성장의 과실이 다양한 계층에 광범위하게 분배된 상황을 가정했을 때 그렇다는 얘기다. 그리고 민간 기업은 물론 정부의 온갖 세금과 복지 수당도 그대로 적용했다. 그리고 여기서 유념해야 할 것은 브로드랜드는 부유층이 존재하지 않는 완전평등 사회와는 거리가 멀다는 것이다. 그보다는 부유층의 소득이 다른 모든 계층과 동일한 비율로 증가하는 사회인 것이다. 기본적으로 1970년대 후반 이전까지의 미국 사회와 비슷한 패턴이라고 할 수 있다.

부유층도 다른 계층과 동일한 비율로 소득이 증가했다고 가정했을 경우, 어떤 상황이 벌어지는가? 상위 1%의 2006년도 평균 실질 소득은 120만 달러가 아니라 50만 달러로 줄어들면서 70만 달러가량 차이가 발생했다. 결국 사회의 부를 독차지한 사람들에게는 불평등한 경제 성장이 더할 나위 없이 이로웠던 것이다.

리치스탄과 브로드랜드의 이런 비교에서 우리는 또 한 가지 흥미로운 사실을 발견할 수 있었다. 모든 계층의 소득이 동일한 비율로 증가한다면 즉 미국이 리치스탄이 아니라 브로드랜드에 계속 머물러 있었다면 소득 상위 10% 집단을 제외한 모든 계층의 생활이 훨씬 더 개선되었을 것이라는 점이다. 최상위층을 제외하면 리치스탄과 브로드랜드 간의 격차는 미미한 수준이다. 브로드랜드보다 리치스탄에서 더 높은 소득이 발생하는 티핑 포인트(Tipping Point, 작은 변화들이 일정 기간 계속 쌓이다가 예기치 못한 순간에 갑자기 폭발하는 현상−옮긴이)는 상위 5~10% 그 사이 어디쯤이 된다. 바꿔 말하면, 상위 10%를 제외한 나머지 90%의 소득이 1979년부터 2006년 사이의 평균 소득 증가율보다 낮긴 하지만 어쨌든 늘어난다는 것이다. 트리클업 경제학의 모범답안이 존재한다면 바로 이런 것이 아닐까?

피해자가 없는 범죄

DNA 증거를 통해 우리는 최상위층을 제외한 나머지 계층의 실질소득은 아주 미미한 증가에 그쳤고 그것도 대부분 가족 구성원의 노동시간 증가에 따른 것임을 확인할 수 있었다. 반면 미국의 경제는 전체적으로 엄청난 성장을 기록했다. 수학적으로 잘 설명되지 않는 이런 불일치 현상은 결국 그런 경제 성장의 과실이 대부분 최상위 부유층으로 향했다는 뜻으로밖에 해석할 수 없다.

그러나 경제는 제로섬(zero-sum)이 아니라며 이런 단순한 수학적 불일치에 대해 이의를 제기할 사람이 있을지도 모른다. 그러면서 이런 주장을 늘어놓을 것이다. "부유층의 엄청난 소득 증가는 나머지 미국인들을 희생시켜 얻은 것이 아닐 수도 있다. 어쩌면 '브로드랜드'는 그냥 가상의 공간이 아니라 상상조차 할 수 없는 그런 공간일지 모른다. 사실이 기간에 미국은 다른 선진부국보다 더 빠른 성장을 거두었다. 그래서 부유층이 더 부유해지고 나머지 미국인들의 소득도 더 개선될 수 있었던 것이다. 특히 소득 분배가 전반적으로 더 균등하게 이루어지고 미국에서와 같이 극심한 소득 불평등이 나타나지 않은 유럽에 비해 미국은 훨씬 더 급속한 경제 성장을 이룩하지 않았는가"라고 말이다.

하지만 그 대답은 "그렇지 않다"이다. 미국 경제의 엔진이 유럽 경제의 엔진보다 몇 년간 더 뜨겁게 달궈졌던 것은 사실이다. 그러나 1979년부터 2006년까지 1인당 평균 경제 성장률은 유럽 주요 15개국과 거의 동일했다.[8] 물론 미국은 현재 이런 나라들보다 더 부유하다. 그러나 놀랍게도 1970년대 후반부터 그 차이가 동일하게 유지되고 있다.

역사적 증거만으로는 미국의 경제 기적과 유럽 경제의 경직성을 설명할 수 없다. 그러나 부유층이 차지한 엄청난 부가 하위 계층의 희생을 바탕으로 한 것이라는 추정에는 힘을 실어줄 수 있다. 대다수 미국인들은 자신의 경제적 파이가 줄어들고 있다는 것을 잘 알고 있다. 사실 빈곤층과 중산층이 가장 큰 조각을 차지하는 유럽 부국의 경제적 파이와 미국의 경제적 파이의 평균 증가율은 기본적으로 동일하다.

하지만 중요한 의미를 갖는 한 가지 특정 측면에서 보면 그런 파이의 증가 속도는 미국보다 유럽이 더 높다고 할 수 있다. 미국 사람들이 과거보다 더 오랜 시간 노동을 한다는 사실을 떠올려보라. 이것은 유럽도 마찬가지이지만 미국만큼은 아니다. 노동 시장에 진출한 여성의 비율도 비슷하다. 사실 1979~2006년까지 여성 노동력의 증가율은 미국보다 유럽이 더 높았다.[9] 그러나 유럽에서는 직장 여성들의 평균 노동 시간이 줄어들고 있다. 그러므로 훨씬 많이 늘어난 미국과 비교하면 결국 유럽의 전체 노동 시간은 조금밖에 증가하지 않았다는 얘기가 된다.[10] 그 결과, 1979년부터 2006년 사이 노동 시간당 GDP(한 나라 경제의 건전도를 측정할 수 있는 가장 효과적인 도구)는 실제로 유럽이 미국보다 더 빠르게 증가했다.

미국과 유럽의 노동 시간 차이에 대해 언급하기 시작하면 이야기가 복잡해진다. 유럽의 노동 시간 감소는 높은 실업률로 인한 비자발적 측면이 강하기 때문이다. 그러나 우리 이야기의 요지는 미국의 소득 불균등이 거의 수직 상승할 당시 미국의 경제 성장률이 유럽과 비교해 엄청나게 빠르거나 하지는 않았다는 것이다. 미국 가구의 늘어난 노동 시간을 따져봤을 때 미국의 경제적 파이의 증가 속도는 사실 유럽보다 약간 더뎠다. 그리고 미국은 그런 장시간 노동으로 인해 갖가지 스트레스와 갈등이 유발되었다.

21세기의 첫 10년

21세기의 첫 10년은 중산층의 경제 문제를 일축하는 주장에 결정타를 날린 시기였다. 그런데 이 10년을 지칭하는 마땅한 명칭이 아직까지 정해지지 않았다. 어떤 사람은 '오츠'(aughts, 미국 〈USA투데이〉에서 2000년부터 2009년까지를 일컫는 이름을 공모한 결과 'The Aughts'가 1위를 차지했다. Aught는 숫자 '0'을 뜻하는 단어로 굳이 번역한다면 '0년대'라고 할 수 있다-옮긴이)라고 부르기도 하고 또 어떤 사람은 '오티스(aughties)'라고 하기도 한다. 또 '빅 제로(big zero)'라고 부르는 사람도 있다.[11]

우리가 보기에는 마지막 명칭이 가장 적절할 것 같다. 미국은 70년 만의 최악의 경기 침체 속에서 계속 허우적대다 이 빅 제로를 마감했다. 10%에 육박하는 실업률은 말할 것도 없고 6개월 이상의 장기 실직자 비율도 사상 최고치를 기록했다.[12] 경제적 측면에서 볼 때, 2000년부터 2009년까지는 그야말로 잃어버린 10년이었다. 그 후반에는 주식 시장이 1999년처럼 펄펄 끓었다. 그러다 주택 가격이 폭락했고 주택 보급률이 2000년 수준으로까지 떨어졌다.[13] 전문가들 사이에서 그런 시장 붕괴로 촉발된 일자리 감소와 소득 손실을 회복하는 데 아주 오랜 시간이 걸릴 것이라는 부정적 전망이 쏟아졌다.

그러나 정말 중요한 핵심은 이것이다. 경기가 하강하기 시작한 2007년 후반 이전부터 경제 상황이 아주 심각했다는 것이다. 2001년 말부터 2007년 말까지의 경제 성장을 살펴보면 이런 사실을 금방 알 수 있다. 이 6년 동안 미국의 비(非)노인 가구의 중간 소득 수치가 하락하면서 빈곤층 비율이 상승했다. 사상 최고의 경제 성장을 기록한 이 시기에 미국의 중산층 가구들은 경제적 기반을 상실하고 있었다.[14] 그러나 우울한 소식은 거기에서 끝나지 않았다. 2002년부터 2007년까지 상위 1% 가구의 실제 세전 소득이 매년 10%씩 증가했다.[15]

소득 그 너머

이런 증거들을 무시하고 싶어 하는 사람들은 우리가 소득에 대해 너무 근시안적 사고를 한다고 반박한다. 경제적 신분 상승 가능성, 직장 복지 수당, 지출과 재산 정도 등도 고려해야 한다는 것이다. 상당히 일리 있는 주장이다. 하지만 불행하게도 이런 요인들을 모두 고려해도 미국의 승자 독식 경제 추세가 점점 강해지고 있다는 결론만 더 뚜렷해질 뿐이다.

정체 상태에 빠진 사회적 계층 이동

미국인들은 항상 사회적 신분 상승이 가능하다고 믿어왔다. 그것이 사회의 이상적인 모습이고 현실 세계에서 충분히 실현 가능한 일이라고 여기고 있다. 지난 30년 동안 경제적 불평등만 증가한 것이 아니라 사회적 계층 이동도 함께 증가했다면 소득이 부유층에 집중되는 현상을 이렇게까지 걱정할 필요는 없을 것이다. 올해에는 빈곤층으로 떨어졌지만 내년에는 중산층, 심지어 부유층으로까지 상승할 수도 있을 테니까 말이다. 이런 사회적 계층 이동이 점점 날카로워지는 계층 분화의 뾰족한 모서리를 부드럽게 다듬어줄 것이기 때문이다.

그러나 안타깝게도 지금까지 드러난 증거에 따르면 경제적 불평등은 급증한 데 반해 상향식 계층 이동은 조금도 증가하지 않았다. 그것은 너무나도 분명한 사실이다. 게다가 수많은 연구 결과를 봐도 지난 30년 동안 경제적 불평등은 증가하고 사회적 계층 이동은 줄어들었다는 사실을 분명히 알 수 있다. 이것은 개인(내가 10년 혹은 20년 전보다 더 부유해졌는가?) 간 이동과 세대(내가 내 부모님보다 더 부유한가?) 간 이동 모두 마찬가지였다.[16] 10년 동안 동일 소득 계층에 머물러 있거나 그저 한 단계 정도 올라가거나 내려간 사람이 5명 중 4명에 달했다는 것이 그 단적인 예다.

상위 1%의 장기 계층 이동에 대해 자세히는 모르지만 극소수에 불과한 그들이 바닥으로 영구히 추락하는 경우는 거의 없다고 봐도 무방할 것 같다. 임금과 연봉 소득만 봐도 2004년, 전체 가구의 1%에 해당되는 고소득층 중에서 10년 전인 1994년에도 똑같이 1%에 머물렀던 가구는 70%가 넘는다. 하위 80%에서 올라온 가구는 10가구 중 1가구에 불과했다. 7가구 중 1가구가 경제적 신분 상승을 거두었던 1970년대와 비교하면 아주 많이 줄어든 것이다.[17] 그리고 경제 성장의 과실이 극소수의 부유층에 집중되는 상황에서 이 계층으로의 신분 상승 가능성은 점점 희박해질 수밖에 없다.

다른 선진 부국들과 비교해도 미국의 세대 간 계층 이동은 아주 낮은 수준이다. 그리고 그 원인도 계층 간 거대한 소득 격차에서 비롯된 측면이 적지 않다. 사람들은 '아메리칸 드림'이라는 말을 통해 미국을 표현한다. 이 거대한 나라는 출신 배경과 상관없이 누구라도 부유층으로 신분 상승이 가능한, 계급 차별이 없는 이상 사회로 그려졌다. 그러나 오히려 호주, 스웨덴, 노르웨이, 핀란드, 독일, 스페인, 프랑스, 캐나다의 세대 간 계층 이동이 훨씬 더 활발했다. 실제로 여러 조사 대상국 가운데 미국보다 세대 간 계층 이동이 낮게 나온 나라는 영국과 이탈리아밖에 없었다. 그리고 이 두 나라의 이동성은 미국과 비슷한 수준이었다.[18]

그리고 우리는 그런 격차를 사회 여기저기서 쉽게 발견할 수 있다. 미국에서는 아버지 세대가 가진 소득의 이점(혹은 약점) 가운데 절반 이상이 자식 세대에 그대로 이어진다. 하지만 캐나다의 경우, 그 정도가 20%도 안 된다. 그리고 빈곤층에서 벗어나지 못하거나 부유층에서 계속 안정된 삶을 유지할 가능성이 캐나다보다 훨씬 높다는 사실 하나만으로도 그런 격차를 충분히 짐작할 수 있다. 세대 간 계층 이동성 측면에서 봤을 때 승자 독식 경제로 인해 유발된 미국의 상황은 별로 나아진 것이 없다는 것이 우리가 내린 결론이다. 아니 오히려 더 악화되었을 뿐이다.

복지 수당의 감소

의료보험, 퇴직연금 같은 직장 복지 수당이 미국의 이런 상황을 변화시킬 수 있다고 주장하는 사람들도 많다. 단순히 현금이 아니라 복지 수당 형태로 제공되는 보수가 늘어났다는 사실을 감안할 경우, 중산층의 삶이 전보다 더 나아졌다는 것이다. 그러나 우리가 살펴본 CBO 통계 수치들은 의료보험이나 퇴직연금 같은 것들을 포함하여 계산한 것이다. 그러므로 미국의 노동자 계층과 중산층의 부족한 소득을 직장에서 제공하는 다양한 복지 수당으로 메울 수 있다는 주장은 별로 설득력이 없어 보인다.

하지만 이와 관련하여 좀 더 논의를 이어가보도록 하자. 미국인들이 직장에서 받는 복지 수당이 실제로 더 나아졌을까? 다른 것은 차치하더라도 퇴직연금의 경우, 1970년대와 비교했을 때 고용주들이 그런 복지 수당을 제공하는 데 훨씬 더 인색해졌다. 그 결과, 그런 퇴직연금을 받을 가능성이 1970년대 후반보다 훨씬 더 줄어든 상태다.[19] 그리고 퇴직 후 고정 액수를 지불하는 확정급여형 퇴직연금 수혜자 역시 대폭 감소했다. 대다수 미국인들은 자신이 받는 봉급의 일부를 따로 떼어내 은퇴연금 형식으로 저축을 해야 하는 실정이다. 근로자의 책임 하에

운용되는 이런 은퇴연금저축은 운용 실적에 따라 금액이 변동되며 기업이 부담하는 액수도 사전에 정해진다. 결국 은퇴연금저축의 위험 부담은 모두 근로자가 떠안을 수밖에 없다. 그리고 그들은 이런 위험성을 최근 발발한 주식 시장 폭락으로 통감하게 된다. 2007~2008년 사이에 은퇴연금저축 적립금의 중간 잔고가 3분의 1로 줄어든 것이다.[20] 이런 감소 액수 못지않게 우려스러운 것은 종료시점의 액수다. 2008년도 은퇴연금저축 적립금은 1만 2655달러 정도로 아주 미미한 수준이었다. 이런 사실을 고려했을 때 적정 수입이 없는 상태에서 은퇴 생활을 하게 될 미국인의 비율이 1980년대 초반 이후 대폭 상승한 것은 어쩌면 당연한 결과인지도 모른다.[21]

  중산층의 줄어든 소득을 상쇄해준다는 또 다른 복지 혜택인 의료보험으로 고개를 돌려보자. 이런 의료보험 역시 고용주와 근로자 모두 많은 돈을 지출하는 상황이 벌어지고 있다. 그냥 많은 정도가 아니라 아주 엄청나게 많은 돈을 쏟아붓고 있는 것이다. 문제는 이렇게 엄청난 돈을 지출하는데도 불구하고 그들이 누릴 수 있는 의료 혜택이 별로 많지 않다는 것이다. 오늘날 미국인은 30년 전과 비교해 의료비 부담이 조금이라도 줄어들었을까? 결코 그렇지 않다. 연구 결과, 미국에서 점점 늘어나고 있는 개인 파산자 중 절반 이상이 의료비 때문인 것으로 나타났다. 이런 의료 개인 파산자 증가에서 알 수 있다시피 미국은 과거보다 의료비 부담은 크게 올라간 반면 의료 혜택은 크게 줄어들었다.[22] 소득 증가율을 웃도는 의료비 상승이 의료보험을 중산층이 이용하기엔 너무 먼 혜택으로 만들고 만 것이다. 그 결과, 수많은 사람들이 의료보험 혜택을 받지 못하면서 미국인의 생활은 더욱더 곤궁해졌다.

사실 이렇게 높은 의료비는 절대 불가피한 일이 아니기 때문에 더욱 더 씁쓸하지 않을 수 없다. 미국은 의료 서비스에 다른 선진국과 비교가 되지 않을 정도로 많은 돈을 쏟아붓고 있는 나라다. 전체 경제에서 차지하는 비율이나 개인별 지출 비율 모두 마찬가지다. 그런데도 미국은 선진국 가운데 전 국민 의료보장제도를 실시하지 않고 있는 유일한 나라다. 2007년 한 해, 미국은 국민 한 사람당 7290달러라는 거액의 의료비를 지출했다. 미국 다음으로 국민의료보장 혜택에 인색한 노르웨이도 국민 1인당 의료비 지출 규모는 평균 4763달러에 불과했다. 그리고 캐나다의 1인당 의료비 지출은 기본적으로 미국의 절반 수준밖에 되지 않는다.[23]

또한 국민 1인당 의사, 침상, 간호사 수 역시 다른 부국의 평균 수준에도 미치지 못하고 있다. 전반적으로 국민들의 건강 상태가 양호하지 않은데도 의사나 병원을 찾는 횟수가 훨씬 적고 입원 기간도 훨씬 짧다. 사실 어떤 면에서 보면 미국의 의료보험 혜택은 놀라울 정도로 열악한 상태다. 그것을 단적으로 보여주는 것이 치료 가능 질환으로 인한 사망률이다. 적절한 시기에 치료를 받았다면 죽음에 이르지 않을 수도 있었을 사망 데이터를 분석한 결과, 미국은 75세 이전에 치료 가능 질환으로 사망한 사람 수가 부국들 가운데 가장 높은 것으로 나타났다. 그리고 이런 상황이 갈수록 더 심각해지고 있다.[24]

그리고 미국은 다른 부국들과 비교했을 때 의료보험 적용을 받지 못하는 국민들의 비율이 높고 그 수치도 계속 늘어나고 있다. 2006년의 경우, 65세 미만 미국인 가운데 비보험자(보험 적용이 안 되는 사람들) 수가 4600만 명이 넘었는데 이는 비노년층 인구의 18%에 육박하는 수치다. 과거 1979년에는 이런 비보험자 수가 2750만 명으로 비노년층 인구의 15%에 조금 못 미쳤다.[25] 직장에서 제공하는 복지 수당을 추가한다 해도 대다수 미국인들이 겪고 있는 경제 실상은 소득 한 가지에만 초점을 맞추었을 때보다 훨씬 더 참담한 상황이다.

소비의 불균형

그렇다면 경제 복지에 대한 또 다른 정의는 우리를 이런 절망으로부터 구원해줄 수 있을까? 소비의 불균형은 소득의 불균형에 비해 그 정도가 심하지 않다는 것은 오래전부터 잘 알려진 사실이다. 그 이유는 간단하다. 부유한 사람은 가난한 사람보다 더 많은 돈을 저축하기 때문이다. 동시에 사회를 이루고 있는 중요한 두 집단 즉, 은퇴 집단과 청년 집단은 버는 돈보다 쓰는 돈이 더 많기 때문이다. 저축과 대출 덕분이다. 그러므로 소득의 불균형에 비해 소비의 불균형이 덜 심각하다는 것은 충분히 예상할 수 있는 일이다. 문제는 소득의 불균형에서 우리가 목격했던 '대규모 증가'가 소비의 불균형에서도 똑같이 나타났는가 하는 점이다.

하지만 이것을 파악하는 것은 아주 어려운 일이다. 우리가 주로 사용하는 노동통계국(Bureau of Labor Statistics) 소비자지출조사(Consumer Expenditure Survey)에는 승자 독식 경제의 최대 수혜자들이 대부분 누락되어 있다는 것도 그것을 어렵게 만드는 이유 가운데 하나다. 하지만 '소비의 역설'이 존재하지 않는다는 것은 분명히 알 수 있다. 우리가 예상했던 대로 소비의 불균형은 소득의 불균형만큼 그렇게 거대하지는 않았다.(특히 이런 증거들에 소득 최상위층 관련 데이터가 빠져 있기 때문에 더더욱 그럴 수밖에 없다) 그러나 시간이 흐를수록 양쪽 모두 거의 비슷한 비율로 증가하고 있다.[26]

그러나 우리는 여기에서도 승자 독식 경제의 가장 두드러진 특징 즉, 승자가 모든 것을 독차지하는 현실을 간과하는 박식(?)한 경제 전문가들을 만나게 된다. 미국의 저소득 계층은 소비를 지속하기 위해 더 많은 돈을 대출받고 있지 않은가? 분명 그렇다. 저렴한 중국산 소비재 수입 덕분에 비부유층은 부유층에 비해 물가고를 덜 겪지 않는가?[27] 그럴 수도 있다. 하지만 그렇다고 해서 이런 것들이 미국의 불평등에 대한 우리의 시각을 바꿔놓지는 못한다. 빈곤층이 쉽게 대출을 받고 월마트에 가서 값싼 소비재를 구입할 수 있다고 해서 초부유층과 겨우겨우 벌어서 먹고사는 사람들 간의 엄청난 소득 격차가 사라지는 것은 아니기 때문이다.

빚에 허우적대는 사람들

그리고 우리는 소비의 반대편에 위치한 저축과 투자도 살펴보아야 한다. 부는 항상 저축과 투자를 수반하기 마련이다. 부자들이 소비하고 남은 돈을 가난한 사람들에게 나눠주거나 자선단체에 기부하지는 않을 것이다. 사실 그들이 소비하고 남은 돈은 다시 엄청난 재산으로 불어난다. 그런 식으로 부유층이 소유한 부는 계속 증가하고 있다. 2004년, 미국의 상위 1% 부유층 가구의 순자산 가치는 평균 1500만 달러였다.[28] 2008년, 〈포브스(Forbes)〉(1982년 이래 미국 400대 부자의 재산 규모를 계속 소개해오고 있다-옮긴이)가 선정한 400대 부호의 순자산 가치는 평균 39억 달러에 달했다. 이는 1985년도에 선정한 〈포

브스〉400대 부호 평균 액수의 6배가 넘는 수치다.[29]

이와는 반대로 소득 하위 80% 가구의 순자산은 평균 8만 2000달러에 불과했다. 그리고 이것은 그들이 집 안에 소유하고 있는 재산까지 모두 합산한 수치이다. 그리고 소득 하위 40% 가구의 경우, 2004년도 평균 순자산이 2200달러였는데 이는 1983년도의 평균인 5400달러의 절반에도 못 미치는 금액이다. 여기서 우리가 주목해야 할 것은 1983년부터 2003년 사이에 발생한 소득 가운데 하위 80% 가구에 돌아간 것은 10%에 불과했다는 사실이다. 이는 앞에서 살펴본 소득 증가 패턴보다 그 편향도가 훨씬 심각한 것이다.[30]

그리고 이보다 더 놀라운 사실이 있다. 2004년도에 순자산이 '0' 또는 마이너스를 기록한 가구도 17%나 된다는 것이다. 이는 벌어들인 소득보다 갚아야 할 빚이 더 많다는 뜻이다. 부동산 가격이 폭락하면서 서브프라임 모기지를 받았던 수많은 가구들이 미국 역사상 가장 곤궁한 삶에 직면하기 전부터 중산층의 경제 상황은 이렇게 심각한 수준이었던 것이다. 여기서 우리는 소비가 소득 수준을 파악하는 데 항상 효과적인 수단이 될 수 없다는 중요한 단서를 포착하게 된다. 적어도 얼마 동안은 대출을 받아 자신의 소득 수준을 초과하는 지출이 가능하다. 사실 2007년에 경기 침체가 가시화되기 전부터 미국인들의 대출률은 기록적인 수준이었다. 그러나 지금은 고인이 된 허버트 스테인(Herbert Stein)의 주장처럼 "영원히 지속될 수 없는 것은 언젠가는 멈추기 마련이다".

가계 부채의 거침없는 증가는 그에 상응하는 소득의 뒷받침 없이는 계속 이어질 수 없다. 그리고 불행하게도 미국의 중산층에는 그런 소득이 발생하지 않았다. 다시 한번 말하지만 미국의 상황을 아무리 파헤쳐 봐도 승자 독식 경제가 승자 집단 바깥에 있는 사람들에게 이렇다 할 소득을 안겨주었다는 증거는 발견할 수 없다. 오히려 정반대의 증거들만 드러날 뿐이다.

우리가 발견한 그런 증거들은 부정할 수 없는 것들이다. 소득 계층 사다리에서 부유층 바로 아래에 위치한 집단은 모든 것을 독식한 부유층으로부터 아주 멀리 떨어져 있는 자신들을 발견해야 했다. 뿐만 아니라 경제 성장의 엄청난 과실을 향유하는 부유층에 반해 자신들에게 돌아오는 보상은 아주 미미하다는 것을 깨달았다.

이것이 미국 경제가 안고 있는 미스터리다. 그리고 이것은 미국 정치가 안고 있는 미스터리이기도 하다. 민주주의가 모든 분야에서 항상 효과를 거둘 수는 없다. 그러나 대다수 사람들이 민주주의가 효과적으로 작동할 것이라고 굳게 믿고 있는 부분이 존재한다. 그렇기 때문에 광범위한 다수에게 영향을 미치는 이런 문제는 쉽게 발견하기 어렵다. 미국의 상황이 이렇게 심각한데도 민주적 절차를 거쳐 선출되었나는 사람들이 어떻게 아무런 대응도 하지 않고 그렇게 수수방관할 수 있었을까? 이런 미스터리는 아주 깊게 파고들어가야 하는 문제라는 것을 머지않아 알게 될 것이다. 미국의 정치, 경제가 이 지경에 이를 때까지 미국 정부는 방관자 역할만 했던 것이 아니다. 이런 상황을 적극적으로 유도하기까지 했다. 그렇다면 그 이유는 무엇일까?

하지만 이 문제를 살펴보기에 앞서 우리에게는 아직 맞추지 못한 퍼즐 한 조각이 남아 있다. 대다수 경제 분석가들이 지목한 주요 용의자가 기껏해야 힘 없는 공범자에 불과했다는 것을 입증하는 것이다.

유력하지만 잘못 짚은 용의자

케이블 방송의 경제 채널이나 신문의 경제면을 보면 불평등 심화를 이런 식으로 몰아가는 것을 종종 목격할 수 있다.

"사회에 만연한 불평등 풍조를 해결하는 열쇠는 교육에 있다."[31]

"불평등 확대를 설명하기 위해서는 교육, 기술 개발의 경제적 기대 수익성이 계속 상승하는 이유에 대한 설명이 선행되어야 한다."[32]

"미국 경제에서 교육과 기술에 대한 보상이 증가하는 것은 그런 교육 때문이다."[33]

이런 뉴스들은 그냥 아무렇게나 내보내는 것이 아니다. 이런 문구 하나하나에 엄청난 의미가 내포되어 있기 때문이다. 이런 것들은 하버드대 경제학 교수이자 조지 부시 2세 정부에서 백악관 경제자문회의 의장을 지낸 그레고리 맨큐(Gregory Mankiw), 연방준비제도이사회 의장인 벤 버냉키(Ben Bernanke), 그리고 마지막으로 조지 부시 2세 자신의 성명이나 다름없다.

이런 문구들을 관통하고 있는 공통점이 무엇이냐고 물어보면 그 말에 대해 책임을 져야 할 사람들이 모두 공화당과 관련된 인물이라고 답할지도 모른다. 사실 불평등의 심화는 부유층 감세에 열중했던 공화당 소속 대통령(2006년 전까지는 공화당 의원이기도 했다)의 입장에서 보면 불편한 진실이 아닐 수 없다. 하지만 위 세 문구는 적어도 최근까지 불평등과 관련된 경제 전문가들의 시각을 그대로 보여준다는 공통점을 갖고 있다. 그리고 그런 시각은 이 이상하게 생긴 두문자어 'SBTC' 속에 잘 나타나 있다.

SBTC의 유혹

무슨 지역 전화 회사명처럼 생긴 SBTC는 'Skill-Based Technological Change' 즉, 기능 편향적 기술 발전을 의미하는 두문자어다. 그리고 이것은 미국의 불평등 풍조를 가장 분명하게 설명해주는 말이기도 하다.[34] SBTC를 부르짖는 사람들은 지난 30년은 미국이 지식 기반 고용 사회로 크게 변모한 시간이었다고 주장한다. 그들의 이런 주장에서 가장 인기 있는 대목은 세계화 추세가 미국 경제의 변화를 가속화시켰다는 부분이다. 그리고 이런 변화가 정규 교육과 선진 기술의 중요성을 더욱 부각시키고 고학력 근로자와 나머지 근로자들을 확연히 갈라놓는 촉매 역할을 했다는 것이다.

이와 관련하여 다른 식의 주장을 펼치는 사람도 있다. 컴퓨터와 인터넷이 기능 편향적 기술 발전을 주도했다는 것이다. 또 지식 경제의 세계화에 필요한 것을 제대로 교육시키지 않아서 이런 불평등이 초래되었다고 주장하는 사람도 있다.[35] 하지만 불평등에 대한 설명은 모두 동일하다. SBTC가 그 주범이라는 것이다.

하지만 이런 설명에는 두 가지 문제점이 존재한다. SBTC에는 어떠한 혐의도 없다는 것이고 나머지 하나는 이 용의자에게는 강력한 알리바이가 있다는 것이다.

경제적 불평등을 교육 격차로 설명할 수 없는 이유

미국의 불평등을 초래한 진범이 SBTC라고 주장하는 사람들은 어쩌면 그 증거물 1호로 점증하는 '고학력 임금 프리미엄'을 제시할지 모른다. 대학을 졸업한 사람은 그렇지 못한 사람보다 더 많은 임금을 받는다는 것이다. 매년 미국 대학위원회(The College Board)는 '교육은 결코 손해나는 활동이 아니다'라는 제목의 보고서를 발표하는데 그 속에는 대학 졸업자와 비졸업자 간 임금 격차가 상당하고 그것이 점점 늘어나고 있다는 내용이 들어 있다. 복잡한 설명이 곁들여진 다른 경제 분석 보고서들 역시 일반적으로 근로자들을 대졸 학력과 고졸 이하 학력으로 나누어 교육 수준에 따른 결과를 강조한다. 그리고 그런 보고서들이 내리는 결론은 모두 동일하다. '교육에 대한 기대 수익성'이 점점 높아지고 있다는 것이다. 그리고 여기서 좀 더 들어가면 교육은 본전을 뽑을 수 있는 수익성 높은 활동이라는 인식 확대가 불평등 심화를 야기했다는 시각이 만들어지는 것이다.

그러나 꼭 그런 것만은 아니다. 교육에 대한 기대 수익성, 특히 대학 졸업장에 대한 기대 수익성이 계속 상승하고 있는 것은 사실이다. 그러나 우리가 지금까지 살펴본 것처럼 미국의 불평등 확대는 대학 졸업자와 비졸업자 간의 격차로 야기된 것이 아니다. 전반적인 교육 격차는 그렇게 중대한 문제가 아니라는 얘기다. 엄청나게 벌어진 부유층과의 격차가 문제인 것이다. 부유층은 대부분 고등 교육을 받은 사람들이다. 그러나 이런 부유층 바로 아래 단계에 있는 사람들 역시 고등 교육을 받았다. 그런데도 그들은 부유층에서 계속 멀어지면서 한참 뒤처져 있다.

그뿐만이 아니다. 대학 교육을 받은 사람들이 그 아래 단계에 있는 사람들보다 더 잘 사는 것은 사실이다. 그러나 그것은 그들의 경제 소득이 아주 많아서가 아니다. 그저 빈곤층의 참담하리만큼 더딘 소득 증가율을 간신히 모면했기 때문이다.

새로운 교육 엘리트에 대한 이런 일반적인 주장이 모두 사실이라고 가정한다면 소득 계층 상위 20%는 대부분 이런 대학 졸업자들로 이루어져 있을 것이다.(미국인 가운데 대학을 졸업한 사람은 2007년도 기준으로 29%였다) 그렇다면 상위 계층에 편입되는 출발점이자 당연히 특혜가 따라야 하는 소득 상위 20% 근처 가구의 소득이 궁금해지지 않을 수 없다. 그런데 최상위층의 소득과 비교했을 때 이들 가구의 소득 증가율은 아주 미미했다. 상위 1%의 연간 소득 증가율의 4분의 1 정도에 불과했던 것이다.

게다가 이런 중산층의 소득 증가율은 대부분 노동 시간 증가로 인한 것이지 개인별 소득 증가 때문은 아니었다. 잘 믿어지지 않겠지만 2006년 기준으로 대학 혹은 그 이상의 학력을 지닌 사회 초년생(25~34세) 집단이 정규직으로 들어가 1년간 근무했을 때 받는 연봉은 1980년도와 비교해 1000달러 정도밖에 늘어나지 않았다.(인플레이션을 감안한 수치임. 1980년: 4만 4000달러, 2006년: 4만 5000달러)[36] 그리고 이런 대학 졸업자들이 처음으로 입사한 직장에서 의료보험 혜택을 받을 가능성 역시 과거에 비해 현저히 낮다. 현재 직장 의료보험 혜택을 받지 못하는 사회 초년생이 10명 중 4명이나 된다는 사실만 봐도 이를 잘 알 수 있다.[37] 일반적으로 우리가 엄청날 것이라고 생각하는 대학 졸업장의 보상은 거기까지다.

물론 고등 교육을 받은 근로자 가운데 거액의 연봉을 받는 사람들도 존재한다. 사실 우리가 앞으로 초점을 맞추게 될 사람들도 바로 이들이다. '고등 교육은 받을 만한 가치가 있는 활동'이라는 조언을 충실히 따라 대학 졸업장을 손에 쥔 근로자 간에도 이렇듯 엄청난 소득 불균형이 나타나고 있는 것이다. 경제 전문가들은 이것을 '집단 내 불평등'이라고 부른다. 동일한 학력 또는 기능 소유자들 간에 나타나는 불평등이라는 뜻이다. SBTC가 무죄일 수밖에 없는 가장 강력한 증거가 바로 이것이다. 집단 내 불평등은 학력 그 자체만으로는 설명이 불가능하다는 것이 우리가 SBTC의 무죄를 주장하는 근거다. 기본적으로 동일한 학력을 갖춘 사람들 사이에서 이런 불평등이 나타나고 있기 때문이다. 그리고 이런 집단 내 불평등은 1970년대 이후, 불평등이 가장 확대되고 있는 부분, 거의 모든 사람이 높은 학력을 자랑하는 최상위층의 불평등 확대를 설명해주는 것이기도 하다.[38]

어쩌면 SBTC가 이런 고학력 근로자들 사이에서 우리가 알지 못하는 어떤 미묘한 방식으로 작동하는 것인지도 모른다. 평범한 업무밖에 수행하지 못하는 대학 졸업자는 더 높은 수준의 '추상적 업무 수행 능력'을 갖춘 동료에게 뒤처질 수밖에 없다고 주장하는 사람도 있다. 그러나 SBTC가 불평등의 주범이라는 주장은 처음에는 아주 그럴듯하게 들릴지 몰라도 그 타당성을 입증하기가 힘들다.

그러므로 증거가 불충분한 주장은 잊어버리는 것이 상책이다. 무엇보다도 이 용의자에게는 강력한 알리바이가 있기 때문이다.

다른 선진 부국들은 왜 SBTC의 혹독함을 겪지 않았을까?

SBTC는 경제 전문가들에게 아주 매력적인 용의자다. 왜냐하면 어느 죄목에나 갖다 붙일 수 있는 다용도 용의자이기 때문이다. 만약 검사가 SBTC를 범인으로 기소한다면 그는 20세기 전반 50년간의 불평등 감소와 20세기 후반 30년간의 불평등 확대를 그 이유로 내세우며

SBTC의 유죄를 주장할 것이다. 하지만 SBTC라는 이 용의자는 오랜 시간이 흐른 뒤에야 그 영향력이 드러난다. 그리고 우리가 현재 벌이고 있는 이 논의에서 가장 중요한 사실은 SBTC가 국경을 초월하여 영향력을 행사한 용의자라는 것이다. 다른 선진국에도 컴퓨터와 인터넷은 보편화되어 있기 때문이다. 많지는 않지만 이런 통신 네트워크가 미국보다 훨씬 잘 갖춰진 나라도 있다. 그리고 잘 사는 나라들은 대부분 미국만큼이나 아니 어쩌면 그보다 더 많이 세계 경제에 노출되어 있다. 만약 SBTC가 미국을 이런 불평등 사회로 만든 범인이라면 기술 혁신 및 세계화 추세가 똑같이 일어난 나른 나라들에서도 그런 현상이 일어났어야 맞다.

그러나 SBTC를 범인으로 지목한 경제 전문가들에게는 당황스러운 소식이지만 SBTC는 아무래도 범행 장소를 까다롭게 고르는 경향이 있는 것 같다. 불평등 확대가 다른 나라에서도 똑같이 일어난 현상이 아니라는 얘기다. 미국의 소득 불균형은 선진 부국 가운데 단연 최고 수준이다. 한 노동 경제학자가 비꼬듯 했던 말처럼 "불평등에도 금메달이 있다면 그것은 단연코 미국 차지일 것이다. 일반적인 기준에서 봤을 때 이 부문에서 거둔 미국의 성과는 선진국보다 오히려 개발도상국에 가깝다."[39]

수년간의 교육을 통해 쌓이는 업무 숙련도나 기술 격차 면에서 미국이 다른 선진국들보다 더 큰 것도 아니다. 오히려 더 적은 것으로 나타났다. 결국 미국에서 불평등이 크게 확대된 것은 기능 격차나 교육에 대한 기대 수익성이 특별히 커서가 아니라 집단 내 불평등이 다른 나라보다 더 심하기 때문이다. 실제로 미국은 동일한 숙련도(연령, 교육, 문맹률을 기준으로 측정함)의 근로자들 간에 존재하는 불평등이 다른 나라의 비슷한 수준의 근로자들보다 전체적으로 더 심한 것으로 나타났다.[40]

미국에서만 나타난 승자 독식 경제

최상위 부유층의 소득 급증에 관해 SBTC의 무죄를 입증할 수 있는 알리바이는 아주 완벽하다. 왜냐하면 그런 소득 급증이 유독 미국에서 두드러졌기 때문이다.

〈도표 3〉은 12개국의 상위 1% 부유층의 소득(자본 소득 제외) 비율을 서로 비교해놓은 것이다. 조사 대상국은 호주, 캐나다, 프랑스, 독일, 아일랜드, 일본, 네덜란드, 뉴질랜드, 스웨덴, 스위스, 영국 그리고 미국이다.[41] 그리고 첫 번째 막대는 1970년대 중반(1973~1975년)의 평균 비율이고 두 번째 막대는 새천년이 시작되려는 시기(1998~2000년)의 평균 비율을 나타낸 것이다.

이 도표에서 우리의 눈길을 끄는 특징 한 가지는 미국의 수치가 1970년대 초반에는 그렇게 높지 않았다는 것이다. 한 세대 전만 해도 국민 소득에서 상위 1%가 차지하는 비율은 독일, 스위스, 캐나다, 프랑스 같은 나라들이 더 높았다.

하지만 그랬던 비율에 급격한 변화가 일어났다. 오늘날 미국은 비율(16%)과 증가도(사실상 2배) 면에서 다른 선진국들을 제치고 최고를 달리고 있다. 〈도표 3〉에 있는 국가의 절반(프랑스, 독일, 일본, 네덜란드, 스웨덴, 스위스) 정도는 상위 1%가 차지한 소득 비율에 거의 또는 전혀 변화가 나타나지 않았다. 아마도 이런 나라에서는 SBTC가 무단 외출을 했던 것이 분명하다.

영어권 국가들 즉, 호주, 캐나다, 아일랜드, 영국은 미국과 비슷한 길을 걸었다. 하지만 불평등 부문의 메달 경쟁에서는 미국을 당할 나라가 없었다. 미국의 상위 1%가 전체 국민 소득에서 차지하는 비율이 두 배로 급증하는 동안 다른 영어권 국가들은 평균 50% 상승에 그쳤

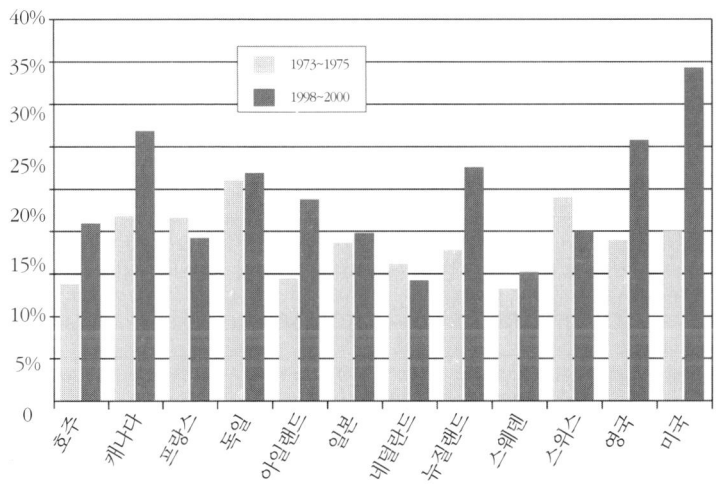

[도표 3] 국민 소득에서 상위 1%가 차지하는 비율(자본 소득 제외) 비교

주: 각 나라의 첫 번째 막대는 1973년부터 1975년(1976년 이후 데이터만 존재하는 아일랜드는 예외임. 아일랜드의 첫 번째 막대는 1976년부터 1979년까지의 데이터를 기초로 작성된 것임)까지 상위 1%가 국민 소득(자본 소득 제외)에서 차지한 평균 비율을 나타낸 것이다. 그리고 두 번째 막대는 1998~2000년까지 상위 1%가 차지한 평균 비율이다.(데이터 확보가 여의치 않아 프랑스와 독일은 1996~1998년, 네덜란드는 1997~1999년, 스위스는 1994~1996년 데이터를 사용했다.)

출처: 앤드류 리(Andrew Leigh), 부유층의 소득 비율은 소득 불균형 정도를 얼마나 자세히 반영하는가?("How Closely Do Top Income Shares Track Other measures of Inequality?") 〈이코노믹 저널(The Economic Journal)〉 117(2007년 11월호, F589-F603) 데이터 참조: http://people.anu.edu.au/andrew.leigh/pdf/TopIncomesPanel.xls (이 도표는 자본 소득을 제외한 상위 1%의 소득 비율에 관한 앤드류 리의 데이터를 사용한 것으로 모든 나라에 두루 적용 가능하도록 조정 작업을 거친 것임)

기 때문이다.

  영어권 국가들은 다른 나라보다 미국의 패턴에 근접하려고 무척 애를 쓴 것 같다. 그러나 이것으로는 정부의 정책이 중요하지 않다는 것을 입증할 수 없다. 왜냐하면 이들 국가는 다른 나라에 비해 전반적으로 미국의 공공정책을 많이 모방했기 때문이다. 게다가 미국의 비교 대상으로 가장 많이 거론되는 두 나라, 영국과 캐나다가 걸어온 궤적을 쫓아가 보면 미국의 승자 독식 경제와 상당히 닮은꼴이라는 것을 발견할 수 있다. 앞에서 상위 0.1%를 구성하는 집단을 설명할 때 잠깐 언급한 것처럼 미국 부유층의 거대한 소득 증대를 가져온 가장 주된 원인은 고소득자, 특히 기업 경영자, 금융회사 임원들의 보수 증가였다. 영어권 국가의 기업들 역시 이런 경영자들을 붙잡기 위해 경쟁을 해야 했고 결국 미국 기업들에서 제시하는 엄청난 액수의 연봉에 맞출 수밖에 없었다.[42] 이런 현상은 특히 캐나다에서 두드러지게 나타났다.* 이런 연쇄적인 파급 효과를 정확히 설명할 수는 없지만 다른 영어권 국가의 부유층 소득 증대가 미국 경영자들의 엄청난 연봉 상승과 보조를 맞추어야 하는 경쟁 압박에서 비롯된 것임은 분명하다. 그리고 이러한 소득 상승이 미국 정부의 정책과 깊은 연관성이 있다는 것을 앞으로 알게 될 것이다.

  위에서 살펴본 국가별 비교는 미국의 승자 독식 경제의 부상에 관해

---

* 대다수 사람들이 주장하는 것처럼 캐나다 내 불어권 지역에서는 부유층의 소득이 크게 증가한 징후를 발견할 수 없었다. 퀘벡(Quebec) 주의 기업 경영자들은 미국식 고액 연봉이 캐나다 여러 지역으로 퍼지게 만든 공동 노동 시장에서 경쟁을 펼치지 않는 것 같다.

놀라운 사실을 알려주었다. 부유층에 소득이 과도하게 집중되는 현상이 비교적 최근에 일어난 일이며 다른 선진 부국과는 달리 미국에서만 일어나고 있다는 것이다. 그리고 이것은 광범위한 계층이 누렸던 미국식 경제 번영의 종말을 가져온 결정적 원인이기도 했다. 어쨌거나 미국의 승자 독식 경제에 대한 지금까지의 설명, 즉 SBTC가 미국의 불평등을 심화시킨 주범이라는 주장은 설득력을 잃게 되었다.

그러나 SBTC가 범인이 아니라면 누구의 소행이란 말인가? 그럼 이제부터 약간 생소한 용의자인 미국의 정치에 대해 살펴보도록 하자.

제2장
위장막에 가려진 용의자

승자 독식 경제(경제 성장의 과실이 부유층에 과도하게 집중되는 현상은 1970년대 이후 미국 경제를 규정하는 중요한 특징이 되었다)에는 세 가지 거대한 미스터리가 숨어 있다. 누가, 어떻게, 왜 만들었느냐는 것이다. 우리는 대다수 경제 전문가들이 주요 용의자로 지목한 SBTC가 기껏해야 미미한 공범에 지나지 않는다는 사실을 앞에서 확인했다. 그럼 이제부터는 좀 더 특별한 용의자인 미국 정부와 정치에 대해 파헤쳐보도록 하자.

그리고 이것 못지않게 중요한 문제는 만약 미국 정부와 정치가 정말 주범이라면 어떤 방법을 사용했느냐는 것이다. 미국 정부가 어떤 식으로 승자 독식 경제를 부채질했는지, 그렇게 강력한 효과를 발휘한 방법이 무엇이었는지를 이해한 다음에만 우리는 "왜?"라는 질문으로 넘어갈 수 있다. 승자 독식 경제를 조장한 정부의 정책 뒤에 숨은 동기는 무엇이었을까? 그리고 대의민주주의 국가에서 국민의 손으로 직접 선출한 정치인들이 어떻게 그렇게 오랜 세월 극소수 계층만을 위해 정치를 펼칠 수 있었을까? 여기에 대한 이야기는 3장에서 다루기로 하겠다. 그리고 입헌 민주주의 자본주의 국가에서 정치인들이 경제 자원과 권력의 불균형을 옹호한 이유와 거기에 사용한 방법을 밝혀내기 위해 미국 정치 역사도 개략적으로 살펴볼 생각이다.

하지만 우리는 조사 과정에서 하나의 높은 벽에 부딪히게 된다. 부유층의 과도한 소득 집중이 미국 정부나 정치와 무관하다는 경제 전문가들의 주장이 바로 그것이다. 부시 2세 행정부에서 재무부 장관을 역임한 헨리 폴슨(Henry Paulson)은 2006년, "불평등은 그저 하나의 경제 현상이므로 거기에 대해 특정 정당을 비난하는 것은 공정하지도 유익하지도 않다"면서 자신의 소속 정당을 여론의 화살로부터 막아주려고 애쓰기도 했다.[1] (물론 그가 말한 '전혀 유익하지 않은 부당한 비난'을 듣고 있는 정당이 어느 쪽인지 모를 사람은 없을 것이다) 그러나 폴슨의 그런 변명은 그 혼자만의 생각이 아니었다. 공화당 및 민주당 소속 경제 전문가들은 대부분 불평등이라는 서커스에서 미국 정부의 정책은 지엽적인 부분에 지나지 않는다고 한목소리를 내고 있다. 물론 그렇게 생각하지 않는 사람도 있다. 노벨경제학상을 수상한 폴 크루그먼(Paul Krugman) 같은 학자는 미국 불평등 심화의 주된 원인으로 미국 정부의 정책을 꼽으며 강하게 비판하기도 했다. 그리고 특정 분야에 미친 미국 정부 및 정책의 역할을 자세히 파고드는 경제 전문가들도 더러 있기는 하다.[2] 그러나 미국 정부나 정책이 미국의 불평등 심화에 별로 영향을 미치지 않았다는 것이 전문가 집단의 지배적인 의견이다. 그들이 그런 주장을 펼치는 것은 미국 정부나 정치인들이 수행한(혹은 어떤 경우에는 의도적으로 수행하지 않은) 온갖 활동이 승자 독식 경제를 가속화시켰다는 것을 아직까지는 체계적으로 입증할 수 없기 때문인 면도 있다.

이번 장은 우리 주장의 포문을 여는 정도로 생각해주기 바란다. 모든 개시 진술이 그러하듯 이 장에서 모든 미스터리를 해결할 수는 없다. 특히 뒤에서 계속 탐색 활동을 벌이게 될 핵심 미스터리는 이번 장에서는 모두 미제로 남겨 두려고 한다. 미국 정치인들이 승자 독식 경제 건설에 그렇게 집착했던 이유 같은 것들 말이다. 그러나 다른 모든 수사와 마찬가지로 유력한 용의자를 찾아내고 그런 용의자를 부정하는 사람들의 주장이 타당한지를 살펴보는 활동은 거대한 미스터리들을 풀어나가는 출발점이 될 것이다.

부당한데도 미국의 정치와 정책의 무죄를 주장하는 이유

많은 사람들이 미국의 정치나 정부 정책은 미국 사회의 불평등 심화와 아무 관련이 없다고 생각하는 것은 다음과 같은 이유 때문이다. 불평등 확대의 상당 부분은 정부가 각종 세금과 복지 수당을 떼기 이전의 소득 불균형에서 비롯된다는 것이다. 간단히 말하면 과거에 비해 부유층이 직장에서 받는 소득이 크게 증가했고 승자 독식 경제는 이런 승자 독식 노동 시장을 그대로 반영한 것이라는 얘기다.

그럼 지금부터 미국 정치와 정책의 무혐의를 주장하는 사람들의 견해를 좀 더 깊이 파헤쳐보도록 하자. 그들은 정부가 과거보다 부유층에 세금을 훨씬 적게 부과하거나 중산층에 복지 혜택을 훨씬 적게 제공하는지 살펴보라고 큰소리친다. 거기에서 정부가 불평등을 조장해왔는지 아닌지가 분명하게 드러난다는 것이다. 그러면서 그들은 이렇게 되묻는다. 세금이나 각종 복지 수당을 거둬들이지도 않은 상태에서 정부가 개인이 벌어들이는 소득에 영향을 미칠 수 있느냐고 말이다. 한 예로, 보수주의 경제학자인 하버드대 그레고리 맨큐 교수는 "불평등 심화의 원인을 일부 경제 전문가들은 워싱턴의 지배 계층에서 찾으려고 한다. 그러나 워싱턴 정가의 정책 입안자들은 설령 그들이 원한다 해도 세전 소득에 대해 그 정도로 막강한 영향력을 행사할 수 있는 수단이 없다"고 주장한다.[3] 그렇다면 진보 진영의 입장은 어떨까? 경제학자이자 클린턴 정부에서 재무부 고위 관료를 지낸 캘리포니아 주립대(버클리 캠퍼스) 브래드 드롱(Brad DeLong) 교수는 이렇게 말한다. "세전 소득 분배에 정부 정책이 그렇게 거대한 영향력을 행사할 수 있게 해줄 메커니즘은 존재하지 않는다."[4]

하지만 이들의 주장에는 기본적으로 다음 세 가시가 간과되어 있다.

첫 번째는 소득 최상위층에 대한 세금 및 복지 수당 부과를 통해 불평등 해소에 나서는 정부의 활동이 대폭 줄어들었다는 사실이다. 바꿔 말하면 부유층과 비부유층 간의 불평등에만 집착함으로써 불평등이 절정에 달한 지금, 정부의 정책이 부유층에 얼마나 편향되어 있는지를 놓치고 있다는 것이다. 앞으로 알게 되겠지만 미국의 최상위 부유층이 엄청난 소득을 거두고 있는 것은 정부의 이런 세심한 배려 덕분이다.

두 번째로 이들의 이런 주장은 다음과 같은 잘못된 추정에 근거하고 있다. 미국 정부와 정치가 정말 문제라면 유일한 해결책은 부유층의 소득이 공평하게 재분배될 수 있도록 다양한 법안들을 통과시키는 것이라고 생각한다는 것이다. 우리는 앞으로 불평등 심화를 조장한 수많은 법안 통과에 대해 이야기하게 된다. 그리고 대규모 입법 발의가 경제의 작동 방식과 그 수혜계층을 변화시킬 수 있는 유일한 해결책이 아니라는 것도 같이 설명할 것이다. 그것 못지않게 중요한 것이 또 하나 있다. 우리가 앞으로 '표류(drift)'라고 부르게 되는 것이 바로 그것이다. '표류'란 시시각각 변하는 경제 현실에 대한 정부의 조직적, 장기적 무대응을 말한다. 우리는 이 책에서 표류에 대해 많이 이야기하게 될 것이다. 미국의 승자 독식 경제에 대한 이야기는 부유층에 유리한 법안을 열심히 통과시키는 정치인들 이야기가 전부가 아니다. 부유층의 과도한 소득 집중을 막기 위해 고안된 법률이 급속한 경제 변화를 따라가지 못해 무용지물이 되는데도 철저히 모른 척했던 정치인들에 대한 이야기이기도 하다.

이들의 주장에 내포된 세 번째 문제는 훨씬 더 심각하다. 정부가 소득 분배 방식을 변화시킬 수 있는 유일한 방법은 세금을 부과하고 각종 복지 수당을 거둬들이는 것이라고 굳게 믿고 있다는 것이다. 이것이 일반적인 견해이지만 한편으론 지극히 편협한 견해이기도 하다. 정부는 '시장의 소득' 분배에 영향을 미칠 수 있는 강력한 힘을 갖고 있기 때문이다. 정부의 이런 힘은 세금과 복지 수당을 거둬들이기 전의 소득에까지 영향력을 발휘할 수 있다. 벤처 사업의 위험 관리를 비롯해서 노조 운영, 최소임금, 금융시장 관련 규정들을 떠올려보라. 이런 규정들은 해당 시장을 형성하고 누구에게, 어떤 식으로 혜택이 돌아가게 할지를 결정할 수 있다. 이것은 이데올로기한 문제가 아니다. 실제 현실에서 일어나는, 아주 중대한 의미를 갖는 문제인 것이다.

어쩌면 가장 큰 의미는 공공정책이 사회의 불평등 심화와 아주 중요한 관련이 있다는 사실일지도 모른다. 시장의 규칙은 사람들의 삶을 크게 바꿔놓는다. 그리고 중요한 것은 정부의 업무에 붙는 포괄적인 꼬리표('세금 개혁', '의료보험 개혁')가 아니라 대다수 경제 전문가들이 철저히 무시하는 그 이면의 세부 조항이다. 우리의 탐색 활동을 따라가다 보면 진짜 악마는 공공정책의 세부 조항 속에 숨어 있다는 것을 깨닫게 될 것이다. 공공정책은 절대 부수적인 공연이 아니다. 오늘날처럼 정부가 왕성한 활동을 펼치는 시대에는 그것이 가장 주된 공연이다.

이런 규정들의 효과가 잘 이해되지 않을 수도 있다. 그러나 이런 규정들이 하나 둘 쌓이면서 거대한 누적 효과를 발휘하게 된다는 것은 의문의 여지가 없는 사실이다. 기본 재산권이 보장되지 않거나 금융시장이 정부의 규제를 받지 않으면 경제가 어떻게 될지 한번 상상해보라. 그러면 정부의 역할이 실제로 우리 생활에 얼마나 깊숙이 영향을 미치고 있는지 조금은 이해가 될 것이다. 정부는 시대마다, 나라마다 다양한 방식으로 시장을 형성할 수 있고 또 그렇게 해왔다. 그리고 거기에 맞춰 분배 결과도 달라졌다.

이런 잘못된 가정들을 바로잡으면 결론은 아주 분명해진다. 미국의 승자 독식 경제에 미국 정부가 엄청나게 관여했다는 사실을 깨닫게 된다는 뜻이다. 하지만 최상위 부유층에서 어떤 일이 일어났고 그들이 정부 정책이 현실에 맞춰 변화하는 것을 차단하기 위해 어떤 식으로 정치에 개입했고 또 정치인들은 시장을 특권층의 입맛에 맞게 어떤 식으로 재구성했는지, 이런 부분에 대한 이해가 선행되어야만 우리는 위와 같은 결론에 도달할 수 있다.

그렇다고 해서 첨단 기술의 발달이 이런 변화에 아무런 역할도 하지 않았다는 얘기는 아니다. 정보 기술의 변화는 스포츠나 엔터테인먼트 같은 분야가 높은 소득을 거둘 수 있는 환경을 만들어주었다. 이런 분야에서는 대규모 관중에게 접근할 수 있는 능력이 곧 경제적 수익을 좌우하는 열쇠가 된다.[5] 또한 컴퓨터, 국제 자금 유입의 증가, 새로운 금융 기법의 개발은 해당 분야에 정통한 투자자들이 계속 막대한 수익을 거둘 수 있게 해주었다. 물론 가끔은 막대한 손실을 볼 때도 있긴 하지만 말이다. 셔윈 로젠(Sherwin Rosen)에 의해 탄생했고 1995년 로버트 프랭크(Robert Frank), 필립 쿡(Philip Cook)이 공저한 《승자 독식 사회(The Winner-Take-All Society)》를 통해 다듬어진 승자 독식의 정의는 바로 이런 것이다.[6] 그러나 기술 발전에 근거한 이런 논리로는 왜 미국에서만 부유층에 소득이 과도하게 집중되는 현상이 일어나고 있는지 그 이유를 제대로 설명할 수 없다. 그리고 어떻게 그런 엄청난 소득이 부유층에 집중될 수 있는지도 설명이 불가능하다.

예를 들어 요즘 신문이나 뉴스를 보면 막대한 수입을 올리는 유명인, 예술가, 운동선수 같은 '슈퍼스타' 이야기가 많이 부각되는 것을 발견할 수 있다. 하지만 1장에서 언급했듯이 이런 사람들이 최상위 부유층에서 차지하는 비율은 아주 미미하다.

〈표 2〉는 소득 신고 데이터와 관련하여 최근 실시된 한 연구 결과를 바탕으로 작성한 것이다. 여기에서 우리는 2004년도 최상위 납세자 0.1%를 구성하는 사람 10명 중 4명이 금융업계 이외의 기업 경영자, 임원, 관리자들이라는 것을 알 수 있다. 특히 기업 경영자들은 10명 중

3명이나 된다. 하지만 예술, 미디어, 스포츠 분야의 고소득자들이 이 소득 집단에서 차지하는 비율은 겨우 3%에 불과했다.

최상위 0.1%에서 가장 큰 부분(거의 10명 중 2명꼴)을 차지하는 금융업계 종사자들의 경우, 그들은 그저 첨단 기술의 변화를 솜씨 좋게 다루는 조련사에 불과하다는 말이 믿어지지 않을 정도다. 그들이 복잡한 컴퓨터 작업을 통해 양산한 소위 '금융 혁신'이라는 것은 대부분 다른

직업	비율
경영자, 임원, 관리자(비금융업계)	40.8%
금융업계 종사자(경영자 포함)	18.4%
무직 혹은 사망자	6.3%
변호사	6.2%
부동산업	4.7%
의료계	4.4%
기타 사업가	3.6%
예술, 미디어, 스포츠	3.1%
자영업(비금융업계)	2.2%
전문 영업직(금융, 부동산 제외)	1.9%
교수, 과학자	1.1%
농장, 목장 경영자	1.0%
기타	2.6%
직업 미상	0.7%

[표 2] 2004년 최상위 0.1% 납세자 비율(자본 소득 포함)

출처: 존 배키야(Jon Bakija), 브래들리 하임(Bradley T. Heim), "미국 소득 신고 데이터에 근거한 고소득자들의 직업 및 소득 증가율, 소득 불균형 변화의 원인(Jobs and Income Growth of Top Earners and the Causeas of Changing Income Inequality: Evidence from U.S. Tax Return Data)" 윌리엄스 칼리지(Williams College), 조세분석국(Office of Tax Analysis) 조사 보고서(2009년 3월 17일) 표 1

사람의 돈으로 도박을 하는 고위험 투자였다. 한마디로 그들은 무지한 일반 국민들을 현혹해 초단기 수익을 거두거나 단기 시장이 요동치는 변화를 틈타 엄청난 돈벌이를 했다. 게다가 이런 '금융 혁신'들이 활개를 칠 수 있었던 것은 그로 인해 발생할 위험에 대비해 정부가 그때그때 관련 규정들을 수정하지 않았기 때문이다. 그 결과, 대다수 미국인들에게는 아주 유감스럽게도 그런 금융 혁신가들의 주머니만 더 불려주고 말았다. 2009년, 전직 연방준비제도이사회 의장이었던 폴 볼커(Paul Volcker)가 했던 말은 그런 점에서 당시의 국민 정서를 그대로 반영한 것이라고 할 수 있다. "지난 수십 년간의 금융 혁신 가운데 일반 국민들에게 진짜 도움이 된 것은 현금자동지급기(ATM)밖에 없다."[7]

정부는 금융업계 및 일반 기업 경영자들의 보수가 천정부지로 치솟는데도 아무런 규제를 가하지 않았다. 여타 분야로까지 확대된 승자 독식 현상을 제어하기는커녕 오히려 더욱 부추기며 그런 활동에 깊이 관여하고 있었다. 무엇보다 놀라운 사실은 그러잖아도 많이 가진 사람들에게 더 많은 부를 안겨주는 정책을 펼쳤다는 점이다. 정부가 불평등 심화에 주된 역할을 했음을 단적으로 보여주는 예가 있다. 지난 30년간 부유층에 대한 누진세율을 계속 낮춘 것이다.

한 수 위

우리를 가장 당황스럽게 만든 것은 대다수 경제 전문가들이 소득 최상위층에 대한 정부의 대규모 감세 조치에 별로 주목하지 않았다는 사실이다. 그들은 부유층의 세금 감면 혜택이 경제 불평등 심화에 그다지 영향을 미치지 않는다고 여기는 것 같았다. 물론 각자가 지닌 이데올로기적 신념에 따라 그것을 기꺼이 받아들인 사람도 있고 마지못해 받아들이는 사람도 있겠지만 말이다.

그러나 이것은 결코 사실이 아니다. 〈월스트리트 저널(The Wall Street Journal)〉의 사설에서 끊임없이 상기시키고 있는 것처럼 부유층이 내는 소득세가 미국의 전체 소득세에서 차지하는 비율이 과거보다 늘어난 것은 사실이다. 하지만 그것이 부유층의 소득세율이 과거보다 더 높아졌다는 뜻은 아니다. 우리가 납부하는 세액은 얼마나 많이 버는지만이 아니라 세율이 얼마나 높은지에 따라 달라지기도 한다. 그리고 지난 한 세대 동안 부유층은 엄청나게 많은 돈을 벌어들였다. 과거와는 비교가 안 될 정도로 많은 돈을 벌었기 때문에 미국의 전체 소득세에서 차지하는 비율이 늘어난 것은 당연한 일이다. 그런데도 그들의 그런 엄청난 소득에 부과되는 전체적인 세율은 과거에 비해 현격히 낮은 수준이다.

사실 소득세는 세금 가운데 부유층에 가장 큰 타격을 입히는 세금이다. 연방 정부가 거둬들이는 각종 세금(부유층에 가장 경미한 부담을 주는 급여세, 현재보다 오히려 과거에 더 많은 부담을 안겨주었던 법인세와 상속세 등)을 들여다보면 부유층에 부과하는 세율이 얼마나 급격히 하락했는지 금방 알 수 있다.

그리고 또 중요한 사실 한 가지는 부유층을 하나의 단일 집단으로 묶어 이야기하는 것은 별로 의미가 없다는 것이다. 부자라고 다 똑같은 부자가 아니기 때문이다. 앞에서 이야기했던 것처럼 부유층 안에는 더 높은 부유층이 존재한다. 그리고 이런 최상위 부유층에 대한 세율 인하 폭이 아주 엄청나다는 사실에 우리는 또 한번 놀라지 않을 수 없다.

토머스 피케티와 엠마누엘 사에즈의 연구 결과를 토대로 작성된 〈도표 4〉를 보면 조금 전 설명했던 상위 1% 내에서도 최상위권을 형성하는 극소수 부유층의 세율이 얼마나 하락했는지를 직접 확인할 수 있다.[8] 이 도표는 연방정부의 평균 유효세율을 추적 조사한 것으로 기업 변호사나 회계사들이 부자들을 위해 연신 공격해대는 공식 세율이 아니라 사람들이 신고한 소득 비율에 따른 실제 납부 세액을 바탕으로 작성되었다.

도표에서 보다시피 오늘날 상위 1%는 1970년도 상위 1%보다 훨씬 더 부유해졌는데도 세율은 오히려 3분의 1로 줄어들었다. 그러나 상위 1%를 좀 더 세분화하여 최상위 부유층으로 들어가 보면 훨씬 더 놀라운 이야기가 펼쳐진다. 이들 진짜 특권층이 납부하는 세율은 과거와 비교해 엄청나게 줄어들었기 때문이다. 상위 0.01%에 해당되는 부유층의 소득세율은 무려 50% 이상 떨어졌다. 결국 그들이 더욱더 부자가 될 수 있었던 것은 단순히 연봉이 늘어났기 때문만은 아니라는 얘기다. 정부가 그런 부자들에게 부과하는 세금이 대폭 줄었기 때문에 그들은 더욱더 부자가 될 수밖에 없었던 것이다.

세금 정책 전문가들은 고소득자들에게 더 높은 세율을 부과하는 세법을 따로 마련했다. 이것이 바로 '누진세'(progressive)다. 연방세법은 지금도 전반적으로 누진세가 적용되고 있다. 그런데 이런 세법의 핵심(소득 최상위층에 높은 누진세를 적용하는 것)이 사라져버렸다. 부유층 가운데서도 최고로 부유한 사람들이 부유층 문턱에 간신히 걸쳐 있는 사람들과 동일한 세율을 적용받고 있었던 것이다. 〈도표 4〉에는 이런 사실이 나타나 있지 않지만 상위 중산층(소득 상위 10~20%에 속하는 가구)에 부과된 평균 연방세율은 최상위 부유층이 납부하는 세율과 그렇게 큰 차이가 없다. 우리는 앞으로도 이런 비슷한 패턴을 계속 목격하게 될 것이다. 부유층이 누리고 있는 엄청난 혜택은 그 대상이 극소수이기 때문에 아주 잘게 세분화해서 들여다보지 않으면 잘 보이지 않는다. 미국 정부가 스마트 폭탄(Smart Bomb, 레이저 광선에 의해 목표물로 유도되는 폭탄-옮긴이)에 견주어도 손색이 없을 정도로 정밀한 이런 세금 정책을 고안해냈다는 사실에 경악을 금치 않을 수 없다. 다른점이라면 이것은 아주 엄선한 수혜자들에게만 안겨주는 돈 폭탄이라

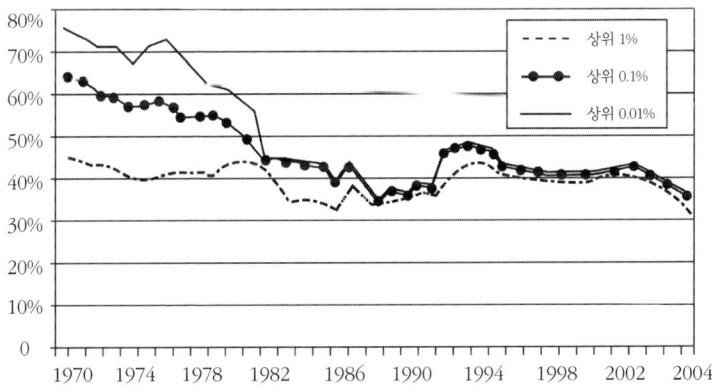

[도표 4] 고소득층에 부과된 평균 연방세율(1970~2004년)
출처: 토머스 피케티, 엠마누엘 사에즈, "역사적, 국제적 관점에서 살펴본 미국 연방세의 누진세율 변화(How Progressive is the U.S. Federal Tax System? A Historical and International Perspective)" 〈저널 오브 이코노믹 퍼스펙티브스(Journal of Economic Perspectives)〉 21, no. 1(2007년 겨울호), 데이터 참조: http://elsa.berkeley.edu/~saez/jep-results-standalone.xls

는 것이다.

그렇다면 30년간에 걸친 이런 장기 감세 조치가 오늘날 승자 독식이라는 불평등을 조장하는 데 어느 정도 영향을 미쳤을까? 사람들의 소득에 미치는 정부의 영향력과는 달리 이것은 비교적 계산하기가 쉽다.(적어도 첫 번째 근사치까지는 구할 수 있다) 그리고 그 수치를 보면 너무 엄청나서 우리 자신의 눈을 의심하게 될 것이다. 소득 상위 0.1%가 미국의 전체 세후 소득에서 차지하는 비율이 1970년 1.2%에서 2000년에는 7.3%로 껑충 뛰어오른 것이다. 만약 그들의 소득에 부과하는 세율이 1970년과 동일한 수준으로 유지되었다면 이 비율은 4.5% 정도였을 것이다.⁹ 좀 더 간단히 말하면 부유층에 부과하는 세율을 1970년 수준으로 동결했을 경우, 최상위 부유층과 나머지 계층 간의 소득 격차가 지금처럼 심하지 않았을 것이라는 얘기다.

이런 극적인 세금 정책의 변화는 어느 날 갑자기 일어난 것이 아니다. 그런 세법을 고안하고 시행한 사람들은 1970년대부터 서서히 최상위 부유층에 유리한 쪽으로 법을 바꿔왔던 것이다. 그러한 변화는 레이건이 대선에 뛰어들기 전부터 일어나기 시작했고, 레이건의 대규모 감세를 정당화해준 공급측 이론의 논리적 근거들이 무너진 후에도 한참 동안 지속되었다. 공화당은 물론 민주당 의원들까지 가세한 법안 상정 경쟁에서 비롯된 이런 세법 변화는 소득세에서 시작해서 상속세, 법인세 인하로까지 이어졌다. 그리고 여기에서 계속 발견하게 되는 거대한 패턴 하나는 이런 세법의 초점이 단순히 부유층이 아니라 최상위 부유층에 혜택을 안겨주는 데 맞춰졌다는 것이다. 상속세, 대안최저세금(alternative minimum tax) 등에서 알 수 있다시피 미국의 정치인들은 대다수 평범한 미국인들의 피해는 아랑곳하지 않고 극소수의 최상위 부유층만을 위한 선택을 계속 이어갔다.

더구나 대다수 미국인이 부유층에 더 높은 세금 부과하라고 강력히 주장하는 상황에서 이런 일들이 벌어지고 있었던 것이다. 미국 경제가 대공황의 후유증에서 벗어나지 못한 채 계속 사투를 벌이고 있던 1939년에도 "정부는 부유층에 무거운 세금을 부과하여 부를 재분배해야 한다"는 강경한 주장에 동의한 미국인이 35%나 됐다. 그리고 그 수치는 1998년에는 45%, 2007년에는 56%로 상승했다. 세금에 대한 국민들의 관심은 주기적으로 오르고 내리기를 반복했지만, 고소득층이 납부하는 세금이 너무 적고 법인세(현재 미국 전체 세금에서 법인세가 차지하는 비율은 15%도 안 된다)가 정부의 주된 세입원이 되어야 한다는 생각에는 변함이 없었다.[10] 그런데도 불구하고 미국의 최상위 부유층에 부과하는 세율은 30년 넘게 계속 하락해왔다.

모든 감세 조치가 2001년도 상속세 인하 시도처럼 가시화되었던 것은 아니다. 부유층 감세 조치에 대한 국민들의 반감을 잘 알고 있었던 미국 정치인들은 좀 더 교묘한 방법을 채택하는 명민함을 보였다. 그 중 하나가 세법의 집행을 대폭 축소한 것이다. 굳이 이름을 붙이자면 '셀프 서비스 세금 인하' 정도가 적당할 것이다. 미국의 경우, 부과된 세금 가운데 납부되지 않는 금액이 6달러 중 1달러꼴이다. 이로 인해 매년 수천억 달러의 세금이 미납되고 있다.[11] 물론 이 돈을 모두 부자들이 미납했다는 말은 아니다. 그러나 "거기(은행)에 돈이 있기 때문에 은행을 털었다"던 윌리 서튼(Willie Sutton, 1920~40년대 미국에서 악명을 떨친 은행 강도-옮긴이)처럼 부유층의 탈세는 돈과 직결된다. 사실 대다수 미국인들은 급료를 받는 즉시 세금이 자동적으로 빠져 나간다. 반면 부유층과 기업은 각자의 소득과 자본 소득을 신고하도록 되어 있다. 하지만 이들은 복잡한 동업관계, 역외 조세 피난처 등 조세법망을 피하기 위해 온갖 수단과 방법을 동원한다. 그러나 비리 고발 전문 기자인 데이비드 케이 존스턴(David Cay Johnston)의 기사를 통해 우리는 고소득 납세자와 기업들에 대한 회계 감사가 급감했다는 사실을 알게 되었다. 회계 감사가 실시되는 유일한 대상은 근로소득세액 공제를 신청하는 가난한 납세자들뿐이라는 것이다.[12]

정치인들이 굳이 새로운 법안을 통과시키지 않고도 부유층의 세금을 감면해줄 수 있는 방법은 또 있다. 부유층과 그들이 고용한 회계사가 정부가 부과한 세금을 간단히 덜어낼 수 있도록 여기저기에 허점을 만드는 것이다. 이보다 더 터무니없는 사례는 유능한 사모 펀드 및 헤지 펀드 관리자들이 자신들이 받는 막대한 소득의 상당 부분을 자본 소득으로 신고하는 것이다. 자본 소득에 대한 세율은 15%밖에 안 되기 때문이다.(2006년, 상위 25명의 헤지 펀드 매니저들은 평균 6억 달러가량을 벌어들였다. 그리고 가장 많은 수입을 거둔 제임스 시몬스(James Simons)의 경우, 수령 금액이 무려 17억 달러에 달했다)[13] 이런 담합을 가능하게 해준 '실현된 이익' 조항은 헤지 펀드의 확대를 앞당겨준 세법의 허점 가운데 하나다. 대다수 사람들이 불가피한 것으로 받아들이는 이런 허점은 2010년까지 계속 이어졌다. 엄청난 자금력을 앞세운 부유층의 맹렬한 로비 활동과 민주당 척 슈머(Chuck Schumer) 상원의원 같은 월가 지지 세력의 강력한 비호 덕분에 그런 허점들은 오랜 세월 그대로 유지될 수 있었다.

불평등 심화의 책임은 확실하지도 않은 용의자에게 뒤집어씌우려고 그렇게 기를 쓰면서도 부유층에 대한 감세처럼 쉽게 발견할 수 있는 범인에게는 어떻게 그렇게 무관심할 수 있는지 정말 이해가 되지 않는다. 미국의 불평등 심화에 정부가 맡은 역할과 관련하여 우리는 아직 본격적인 논의에 들어가지도 않았다. 하지만 최상위 부유층에 대한 누진세율을 대폭 낮춰준 세금 정책 하나만으로도 미국 정부가 극심한 불평등을 부채질했다는 것은 더 이상 의심의 여지가 없어 보인다.

재분배 축소

소득 분배에서 부유층과 비부유층 간의 불평등에만 초점을 맞추면 정부의 정책이 얼마나 최상위 부유층에 편향되어 있는지 간과하게 된다. 우리는 앞에서 사람들이 일반적으로 간과하고 있는 문제에 대해 이야기했다. 그 두 번째 문제가 무엇이었는지 기억하는가? 최상위 부유층은 상황 변화에 맞춰 정부가 정책을 수정하지 못하도록 용의주도하게 차단 활동을 벌여왔다. 그런데도 경제 전문가라는 사람들은 그런 활동으로 인해 정부의 정책이 얼마나 약화될 수 있는지 진지하게 살펴보지 않는다는 것이었다. 정부의 정책이 불평등 확대로 경제 패자가 된 대다수 미국인들에게 얼마나 인색해졌는지 전문가들이 제대로 인식하지 못하는 것도 바로 그런 이유 때문이다.

실제로 우리는 다른 나라들과의 비교 통계에서 정부 정책을 용의자로 지목할 수 있는 중요한 단서 하나를 발견했다. 그 단서는 1970년대 이후 소득 불균형 심화에 대한 미국의 대응 방식이 다른 나라들과는 상당한 차이가 있었다는 것이다. 다른 선진국들은 점점 확대되는 소득 격차를 막기 위해 정부와 국민이 한마음 한뜻으로 적극 대항했다. 그런 사회 풍조가 세계화에 의한 것이건, 첨단 기술의 변화에 의한 것이건, 여타 경제 혹은 사회 세력에 의한 것이건 그런 것은 별로 중요하지 않았다. 그런데 미국만은 이런 압박 활동에 정부가 동참하지 않았다. 오히려 정부 정책들은 그런 불균형을 적극적으로 지원하는 모습을 보이기까지 했다.

우리가 이런 사실을 발견할 수 있었던 것은 룩셈부르크 소득연구센터(Luxembourg Income Study, 이하 LIS)라는 대규모 국제조사기관 덕분이었다. LIS 연구가들은 국민 소득 데이터를 이용하여 국민들이 경제 활동을 통해 벌어들인 소득을 정부가 얼마나 적극적으로 재분배하고 있는지, 부유층으로부터 거둬들인 돈을 저소득 계층에 얼마나 제대로 분배하고 있는지 10년 넘게 조사를 실시했다. 하지만 이런 LIS 데이터도 한 가지 문제점에 부딪혔다. 물론 우리에게는 이제 너무나 익숙해진 문제지만 말이다. 그것은 극소수 최상위 부유층의 소득에 대해서는 제대로 설명할 수 없다는 것이었다. 하지만 그런 문제점에도 불구하고 이 데이터는 불평등의 심화에 맞선 각국 정부의 대응 방식에 대해 흥미로운 사실들을 알려주었다. 때로 그런 사실은 충격적이기까지 했다.

사람들은 복지 국가가 위기에 직면했다고 생각한다. 그러나 우리가 확보한 데이터에 따르면 대부분의 선진국들은 지난 수십 년 동안 소득 재분배가 변함없이 유지되고 있거나 실제로 더 개선된 것으로 나타났다. 이런 나라들(미국과 북쪽 국경을 맞대고 있는 캐나다도 여기에 포함된다)은 시장에 의해 조성된 불평등을 정부가 적극적으로 나서서 완화시켰다.[14]

하지만 미국의 상황은 정반대였다. 불평등과 빈곤을 약화시키려는 정부의 노력이 한 세대 전과 비교해 오히려 더 줄어든 것이다. 우리는 가끔 근로소득세액 공제 같은 빈곤층 경제 개선 프로그램 소식을 접하곤 한다. 그러나 이런 프로그램은 불평등이라는 높은 파도 앞에서 순식간에 무너질 수 있는 허약한 제방과 같다. 한 예로, 1980년부터 2003년까지 정부의 세금과 복지 혜택을 통한 불평등 완화 비율(가장 일반적인 불평등 지수인 지니 계수(Gini Index)로 측정됨)이 4분의 1 이상이나 떨어졌다.[15]

그렇다면 이렇게 심화되는 불평등에 맞서 정부가 아무런 대응 활동을 펼치지 않는 것도 정책의 하나로 간주할 수 있을까? 당연하다. 정부의 정책이 '표류'의 형태를 띤다면 충분히 가능하다. 즉 변화무쌍한 경제 현실에 맞춰 적절한 정책을 수립하지 않고 무대응으로 일관해버리는 것이다.[16]

표류는 아주 단순한 개념이다. 하지만 미국에서 일어나고 있는 상황을 이해하는 데 이것만큼 중요한 개념도 없다. 경제, 사회의 주요 변화는 정부 정책의 작동 방식까지 바꿔놓을 만큼 강력한 영향력을 미친다. 인플레이션 상승으로 연방 최저 임금 가치가 얼마나 떨어졌는지 생각해보라. 최빈곤층 노동자들은 자신의 경제적 지위가 상대적으로 계속 추락하는 것을 맥없이 지켜보아야 했다. 가장 큰 이유는 정부가 소비자 물가 상승을 반영하여 최저 임금을 그때그때 수정하지 않았기

때문이다.[17]

그렇다면 정부가 그런 최저 임금을 그때그때 수정하지 않은 이유는 무엇일까? 최저 임금이 늘어나거나 인플레이션에 맞춰 변동되지 못하도록 효과적으로, 그리고 끊임없이 방해 활동을 펼친 맹렬 반대 세력 때문이다. 사실 1970년대, 최저 임금을 인플레이션에 맞춰 변동시키려는 법안이 거의 통과 직전까지 가기도 했다. 당시 이 법안은 2001년과 2003년도에 단행한 부시 대통령의 감세 정책만큼이나 엄청난 논란을 일으켰다. 그러나 정치권 바깥에 있는 사람들은 거의 알지 못했던 이 논란은 결국 흐지부지 끝나고 말았다. 여기서 우리가 말하고 싶은 것은 이것이다. 경제 상황이 급변하는데도 정부의 주요 정책들에 아무 변화가 일어나지 않는다는 것은 역으로 이런 정책들에 기대어 살아가는 대다수 미국인들에게는 아주 심각한 상황이 벌어질 수 있음을 의미한다는 것이다.

다시 말하면 표류란 미국의 입법 과정에 대해 우리가 기존에 알고 있던 교과서적 시각과는 정반대되는 것이다. 그것은 새로운 정책을 만드는 것이 아니라 아무 정책도 내놓지 않는 소극적 형태의 공격 정치다. 하지만 이는 단순한 무대책과는 다르다. 표류에는 두 가지 단계가 있는데 첫 번째는 거대한 경제, 사회적 변화가 기존 정책의 허점을 공격하거나 잠식하면서 미국인의 삶에서 중요한 부분을 차지하는 정책들을 약화시키는 것이다. 두 번째 단계는 실현 가능한 대안이 있는데도 모른 척하고 거기에 맞춰 정책을 수정하지 않는 것이다. 기회가 있을 때마다 교묘히 정치 방해 활동을 펼치는 강력한 이익집단의 압력 때문이다.

표류는 우리가 사회 시간에 배웠던 정부 이야기와는 거리가 멀다. 실제로 정책이 만들어지는 정치판이라는 싸움터에서 갈수록 비중이 커지는 정부에 관한 이야기다. 그리고 그것이 오늘날 미국 정치의 현주소다. 권력이 너무 세분화된 미국의 정치 제도는 항상 중요한 정책 개혁들을 어렵게 만들었다. 그러나 앞으로 여러 장에 걸쳐 논의하겠지만 그런 정치적 난항은 시간이 흐를수록 더욱더 심각해지고 있다. 최근 몇 십 년간 가장 거대한 정치적 난항을 꼽으라면 상원에서 남용되고 있는 의사진행방해 활동이 단연 1순위를 차지할 것이다. 수적 열세에 놓인 소수당이 자신들에게 불리한 법안이 통과, 의결되는 것을 막기 위해 고의적으로 의사진행을 방해할 수 있게 해준 제도다. 그리고 관련 토론을 종결하기 위해서는 60표의 찬성을 얻어야 한다. 이런 제도적 장애물에 두 거대 정당의 양극화가 결합되면서 정책 표류가 이어질 수 있는 완벽한 환경이 만들어졌고 그러는 동안 사회 안전망의 구멍은 계속 커지고 늘어갔다.

하지만 미국의 불평등 심화에서 가장 큰 비중을 차지하는 것은 시장에서 일어나고 있다. 갈수록 줄어드는 정부의 복지 수당과 갈수록 낮아지는 누진세가 효력을 발휘하기 훨씬 전부터 사람들이 자신의 노동력과 재산을 이용해 돈을 벌고 있던 그런 시장 말이다. 그렇다면 불평등의 심화에서 가장 큰 부분을 차지하는 이런 시장에서 정부가 어떤 역할을 맡는다는 것이 실제로 가능한 일일까? 당연히 가능하다. 정부는 부유층에 유리한 방향으로 시장의 규칙을 바꿀 수 있고 또 지금까지 그런 식으로 바꿔왔다.

규칙의 수정

2008년 대선 캠페인 당시 공화당 대선 후보였던 존 매케인(John McCain)은 민주당의 버락 오바마(Barack Obama) 후보를 '재분배 총사령관'이라고 부르며 강하게 비난했다. 오바마가 부시 대통령에게 연간 소득 25만 달러 이상인 가구에 대해서는 감세 조치를 철회하라고 요구한 일 때문이었다. 그런 매케인의 비난이 흥미롭게 다가온 것은 오바마의 세금 정책이 특별히 재분배를 더 강조해서가 아니었다. 보수적 정치가들은 말할 것도 없고 정부 정책을 연구하는 전문가와 학자들 사이에서까지 팽배해있던 시각을 그대로 반영한 것이기 때문이다. 이런 시각에 굳이 이름을 붙이자면 '단호한 개인주의자와 거대한 정부의 결합' 정도가 되지 않을까 싶다.

우리에게는 익숙한 이런 이야기 속에는 뚜렷하게 나눠진 두 세계가 있다. 단호한 개인주의자들의 본거지인 시장과 이들로부터 돈을 거둬들여 모든 사람들에게 복지 혜택을 제공하는 정부가 그 두 세계다. 일반적으로 우리는 이런 두 세계를 스스로의 힘으로 서부를 개척하고 정복한 이야기에서 발견할 수 있다. 그런 이야기 속 주인공들은 미국 군대나 우편국으로부터 도움을 받거나 루이스(Lewis)-클라크(Clark) 탐험대처럼 정부의 재정 지원을 받지 않았다. 좀 더 최근에는 알래스카 주의 '할 수 있다' 정신 기념식장에서도 이것을 발견할 수 있었다. 알래스카는 2008년 대선에서 존 매케인의 부통령 후보였던, 세라 페일린(Sarah Palin)이 돌풍을 일으키며 혜성처럼 떠오른 지역이다. 1인당 연방 교부금 의존도가 가장 높은 주라는 취약한 위상에도 불구하고 그

곳 정치인들은 알래스카 주가 스스로의 힘으로 일어섰다고 계속 자찬하면서 연방 정부의 간섭을 비난했다.[18]

하지만 이런 견해 또한 학계나 정책 전문가들에게는 별 영향을 미치지 못했다. 물론 그들의 주장에는 전반적으로 이념적 색채가 부족하다는 약점이 있기는 하다. 현재 진행되고 있는 정부 역할 변화에 대한 논의에서 전문가들이 통상적으로 사용하는 분류 방법을 한번 그대로 따라가 보자. 그들은 불평등을 '시장'에서의 불평등과 '정부 개입 이후'의 불평등, 이렇게 두 부분으로 나누어 분석한다. 이런 시각에 근거할 경우, 사람들은 자신의 노동력과 재산을 이용하여 시장에서 돈을 벌고 정부는 세금이라는 형태로 돈을 거둬들여 그것을 재분배한다. 이것은 시장과 정부의 관계를 아주 반듯하게 바라본 시각이다. 그러나 이것은 완전히 착각이다.

사람들이 벌어들인 돈을 정부가 재분배하는 것은 맞다. 그러나 정부의 정책은 사람들이 돈을 버는 활동 그 자체에까지 영향력을 미칠 수 있다. 뿐만 아니라 소비자, 기업, 근로자들이 내리는 수많은 경제 관련 결정에도 영향을 미친다. 실제로 노동 및 금융 시장의 거의 모든 측면이 싫든 좋든 정부의 정책에 의해 결정된다고 말할 수 있다. 1940년대의 뛰어난 정치경제학자, 칼 폴라니(Karl Polanyi)가 했던 유명한 말처럼 겉으로는 아주 자유로워 보이는 시장도 광범위한 분야에 걸쳐 정부의 강압적 권력 행사가 필요한 법이다. 계약을 실행하고 노조를 결성하고 기업의 권리와 의무를 설명하고 소송을 제기하려는 사람들에게 영향력을 행사하고 용납할 수 없는 이해 상충 요건을 규정하는 등 다양한 분야에서 정부의 강제력이 필요하다는 얘기다.[19] "정부는 시장에 어떠한 규제도 가하지 않고 자유롭게 풀어놓고 최소한의 관리 감독만 해야 한다"며 야경 국가를 부르짖는 시장 자유주의자들의 주장은 현실성이 결여된 철학적 자만에 불과하다.

정부와 시장이 서로 영향을 주고받는다는 것은 더 이상 새로울 것이 없는 사실이다. 저 옛날 미국인들은 자신들이 개척한 땅에 정착해서 살았다. 그것이 가능했던 것은 정부가 개척자들에게 토지를 양도하고 그전에 미 대륙에 살고 있던 원주민들을 죽이거나 내쫓거나 특정 지역에 한데 모아놓았기 때문이다. 그리고 전국적인 운송망과 산업망을 구축하기 위해 개인 독점권을 허용하고 세계 최대 규모의 우편망을 수립하여 정착지들을 하나로 연결해주었다. 마찬가지로 20세기 초, 자유방임 자본주의도 정부의 강력한 비호 하에 발전할 수 있었다. 당시 정부는 전통적인 업무 외에도 노조 결성을 저지하고 통화를 안정적으로 공급하고 거대한 신생 제조업체들을 보호하기 위해 무역 장벽을 쳐주는 활동을 벌였다. 그리고 돈을 빌린 기업가들이 그 돈을 갚지 못해도 감옥에 보내지 않고 기업들의 채무 변제 의무를 대폭 완화해주었다.

이런 정치적 비호 속에서 급속한 경제 발전을 이룩한 도금 시대가 무너지자 정부는 미국식 자본주의의 개조에 나섰다. 뉴딜 정책을 제시하고 연방 정부가 세법과 공공사업을 통한 소득의 재분배 활동에 아주 적극적으로 개입하기 시작한 것이다. 그러나 적극적 개입을 강조하는 정부의 출현은 단순히 재분배 활동에 새로운 단계가 하나 추가된 것으로 끝나지 않았다. 새로운 노사관계 구조 확립, 기업 및 금융 시장에 대한 세부적이고 광범위한 규제, 석유에서부터 대두에 이르기까지 모든 제조업체를 대상으로 한 대규모 보조금 네트워크 구축 등 미국 경제를 그 뿌리부터 완전히 개조했던 것이다. 또한 교육 및 연구 활동에 대대적으로 투자함으로써 미국 경제의 생산성을 계속 끌어올려줄 기술 혁신 및 고숙련 노동자 양성에도 적극 나섰다. 재향군인사회적응지원법(GI Bill), 국립과학재단(National Science Foundation), 국립보건원(National Institutes of Health) 같은 단체도 모두 그때 설립된 것들이다.

오늘날의 승자 독식 경제의 초석 역시 그때 다져진 것이다. 조세와 이전 지출을 통한 재분배 활동(아니 어쩌면 그런 재분배 활동의 부재가 더 맞는 표현일지도 모르겠지만)은 이 이야기의 일부분에 지나지 않는다. 그리고 그렇게 큰 부분을 차지하지도 않는다. 심지어 오늘날 벌어지고 있는 경제 관련 논의에서는 이런 '재분배'라는 말조차 심하게 왜곡되어 있다. 정치인의 개입을 통해 시장의 자연스러운 질서를 바꾸는 것, 즉 시장의 보상에서 멀어진다는 의미로 사용되고 있는 것이다. 그러나 정치적 개입이 없는 것을 가장 자연스러운 시장의 형태로 여기는 것은 허구에 불과하다. 시장을 형성하고 시장의 '자연스러운' 질서와 시장의 보상을 결정하는 것은 정치인들이기 때문이다. 그리고 그들은 1970년대 후반부터 그런 식으로 시장의 보상이 부유층에 더 많이 향하도록 시장 구조를 바꿔왔다.

앞에서 설명한 과세 제도의 대대적 변화 외에 정부가 승자 독식 경제를 앞당기는 데 적극 개입한 세 분야가 있다. 노조에 대한 정부의 대응, 경영자 임금 관련 규정, 금융 시장 감독이 그것이다. 이런 분야들은 정부가 시장의 규칙을 어떤 식으로 고쳤는지를 이해하는 데 아주 중요한 역할을 한다. 그리고 이것은 우리가 앞으로 들려주려고 하는 보다 거대한 이야기의 출발점이기도 하다.

미국 노조의 붕괴

지난 30년간의 미국 경제를 들여다본 사람이라면 노동조합의 급격한 몰락에 적잖이 놀랐을 것이다. 2차 세계대전 직후에는 노조 가입 비율이 노동자 3명당 1명꼴로 절정에 달했지만 지금은 9명당 1명으로 크게 떨어졌기 때문이다. 그리고 이런 하락은 모두 민간 부문 노조에서 일어난 일이다. 1970년대 초, 4명 중 1명꼴이던 노조 가입 비율은 이후 계속 급격한 추락을 거듭했고 오늘날 7%대에 겨우 턱걸이를 하고 있는 상황이다.[20] 반면 공공 부문의 노조 가입률은 계속 증가하면서 민간 부문의 하락을 상쇄해주고 있다.

이런 노조 가입률의 하락이 결국 불평등 심화로 이어졌음은 당연한 이치다. 노조 활동이 활발하게 이루어지는 사업장의 경우, 임금과 복지 혜택이 보다 많이, 보다 공평하게 지급되고 있다. 그리고 노조의 영향력이 크게 약화된 사업장, 특히 교육 수준이 낮은 근로자들이 다수를 차지하는 사업장은 노동 환경이 갈수록 열악해지고 있다.[21] 거의 소멸 직전 상태인 민간 부문 노조의 몰락은 오늘날 미국의 불평등 심화에 사람들이 생각하는 것 이상으로 훨씬 광범위한 영향을 미쳤다. 노조의 쇠락으로 미국 사회에 생긴 정치적, 경제적 공백은 승자 독식의 불평등을 해소하려고 노력하는 사람들에게 지독한 고통의 시간을, 그런 불평등을 부채질하고 고착화시키려고 안달하는 사람들에게는 더 없이 행복한 시간을 안겨주었다.

이것은 노조의 역할이 단순히 임금 결정 과정에 참여하는 활동으로만 국한되지 않았다는 방증이기도 하다. 노조의 보다 근본적인 역할은 부유층의 권력에 맞설 수 있는 조직화된 세력이라는 데서 찾을 수 있다. 사실 미국에는 다양한 분야에 걸쳐 조직화된 '진보적' 이익단체들이 많다. 하지만 저소득 계층의 광범위한 경제 문제에 초점을 맞추는 대규모 단체는 노조가 유일하다. 미국을 비롯한 여러 나라에서 노조는 정치인들에게 중산층의 경제 문제를 해결하라고 압박하고 불평등을 조장하는 정책을 수정하라고 요구할 수 있는 중요한 정치 집단이다. 또한 경영진에 대한 과도한 보수 지급처럼 승자 독식의 결과와 직결되는 기업 활동을 감시하고 거기에 필요한 재원과 유인책을 가진 단체이기도 하다. 오늘날 미국에는 경영자와 투자자들의 지나친 자율권 행사를 견제할 수 있는 조직이 두 개밖에 없다. 그리고 그 중 하나가 바로 노조다. 물론 지금은 세력이 많이 약화되었지만 그럼에도 불구하고 미국의 노조는 최대 노조 단체인 산업별노조총연맹(AFL-CIO) 투자국을 통해 이런 활동을 계속 펼치고 있다. 다른 나머지 하나는 국민연금과 뮤추얼 펀드 같은 '투자 집단'이다. 미국과 달리 이런 승자 독식 현상이 일어나지 않은 다른 선진국들에 모두 강력한 노조가 존재한다는 사실은 결코 우연의 일치가 아니다.[22]

    사람들은 미국 노동 계급의 붕괴를 세계적인 경제 변화로 촉발된 불가피하고 필연적인 결과라고 생각한다. 물론 다른 나라의 노조들 역시 이러한 파도를 피할 수는 없었다. 그러나 노조의 극적인 쇠락은 결코 예정된 운명이 아니었다. 다른 선진국들도 처음과 비교하면 노조 가입률이 낮아지긴 했지만 노조의 영향력은 거의 혹은 전혀 줄지 않았다. 유럽 연합을 보더라도 노조 가입률이 1970년부터 2003년 사이에 3분의 1 정도 떨어진 것을 알 수 있다. 그런데 처음부터 훨씬 낮은 수준에서 출발한 미국은 그것마저도 현재는 50%로 줄어든 상태다.[23] 하지만 노조가 맞이한 상이한 운명을 살펴보기 위해 굳이 대서양 너머로까지 눈을 돌릴 필요도 없다. 과거 노조 가입률이 미국과 엇비슷한 수준이었던 캐나다의 경우, 노조에 대한 양국 노동자들의 태도가 비슷한데도 불구하고 노조의 쇠락 징후를 전혀 발견할 수 없다.

어쩌면 재계가 노조의 붕괴를 획책하지 않았다면 미국 노동자들의 노조 가입 의지가 이렇게까지 시들해지지 않았을지도 모른다. 아니, 이것 역시 잘못된 생각이다. 사실 노조가 결성되지 않은 사업장의 근로자들은 1980년대 초반 이후 노조 결성에 대한 열망이 점점 강해지고 있다. 2005년에는 노조가 없는 민간 기업 근로자들 가운데 노조 결성을 희망한다고 답한 비율이 50%를 넘었는데 이는 1984년 30%에서 20% 이상 상승한 수치다.[24] 다른 선진국들과 비교했을 때 노조 결성 요구가 가장 받아들여지지 않은 나라 역시 미국이다.[25]

이런 조사 결과를 접하면서 노동자들의 이런 갈망을 외면하는 노동계 지도자들을 마구 비난하고 싶어졌다. 그리고 실제로 이런 결과에 그들이 가장 먼저 보인 반응은 현실안주였다.[26] 하지만 1970년대 후반만 해도 노조는 자신들의 영향력 유지에 필수적이었던 노동법 개혁을 강하게 촉구했다. 가장 눈에 띄는 시도로는 1978년, 대규모 노동법 개혁안을 꼽을 수 있다. 당시 노조는 해당 법안 통과를 자신들의 정치 활동에서 최우선 과제로 삼기까지 했다.[27] 그러자 수십 년간 잠잠하던 고용주들이 들고 일어났고 엄청난 조직력과 세를 앞세워 공화당 의원은 물론 보수 성향의 남부 지역 민주당 의원들을 상대로 로비를 펼치기 시작했다. 당시 미 하원에서 통과된 노동법 개혁안은 상원 대다수가 지지를 표명한 상태였다. 그러나 상원이 교착 상태(얼마 안 있으면 이런 상황이 오히려 정상처럼 여겨질 것이다)에 빠지자 해당 법안에 반대하던 세력들이 계속 의사진행방해 카드를 꺼내들었다. 민주당이 상원의 다수를 차지한 상황이었는데도 결국 법안은 통과되지 못했다.

이러한 개혁 드라이브의 실패가 던져준 메시지는 분명했다. 재계가 워싱턴 정가와 사업장에서 우위를 차지했다는 사실이다. 프랭크 레비(Frank Levy)와 피터 테민(Peter Temin)의 말처럼 노동법 개혁 실패는 "제3자, 즉 정부가 머지않아 노동계에 등을 돌릴 것임을 알려주는 신호탄"이었다.[28] 심지어 레이건이 백악관에 입성하기 전부터 재계는 정부가 적극적으로 개입하지 않을 것이라고 확신하며 사업장 내에서 과거보다 더 공격적인 태도를 취했다. 그리고 대통령에 오른 레이건은 미국을 떠들썩하게 했던 공항 관제사 파업에 아주 단호하게 대처했다. 그리고 전국노동관계위원회(National Labor Relations Board)가 경영자 측의 손을 들어주도록 교묘히 압력을 넣음으로써 자신의 입장을 더욱 분명히 드러냈다. 그렇게 몇 년이 흐르는 동안 재계의 반노조 활동은 더욱 심해졌다. 그런데도 노조를 법적으로 인정해준 전국노동관계법(National Labor Relations Act, 이하 NLRA)은 더 이상 그런 활동에 어떠한 실질적 제재를 가하지 않았다. 1984년, 〈월스트리트 저널〉의 유명한 '반노조' 컨설턴트는 다음과 같은 글을 기고했다. "현 정부와 사업 환경은 기업들이 노조의 간섭에서 벗어나 장기 사업 계획을 수립하고 실행할 수 있는 절호의 기회다······." 그러면서 이제 '중요한 것'은 기업들이 "미국 역사에 길이 남을 이런 진귀한 기회를 활용할 지적 능력과 선견지명을 갖추고 있느냐는 것"이라고 덧붙였다.[29]

그런데 불행하게도 그들은 그런 능력을 갖추고 있었다. 1970년대 후반부터 1980년대 초반 사이에 NLRA 위반 신고 사례가 급증하기 시작했고[30] 그러면서 파업률은 수직 하락했다. 그나마 일어난 파업들도 노조의 영향력을 과시하는 것이라기보다 자포자기식 몸부림에 불과한 것이었다.[31] 그 후로도 몇 년 동안 재계의 공격은 계속 이어졌다. 또한 1980년대 중반부터 1990년대 후반 사이에 반노조 전략이 5개 이상 포함된 NLRA 투표 비율이 두 배 이상 늘어나면서 80%를 상회할 정도였다.[32] 그리고 2007년에는 기존의 NLRA 절차를 통한 민간 부문 노조 결성 비율이 5분의 1 아래로까지 떨어졌다. 한때 노조 설립의 거의 유일한 통로였던 NLRA가 그 정도로 쇠락한 것이다.[33]

완전히 열외 취급을 받은 NLRA에서 드러났다시피 반노조 세력이 갖고 있던 가장 강력한 무기는 표류였다. 노조를 파탄으로 몰아넣고 있던 경제 변화와 주 정부의 변화에 맞서 대응 활동을 펼치고 노조와 대립하는 고용주에게 압박을 가하는 연방 정부의 개입을 차단하는 데 그들은 이런 무기를 효과적으로 사용했다. 그리고 대부분 그런 활동만으로도 그들은 충분히 자신들의 목적을 달성할 수 있었다. 이것은 냉정한 수학적 현실을 그대로 반영하는 것이었다. 노조의 수가 줄어들수록 노조가 없는 민간 사업장의 노조 결성 비용은 더 높아질 수밖에 없었다. 노조 감소 추세에 불이 붙기 시작하자 미국의 노조는 고통스러운 선택에 직면해야 했다. 갈수록 줄어드는 자신들의 자금을 노조 결성에 쏟아부을 것인지 아니면 새로운 법안 통과를 위해 정치 활동 자금으로 사용할지를 선택해야 했던 것이다.

표류가 특히 미국의 노조에 아주 위협적인 정책이 될 수밖에 없던 이유로 우리는 이 두 가지를 들 수 있다. 첫째는 지리적, 산업 부문별 노조의 영향력 편차가 아주 심했다는 것이다. 그때까지 노조는 주로 특정 주의 몇몇 제조업 분야를 중심으로 영향력을 행사하고 있었다. 하지만 기업이 노조에 많은 제약을 가하는 지역으로 사업장을 옮길 경우, 그들은 거의 손을 쓸 수가 없었다. 노조가 결성되지 않은 산업 분야의 취업 역시 마찬가지였다. 이런 약점을 잘 알고 있던 고용주들은 노동자들을 이간질하기가 쉬웠고 노조의 영향력이 약하거나 노조가 아예 없는 지역으로, 국내건 국외건, 사업장을 아예 이전해버리거나 그런 식으로 협박을 했던 것이다.

두 번째 이유는 비교적 잘 알려져 있지 않은 것이다. 미국 노동자들의 의료보험 및 퇴직연금은 개별 기업에 대한 의존도가 다른 나라 노동자들과는 상당한 차이가 있다.[34] 미국 정부가 의료보험이나 퇴직연금 제도를 시대의 변화에 맞춰 적절히 손질하지 않은 탓이다. 그 결과, 자동차, 항공사, 철강업계의 노조 존속 기업들은 고령 노조원들에게 지급하기로 한 수당(과거에 철강 산업 분야 퇴직자들에게 제공하기로 약속한 건강복지연금)인 이른바 '과거의 유산' 비용으로 인해 심각한 재정난에 빠졌다. 이런 비용 부담은 신규 노동력 투입 거부로 이어졌고, 그 결과 비노조 산업 부문의 채용률이 크게 둔화되었다. 다른 선진국들의 경우, 이런 비용을 세금으로 충당하거나 기업에 의무화하는 식으로 해결했던 것이다.

전후 경제 상황이 미국과는 많이 달랐던 캐나다의 경우를 잠깐 살펴보면 이런 사실이 금방 납득이 갈 것이다. 〈도표 5〉에 나와 있는 것처럼 캐나다와 미국의 노조 가입률 격차는 지난 40년 동안 급격히 벌어졌다. 이 문제를 연구한 캐나다 경제학자 크레이그 리델(W. Craig Riddell)은 두 나라의 경제 구조의 특징만으로는 그런 격차를 설명할 수 없다는 것을 알게 되었다. 심지어 노조에 가입하는 노동자들의 다양한 성향으로도 설명이 불가능했다.[35] 결국 그는 노조에 호의적인 노동자들을 하나로 묶어줄 수 있는 무언가가 부족하다는 결론에 도달했다. 한 예로 캐나다는 수권카드 자동인준제도(Card Certification, 종업원 과반수의 수권카드를 확보하면 자동적으로 인준을 받을 수 있게 해주는 제도-옮긴이), 최초협약중재제도(First Contract Arbitration, 교섭대표로 결정된 자에 대한 사용자의 교섭 거부를 제도적으로 방지하기 위해 도입된 제도-옮긴이)를 법적으로 허용하고 있었다. 이 두 가지 모두 현재 미국의 노조가 의회 통과를 위해 사력을 다하고 있는 근로자 자유선택법안(Employee Free Choice Act)에 포함된 내용이다. 캐나다는 또한 노동쟁의에 참가한 노동자를 다른 노동자로 영구히 대체하는 것을 금지하고 고용주 선전 활동을 엄격히 제한하고 있다.[36] 게다가 전국민의료보험제도와 상당히 저렴한 의료비 덕분에 노조가 결성된 민간 부문 기업들도 미국과 달리 과거 유산 비용의 부담을 많이 덜 수 있었다. 이런 모든 제도 면에서 캐나다는 미국과 현격한 차이를 보였다. 국가 지도자라는 사람들이 민간 부문의 복지비 부담을 줄이기 위해 아무런 대책도 마련하지 않고 고용주의 사주를 받은 반노조 활동이 활개를 쳐도 그저 수수방관하는 미국의 현실과는 너무나도 동떨어진 이야기가 아닐 수 없다.

간단히 말하면 미국의 노조는 단순히 경제라는 고속 열차에 치인 것이 아니었다. 그들을 고속 열차 선로로 내몬 것은 미국의 정치 지도자들이었다. 그것도 갈수록 확대되는 부유층의 영향력에 맞서 노조가 효과적으로 맞대응을 펼치고 중산층을 대변해주는 등 그 필요성이 어느 때보다 절실한 시점에서 말이다.

경영자들에게 건네는 백지 수표

2007년, 변덕스러운 성격으로 유명한 홈 데포(Home Depot)의 최고경영자 밥 나델리(Bob Nardelli)가 회사에서 해고되었다. 그런데 그렇게 해고를 당하면서 그는 위로금 명목으로 2억 1000만 달러라는 거금

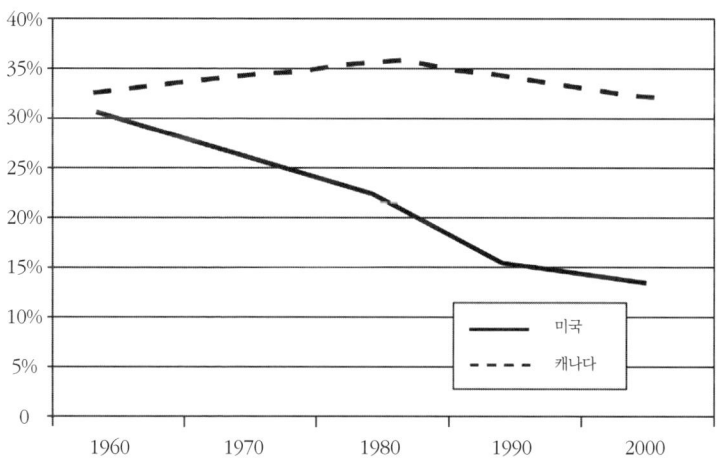

[도표 5] 1960년부터 2000년까지 미국과 캐나다 임금 노동자들의 노조 가입 비율

출처: 데이비드 카드(David Card), 토머스 르뮤(Thomas Lemieux), 크레이그 리델(W. Craig Riddell) "노조와 임금 불균형(Unions and Wage Inequality)" 《저널 오브 레이버 리서치(Journal of Labor Research)》 25, no.4 (2004년): 519-59; 실비아 알레그레토(Sylvia Allegreto), 로렌스 미셸(Lawrence Mishel), 재러드 번스타인(Jared Bernstein) "미국의 노동 현황(The State of Working America)" (코넬대학출판부, 2008년)

을 챙겨 나갔다. 회사의 주가가 추락하고 이렇다 할 경영 성과도 내지 못한 상황에서 버젓이 그런 거액의 연봉을 챙겨간 것이다.[37] 그러나 승자 독식 경제에서 그렇게 엄청난 보수를 챙긴 경영자는 나델리 한 사람만이 아니었다. 앞에서 보았다시피 소득 상위 0.1% 가운데 40%가량이 이런 비금융권 고소득 경영자들이었다.[38]

과거 역사를 돌아봐도 지금까지 경영자들의 보수는 한 번도 상승세가 꺾인 적이 없었다.[39] 사실 뉴딜 시대를 거쳐 1970년대 중반까지 이어진 40년 동안 대기업 고위 경영자들의 임금 상승률은 미미한 수준이었다.[40] 하지만 1980년에 들어서면서 급상승하기 시작한 경영자의 보수는 1990년대에도 그런 증가세를 멈추지 않았다. 2000년대 초 주식 시장이 폭락한 상황에서도 경영자들의 보수는 계속 상승했다. 1965년만 해도 대기업 최고경영자의 평균 임금은 일반 노동자 임금의 24배 수준이었다. 그랬던 것이 2007년에는 300배 수준으로 급상승했다. 또 2007년, 미국의 350대 상장기업 최고경영자의 평균 임금은 1200만 달러에 달했다.[41]

최고경영자들은 그런 엄청난 보수에 대해 회사에 대한 자신들의 기여도가 훨씬 높아졌기 때문이라며 뻔한 이야기를 늘어놓는다. 그리고 정부는 이렇게 시장 원리가 철저히 무시되고 있는데도 수수방관해왔다.

여기서 우리는 최고경영자들이 늘어놓는 그런 뻔한 이야기의 오류를 몇 가지 지적하지 않을 수 없다. 경영자의 보수는 정부의 정책으로 그 형태가 심하게 왜곡된 시장에서 결정되고 있다. 그리고 경영자들은 기업지배구조를 자신들에게 유리한 방향으로 몰아갔다. 사실 오늘날의 기업지배구조는 경영자들이 자신의 보수를 계속 높이고 비정상적인 입찰 경쟁에 뛰어드는 데 적합한 환경을 조성해주었다. 뿐만 아니라 소수의 특권층 외에는 회사가 돌아가는 상황을 제대로 알 수 없게 만들어놓았다.

이런 것들은 결코 우연의 산물이 아니다. 지난 30년 동안 미국의 정치인들이 경영자들의 보수 체계를 적극적으로 옹호한 결과인 것이다. 그리고 직접적으로는 아닐지라도 자신들의 보수에 상당한 영향력을 행사할 수 있을 정도로 경영자들에게 엄청난 자율을 부여해준 결과이기도 하다. 밥 나델리가 받은 그 거액의 수표에는 어쩌면 이런 말이 적혀 있었을지도 모른다. "워싱턴 정가에 감사해야 한다."

노조의 쇠락과 마찬가지로 다른 선진국들과의 비교 활동을 통해 우리는 오늘날 자본주의의 세계화 추세가 경영자들의 연봉 상승을 불가피하게 만든 요인이 아니라는 것을 확인할 수 있었다. 아무리 눈을 씻고 봐도 개연성을 찾을 수 없었다. 미국의 최고경영자들은 다른 선진국 최고경영자들보다 평균 2배 이상의 보수를 받고 있다. 최고경영자의 연봉 수준이 미국 다음으로 높은 스위스도 미국 경영자들이 받는 보수의 5분의 3 정도에 불과했다.[42] 그러나 최고경영자들의 보수는 액수에서만 차이가 난 것이 아니다. 그 형태 역시 달랐다. 한 예로, 미국 기업의 최고경영자들은 보수의 상당 부분을 단기 스톡옵션 형태로 받는다. 이것은 최고경영자들에게는 주주들 모르게 막대한 수익을 올릴 수 있는 좋은 기회가 된다. 일자리 삭감이나 구조조정, 회계 조작 같은 방법을 사용하여 주식시장에서 단기 수익을 거둘 수 있기 때문이다. 물론 스톡옵션은 다른 나라에서도 사용되는 경영자 보수 지급 수단이다. 그러나 그들은 단기 성과보다 주로 장기 성과와 연계하고 동종 업계의 실적을 기준으로 견실한 성과를 거두었을 때 행사하는 경우가 많다.[43] 그렇기 때문에 예를 들면 정유 가격의 상승으로 에너지 관련 기업의 주식 가격이 동반 상승하더라도 최고경영자들은 자신이 운영하는 기업의 성과가 업계 평균 실적을 초과 달성했을 때에만 스톡옵션을 행사할 수 있는 것이다.

미국의 방식을 옹호하는 사람들은 그것이 주주들에게도 이익이 된다고 주장한다.[44] 그들이 펼치는 논리는 이런 식이다. 이해관계가 다양하게 분산되어 있는 주주들을 대신해 이사진이 경영자들과 협상을 벌임으로써 주주 가치의 충실한 방어자가 되어준다는 것이다. 그러나 그 과정을 자세히 들여다본 연구자들은 오히려 더 큰 의구심을 갖게 된다. 여러 선진국의 기업지배구조를 연구한 정치경제학자 피터 구르비치(Peter Gourevitch)와 제임스 쉰(James Shinn)은 미국의 보수 체계가 엘리트 관리 계층에 보다 많은 이익을 안겨주는 관리주의(Managerism)에 가깝다고 주장했다.[45] 뮤추얼 펀드 투자회사인 뱅가드(Vanguard) 그룹 설립자 존 보글(John Bogle) 역시 미국은 관리자들이 기업 소유주의 이익을 위해 일하는 '소유주 사회'(ownership society)가 아니라 자기 자신의 이익을 위해 일하는 '대리인 사회'(agency society)로 가고 있다고 비난했다.[46] 기업 보수 체계 분야에서 미국 최고의 전문가로 통하는 루시안 베브척(Lucian Bebchuk)과 제스 프라이드(Jesse Fried)는 '주주 가치'(shareholder value)가 아닌 '이사진 공략'(board capture)이라는 관점에서 미국의 보수 체계를 연구했다. 그런데 그들의 연구 결과에 따르면, 미국 기업의 이사진은 대부분 최고경

영자에게 많은 신세를 지기 때문에 그런 최고경영자의 권위에 대항하는 경우가 아주 드물다고 한다.[47]

이 연구 결과에서 가장 흥미로웠던 것은 경영자 보수 지급 계획에 관한 부분이었다. 베브척과 프라이드는 경영자 보수가 높은 실적 달성의 격려 효과를 기대할 수 있는 어떤 기준선이 아니라 그들이 소위 '위장막'이라고 부르는 것에 따라 정해질 때가 많다는 사실을 발견했다. 그리고 특이한 점은 이런 위장막이 과도한 임금 지급을 제한하거나 기업 가치와의 연계성을 높이기 위해서가 아니라 국민들의 분노를 자극하지 않기 위해 고안되었다는 것이다. 몇 가지 예를 들면 이런 것들이다. 스톡옵션은 주식 시장이 강세일 때 최고경영자들의 이익을 극대화해주고 주식 시장이 침체기일 때 손해를 최소화해주기 위해 고안된 지급 수단이다. 또한 경영자들은 자신이 받는 엄청난 보수의 상당 부분을 이른바 '이연지급제'(deferred compensation, 이자세와 소득세 납부를 미루기 위해 지급을 연기하는 것)와 혜택보장연금(guaranteed-benefit pension) 속에 숨길 수 있다.

그렇다! 대다수 근로자들이 확정급여형 퇴직연금을 꿈조차 꿀 수 없는 상황인데도 최고경영자들은 그런 혜택을 계속 누려왔던 것이다. 한 예로, IBM에서 9년간 근무한 후 물러난 한 최고경영자는 매년 퇴직연금으로 100만 달러가 넘는 돈을 수령했다. 이는 그가 IBM에서 근무할 때 받던 임금과 거의 비슷한 수준이었다.[48] 이런 보장형 지불금에 대한 경제적 근거는 어디에도 존재하지 않는다. 그리고 일반 근로자들의 연금과는 달리 경영자들이 받는 이런 거액의 복지 수당은 기업의 면세 대상도 아니다.(그런데도 기업들은 퇴직 경영자가 연금 이자세를 내지 않도록 보호막까지 쳐주고 있다) 그리고 그로 인해 기업은 엄청난 고정 부채까지 떠안을 수 있다. 이런 식으로 교묘히 위장하여 제공한 보수가 상당 금액인데도 IBM은 1센트도 보수로 신고하지 않았다.

이것이 전부가 아니다. 기업들은 이런 퇴직 경영자들에게 일반 직원들은 상상도 할 수 없는 엄청난 특전까지 제공하고 있다. 회사 전용기, 운전기사, 개인 비서, 아파트는 물론이고 심지어 거대한 수입이 보장되는 컨설팅 계약까지 안겨주었다. 하지만 어떤 것도 경영자의 보수로 신고하지 않았다. 2001년, GE와 엔론(Enron) 경영자들은 자신들의 이연보수에 대해 12%라는 수익률까지 보장받았다. 이는 미 재무부의 장기 채권보다 3배나 높은 수익률이었다. 또 코카콜라의 최고경영자는 10억 달러에 달하는 보수 및 투자 수익에 대한 세금 납부를 연기할 수 있는 특혜까지 받았다. 그리고 여기에서 발생한 소득 역시 회사의 급여 명세에 신고하지 않았다.[49] 2008년, 월마트의 일반 근로자 퇴직연금이 평균 18%나 감소한 상황에서도 이 회사의 최고경영자 리 스콧 주니어(H. Lee Scott, Jr.)는 4700만 달러에 달하는 자신의 퇴직연금으로 230만 달러의 수익을 거두고 있었다.[50]

기업에서 이런 온갖 추잡한 일들이 벌어지고 있을 때 미국의 정치 지도자들은 어디에서 무엇을 하고 있었을까? 대부분 경영자들이 더 많은 돈을 챙길 수 있도록 자율권을 계속 퍼주고 있거나 아니면 뇌물 받은 경찰관처럼 모른 척 다른 쪽으로 고개를 돌리고 있었다. 이것은 다른 나라의 상황과 아주 날카로운 대비를 이루었다.[51] 다른 선진국들은 경영자 보수를 감시하는 활동에 적극적으로 나섰고 경영자들의 자율권 남용에 노조가 브레이크를 걸 수 있도록 적절한 장치를 마련해주었다. 그러나 미국의 노조는 경영자들의 보수를 쟁점화하고 싶어도 그들 앞에 놓인 더 거대한 문제에 발목이 잡혀 있었다. 경영자의 자율권에 대항할 수 있는 또 다른 견제 수단인 민사소송 역시 1990년대 중반 공화당 의원들이 발의한 법률로 인해 대폭 줄어든 상태였다. 그 법안은 빌 클린턴 대통령의 거부권조차 무시할 정도로 민주당 의원들 사이에서 전폭적인 지지를 받았다.

워싱턴 정가 역시 스톡옵션의 부상을 대환영하는 분위기였다. 사실 스톡옵션은 기업의 금고에서 고위 경영자의 주머니로 돈이 흘러들어 가는 중요 통로이자 1990년대 내내 경영자의 주머니를 두둑하게 해준 주된 수단이었다. 그 결과, 2001년에는 스톡옵션이 경영자들의 보수에서 거의 절반을 차지할 정도로 늘어나게 된다. 다른 나라에서는 경영 성과와 연계한 보수 지급이 일반적인 관행이었지만 미국에서는 이런 스톡옵션이 대부분 높은 소득을 위장하기 위한 수단으로만 사용될 뿐 경영 성과와는 별로 상관이 없었다.[52] 주가 상승이 한순간에 그쳤거나 기업의 실적이 동종 업계의 다른 기업들과 비교해 심하게 뒤처져도 스톡옵션의 가치는 계속 주가를 따라 상승했다. '소급 적용' 같은 극단적인 방법도 경영자들 사이에서 널리 사용된 관행이었다. 이것은 경영자들에게 더 많은 이익을 안겨주기 위해 스톡옵션의 가치를 과거의 어느 시점으로 되돌리는 방식이었다. 화살을 쏜 다음 그 화살이 정중앙에 꽂히도록 과녁의 위치를 재조정하는 것과 같은 이치다. 그러나 1990년대 초, 기업의 회계 관행을 감독하는 재무회계기준심의회(Financial Accounting Standards Board)에서 기업들이 다른 보수와 마찬가지로 스톡옵션 비용도 신고토록 하는 제도를 도입하려고 시도했다. 그러나 재계의 강한 반발에 화들짝 놀란 민주당과 공화당 상원의 원들의 협공으로 결국 좌초되고 말았다.[53] 이런 것이 바로 정책 표류의 전형적인 예라고 할 수 있다.

경영진의 독립성과 자율권을 확대하려는 최근의 움직임 역시 내용은 비슷하다. 2000년대 초, 회사 돈을 개인적으로 유용한 최고경영자가 주주 및 종업원들의 자산을 완전히 거덜낸 초대형 스캔들이 연달아 터졌다. 그러자 미국의 정치인들은 기업 지배구조 개혁을 요구하는 여론의 강한 압박에 직면했다. 그 결과, 법안을 상정한 두 의원의 이름을 딴 사베인스-옥슬리(Sarbanes-Oxley) 법안이 의회에서 통과되었다. 하지만 2002년 중간선거가 얼마 남지 않은 시점에서 월드컴(WorldCom)이 파산하는 사건이 터지지 않았다면 그 법안은 아마 사장되고 말았을 것이다. 심지어 그런 상황에서조차 기업들은 일련의 개혁 법안들을 격퇴해냈다. 만약 통과되었다면 경영진의 자율권을 아주 효과적으로 견제할 수 있었을 법안들이 그렇게 폐기처분되고 만 것이다.[54] 하지만 오늘날 사베인스-옥슬리 법이 통과되는 과정에서 이루어진 모종의 협상이 하나 둘 드러나고 있다. 경영자들은 투명성을 좀 더 높이고 노골적으로 이해상충이 일어나는 부분들에 대한 규제를 일부분 수용하는 대신 기업 보수 관행은 물론 기업 지배구조에 영향력을 미칠 수 있는 주주 권한 확대는 강하게 거부했던 것이다.

전직 미국증권거래위원회 의장이었던 아서 레빗(Arthur Levitt)은 1990년대 자신이 직접 경험한 기업개혁 실패담을 회고하면서 기업 경영자들의 연봉 상승을 부추기는 정치권의 어이없는 실상을 날카롭게 꼬집기도 했다.

내가 워싱턴 정가에서 보낸 7년 반이라는 시간 동안…… 막강한 힘을 가진 특수한 이해관계 집단이 마구 활개치는 모습을 직접 목격했다. 그들은 자신들에게 부정적 영향을 미칠 가능성이 조금이라도 있는 규정이나 법안이 제기되면 그것이 일반 투자자들에게 얼마나 유익한지에 대해서는 단 일 초도 고려하지 않았다. 레이저처럼 정확하게 월가, 뮤추얼 펀드회사, 회계회사나 기업 경영자들의 이익에만 초점을 맞추는 이런 이익 집단들은 아주 사소한 위협도 재빨리 격퇴할 준비를 갖추었다. 반면 워싱턴 정가에서 자신들의 입장을 대변해줄 협회나 노조가 없는 일반 개인 투자자들은 자신들에게 공격을 가하는 집단의 실체에 대해 전혀 알 길이 없었다.[55]

금융 시장의 법칙: '동전의 앞면이 나오면 내가 이기는 거고 뒷면이 나오면 네가 지는 거야. 결국 어느 쪽이 나와도 내가 이기는 거지'

월가의 대들보 역할을 해온 기업들이 오늘날 여론의 뭇매를 맞고 있지만 정작 사람들은 금융업계가 얼마나 극적인 부상을 했는지에 대해서는 간과할 때가 많다. 1975년부터 2007년 사이에 금융업계의 임금이 미국 전체 소득에서 차지하는 비율은 두 배 가까이 상승했다.[56] 특히 그들의 활동 무대인 경제 분야에서 금융업계가 차지하는 비율은 폭발적인 증가세를 보였다. 1980년부터 2007년 사이에 금융 서비스 부문이 전체 회사 수익에서 차지하는 비율 역시 13%에서 27%로 증가했다. 심지어 오래전부터 활동을 해온 공룡 기업이 버티고 있는 상황에서도 그런 증가세를 보인 것이다. GE의 경우, 1980년만 해도 제조업 부문이 전체 수익의 92%를 차지했다. 그러나 2007년에는 GE가 거둔 수익의 50% 이상이 금융 부문에서 발생했다.[57]

이것도 경영자 보수의 광범위한 상승과 일부분 관련이 있긴 하다. 하지만 정말 중요한 것은 그 반대쪽에 있었다. 바로 미국의 다양하고 새로운 금융 기관에서 나와 부유층의 주머니로 흘러들어간 막대한 소득이 바로 그것이다. 이런 소득은 대다수 미국인들에게 미미한 혜택과 심각한 경제적 위험을 안긴 복잡한 신종 금융상품의 발달과 깊은 관련이 있었다. 하지만 이런 신종 금융상품은 판매 자유가 확대되면서 금융업계에는 더할 나위 없이 좋은 사업 호재로 작용했다. 그들은 거래 건수를 늘리고(거래가 체결될 때마다 중개업체는 수수료를 챙겼다), 차입 자본을 이용해 투자를 확대하고(그로 인해 잠재적 수익이 상승했다) 그리고 해당 정보에 정통한 내부인에게 유리하도록 금융상품을 더욱 복잡하고 애매하게 만들었다. 이런 신종 금융상품의 개발은 금융 시스템의 위험을 전반적으로 가중시켰지만 그들은 전혀 개의치 않았다. 그런 것은 자신들과는 상관없는 다른 누군가의 문제라고 여겼기 때문이다. 즉, 경제 전문가들의 점잖은 표현을 빌리자면 "전혀 의도하지 않은 외적 결과"인 것이다. 2008년, 〈파이낸셜 타임스(Financial Times)〉의 마틴 울프(Martin Wolf)가 신랄하게 비난한 것처럼 "이득은 사유화하고 손실은 공유화하는 데 금융업계만큼 뛰어난 분야가 없었다."[58]

최상위 부유층이 사유화한 소득은 어마어마했다. 1980년대부터 상승하기 시작한 금융업계의 임금은 1990년대에 들어서면서 더욱 가속화되었고 2000년 이후에도 그러한 상승세가 계속 이어졌다. 2002년에는 3000만 달러, 2004년에는 1억 달러, 2005년에는 1억 3000만 달러를 받아야만 소득 상위 25대 헤지 펀드 매니저에 들 수 있었다.(2005년도에는 한때 미국 공산당 당수였던 얼 브로더(Earl Browder)의 손자, 윌리엄 브로더(William Browder)가 25위를 차지하기도 했다) 1년 후, 이들 상위 25명의 평균 소득은 2억 4000만 달러에 육박하며 두 배 가까이 상승했고 2007년에는 평균 소득이 3억 6000만 달러를 기록했다. 그해 소득 상위 3명의 헤지 펀드 매니저가 받은 금액은 총 30억 달러, 그 아래 5명의 총액은 10억 달러에 달했다.[59] 그 전년도까지 거둔 높은 수익을 퇴색하게 만들고 수많은 주주들을 파산으로 몰아넣었던 2008년도의 금융 위기가 발발하기 2년 전까지만 해도 골드먼삭스, 메릴린치, 모건스탠리, 리먼브라더스, 베어스턴스 같은 대형 금융회사들은 직원 보너스로 656억 달러를 지급했을 정도다.[60] 이처럼 승자 독식 경제의 진원지는 할리우드도 실리콘 밸리도 아닌 월스트리트였던 것이다.

몇 년 전까지만 해도 복잡한 금융 거래는 금융 시장의 꽃으로 통했다. 정치인과 애널리스트들이 '월가'가 선호하는 것을 언급할 내 복잡한 금융 거래라는 말은 특별한 관심이 아니라 경제적 합리성 그 자체를 의미할 정도였다. 비꼬는 말이 아니라 진심으로 그렇게 생각했던 것이다. 그러나 금융 시장 역시 다른 시장과 마찬가지로 정치적 개입을 통해 작동되는 법이다. 2007년, 로버트 커트너(Robert Kuttner)가 자신의 저서 《미국 탕진하기(The Squandering of America)》에서 날카롭게 지적한 것처럼 미국의 금융 시스템은 정부의 광범위한 개입에 항상 의존해왔다.[61] 부당 내부 거래나 이해상충의 구성 요건은 무엇이고, 복잡한 금융 거래에 어느 정도의 관리 감독과 투명성이 필요하고, 차

입금 이용과 위험은 어느 수준까지 허용 가능한지 등 이런 주요 사항들을 결정하는 것은 금융 거래 관련 법률이다. 그리고 이런 다양한 측면에서의 시장의 실패 가능성에 대비해 연방 정부 차원에서 포괄적으로 법률을 도입한 것이 바로 뉴딜 정책이었다. 정부는 이런 법률을 통해 투자자들에게 확신을 심어주고 민간 부문의 투자 의욕이 금융 안정 같은 포괄적 경제 목표와 조화를 이루도록 유도했던 것이다.[62]

이렇게 비교적 차분하고 안정되어 있던 금융시장은 30년이라는 세월을 거치면서 변동성과 불안정성이 극심해졌고 결국 미국 경제 전체에 아주 거대한 파장을 몰고 왔다. 그러한 변모는 경제 활동의 본질과 금융 중개 가능성의 변화에 따른 측면도 없지 않았다. 기술 혁신은 새로운 금융 기법 개발은 물론 금융 증권화라는 획기적 실험을 가능하게 해주었다. 1980년대에는 100만 주 정도에 그쳤던 월가의 1일 주식 거래량은 컴퓨터의 보급에 힘입어 1990년대 후반, 10억 주로 대폭 늘어났고 그에 따라 수익 및 손실 가능성도 그만큼 늘어날 수밖에 없었다.[63]

하지만 뉴딜 시대 이후 금융 시장에 대한 각종 규제들이 폐기 처분된 것은 단순히 '금융 혁신'이라는 불가피한 외부 요인 때문만은 아니었다. 단적인 예로 캐나다의 경우, 이런 규제들을 걷어내려는 금융업계의 다양한 움직임들을 정부가 나서서 효과적으로 차단했다. 그 결과, 캐나다는 지난 몇 년간 일어난 금융 시장 붕괴 여파가 별로 크지 않았다. 우리는 바로 이 대목에서 월가의 변모가 정치적 힘이 반복적, 적극적으로 개입된 결과라는 것을 알 수 있다. 그런 정치적 힘은 주로 투기 행위와 이해상충을 막기 위해 고안된 기존 법률들을 제거하는 데 사용되었다. 그리고 일부는 금융 상황에 맞춰 관련 법규들을 수정하려는 정부의 시도를 차단하는 데 사용되었다. 그것이 노린 그물 효과(Net Effect, 분노나 좌절 같은 부정적인 감정 상태가 한번 폭발하면 그물처럼 꼬리에 꼬리를 물고 이어진다고 해서 붙여진 이름-옮긴이)는 이상적인 자유시장이 아니었다. 권력과 연줄을 동원하여 새로운 금융 도박을 감행할 수 있는 사람들에게 유리한 경제 환경을 조성하는 것이었다. 그런 금융 도박이 고수익 고위험인 것은 두말할 나위도 없었다.

특정 정책의 추진이 금융 시장 재편에 어느 정도 기여했는지에 대한 평가는 상당히 논란의 여지가 많은 문제다. 하지만 정부의 활동이 중요한 역할을 했다는 것만은 의심의 여지가 없는 사실이다. 뉴욕대학 경제학 교수인 토머스 필리폰(Thomas Philippon)과 버니지아 대학의 애리엘 리쉐프(Ariell Reshef)의 최근 연구 결과를 보면 1990년대 후반, 은행에 대한 당국의 법적 제재가 뉴딜 정책 이전 수준에도 미치지 못했다는 것을 알 수 있다.[64] 은행 지점망 관련 규제 철폐(인수 합병을 용이하게 해줌), 상업 은행과 투자 은행의 완전 분리 원칙 완화(1999년, 그램-리치-블라일리법(Gramm-Leach-Bliley Act)에 의해 결국 폐지됨), 예금 금리 상한선 폐지, 수십 년간 금지해온 은행과 보험 업무 결합 허용 등이 그런 사실을 잘 말해준다.

여타 정책들은 새로운 금융 활동에 규제 당국의 손길이 미치는 것을 계속 차단하는 데 역점을 두었다. 이런 것이 바로 정책 표류의 전형적인 예다. 조지 부시 1세 행정부에서 상품선물거래위원회(Community Futures Trading Commission) 위원장을 역임했던 웬디 그램(Wendy Gramm)의 경우를 한번 떠올려보라. 의장 임기가 얼마 남지 않았던

1993년 초, 그녀는 엔론에 '깜짝 선물'을 안겨주었다. 상품선물거래위원회의 규제에서 벗어나 자체 고안한 파생상품을 자유롭게 거래할 수 있도록 허용해준 것이다.[65] 몇 주 후 그녀는 엔론의 사외이사로 자리를 옮겼다. 그녀의 남편인 필 그램(Phil Gramm) 역시 이 규제 철폐 드라마에서 아주 눈부신 활약을 했다. 상원 은행위원회(Senate Banking Committee) 위원장이었던 그는 아무도 눈치 채지 못하게 상품선물 현대화법(Commodity Futures Modernizations Act)을 통과시키며 규제 철폐에 새로운 이정표를 세운 것이다. 무려 262쪽에 달하는 이 법안의 골자는 기본적으로 파생상품 같은 새로운 금융 상품을 정부의 감독에서 벗어나 자유롭게 판매할 수 있도록 허용하자는 것이었다. 클린턴 대통령의 레임덕이 한창이던 2000년, 그는 이 법안을 대규모 예산 지출 법안에 살짝 끼워 넣어 대통령의 인가를 받아내는 데 극적으로 성공했다.

금융업계가 복잡한 금융 거래를 통해 수익을 거둘 수 있었던 것은 당국의 적절한 규제들이 폐기처분되었기 때문이라는 것이 이제 분명해졌다. 그러나 필리폰과 리쉐프의 연구는 민간 기업의 소득과 정부의 규제가 지금까지 얼마나 밀접한 상관관계를 갖고 있는지 분명하게 보여주었다. 사실 1929년, 주식 시장이 폭락한 이후 몇 십 년간 금융업체는 그렇게 매력적이지도 그렇다고 돈을 많이 벌 수 있는 직장도 아니었다. 금융업체에 다니는 직원들은 대부분 다른 부문 종사자들과 학력 및 임금 수준이 비슷한, 그야말로 평범한 사무직 근로자들이었던 것이다. 하지만 금융 규제 완화 분위기가 고조되면서 상황은 180도 바뀌었다. 갑자기 그리고 점점 금융업계 종사자와 교육 수준이 비슷한 다른 업계 종사자 간의 임금 격차가 크게 벌어지기 시작했다. 필리폰과 리쉐프의 연구 결과에 따르면 금융업계 종사자들의 늘어난 보수 가운데 절반 정도는 규제 완화 물결과 깊은 연관이 있다고 한다.[66]

경제 전문가들은 정부로 인해 창출된 이런 보상을 가리켜 '추가 소득'(Rents)이라고 부른다. 특정 집단에 발생하는 이런 보상은 그들이 어떤 경쟁력을 갖고 있어서가 아니라 정부의 정책이 그들에게만 특수한 이점을 안겨주어 생긴 것이다. 그리고 월가의 이런 추가 소득은 계속 고공행진을 했다.

우리는 지난 20년간 이어진 과도한 탈규제의 대가를 언젠가 톡톡히 치르게 될 것임을 잘 알고 있다. 그러나 그런 탈규제 정책이 성공을 거두었다는 사실을 부정할 수 없게 만드는 한 가지 결과물이 거의 손상되지 않은 채 그대로 남아 있다. 그것은 바로 최상위 부유층이 소유하고 있는 막대한 부다. 2008년, 베어스턴즈와 리먼브라더스가 파산 전까지 고위 경영자 5명에게 8년 동안 지급한 보너스와 주식을 현금으로 환산하면 24억 달러가 된다. 그리고 이 돈은 회사가 파산한 후에도 사라지거나 환수되지 않고 그대로 그들 소유로 남아 있다.[67] 파산 후 누군가 폭로한 것처럼 "여기에서는 머니 게임이 이런 식으로 이루어진다. 다른 누군가의 돈으로 크게 베팅을 한다. 이기면 거기에서 발생한 수익에 근거해 막대한 보너스를 챙길 수 있다. 베팅에서 져도 잃는 것은 자신의 돈이 아니라 다른 누군가의 돈이다. 그리고 나서 그냥 다음 베팅으로 넘어간다. 리먼브라더스의 전직 최고경영자였던 딕 펄드(Dick Fuld)처럼 영리한 사람들은 베팅 테이블에 쌓인 돈을 쓸어 담을 수 있다. 최고경영자로 재직할 당시, 펄드는 보수로 받은 주식을

처분하고 스톡옵션을 행사하여 4억9000만 달러(세전 소득)라는 엄청난 돈을 현금화했다".[68]

저 높은 곳에 있는 친구들

미국의 승자 독식 경제와 관련하여 사람들이 착각하는 것이 있다. 이런 현상이 미국 정부와는 무관하다고 생각하는 것이다. 그들은 천정부지로 치솟는 부유층의 소득이 그저 애덤 스미스(Adam Smith)가 주장한 '보이지 않는 손'의 선물 즉, 자유시장의 위력이 만들어낸 자연스런 결과물이라고 여긴다. 전직 시티그룹 회장이었던 샌포드 웨일(Sanford Weill)의 이야기를 한번 들어보자. "사람들은 지난 25년을 되돌아보며 믿을 수 없을 만큼 특별한 시기였다고 말한다. 그 시기에 우리가 이룩한 것은 다른 누군가에게 기대지 않고 순전히 우리 힘으로 쌓아올린 것이다."[69] 어쩌면 웨일은 이 특별한 시기에 '다른 누군가'에게는 기대지 않았을 수도 있다. 그러나 분명 정부에는 기댔다. 그것도 아주 많이! 1998년, 시티그룹의 탄생에 관여했던 관계자는 축하 기자회견장에서 독점 금지와 관련하여 우려의 목소리가 나오자 농담반 진담반으로 이렇게 답했다. "샌디가 자신의 친구인 대통령에게 전화를 걸 것이다."[70] 몇 달 후 금융업계는 글래스–스티걸 법(Glass-Steagall Act) 폐지를 목표로 캠페인 활동에 착수했다. 1930년대에 탄생한 이 법은 이해상충을 조장하고 금융 거래의 투명성을 떨어뜨리며 책임 규명을 어렵게 한다는 이유로 웨일 같은 거대 금융 재벌의 탄생을 금지해왔다. 그리고 이런 글래스-스티걸 법의 철폐에 가장 앞장선 사람이 샌포드 웨일이었던 것은 어쩌면 당연한 일이었는지도 모른다.

그런데 여기서 중요한 사실은 사람들이 대부분 정부의 '보이는 손'은 보지 못했다는 것이다. 왜냐하면 다들 엉뚱한 곳을 쳐다보고 있었기 때문이다. 그들은 최저 임금, 근로소득세액 공제제도(Earned Income Tax Credit), 취약계층 어린이 및 가족 의료보험제도에 대해서만 문제 제기를 했다. 한마디로 빈곤층에 직접적으로 도움을 줄 수 있는 정책만 문제 삼았던 것이다. 하지만 진짜 문제는 미국의 정치 엘리트들이 적극적 개입과 고의적 방관을 통해 부유층을 위해서만 일하고 있었다는 것이다.

우리는 이제 용의자를 파악했다. 승자 독식 경제는 대부분 워싱턴 정가에서 만들어진 것이다. 그러나 이러한 용의자 파악은 더 복잡하고 더 당황스러운 핵심 미스터리로 이어졌다. 이런 일이 어떻게 일어날 수 있었을까? 시장의 보이지 않는 손이 평등을 요구할 것이라고 생각하는 사람은 아무도 없다. 그러나 정부의 보이는 손은 충분히 그럴 수 있다고 생각한다. 다음 장에서 논의하겠지만 지금까지 수많은 사상가들이 "민주적 정부를 통해 민의를 전달하면 보다 평등한 사회를 건설하도록 강하게 압박할 수 있다"고 주장했다. 왜냐하면 비특권층인 다수가 자신들이 지닌 정치적 힘을 부유층이 가진 경제적 힘을 견제하는 데 사용할 수 있다고 믿기 때문이었다.

그러나 불행하게도 지난 30년 동안 미국에서는 그런 일이 일어나지 않았다. 다른 민주주의 국가에서는 정부가 심화되는 불평등 해소에 적극 나섰지만 미국 정부와 정책은 오히려 불평등을 적극 부추겼다. 그렇다면 그 이유는 무엇이었을까? 다수결의 원칙에 따라 통치 활동이 이루어지는 국가에서, 그것도 세습 권력과 기회의 격차에 항거하여 태어난 나라에서 어떻게 정부가 그렇게 오랜 세월 극소수 국민만을 위해 일할 수 있었을까? 어떻게 아무런 대응책도 마련하지 않고 현실을 방관할 수 있었느냐는 것이다. 용의자가 밝혀졌으니 이제는 가장 근본적인 미스터리로 눈을 돌릴 차례다. 그 미스터리는 "이렇게 중대한 변화를 촉발시킨 미국의 정치에 어떤 일이 있었느냐?"는 것이다.

그것은 단순히 현재 미국 정치에만 국한된 문제가 아니다. 1970년대 이후 미국 정부의 변모에 관한 단서를 찾는 과정에서 우리는 오늘날 미국이 겪고 있는 어려움과 과거의 정치 부패기/회복기 사이에 놀라운 유사점이 존재한다는 것을 발견할 수 있었다. 지금까지 두 장에 걸쳐 설명한 승자 독식 경제에는 우리가 살고 있는 이 시대의 특징들이 고스란히 들어 있다. 그러나 그것이 유발한 상황과 그 변모 가능성은 좀 더 긴 역사적 관점에서 살펴보아야만 파악할 수 있다.

그러면 이제 미국 정부가 전과자가 되는 것이다. 미국의 정치 역사에서 미국인들은 혼란을 조장하는 시장 세력들에게 계속 시달림을 당해 왔다. 그러는 동안 미국 정부는 교착 상태에 빠졌고 부가 집중되어 있는 집단 쪽으로 서서히 기울기 시작했다. 그리고 미국의 이런 과거 역사에서 우리는 핵심 미스터리 해결의 실마리를 발견하게 될 것이다.

제3장
사라진 신대륙의 꿈

　승자 독식 경제의 부상은 그리 멀지않은 과거와의 단절을 몰고 온 결정적 요인이었다. 그러나 앞 장에서 설명한 정부의 역할 변화가 유사 이래 처음 있는 일은 아니었다. 미국 정부는 과거에도 이와 비슷한 교착 상태와 경제력 중시 풍조를 여러 번 보여주었다. 또한 정치 회복의 극적인 순간들 역시 미국 정치사의 주요 특징으로 꼽을 수 있다. 그리고 그 속에서 영원히 이어질 것 같던 교착 상태와 고위층에 빗발치던 요구들이 정치 개혁 세력의 합심된 노력을 통해 극복되었다.
　이번 장에서 우리는 미국 역사의 부침에 대해 살펴보려고 한다. 이것은 우리가 주요 용의자로 지목한 미국 정부의 실체와 2부, 3부에서 다루게 될 미국 정부와 정책의 변화 이유를 파악하는 데 필수적이다. 그리고 민주적 자본주의라는 특수한 형태를 갖춘 나라에서 국민의 손으로 선출한 정치인들이 광범위한 중산계층이 아니라 선택받은 극소수 부유층을 위해 일하게 된 이유를 이해하는 데 많은 도움이 될 것이다. 사실 이것은 과거와 현대의 위대한 민주주의 이론가들이 예측했던 것과는 완전히 반대되는 상황이다. 그리고 우리가 지금부터 살펴보게 될 미국의 과거 속에는 1970년대 이후 미국 정가에서 벌어진 상황들을 파악하는 데 중요한 단서들이 들어 있다.

모든 공화국이 갖고 있는 아주 오래되고 치명적인 약점

앞 장에서 소개한 부자를 더욱더 부자로 만들어준 정부 이야기는 미국의 민주주의와 미국의 자본주의 간에 일반적으로 일어나는 긍정적 상호작용과는 거리가 먼 이야기라고 생각하는 편이 나을 것이다. 하지만 어쩌면 그것은 잘못된 생각일 수도 있다. 정치적 자유와 경제적 자유는 항상 붙어 다니기 마련이고 미국의 민주주의와 미국의 자본주의 간에도 긍정적 상호작용이 많이 일어났다. 그러나 본질적으로 민주주의와 자본주의는 서로 갈등을 일으킬 수밖에 없는 관계다. 그리고 미국의 민주주의와 자본주의 역시 예외일 수 없다.

갈등 관계를 이루는 이유는 아주 간단하다. 민주주의는 정치적 평등이라는 이상에 바탕을 둔 개념이다. 그렇기 때문에 정부의 활동에 미치는 국민의 영향력이 동일해야 한다는 인식이 지배적이다. 물론 실제로는 그런 영향력을 행사하지 않을 수도 있고 또는 행사하더라도 그 정도가 아주 미미할 수도 있다. 어쨌거나 이런 계산법에서 돈은 그다지 중요한 요소가 아니다. 부자와 가난한 사람 모두 정부 앞에서는 평등하기 때문이다. "모든 인간은 평등하게 태어난 존재"라는 것이다. 하지만 시장에서는 돈이 가장 중요한 부분을 차지한다. 시장은 경제학자들이 소위 '유효 수요'라고 부르는 것에 반응한다. 유효 수요란 한마디로 구매력이 뒷받침되는 수요를 말한다. 부자와 가난한 사람은 정치적 측면에서는 평등할지 모르지만 경제적 측면에서는 결코 평등할 수 없다.

민주주의와 시장의 이런 상반된 특징은 서로 충돌하면서 갈등을 일으키게 된다. 그리고 이런 갈등은 우리 주위에서도 일상적으로 벌어지는 일들이다. 깨끗한 공기, 안전한 거리, 법률 체계, 도로 건설처럼 여러 사람이 함께 공유할 수 있는 '공공 재화'의 경우, 충분히 생산되지 않거나 아예 생산되지 않는 것으로 악명이 높다. 이런 공공 재화의 생산은 긍정적 혹은 부정적 외부 요인에 의해 좌우될 때가 많기 때문이다. 공공 재화도 시장에서 거래 활동이 이루어진다. 하지만 그런 활동은 시장 바깥에 있는 사람들에게 어떤 혜택이 돌아가고 얼마만큼의 비용을 유발하느냐에 영향을 받게 된다. 유독성 폐기물이나 어린이 교육 같은 긍정적인 사회 활동을 떠올려보면 쉽게 이해가 될 것이다. 시장에서는 대다수 국민이 많은 관심을 갖고 중요시하는 사회적 우선순위들이 철저히 무시된다. 시장은 깨끗한 식수나 노동자 처우, 경제적 보상의 공평한 분배 같은 것들을 별로 중요시하지 않기 때문이다.

시장이 부정적인 방향으로 작동하기 시작하면 그로 인해 초래되는 불균형을 바로잡기 위해 사람들은 정치로 눈을 돌리게 된다. 그것은 자연스러운 현상이다. 하지만 시장에 깊숙이 관여한 사람들은 정부의 규제나 민주적 개입을 강하게 거부한다. 그리고 일반적으로 그들은 그렇게 할 수 있는 상당한 재력도 갖추고 있다. 정치적 평등이라는 강력한 보호 장치가 없고 시장과 민주주의 사이에 방화벽이 존재하지 않는다면 시장에서 강력한 힘을 가진 사람이 정치에서도 최강자로 군림하게 될 것이다. 그리고 그 과정에서 민주주의의 토대가 되는 기본적인 이상도 침해당하게 된다.

민주주의가 태동한 이래 민주주의를 연구했던 위대한 철학자들은 모두 이런 점을 잘 인식하고 있었다. 아리스토텔레스에서부터 알렉시스 드 토크빌(Alexis de Tocqueville)에 이르기까지, 또 플라톤에서 토머스 페인(Thomas Paine)에 이르기까지 민주주의의 작동에 필요한 것을 연구했던 사상가들이 우려했던 문제가 있다. 바로 거대한 경제 격차와의 공존 가능성이었다. 로마 시대의 사제 플루타크(Plutarch)는 다음과 같이 지적하면서 그런 우려를 처음으로 표명했다. "부자와 가난한 사람 간의 불평등은 모든 국가에 존재하는 가장 오래되고 가장 치명적인 약점이다." 민주주의 국가들이 실질적으로 "그런 격차를 조금밖에 줄일 수 없다"는 사실을 인정하면서도 몽테스키외(Charles de Montesquieu)는 '실질적 평등'이야말로 "민주주의 정신 그 자체"라고 강하게 주장했다. 그가 저술한 《법의 정신(The Spirit of the Laws)》은 미국 건립자들이 교본으로 삼을 정도로 많은 영향을 미쳤다.[1]

이런 사상가들은 계층 분열이 위험한 이유로 통치 형태를 왜곡할 수 있다는 점을 꼽았다. 정치 이론가 마이클 톰슨(Michael J. Thompson)의 표현을 빌리면 "소수가 다수를 지배하고 공공 재화가 부자, 권력자, 엘리트 계층에 의해 철저히 무시된다"는 것이다. 톰슨의 설명처럼 고대 사상가들과 그들을 계승한 계몽주의자들은 민주주의를 실현하고 계속 유지하기 위해서는 이상적 형태의 평등이 아니라 일련의 제도와 법률이 필요하다고 부르짖었다. 그리고 여기에 시민 문화가 결합되면 경제적 부가 과도하게 집중되는 현상을 막을 수 있다고 주장했다. 계몽주의자이면서 한편으로는 현실주의자이기도 했던 데이비드 흄(David Hume)은 이런 주장을 펼치기도 했다. "부유층이 지배 계급이 되면 모든 권력을 독차지할 것이다. 그리고 무거운 짐을 가난한 사람들에게 떠넘기기 위해 수시로 음모를 꾸미고 산업이 위축될 정도로 가난한 사람들을 억압할 것이다."《법의 정신》이라는 책에서 민주주의 제도가 갖고 있는 거대한 불평등 위험에 주목한 몽테스키외는 "지나치게 많은 재산을 소유한 사람들은 자신의 권력과 명예를 높이는 데 도움이 되지 않는 것들을 모두 손해라고 여긴다"고 역설한 바 있다.[2]

당연한 것이었겠지만 18세기 후반, 미국이라는 새로운 국가 수립을 협의하는 자리에서도 민주주의가 갖는 이런 약점들에 대해 많은 논의가 오갔다. 상당한 입장 차이에도 불구하고 미국의 정치 제도를 설계한 건국 주역들은 계층 분열의 깊은 골이 민주주의의 토대를 흔들 만큼 강력한 위협 요인이라는 사실에 모두 공감하고 있었다. 매디슨(Madison)은 이 자리에서 '파벌의 해악'으로부터 미국을 구제해줄 것이라며 미국의 분권화된 헌법 체계를 옹호한 것으로 유명하다. 여기서 우리는 그가 "다양하고 불평등한 재산 분배를 파벌의 가장 일반적이고 영속적인 근원"으로 여겼다는 사실에 주목할 필요가 있다.[3] 유럽의 봉건 체제에 반기를 들었던 미국의 건립자들은 부의 차이가 요구의 상충과 그런 요구를 실현할 수 있는 능력의 차이를 유발한다는 것을 정확히 인식하고 있었던 것이다. 그들은 계층 간 격차가 점점 확대되거나 고착화되면 이제 막 날갯짓을 시작한 미합중국의 존립 자체가 위험에 빠질 수 있음을 우려했다.

　이런 이유 때문에 그들은 미국의 헌법에 유권자의 재산 요건을 제한하는 조항을 삽입했던 것이다. 이것은 그때까지 대다수 주에서 실시해오던 관행과의 단절을 의미했다. 그리고 선출직 대표에게는 어떠한 재산 자격도 두지 않았다. 〈연방주의자(Federalist)〉 신문 39호에서 매디슨은 "새로운 미합중국 정부의 모든 권력은 귀족의 특권이나 세습권이 아니라 직접적이든 간접적이든 모두 국민으로부터 나온다"는 사실을 분명히 밝혔다.[4] 헌법학자 아킬 아마르(Akhil Amar)도 다음과 같이 주장했다. "오늘날 일부 독자들 사이에서 헌법의 기본 정신으로 국민주권보다 재산 보호를 더 우선시하려는 경향이 있는데 '개인 재산'이라는 단어는 미국 헌법 전문이나 어떤 유관 문서에도 존재하지 않는다."(아마르는 재산과 관련된 언급은 '정부 재산'이 유일하다는 사실을 발견했다)[5] 민주주의 문서가 갖는 온갖 한계에도 불구하고 미국 헌법은 재산에 근거해서 국민의 정치 참여를 제한해서는 안 된다는 점을 여기저기에 구체적으로 명시해놓았다.

　미국을 건립한 사람들은 어떤 기준에서 보더라도 급진적 인류 평등주의자들과는 거리가 멀었다. 오히려 정치 경제를 열심히 배우려고 애쓴 학생에 가까웠다. 그들은 새로운 미합중국의 특징으로 아주 순조롭게 출발한 나라라는 점을 꼽았다. 이 신세계는 당시 가장 중요한 경제 자원이었던 광대한 땅을 소유하고 있었다. 이런 풍요 덕분에 미국은 여전히 계급에 묶여 있던 구세계 즉, 유럽보다 훨씬 더 광범위한 재산 분배를 할 수 있었다. 그리고 그들은 이런 광범위한 분배를 유지하는 것이 아주 바람직하고 민주주의 제도를 정착시키는 데 필수 조건이라고 확신했다. 그러나 그들은 아래로는 사유 재산에 대한 도전, 위로는 민주적 평등에 대한 도전에 직면해 있었다. 이런 것들은 민주적 자본주의의 스킬라(Scylla, 큰 바위에 사는 머리가 여섯, 발이 열두 개인 여자 괴물-옮긴이)와 카리브디스(Charybdis, 시칠리아 섬 앞바다의 큰 소용돌이로 배를 삼킨다고 전해짐-옮긴이)와 같았다. 이쪽으로 치우치면 무산 계급인 민주적 다수에 의한 폭민 정치가 되고 저쪽으로 치우치면 유산 계급에 의한 소수 독재 지배가 되는 것이었다. 이런 양날의 칼에 대한 이해가 선행되어야만 우리는 미국 정치가 최근 몇 십 년 사이 후자 쪽으로 급격히 방향을 튼 이유를 납득할 수 있다.

가난한 사람들을 위한 정부?

'투표권을 가진 다수는 자신들이 가진 정치적 힘을 부유층의 재산에 막대한 세금을 부과하는 데 사용할 것이다?' '소수의 부유층은 자신들의 경제적 힘을 사용하여 자신들에게 유리한 방향으로 민주주의의 항로를 변경하려고 할 것이다?' 미국의 건립자 가운데 첫 번째 가능성에 대해 가장 노골적으로 우려를 표명했던 사람은 바로 존 애덤스(John Adams)였다. 그는 정치적 평등을 지나치게 추구할 경우, "가장 먼저 채무가 변제될 것이다. 그리고 부자에게는 무거운 세금이 부과되는 반면 가난한 사람들에게는 전혀 세금을 부과하지 않는 사태가 벌어질 것이다. 그리고 나중에는 모든 것을 똑같이 분배하라며 투표를 요구할 것"이라고 경고했다.[6] 그러나 애덤스보다 이런 우려를 더 분명하게 표현한 사람이 있다. 프랑스의 유명한 정치학자 알렉시스 드 토크빌이었다. 1835년에 저술한 《미국의 민주주의(Democracy in America)》라는 저서에서 그는 다음과 같이 주장했다. "전 세계 어느 나라를 보더라도 다수를 차지하는 것은 가난한 사람들이다. 즉, 가진 재산이 아주 적어서 일을 하지 않고는 생활을 영위할 수 없는 사람들이 다수를 이루고 있다는 것이다. 그렇기 때문에 보통 선거는 가난한 사람들에게 사회 지배권을 넘겨주는 것이나 마찬가지다."[7]

그렇다면 그가 말한 가난한 사람들은 그렇게 넘겨받은 '사회 지배권'으로 무엇을 하려고 할까? 토크빌의 대답은 명료했다. "자신들에게 혜택이 돌아오도록 부자들에게 세금을 부과하는 데 사용할 것이다." 〈월스트리트 저널〉의 한 편집자가 "운 좋은 오리새끼들"(lucky duckies, 너무 가난해서 소득세를 낼 필요가 없고 그래서 소득세 인상 같은 문제에 전혀 신경 쓰지 않아도 되는 사람들)이라고 불렀던 그런 사람들의 재분배 요구 성향은 오늘날 보수주의자들이 불만을 토로할 때 사용하는 단골 메뉴다. 우리가 자주 듣는 이런 불만을 그 당시에도 똑같이 늘어놓으며 토크빌은 이렇게 결론지었다. "민주적 정부가 가난한 사람들에게 투표를 통해 세금 부과를 결정할 수 있게 해주면 오히려 세금을 회피하는 수단으로 악용될 수 있다."[8] 바꿔 말하면 다수의 비부유층이 소수의 부유층 재산을 빼앗는 데 자신들의 정치적 권력을 사용할 수 있다는 것이었다.

오늘날 정치학자들은 이런 토크빌의 시각을 긍정적인 방향으로 약간 비틀어서 소득 재분배 관련 이론에 사용하고 있다.[9] 이런 이론들은 민주주의의 부동층(중상층 유권자)이 대부분 사회 평균치보다 소득이 낮은 사람들이라는 가정을 전제로 하고 있다. 그러나 상대적으로 빈약한 물질적 부 때문에 이들이 가진 정치적 영향력까지 과소평가될 때가 많다. 사실 정치인들의 활동에 결정적 영향을 미치는 집단은 특정 후보나 정당을 지지하는 다수에 마지막 순간 합류 결정을 내리는 중상층 유권자들이다. 그러면서 이런 이론들은 중상층 유권자의 소득이 평균치보다 낮기 때문에 그들의 막강한 표심을 잡으려는 정치인들이 정부를 통한 소득 재분배에 나서게 될 것이라고 결론짓는다.

중상층 유권자들이 부유층의 부를 모두 차지하는 일은 결코 없다. 부자들의 열심히 일하려는 의욕까지 싹둑 잘라서는 안 된다는 것 정도는 그들도 알고 있다. 그것은 황금알을 낳는 거위를 죽이는 것과 마찬가지이기 때문이다. 어쩌면 중상층 유권자들은 자신도 언젠가는 부자가 될 수 있을 것이라는 막연한 희망을 품고 있을지도 모른다. 물론 부자 역시 중산층으로 떨어질 가능성을 염두에 두어야 하겠지만 말이다. 그러나 근본 핵심은 변하지 않는다. 소득의 불균형이 심화될수록 이런 정치학자들의 이론은 중상층 유권자들이 사회의 균형을 바로잡으려고 시도할 것이라는 전망을 내놓는다. 그러면 급증하는 불평등과 과도한 부의 집중이라는 두 가지 위협이 모두 억제될 것이라고 주장한다. 집안에 설치된 온도조절장치처럼 너무 덥거나(불평등의 증가) 너무 추워지면(실망스런 경제적 보상) 민주주의 국가의 중상층 유권자들이 정부에 잘못된 부분을 바로 잡으라고 압력을 가하게 된다는 것이다.

이것은 분명 낙관적인 시각이다. 하지만 이런 낙관성이 곧 정확성을 의미하지는 않는다. 지난 30년 동안 우리는 불균형이 엄청나게 확대되는 것을 목격했다. 그리고 위와 같은 이론에 입각했을 때 미국 사회의 불평등이 더욱더 이해되지 않을 것이다. 극소수의 최상위 부유층에 밀려 대다수 국민들이 점점 아래로 추락하는 기이한 상황이 벌어지고 있기 때문이다. 만약 이런 이론에서 제시하는 것처럼 사람들이 부유층과의 비교를 통해 자신의 경제적 보상에 관심을 기울이게 되면 정부가 대대적으로 재분배 활동에 착수하여 부의 집중을 바로잡았어야 맞다.

 그러나 앞 장에서 살펴본 것처럼 지난 30년 동안 미국에서 벌어진 상황은 오히려 그 반대였다. 소득 불평등이 계속 급증하는데도 정부는 이런 불평등을 완화시키기는커녕 세금과 복지 수당을 이용해 오히려 더 악화시켰다. 이것은 다른 선진국에서는 볼 수 없는 현상이었다. 그리고 세금과 복지 수당을 통한 정부의 가시적인 재분배 활동 너머로 눈을 돌리면 상황은 더욱더 분명해진다. 정부의 정책이 노동법에서부터 금융시장 규제에 이르기까지 다양한 분야에서 부유층에 유리하도록 경제의 방향을 완전히 바꿔놓았기 때문이다. 그렇게 국민의 손으로 직접 뽑은 정치인들이 부유층의 부를 환수하는 것이 아니라 오히려 부자를 더욱더 큰 부자로 만들어주고 있었던 것이다. 심지어 부유층의 그런 부의 증가가 대다수 미국인들의 희생 위에서 이루어진 것인데도 그들은 철저히 모른 척했다.

 토크빌과 그의 정치경제 이론을 계승한 학자들이 제시한 예측과는 달리 부유층이 워싱턴 정가에서 우위를 차지하게 된 연유를 정확히 파악하기 위해서는 그 전에 선행되어야 할 일이 있다. 한 세기 전으로 거슬러 올라가 민주주의와 자본주의 간에 벌어졌던 상호작용의 이면을 들여다보는 것이다.

진보주의 운동의 문제점

민주주의 제도가 소득과 부의 과도한 집중을 해결해 줄 것이라는 낙관론을 품지 않는 것은 비단 우리 세대가 처음은 아닐 것이다. 20세기 초에도 오늘날과 유사한 문제와 탄식이 사회 전체에 만연해 있었다. 엄청난 경제력을 거머쥔 금융 및 제조업 분야의 공룡 기업들은 그런 힘을 환경을 파괴하고 노조 결성을 방해하고 소비자 보호운동을 차단하는 데만 사용했던 것이 아니다. 자기들의 사업에 걸림돌이 되는 정치인들을 매수하는 데도 적극 사용했다. 그때까지만 해도 주 정부가 임명하던 상원의원들 사이에서 특히 그 폐해가 아주 심각했다. 전설적인 저널리스트 윌리엄 알렌 화이트(William Allen White)는 미국 상원을 가리켜 '백만장자 클럽'이라고 부를 정도였다. 그리고 이 클럽의 회원들은 "한 주(州), 아니 한 지역(주보다 더 넓은 개념)보다 더 큰 것을 대변하고 있다. 그들은 재계의 공국과 권력의 대변자였던 것이다. 어떤 의원은 유니언 퍼시픽 철도(Union Pacific Railway System)를 대변하고 또 어떤 의원은 뉴욕 센트럴 철도(New York Central System)를 대변했다. 그리고 어떤 의원들은 뉴욕과 뉴저지 보험업계의 이익을 대변했다."[10]

이런 문제점을 일반 국민들은 물론 자칭 '진보주의자'라는 개혁 세력들도 눈치 채고 있었다. 진보적인 사상가들은 환경 파괴, 경쟁을 죽이는 독과점, 근로자들의 열악한 처우에 대해 적잖은 우려를 표명했다. 그러나 그들이 가장 우려했던 문제는 민간 기업들이 자사의 경제적 힘을 악용하여 정치를 왜곡시키는 것이었다. 1912년, 테오도어 루스벨트(Theordore Roosevelt)의 다음과 같은 연설 속에 그런 우려들이 잘 나타나 있다.

사유 재산을 진정으로 옹호하는 진짜 보수주의자는 그런 재산이 공화정의 주인이 아니라 하인이 되어야 한다고 주장하는 사람이다. 인간이 만든 창조물이 인간의 주인이 아니라 하인이 되어야 한다고 생각하는 사람인 것이다. 미국 시민은 그들 스스로가 창조한 막강한 상업의 힘을 효과적으로 조절할 수 있어야 한다. 부정한 방법으로 돈을 긁어모으는 행위를 주 정부와 연방 정부가 효과적으로 차단하지 않아 막대한 재산과 경제 권력을 손에 넣은 소수의 사람들이 생겨나고 있다. 그런 사람들의 주된 목표는 자신들의 힘을 유지하고 확대하는 것이다.[11]

과두정치를 우려했던 고대인들과 마찬가지로 당시 진보적 비평가들은 재산과 경제 권력의 과도한 집중이 정치적 평등을 위협하는 상황을 우려했다. 그러나 20세기 초에는 그런 우려가 좀 더 현대적이고 새로운 모습으로 변모했다. 귀족 세습 제도에 대한 고대인들의 우려가 오늘날에는 대규모 상업자본의 약탈과 금융 투기 세력의 왜곡 활동에 대한 우려로 바뀐 것이다. 루스벨트가 '막강한 상업의 힘'의 통제에 대해 이야기하고 있을 즈음 진보 세력들은 그 당시 민주주의를 위협하던 거대 공룡 기업과 은행에 초점을 맞추고 있었다.

실제로 루스벨트가 위와 같은 격정적 연설을 했던 바로 그 해, 미 의회에서 '금전신탁' 관련 대규모 청문회가 열리면서 국민들의 이목이 집중되었다. 청문회 결과, 은행업계에서 금전신탁 상품의 남용이 심각한 상황인 것으로 드러났다. 이 사건은 당시의 시대상을 반영하는 중요한 고발 작품의 주제로까지 사용될 정도였다. 《은행은 어떻게 사람들의 돈을 이용하는가(Other People's Money, and How the Bankers Use It)》(1914)라는 제목의 이 책은 산업계와 정부를 장악한 금융 과두제의 실상을 적나라하게 보여주었다.

뛰어난 법률 사상가이기도 했던 이 책의 저자 루이스 브랜다이스(Louis Brandeis)는 훗날 미국 대법관과 미국 시온주의 운동의 수장 자리에까지 오르게 되는 인물이다. 하지만 1912년, 브랜다이스는 50대(그는 80대까지 살았다)의 나이에 진보주의를 대변하는 변호사로 크게 명성을 떨치게 된다. 기념비적 의미를 갖는 '뮬러 대 오리건 주(Muller vs. Oregon)' 사건에서 원고 측 수석 변호사를 맡았던 것이다. 이 사건에서 법원은 여성의 건강은 공공의 이익이므로 하루 노동시간이 10시간을 넘어서는 안 된다고 판결을 내림으로써 여성의 근로 시간을 규제할 수 있도록 주 정부의 손을 들어주었다. 그 후 다양한 소송을 맡게 된 브랜다이스는 이 소송, 저 소송으로 정신없이 뛰어다녀야 했다. 진보 세력의 사회 개혁 활동에 그가 참여하지 않은 분야가 없을 정도로 그는 다방면에서 중요한 역할을 했다. 그러나 그런 다양한 활동을 관통하는 신념은 한 가지였다. 그의 전기 작가였던 멜빈 유로프스키(Melvin Urofsky)는 브랜다이스의 신념을 이렇게 표현했다. "민주주의 사회에서 개인의 권력이 거대한 중심부를 차지할 경우, 시민들의 자유와 활력을 지속하는 데 위협 요인이 될 수 있다."[12]

브랜다이스는 앞에서 언급한 자신의 저서에서 자본주의 생명줄을 쥐락펴락하는 사람들에게 너무 많은 권력을 주었을 때 나타날 수 있는 병폐를 집중 부각시켰다. 훗날 한 기자와의 인터뷰에서 그는 이런 말을 했다. "과거에는 이용 가능한 대규모의 땅을 서서히 사들이는 죽은 손이 경제에 위협 세력이었다." 여기서 죽은 손이란 미국의 건립자들이 우려했던 봉건적 세습 특권을 우회적으로 표현한 것이다. 그러면서 고대인의 공화정에 대한 우려를 당시 시대 상황에 맞춰 이런 식으로 살짝 바꾸었다. "(그러나) 오늘날은 살아 있는 손, 즉 미국의 단기 자본을 장악하고 통제하는 수완 좋은 몇몇 금융가들이 경제에 가장 큰 위협 세력이다."[13]

브랜다이스의 주장은 법 현실주의(legal realism)라는 20세기 초의 한 학파의 주장에 근거한 것이었다.[14] 법 현실주의는 경제적 우위에 서 있는 사람들이 자주 내세우는 일반적인 인식에 도전장을 내밀었다. 보수주의자들은 시장과 거기에서 발생한 소득의 분배 구조는 자연스러운 현상으로 정치나 정부와 상관없이 각자의 선택과 강점, 그리고 근면한 노력을 통해 얻은 무한 경쟁의 결과라고 주장했다. 이에 대해 법 현실주의자들은 재산과 시장은 정부 및 정치와 아주 밀접한 연관이 있다고 되받아쳤다. "전(前) 정치적 시장이라는 것은 존재하지 않으며 시장은 정치적 힘에 의해 형성되고 방향이 정해진다. 그리고 국가의 강제력을 관장하는 사람들이 만들고 시행하는 규칙의 영향을 받는다"는 것이 그들 주장의 핵심이었다. 1905년, '로크너 대 뉴욕 주(Lochner v. New York)' 사건 판결에서 대법원이 지지한 자유방임주의 경제관은 일종의 정치적 선택이었다. 그것은 명확하지만 때로는 잔인한 결과들을 수반하는 선택이자 그 시작과 지속에 정부의 개입을 많이 필요로 하는 선택이었다.

그런 시장은 공공정책을 통해 수립되고 정치에 의해 그 형태가 결정되기 때문에 보다 바람직한 결과가 도출될 수 있도록 형태를 개조해야 한다는 것이 진보주의 개혁 세력의 입장이었다. 그리고 그것은 우리가 앞서 설명한 2장의 요지이기도 했다. 기억나는가? 시장의 형성에 정부가 아주 중요한 역할을 하는데도 사람들이 그것을 잘 인식하지 못하고 있다는 우리의 지적 말이다. 그러므로 그런 논평이 의미하는 것과 의미하지 않는 것이 무엇인지 정확히 이해할 필요가 있다. 그렇다고 해서 민주적 정치가 항상 완벽한 모습의 시장을 형성한다거나 정부의 개입이 항상 정당하거나 바람직하다는 뜻은 아니다. 다만 좋든 싫든 민주적 정치가 시장을 형성하는 것은 사실이라는 뜻이다. 따라서 논쟁의 초점이 시장의 형성에 정부가 개입하는지 여부가 아니라 바람직한 방향으로 정부의 개입이 이루어지고 있는지에 맞춰져야 한다.

20세기 초, 이 질문에 대한 진보주의자들의 대답은 '노'였다. 자유로운 경제 활동 추구라는 미명으로 통과된 정책들은 소수의 경제 엘리트들에게 유리한 방향으로 시장을 형성할 때가 많았다. 그리고 그로 인해 발생하는 불평등을 완화하려는 시도는 업계의 이익에만 관심을 갖는 정치인들에 의해 매번 차단당했다. 어쩌다 사회 개혁 법안들이 통과되기라도 하면 이번에는 법원이 제동을 걸었다. 이것은 결코 급진적인 비판이 아니다. 이를 증명하기 위해 1776년, 애덤 스미스가 저술한 《국부론(The Wealth of Nations)》의 한 구절을 인용하는 것도 좋은 방법일 것 같다(《국부론》은 오늘날 작은 정부를 지향하는 자유시장 경제학의 바이블로 통함). 스미스는 이 책에서 다음과 같이 주장했다. "거대한 재산이 있는 곳은 어디든 거대한 불평등이 존재한다. (…) 재산의 안전을 위해 도입된 시민 정부라는 것도 실제로는 가난한 사람들의 공격으로부터 부자들의 재산을 지키려는 제도인 것이다. 즉, 재산이 많은 사람들을 재산이 전혀 없는 사람들로부터 보호해주는 것이 그 목적이라는 얘기다."[15] (자유로운 금융 시장의 합리성에 아주 비판적이었던 애덤 스미스는 'other people's money'(다른 사람의 돈)라는 문구를 만들어낸 당사자였다. 그리고 훗날 브랜다이스는 이 문구를 자신이 저술한 책의 제목으로 사용하게 된다) 그로부터 한 세기 반 후에 등장하는 법 현실주의자들의 주장보다 훨씬 더 명료한 지적이 아닐 수 없다.

간단히 요약하면 재산과 시장은 정부와 법률에 전적으로 의존할 수밖에 없다는 것이다. 진보적 비평가들의 시각에 따르면 재산과 시장은 정부와 법률의 제재와 제약이 절대적으로 필요하다. 그런 제재와 제약이 부재할 경우, 경제적 불평등이 점점 확대되면서 더 거대한 정치적 불평등으로 이어지고 결국에는 부유층의 이익만을 추구하는 정부 정책을 낳을 수 있기 때문이다. 그렇게 되면 민주주의는 불평등이라는 거센 파도에 침몰하고 과두주의에 휩쓸려 자취도 없이 사라지고 말 것이다. 그리고 최근 미국에서 일어난 일련의 경제 사태들은 이런 우려가 결코 기우가 아님을 아주 분명하게 보여주었다.

정치 표류

1914년, 25세의 월터 리프먼(Walter Lippmann)은 진보주의 시대의 철학적 토대를 자신의 저서 《표류와 제어(Drift and Mastery)》라는 제목 속에 잘 요약해놓았다. 여기서 '표류'는 우리가 앞 장에서 설명했던 표류와 같은 의미로 정부가 변화된 경제 현실에 제대로 대응하지 않는 것을 말한다.[16] 하지만 리프먼이 제시한 해결책은 현대 산업자본주의와의 단절 즉, 현대 산업자본주의의 엄청난 혜택 및 비용과의 단절이 아니었다. 그런 활동을 민주적인 방식으로 관리 감독함으로써 온순하게 길들이는 것이었다. 리프먼의 표현을 빌리면 '제어'하는 것이었다. 리프먼도 그것이 완전한 해결책이 될 수 없음을 잘 알고 있었다. 자신의 주위에서도 돈에 의해 정치가 왜곡되는 현실이 비일비재했기 때문이다. 그렇지만 그것이 유일한 해결책이었다. "그것이 민주주의가 나아갈 길이다. 스스로의 힘으로 극복해 나갈 때 참된 민주주의가 실현될 수 있다"라고 리프먼을 적고 있다. "이보다 더 간단한 방법을 고집하는 사람은 내가 보기에는 문제의 본질을 제대로 파악하지 못했거나 민주주의의 특정 측면에만 관심을 기울이거나 아니면 민주주의의 한계를 무의식적으로 참지 못하는 사람이다."[17]

리프먼은 '표류'와 '제어'라는 극히 대조적 개념을 통해 미국의 민주적 자본주의가 일진일퇴를 거듭하며 점진적으로 발전해나가는 데 필요한 이분법을 제시했다. 근대 자본주의의 등장 이후 미국의 정치는 정치 표류와 정치 회복을 반복하면서 계속 요동쳐왔다. 미국은 경제적 불평등과 시장의 힘이 활개를 치던 시기와 시장과 경제적 불평등이 엄격한 통제를 받던 극적인 개혁의 시기를 계속 반복했던 것이다. 전자에서는 경제적 역동성이 통치 제도 역량을 앞질렀다. 그러나 후자에서는 부패하고 한쪽으로 기울어진 정치 질서를 바로잡으려고 애쓰고 그런 시도를 통해 미국의 통치 구조를 조금씩 개선하며 개혁을 일궈냈다.

  이런 정치 패턴이 반복되었던 이유는 간단하다. 무언가를 끝마치는 것은 어렵고 차단하기는 아주 쉬운 미국의 독특한 정치 시스템 때문이었다. 장애물이 겹겹으로 에워싸고 있는 미국의 통치 제도는 조직적으로 일사불란하게 움직이는 이익단체들에 유리한 구조로 이루어져 있다. 정치권의 교착 및 정체 상태를 획책하기가 그만큼 쉽다는 뜻이다. 심지어 활동 범위가 아주 국한된 이익단체들조차도 그런 활동을 효과적으로 펼칠 수 있을 정도다. 미국 정치 제도의 첫 번째 특징으로는 그 유명한 삼권 분립을 들 수 있다. 권력이 중복되는 세 개의 조직이 통치권을 나눠 갖는 것이다. 그 다음으로는 수평적, 수직적으로 분리된 권력을 꼽을 수 있다. 주 정부와 연방 정부가 통치권을 공유하면서 서로 경쟁하는 구조라는 것이다. 그리고 여기에 의회의 압도적 다수결의 원칙이라는 높은 장애물이 둘러져 있다. 예를 들면 대통령이 어떤 법안에 거부권을 행사할 경우, 이를 뒤엎기 위해서는 상원과 하원에서 각각 3분의 2 이상의 찬성표가 나와야 한다. 이것은 변화의 필요성에 대해 의원들 간에 특별한 합의가 이루어질 때에만 뛰어넘을 수 있는 장애물이다.

  그 다음으로는 상원과 하원이 버티고 있다. 이 양원은 선거 일정도 다르고 선거구도 다르고 선거 절차도 다르고 의원 수도 다르다. 물론 자격 요건이 까다롭고 주 단위로 선출되는 상원의 수가 더 적다. 인구 밀도가 희박한 와이오밍(Wyoming, 인구 53만 2000명) 주나 인구 밀도가 높은 캘리포니아(인구 3670만 명) 주나 상원의원 수는 동일하다. 인구 격차가 엄청난데도 의원 수는 동일한 이런 불균형이 어떤 문제점을 일으킬지는 쉽게 예상할 수 있다. 사실 이런 문제점은 지금까지 충분히 입증되었다. 인구밀도가 낮은 주는 농업과 광산업 종사자가 집중되어 있기 때문에 그런 시골 지역의 이해관계가 엄청난 비중을 차지한다. 반면 도시, 소수 민족, 인종 문제(인구밀도가 높은 지역에 주로 나타나는 문제)에는 별로 관심을 쏟지 않는다.[18] 게다가 상원과 하원 간의 입장 차이가 상당하기 때문에 합의 도출에 실패할 경우, 정책 변화가 힘들어진다. 매디슨(Madison)이 했던 유명한 말처럼 "야심을 야심으로 견제하는" 세분화된 정치 제도는 극적인 사회 개혁을 고무하는 환경과는 처음부터 거리가 멀었다.

어느 면에서 보더라도 이러한 정치 시스템이 미국의 건립자들이 의도했던 것보다 훨씬 한쪽으로 편향되어 있음은 분명한 사실이다. 인구밀도가 낮은 주를 배려해야 한다는 미명 아래 다수의 의견을 묵살하는 이런 보호 장치들은 매디슨을 비롯한 많은 사람들의 눈에 바람직한 특성이 아니라 결함으로 비쳤다. 하지만 기존 주들은 어떻게든 헌법을 비준해야 하는 상황이었기 때문에 그런 정치 현실에 굴복할 수밖에 없었다. 정치이론가 로버트 달(Robert Dahl)이 지적했던 것처럼 실제로 헌법제정회의(Constitutional Convention, 1787년 5월 필라델피아에서 개최됨-옮긴이)에 참석한 정치 지도자들 간에 의회에서 대통령을 선출하는 안이 합의될 뻔했다. 만약 그때 합의가 이뤄졌다면 오늘날 대다수 민주주의 국가들과 마찬가지로 미국에서도 좀 더 간소한 의회 제도가 탄생했을지 모른다.[19]

앞으로 여러 장에 걸쳐 다루게 되겠지만 오늘날 정치 교착 상태를 만든 주요 요인들의 상당수는 처음부터 그런 의도로 고안된 것이 아니었다. 몇 세기 동안 사회 변화를 거치면서 변한 것이다. 오늘날 의회 정국을 교착 상태에 빠뜨리고 있는 가장 거대한 주범으로 의사진행방해 제도를 꼽을 수 있다. 그러나 이것은 미국 헌법에 명시되어 있지 않은 상원의 관행이다. 그리고 의사진행방해 제도와 함께 사용되는 다양한 정치 방해 활동은 미국의 건립자들이 그렇게도 막고 싶어 했던 당파 양극화의 산물이다.

다른 정치적 장애물 역시 미국 헌법이 제정된 이래 미국 사회의 진화 과정에서 태어난 것들이다. 한 예로, 상원의 의원 정수 불균형은 인구가 적은 주들이 미합중국으로 새로이 편입되면서 그 폐해가 점점 심각해졌다. 1810년에는 상원을 선출할 수 있는 성인의 최소 인구 비율이 33%였다. 그러던 것이 1970년에는 17%로 낮아지면서 오늘날까지 계속 이어지고 있다.[20] 다른 나라들과 비교해 봐도 미국은 아르헨티나, 브라질, 볼리비아, 도미니카 공화국 다음으로 상원의원의 정수 불균형이 가장 심각한 나라다.[21] 그런데도 상원의 권한이 가장 막강한 나라라는 사실은 참으로 아이러니가 아닐 수 없다.

민주주의가 오랜 세월 생명을 유지해오는 동안 확대된 것은 의사진행방해 능력만이 아니었다. 그런 방해 활동의 결과 역시 확대되었다. 저 옛날 미국의 건립자들은 전적으로 농업 사회에 근거해서 헌법을 설계했다. 그 당시는 오늘날과 같은 산업 경제의 발달은 물론 그것이 가져올 사회적 문제들을 상상조차 못했을 것이다. 물론 알렉산더 해밀턴(Alexander Hamilton)같이 혜안을 가진 일부 인사들은 산업 발전을 통해 강력한 미국을 만들려고 시도하긴 했다. 사실 극적인 경제 변화에 정부가 결단력을 발휘하지 못한 채 우왕좌왕하는 상황은 미국의 건립자들이 크게 우려했던 문제는 아니었다.

그러나 오늘날까지 변함없이 지속되고 있는 미국의 정치 구조는 그 당시만 해도 높은 수준의 민주주의를 염두에 두고 설계된 것이었다. 그리고 그것은 시간이 흐르면서 점점 더 민주적인 모습을 갖추게 되었다. 미국의 분권화된 정치 시스템은 변화를 차단할 수 있는 거부점만 만든 것이 아니라 다양한 이해관계자와 이익집단이 각자의 주장을 강요할 수 있는 접근점을 만들어주었다. 그 결과, 국민들이 다양한 요구를 하고 동시에 그것을 달성하려는 노력을 차단하고 위협하고 때로는 불가능하게 만드는 시스템이 태어나게 되었다.

미국 역사에서 진보주의 시대만큼 이런 모순이 많이 포착된 시기도 없을 것이다. 요란한 개혁 활동에도 불구하고 진보주의 세력은 리프먼이 말한 '제어'를 실현하기에는 역량이 많이 부족했다. 그들의 노력으로 상원 의원을 직접 선거로 선출하는 데 필요한 헌법 개정과 그 밖에 중요한 정치 개혁들이 일어났다. 또 새로운 규제 기관들이 설립되었고 주 의회에서 수많은 사회 개혁 법안들이 통과되었다. 그러나 개혁 세력은 정치적 분열에 직면했다. 테오도어 루스벨트가 진보정당의 대선 후보로 나가 낙마했을 때 그에 맞섰던 민주당 우드로 윌슨(Woodrow Wilson)의 대의명분은 취약하기 그지없었다. 그런데도 불구하고 그가 대통령에 당선될 수 있었던 것은 개혁 세력 내부의 정치적 분열 때문이었다.

루스벨트가 무소속으로 대통령 선거에 출마한 사건을 계기로 집중 조명을 받게 된 진보 세력의 분열과 일부 개혁가들이 입은 정치적 타격은 그들 스스로 자초한 측면이 컸다. 일반 대중에게 정치 상황을 알리고 자발적 정치 참여를 강조했던 엘리트 중심의 정치 개혁은 부패하긴 했어도 활력이 넘치던 19세기 말, 정당 민주주의의 토대를 크게 약화시키는 결과를 가져왔다. 그리고 그들은 선거권을 심하게 제한한 유권자 문맹 테스트와 인두세 같은 제도를 비호했다. 사회학자 마이클 셔드슨(Michael Schudson)의 말처럼 진보 시대의 혁명은 재정 후원과 사적 이해관계로 심하게 부패되어 있던 "정당 정치로부터 국민들을 해방"시켜 주었지만 "한편으로는 일부 국민들의 투표권 행사를 차단하는 새로운 방법을 선보이기도 했다."[22]

그러나 그들의 대의명분에 가장 큰 상처를 입힌 것은 조직적이고 견고한 기득권 세력의 반대 활동이었다. 노동자 권리, 의료보험, 실업보험, 노인연금 같은 다양한 분야에서 진보 개혁 세력은 재계의 강력한 대응 캠페인에 직면해야 했다. 정부가 제대로 기능을 발휘하지 못하는 상황에서 이런 반대 세력들은 권력이 수평적으로 분산되어 있는 연방 제도의 허점을 이용해 주 정부들이 서로 싸우게 만들었고 그 사이에서 어부지리를 챙겼다.[23] 여론의 뭇매를 맞은 입법부가 마지못해 개혁 법안을 통과시켜도 이번에는 보수적인 사법부가 나서서 그런 개혁 법안들을 무참히 짓밟아버렸다. 결국 미국의 진보주의 시대는 1920년대, 고삐 풀린 자본주의, 시장 찬양, 산업의 지배를 받는 정치로 유명한 광란의 시대에 밀려 역사의 뒤안길로 사라졌다.

또한 진보주의 시대는 대공황의 등장으로 무너진 측면도 없지 않다. 오늘날 우리에게 아주 익숙한 그런 상황이 벌어졌던 것이다. 진보주의 시대의 정치적 난관, 광란의 1920년대의 현실 안주를 통해 어쩌면 70년대 이후 미국 정부가 교착 상태에 빠지고 불평등의 심화에 가담한 이유를 파악할 수 있을지도 모른다. 만약 그렇다면 대공황이라는 혹독한 시련기를 거치며 등장한 개혁은 오늘날 우리에게 새로운 경제 현실을 극복하고 통치 제도를 대대적으로 혁신하는 데 필요한 것이 무엇인지 해답을 제시해줄 수 있을 것이다.

정치 회복

한때 우리가 누렸던 정치적 평등은 경제적 불평등 앞에서 이제 무의미한 것이 되고 말았다. 소수의 사람들이 다른 사람들의 재산, 다른 사람들의 돈, 다른 사람들의 노동, 다른 사람들의 삶에 대한 통제권을 거의 장악하고 있기 때문이다. 사람들의 삶은 더 이상 자유롭지 않고 자유는 더 이상 존재하지 않으며 행복도 더 이상 추구할 수 없게 되었다.

이와 같은 경제 폭정에 맞서기 위해 미국 국민들은 정부라는 조직화된 권력에 호소해야 한다. 1929년의 경제 붕괴를 통해 우리는 그런 폭정의 실체를 적나라하게 목격할 수 있었다. 그리고 1932년 선거는 그것을 끝내라는 국민들의 명령이었다. 국민들의 그런 명령 덕분에 이제 경제 폭정이 서서히 종식되려고 한다.

-1936년, 프랭클린 루스벨트(Franklin Roosevelt)의 대통령 재지명 수락연설[24]

대공황은 시장을 가만히 놔두면 저절로 잘 굴러가고 노동자와 그 가족들이 겪는 고통은 회복의 필수 조건이라고 주장하던 경제 철학의 오류를 그대로 드러낸 사건이었다. 당시 수많은 경제 엘리트들이 지지했고 오늘날 또 다시 널리 확산되고 있는 시장에 대한 이런 전통적 시각은 다음과 같은 과정을 거쳐 탄생되었다. 먼저 애덤 스미스의 시장과 인간의 본성에 관한 비교적 긍정적인 견해에서 불순물을 제거하고 자유시장이라는 수증기로 증류시킨 다음 여기에 칼뱅파의 사회적 다원주의를 결합시켰다. 칼뱅파의 사회적 다원주의는 한마디로 요약하면 경제적 성공은 개인의 뛰어난 특성이고 경제적 실패는 개인의 도덕적 결함으로 여기는 경제 사조였다. 주식 시장이 폭락한 그 이듬해인 1929년, 당시 재무부 장관이었던 앤드류 멜론(Andrew Mellon)은 "무능한 사람들이 떨어뜨린 잔해를 진취적이고 모험심 강한 사람들이 주워 담을 수" 있도록 "노동 청산, 주식 청산, 부동산 청산"을 부르짖으며 단호한 입장을 취했다.(뭐든 문제가 있는 것은 망하게 놔둬야 하고 망할 만한 것을 망하게 놔두는 것은 시장을 청소하는 즉, 구조 조정 효과를 거둘 수 있다는 것이 그의 논리였다)[25]

그러는 사이 실업률은 25% 가까이 치솟았고 미국제조업협회 회장은 점점 상승하는 실업자 수치에 관해 이런 수사적 질문을 던졌다. "사람들이 돈을 절약하거나 잘 관리하는 습관을 들이지 않고 주식 시장이나 다른 곳에서 모은 돈을 도박으로 날려도 미국의 경제 시스템이나 정부, 산업이 비난을 받아야 합니까?"[26] (2009년, 시카고 선물거래소(Chicago Mercantile Exchange) 객장에서 집을 압류당한 '멍청이들'을 구제해주는 것은 "나쁜 행동을 부추기는 것"이라며 정부 정책을 강력히 비난하던 CNBC 해설자의 목소리가 들리는 것 같다. 그리고 그 주위에서 거래인들이 환호성을 지르던 모습이 떠오른다)[27] 얼마 지나지 않아 빈곤에 대한 이런 시각과 상대적으로 취약했던 연방 정부의 한계가 분명하게 드러나면서 과거에 유행했던 금권 정치가 다시 고개를 들기 시작했다.

물론 미국 정치 역사상 가장 집중적이고 폭발적 양상으로 전개되었던 경제 개혁도 등장하게 된다. 뉴딜 정책이 몰고 온 변화는 그 열광적 추종자들이 주장한 것처럼 그렇게 완전하지도 완벽하지도 않았다.(가장 큰 오점을 하나 꼽자면 루스벨트는 남부 지역에 뿌리 박혀 있는 인종 차별 제도에 대해 합의를 이끌어내기 위해 남부 지역 민주당원들의 요구를 계속 수용하기만 할 뿐 공민권이라는 대의명분을 위해 어떠한 정치적 모험도 감행하지 않았다는 것이다) 그러나 전체적으로 뉴딜 정책은 정치 개혁의 모범 사례라고 말할 수 있다. 은행에 대한 규제가 가해지고 일반 예금 보장 제도가 시행되었으며 증권 부문은 엄격한 관리 감독을 받게 되었다. 부유층에 많은 세금이 부과되고 실업자와 빈곤층 대상의 공공 프로그램 자금 조달을 위해 부유층에 대한 세율도 인상되었다. 아주 잠깐이지만 국가부흥법(National Industrial Recovery Act)이라는 이름으로 정부의 지원 하에서 기업들이 자율적으로 규제 활동을 펼치는 모습을 보이기도 했다. 하지만 결국 보다 적극적 형태의 규제 제도에 밀려나고 말았다. 그리고 이 법은 태어난 지 얼마 안 되어 대법원에 의해 안락사를 당하는 운명을 맞았다.

루스벨트 정부의 경제 관료들 역시 경제를 부흥시키기 위해 서서히 공공 지출을 늘리는 정책을 펴기 시작했다. 영국의 경제학자 존 케인즈(John Maynard Keynes)는 펌프에 마중물을 붓는 식의 미국의 경기 부양 정책에 처음에는 별로 관심을 보이지 않았다. 하지만 나중에는 적극적으로 지지해주었다. 중요한 것은 정부가 노조에 결성의 자유와 협상권을 이전보다 많이 부여함으로써 중산층 민주주의의 발전을 촉진시켰다는 것이다. 노령연금, 실업수당 같은 경제 안정 프로그램은 자율권이 확대된 노동자들에게 처음으로 기본적인 생활 보장 혜택까지 누릴 수 있게 해주었다.

거의 불가능한 것을 달성하려고 애썼던 뉴딜 정책의 추종자들은 자신의 활동을 인류 번영과 민주적 자유를 목적으로 하는 보다 포괄적인 운동으로 묘사하기도 했다.(노동부 장관인 프랜시스 퍼킨스(Frances Perkins)는 1930년대, 사회보험의 비약적 발전을 "기본적으로 르네상스 시대에 시작된 인간의 해방에 성큼 다가선 것"이라고 추켜세웠을 정도다)[28] 그리고 그 최종적 결과는 새로운 경제 질서의 등장이었다. 그것은 연방 정부가 경제를 안정시키고 경제 안전망을 제공하고 부자들에게 세금을 걷어 가난한 사람들에게 재분배해줄 것이라는 확신 위에서 수립된 질서였다.

그것은 단순히 경제적 개혁만이 아니라 정치적 개혁이기도 했다. 즉 헌법에 대한 해석이 새롭게 바뀌었다는 뜻이다.[29] 루스벨트는 대법원 법관들을 연방 정부에 호의적인 인물들로 '물갈이' 하겠다는 엄포를 놓았다가 엄청난 정치 공세를 겪어야 했다. 하지만 덕분에 루스벨트의 개혁 프로그램에 고집스럽게 반기를 들던 대법원의 기세가 조금은 누그러졌다. 루스벨트는 또한 과거 윌슨 대통령은 물론 거센 비난을 받았던 후버 대통령을 롤 모델로 하여 대통령의 역할을 새롭게 해석하고 국내 현안에 대한 행정부의 역할을 확대했다. 또 연방 정부가 주 정부의 문제에 더 적극적으로 개입할 뜻을 밝히며 연방주의의 틀을 완전히 뒤집기도 했다. 이런 변화는 정부의 권위와 권한을 더욱더 강화해주었다. 뿐만 아니라 철저히 이해관계에 따라 움직이는 재계의 영향력을 크게 약화시키는 결과를 가져왔다. 그전까지 그들은 오랫동안 워싱턴 정가에서 강력한 영향력을 행사하고 있었다. 그것이 가능했던 것은 새로운 세금 정책이나 규제 정책으로 인해 기업들의 애정이 보다 호의적인 사법부로 옮겨갈까 봐 전전긍긍하는 정치인들이 많았기 때문이다. 그러나 이제는 국가 전체적으로 기업 로비스트들의 영향력이 대폭 약화되었고 자본 도피 우려가 더 이상 경제적, 사회적 개혁의 걸림돌로 작용하지 않게 되었다.

물론 헌법에 대한 새로운 해석으로까지 발전하지 못한 변화들도 있었다. 압도적인 차이로 의회를 장악한 민주당은 그 후 거의 60년 가까이 의회 다수당의 지위를 누리게 된다. 반대로 국민의 신임을 잃은 공화당 의원들은 힘없는 존재로 전락하고 말았다. 노조를 비롯한 여타 자발적 조직들도 정부 정책에 힘입어 새로운 역량을 갖추게 되자 활발한 활동을 펼치기 시작했다. 한마디로 뉴딜 정책은 새로운 경제 질서만이 아니라 새로운 정치 질서가 무엇인지 몸으로 느끼게 해주었다. 그리고 아주 시의적절하기까지 했다. 왜냐하면 뉴딜 정책의 추종자들은 역사가 윌리엄 루첸베르그(William Leuchtenburg)의 말처럼 "경기침체는 단순히 경제 파탄의 결과만이 아니라 정치 붕괴의 결과이기도 하다"라고 굳게 믿고 있었기 때문이다.[30] 그들보다 앞선 시대를 살았던 진보주의자들과 마찬가지로 그들이 추구한 것은 그저 경제 회복만이 아니었다. 그들은 그 이상의 것을 추구했다. 그것은 바로 정치 회복이었다.

'파탄'이나 '붕괴' 같은 단어는 결코 강경한 단어가 아니다. 왜냐하면 정치 회복의 전제 조건은 위기이기 때문이다. 그런 위기는 대공황 시대에 일어났던 것처럼 아주 거대하고 급속하게 진행될 수 있고 아니면 진보 시대에 일어났던 것처럼 좀 더 깊고 서서히 진행될 수도 있다. 그러나 거대 개혁이 일어나기 위해서는 거대 다수가 촉매 역할을 해주어야 한다. 뿐만 아니라 정치 회복에는 리더십이 필요하다. 그리고 오늘날에는 그런 리더십이 백악관에서 나온다. 그리고 마지막으로 정치 회복에는 정치 공백도 필수적이다. 여기서의 정치 공백이란 반대당의 선거 참패나 집권당(혹은 양쪽 모두)의 명백한 실정으로 생기는 그런 공백을 말한다. 실제로 그런 것이건 아니면 그렇게 보이는 것이건 간에 눈앞에서 벌어지고 있는 현실에 수수방관하는 정권 즉, 회복과 제어가 아니라 교착과 표류를 되풀이하면서 신망을 잃은 정권은 그런 정권을 대신해줄 개혁 운동을 촉발할 수밖에 없다.

정치 회복을 기다리며

미국 민주주의의 건강 상태는 항상 미국의 정치 회복에 달려 있었다. 즉, 경제 변화들로 유발된 정치 표류가 정부의 발목을 잡고 권력을 가진 자들이 대다수 국민들을 힘으로 제압하는 상황을 격퇴시키는 주기적 활동에 크게 의지해왔다는 것이다. 리프먼이 살았던 진보주의 시대는 20세기에 일어난 세 차례의 대규모 개혁기 가운데 그 첫 번째 시기에 해당된다. 뉴딜 정책이 두 번째였고 그리고 우리가 2부에서 살펴보게 될 '기나긴 1960년대'(정부의 경우, 1964년부터 시작된 이 개혁이 1977년까지 이어졌다)가 세 번째 개혁기였다. 이런 정치 회복기에는 언제나 대규모 공공사업이 추진되었다. 사실 이런 사업들은 급속한 사회 및 경제 변화를 따라잡지 못하는 정부의 무능, 실정, 월권행위, 불평등 같은 문제들을 해결하기 위해 고안된 것이었다. 그리고 그때마다 민주주의의 역동성은 자본주의의 역동성을 가라앉히며 긍정적인 방향으로 교화시켰다.

하지만 1970년대 후반 이후 정치 회복은 장기적인 답보 상태에 빠지고 말았다. 그리고 지난 30년간, 그런 정치 회복의 빈 자리를 승자독식 경제가 차지해버렸다. 고대 사상가에서부터 미국의 건립자들에 이르기까지 민주주의 이론가들이 그렇게도 우려하던 상황이 현실로 나타난 것이다. 그들이 우려했던 것은 거대한 부와 경제 권력을 가진 세력 쪽으로 지배의 균형추가 기우는 상황이었다. 조사 과정에서 발견한 단서들을 바탕으로 우리는 지금부터 그런 우려가 현실로 나타나게 된 원인을 소개하려고 한다.

이제 정부가 주된 용의자로 지목당할 만하다는 것을 의심하는 사람은 아마 없을 것이다. DNA 증거를 통해 불평등의 폭발적 확대가 부유층의 극적인 소득 증대를 통해 이루어졌다는 것도 이미 밝혀졌다. 이는 대다수 전문가들의 주장과는 동떨어진 결과였다. 정부는 이런 결과를 유발할 수 있는 다양한 수단을 갖고 있고 정치인들은 그런 수단을 적극 이용했다는 것을 우리는 잘 알고 있다. 세금이나 복지 수당 같은 직접적 개입, 급속한 경제 사회 변화에 대한 고의적 무대응, 민간 시장에 대한 정부의 구조조정 등이 그들이 주로 사용했던 방법이다. 그리고 우리는 이런 활동이 새로운 것이 아님을 알게 되었다. 그것은 미국의 정치 제도에 깊숙이 박혀 있는 강력한 성향이 밖으로 표출된 것이었다. 그리고 그런 성향은 과거에도 중대 고비 때마다 민주적 정치 제도를 통해 보다 평등한 사회를 건설하라는 요구를 계속 억눌렀다.

 이제부터 우리는 미국의 정치가 어떻게 오랜 공동 번영의 시기를 내몰고 승자 독식 경제를 불러들였는지 그 자세한 내막을 들려주도록 하겠다. 2부와 3부의 내용이 그런 이야기다. 그리고 우리는 그 속에서 더 놀라운 사실을 접하게 될 것이다. 불평등의 확대를 몰고 온 정치의 근원이 1960년대의 문화 전쟁이 아니라 우리가 망각하고 있던 1970년대의 경제 붕괴 속에 있었다는 사실을 말이다. 1960년대의 개혁 정신은 공화당이 대선에서 승리를 거둔 1968년까지도 꺼지지 않았다. 충격적인 참패를 당한 후 4년이라는 세월이 흘렀는데도 사그라지지 않고 있었던 것이다. 그러나 1970년대 중반, 경제가 불안정해지자 60년 전, 리프먼이 언급했던 용어인 표류가 다시 등장했다. 그런 변화는 뉴딜 정책의 계승자들이 전혀 예상치 못했던 조직적 변혁에서 비롯된 것이었다. 그것은 워싱턴 정가의 규칙을 하루아침에 바꿔놓은, 아니 좀 더 정확히 말하면 하루아침에 바꿔놓은 것처럼 보이는 변혁이었다.

/제2부/

정치는 어떻게
부자들의 수단이 되었나?

제4장
겉으로 드러나지 않은 1970년대의 변혁

일반적으로 미국의 현대 정치사를 이야기할 때 사람들은 1960년대를 모진 시련기라고 표현한다. 오늘날 넘쳐나고 있는 미국의 정치 분열 및 논쟁과 직결되는 불만이 들끓었던 시기였다는 것이다. 역사가 엘린 매튜소(Allen Matusow)의 표현을 빌리면, 1960년대는 "고삐가 마구 풀린 시기"였다. 공민권, 베트남 전쟁, 범죄 급증, 자유주의 붕괴라는 격랑이 거세게 몰아쳤던 시기였고, 동시에 리처드 닉슨(Richard Nixon)을 필두로 한 보수주의자들에게는 기회의 시기이기도 했다. 공화당은 한 세대 동안 집권했던 뉴딜 연정을 멋지게 격파했다. 그전까지 공화당 정책의 근간은 백악관 때리기였다. 이런 새로운 사회 질서에 반대하는 사람들은 공화당 의원들이 미국을 온통 '닉슨랜드'(Nixonland, 역사학자 릭 펄스테인(Rick Perlstein)은 자신의 최근 저작에 이런 제목을 붙임으로써 과거를 환기시켰다)로 바꿔놓음으로써 불만의 정치를 개척했다고 비꼬았다. 이런 불만의 정치는 남부 지역의 정치 지형을 재편하고 공화당을 위기에서 구해주었을 뿐 아니라 미국 사회를 '우리 대(對) 그들'로 나누는 이분법 정치의 시험 무대로 사용했다. 오늘날 미국의 심각한 당파 싸움의 가장 중요한 특징이 바로 이런 이분법 정치가 아닌가?[1]

거의 보편화된 이런 이야기는 내용도 다채롭고 말하기도 쉬워 아주 그럴듯하게 들리기까지 한다. 1960년대부터 오늘날까지 이어지고 있는 정치라는 실타래 속에는 무궁무진한 이야기들이 들어 있다. 린든 존슨(Lyndon Baines Johnson, 미국의 36대 대통령)의 공민권 사수라는 운명적 싸움으로 촉발된 남부 지역의 정치 지형 재편에서부터 뉴딜 연정으로 시작된 백인 노동자 계층의 비약적인 발전에 이르기까지 이야기 보따리가 끝없이 이어진다. 닉슨이 개척한 불만의 정치는 새로운 선거 캠페인이 출현할 수 있는 토대를 마련했다. 보수 세력의 포퓰리즘과 분노에 기반한 캠페인, 경제보다 문화에 초점을 맞춘 캠페인, 재계보다 워싱턴 정가의 진보주의자들을 겨냥한 캠페인이 탄생한 것이다. 그리고 이런 변화는 우리 시대의 거대한 두 가지의 정치 흐름에 직접적으로 영향을 미쳤다. 강력하고 급진적으로 변한 공화당, 그리고 한때 워싱턴 정가를 장악했던 민주당과 공화당 간의 격차 확대(정치학 용어로는 이것을 '양극화'라고 한다)가 바로 그것이다.

그러나 이런 이야기가 아무리 친숙하고 호소력 있게 들려도 여기에는 한 가지 심각한 문제가 숨어 있다. 실제로 벌어진 이야기, 즉 실상을 놓치고 있다는 것이다. 닉슨랜드 이야기는 미국 정치의 변화의 순간을 10년 전으로 앞당기는 오류를 범하고 있다. 그래서 정작 중요한 그 후의 10년 동안 일어났던 획기적인 변화들을 제대로 포착할 수 없게 만든다. 사실 1968년은 미국 정치 역사의 대전환점이 아니다. 미국 정치사의 대전환점은 1978년이다. 아무도 그 역사적 의미에 관심을 기울이지 않는 1978년이 미국의 정치 역사를 완전히 바꿔놓은 해였다. 그리고 그 이유를 알아야만 우리는 워싱턴 정가의 그간의 정치 행태와 그들이 중산층에 등을 돌린 까닭을 정확히 파악할 수 있다.

그 활동을 자세히 들여다보라

미국의 정치 상황을 파악하기 위해서 저널리스트들은 대부분 선거 캠페인이나 선거 결과에 눈을 돌린다. 하지만 이렇게 겉으로 드러난 가시적인 활동이 아니라 미국 정부가 실제로 펼쳤던 활동을 파고든다면 어떨까? 그래도 여전히 1968년이나 1972년을 미국 정치사의 전환점으로 여기게 될까? 절대 아니다. 일반적으로 미국을 재편성한 것으로 여기고 있는 이 두 해는 근본적인 변화가 일어난 시기가 아니다. 그러기는커녕 정부의 개입이 대규모로 급증했던 시기인 1964년부터 1977년까지의 한가운데에 자리 잡고 있는 시기이다. 지출, 세금, 규제를 비롯하여 정부가 일반적으로 수행하는 활동 가운데 이 '미국의 붕괴' 시대 때 붕괴된 것은 하나도 없다. 정부는 그저 그때까지 해오던 활동을 계속 수행하고 있었을 뿐이다.

이 시기에 미국 연방 정부의 영향력은 단순히 공민권만이 아니라 사회복지 프로그램(저소득층에 대한 의료보장제도와 노인의료보험제도)에서부터 소비자 보호, 환경 보전에 이르기까지 광범위한 국내 현안으로 크게 확대되었다. 그리고 이런 시대의 출현에 지대한 공을 세운 사람이 린든 존슨 대통령이라는 것을 우리는 잘 알고 있다. 하지만 우리가 망각하고 있는 것이 있다. 미국 정부는 1968년과 1972년도의 '혹독한' 선거를 경험하고서도 계속해서 이런 분야, 아니 보다 광범위한 분야에서 기존의 활동을 고수했다는 것이다.

이런 익숙한 이야기를 통해서 일반적으로 예상할 수 있는 것과는 달리 정부의 개입 급증은 닉슨 정부 때 가속화되었다. 뉴딜 정책 이후 정부의 재정 지출이 가장 급속도로 증가한 것도 존슨이 아니라 닉슨 정부 때다. 그는 식권 지원 프로그램의 도입은 물론이고 사회보장연금도 대규모로 확대했다. 또한 노령부조(Old Age Assistance) 제도를 대대적으로 확대해서 정부가 전액 부담하는 생활비 보조 프로그램(Supplemental Security Income)으로 전환했다.

이 시기의 주요한 특징으로 들 수 있는 정부 규제 정책의 대규모 확대 법안도 존슨이 아닌 닉슨이 서명한 것이다. 그 결과로 1970년에 환경보호국(Environmental Protection Agency)과 산업안전보건국(Occupational Safety and Health Administration), 국가교통안전국(National Traffic Safety Commission), 1972년에 소비자제품안전위원회(Consumer Product Safety Commission), 1973년에 광산안전보건국(Mine Safety and Health Administration) 등 수많은 조직이 차례로 신설되었다. 그리고 1974년 대통령 자리에서 쫓겨나기 얼마 전까지도 닉슨은 대규모 근로자퇴직소득보장 법안(Employee Retirement Income Security Act)의 의회 통과에 온 힘을 기울였다. 결국 그의 후임자인 제럴드 포드(Gerald Ford)가 그 법안에 서명했다. 이 법으로 고용주가 근로자들에게 제공하는 복지 혜택이 전체적으로 크게 향상되는 계기가 마련되었다.

그렇다고 당시 의회에 공화당 의원들만 있었던 것도 아니다. 민주당도 의회에서 활동하고 있었다. 하지만 닉슨은 가만히 손 놓고 있지 않았다. 인종, 문화, 범죄 관련 현안에서 민주당에 도전장을 내밀 때도 그는 중도파 의원들의 마음을 돌리기 위해 많은 노력을 기울였다. 닉슨의 그런 노력의 근간에는 경제 포퓰리즘이라는 특효약, 정부가 시장의 관리와 감독에 적절히 권력을 사용해야 한다는 확신이 깔려 있었다. 오늘날 공화당 지도부는 말할 것도 없고 민주당 지도부와 비교했을 때도 닉슨이 당시에 보여준 정치 행보는 열렬한 사회 민주주의의 옹호자에 가깝다. 비록 복지와 관련하여 조지 맥거번(George McGovern)의 주장을 공격하기는 했지만 그 역시 빈곤층의 연간 수입을 보장하는 법안에는 동의했다. 그가 제안한 의료보험 관련 법안은 오늘날이었다면 아마 민주당원들로부터 엄청난 지지와 찬사를 받았을 것이다.(사실 그의 제안은 2009년 오바마 대통령이 제시한 것보다 훨씬 더 야심찬 계획이었다) 닉슨은 미국의 거대 노동조합인 미국노동총동맹(AFL)·산업별조합회의(CIO) 의장인 조지 미니(George Meany)와의 관계 개선은 물론이고 대니얼 패트릭 모이니한(Daniel Patrick Moynihan) 같은 진보적 사회주의 정책 전문가들을 등용하는 데도 적극적이었다.

닉슨의 이런 국내 정치 전략 청사진은 케빈 필립스의 《다수당을 차지하게 될 공화당(The Emerging Republican Majority)》이라는 책의 영향이 아주 컸다.[2] 필립스(아이러니하게도 그는 몇 십 년 후 불평등 확대에 공화당이 결정적 역할을 했다며 공화당을 맹렬히 비난한다)는 다수당이 될 공화당과 두 명의 핵심 설계자인 리처드 닉슨 대통령과 존 미첼(John N. Mitchell, 법무장관)에게 이 책을 헌정하기도 했다. 그는 이 책에서 '중산층 현실 정치'에 기반을 둔 연정을 적극 지지했다. 그리고 공화당이 다수당을 차지하기 위해서는 중산층의 경제 문제에 관심을 기울여야 하고, 뉴딜 정책의 경제 어젠다에 도전하는 정책을 시도해서는 안 된다고 강조했다. 필립스가 보기에 뉴딜 정책을 거부하는 것은 오히려 진보주의 세력이었다. 그들은 "다수에게 혜택을 주기 위해 소수에게 세금을 부과하는 프로그램(뉴딜 정책)을 버리고 소수를 위해 다수에게 세금을 부과하는 프로그램(위대한 사회(The Great Society) 정책: 린든 존슨 대통령이 1960년대에 추진한 빈곤 추방 및 경제 번영 정책을 가리키는 말. 미국 내의 사회, 경제적 문제를 새로운 연방정책으로 해결할 수 있다는 신념에 기초한 국내 정책이다-옮긴이)"을 옹호하고 있었기 때문이다. 북부지역에 집중되어 있는 육체노동자들의 표심을 사로잡기 위해서는 "공화당 행정부가 사회보장연금, 노인의료보험, 단체교섭권, 교육보조금을 삭감할 것이라는 불안을 해소해야 한다"고 그는 주장했다. 만약 닉슨 행정부가 이런 우려를 해소할 수 있다면 백인 노동자 계층의 정치적인 충성을 얻게 될 것이라는 것이 그의 요지였다.[3]

우리가 기억하는 닉슨의 이미지는 노동자 계층의 문화적 불안감을 키운 '법과 질서'의 대통령이다. 그러나 닉슨은 국내 통치 방식, 특히 경제와 사회 복지 같은 민생 관련 주요 분야에서 아주 다른 모습을 보였다. 미국의 중산층이 일상생활 속에서 겪는 경제 문제에서 닉슨은 진보주의자들의 견해를 공격한 것이 아니라 폭넓게 수용했다. 심지어 워터게이트(Watergate) 사건으로 닉슨 자신과 공화당의 정치적 기반이 큰 타격을 입었을 때조차 놀랍게도 국내 현안과 관련한 활동은 조금도 위축되지 않았다. 자신의 정치 생명이 왔다 갔다 하는 일촉즉발의 상황에서도 그는 예전에 반대한 일부 법안들을 승인하는 너그러움을 보이기까지 했다. 그리고 나머지 법안의 관련 업무는 후임자인 제럴드 포드에게 넘겼다. 그러나 제럴드 포드는 1974년 총선 패배 후 정치적 시련에 직면한다. 다수당의 지위를 누리고 있던 민주당이 그 해 선거에서 49석의 하원 의석을 더 확보하고 상원 의석도 5석이나 늘리는 기염을 토했던 것이다. 그러나 국내 통치 제도의 대대적인 정비는 거의 완료된 상태였다. 닉슨의 사임은 다수의 민주당 의원들이 새로 의회에 진출하는 계기를 마련했지만 정부가 하고 있던 활동의 기본적인 틀은 크게 바뀌지 않았다.

카터랜드

사실 카터 대통령의 재임기를 살펴보기 위해 과거 닉슨과 포드 정부와의 연속성으로 눈을 돌리면 선거 결과에만 초점을 맞춘 기존의 이야기에 더 많은 의구심이 든다. 1976년에 8년간의 정치 공백을 거쳐 드디어 민주당 대통령 후보가 백악관에 입성했다. 공화당의 거부권 위협도 사라진 상황이었기 때문에 진보주의자들이 정치 어젠다를 장악할 수 있는 절호의 기회가 찾아온 것이다. 민주당 내에서 카터는 중도파로 분류되었지만 의료보험, 세금, 노사관계 같은 주요 경제 사안에서는 진보적 입장을 취했다. 이것 못지않게 중요한 것은 민주당 소속의 새 대통령이 상원과 하원 양쪽 모두에서 거대 다수당이 된 민주당과 원활한 업무 공조를 취할 수 있게 되었다는 점이다.

선거를 가장 중시하는 기존의 정치적 시각에서 보면 정책이 급격히 좌파 쪽으로 기울 것으로 예상할 수 있다. 당시 진보주의 활동가들 역시 분명 그런 기대를 품었다. 그들은 세금, 노사관계, 최저 임금, 의료보험, 소비자 보호 등 다양한 국내 현안에서 야심찬 활동을 추진하게 될 새로운 기회의 출현에 잔뜩 부풀어 있었다. 그렇게 한껏 콧대가 높아진 민주당은 1977년도에는 자신들의 정치적 입지가 더욱 강해질 것으로 기대하며 닉슨과 후임자인 포드가 제시한 복지 개혁, 의료보험 같은 중대 사안에 대해 협상을 거부했다.

미국 현대 정치사의 대전환점을 정확하게 포착할 수 있는 책 제목을 원한다면 별로 인기는 없겠지만 《카터랜드(Carterland)》를 추천하고 싶다. '닉슨랜드'보다는 '카터랜드'가 훨씬 더 정확한 표현이기 때문이다. 1977년과 1978년의 특징으로는 진보주의의 급속한 쇠락과 완전히 다른 무언가의 등장을 꼽을 수 있다. '세제 개혁: 좌절됨, 소비자 보호 기구 신설: 좌절됨, 대통령선거 유권자 등록: 하원 문턱에 가보지도 못한 채 폐기됨, 의료보험 개혁: 좌절됨, 추후 폐지될 위험을 막기 위해 최저 임금을 제조업 평균 임금과 연계하자는 제안: 좌절됨, 시대와 맞지 않는 노사관계법 정비: 61석의 민주당과 원래부터 노조를 지지하던 공화당 소수파가 합심했음에도 불구하고 상원의 의사진행방해에 막혀 좌절됨.' 이것이 이 두 해에 거둔 초라한 정치 성적표다. 사실 당시 공화당은 오늘날 우리가 알고 있는 공화당보다 훨씬 더 온건했음은 두말할 나위도 없다.

이것은 단순히 진보적인 정책 추진의 좌절만으로 끝나는 문제가 아니다. 물론 이것만으로도 충격을 금할 수 없는 일이지만 말이다. 1978년은 민주당이 하원과 상원, 백악관을 모두 장악한 상태였음에도 레이건 혁명의 전조는 이미 나타나기 시작했다. 의회는 자본소득세를 대폭 인하하는 법안을 통과시켰다. 부유층에 엄청난 이익을 안겨준 이 법은 연방 세금 가운데 역진세율이 가장 높았던 급여소득세의 급격한 인상에 바로 뒤이어 나온 것이다. 이것은 사람들이 일반적으로 미국 정치사의 대전환점으로 여기는 닉슨 정부의 출범으로부터 정확히 10년 후에 일어난 일이다. 이 두 법안의 발의는 우리가 앞서 2장에서 설명했던 연방 세금 정책의 반전을 선포하는 출발점이라고도 할 수 있다. 그전까지 미국은 부유층에 소득이 과도하게 집중되는 시장 불평등을 완화하기 위해 세금이라는 수단을 사용했다. 하지만 이제 그런 기존의 정책에서 점점 멀어지면서 극적인 장기 이별을 고하고 있다.

동시에 의회와 대통령은 과도한 규제가 경제 성장에 심각한 걸림돌이 된다는 주장을 받아들여 기존의 규제 일변도의 경제 정책을 대대적으로 수술하기 시작했다. 1970년대 중반부터 후반 사이의 이런 기업 규제 완화에 민주당과 공화당은 한목소리를 낼 때가 많았다. 하지만 그런 목소리도 운송, 통신, 에너지 같은 특정 경제 분야에만 집중되었다. 그리고 이것 못지않게 중요한 사실은 규제 당국과 해당 업체 간의 유착 관계를 조장하고 기존 업체들의 가격 인상을 용이하게 하던 진입 장벽 등의 특정한 규제에만 초점이 맞춰져 있었다는 것이다. 그러나 이런 규제 완화 추세가 광범위한 분야에서의 빗장을 풀게 했다는 데 더 큰 의미가 있다. 얼마 가지 않아서 기존의 조그만 제방으로는 감당이 안 될 정도로 규제 완화 정책이 넘쳐났고, 사방에서 경제 규제라는 개념 자체를 공격하기 시작했다. 여기서 다시 한번 말하지만 우리의 이야기는 1960년대가 아니라 1970년대에서 시작된다.

현대 미국 정치사에서 '1968년을 혹독한 시련기'로 보는 일반적인 시각에 존재하는 가장 근본적인 문제점은 권력의 한복판에서 실제로 일어났던 일들을 놓치고 있다는 점이다. 그뿐만 아니라 승자 독식 경제가 등장한 시기에 미국 정가에서 실제로 일어난 일들에 대해서 정확히 설명하지 못한다는 것이다. 선거 때만 되면 여기저기서 떠들썩한 파도가 일어난다. 그러나 워싱턴 정가에서 재계와 이해관계를 함께 하는 정치 행운아들은 자신들만의 조류를 즐긴다. 공화당이 승리하면 린든 존슨이 주창한 '위대한 사회'의 틀이 계속 확대된다. 하지만 민주당이 승리해도 정책의 기조는 계속 오른쪽으로 기울었다. 그렇다면 닉슨은 왜 전후의 통치 질서를 그대로 유지했고 카터 정부는 왜 또 그것을 완전히 뒤집었을까? 그 이유를 어떻게 설명할 수 있을까?

선거 쇼에서부터 조직 싸움까지

이 질문에 답하기 위해서는 좀 더 깊이 파고들어야 한다. 우리가 지금까지 들어온 이런 '선거가 일으킨 변화'에 대한 이야기는 최근 정치 이야기의 대부분을 차지할 뿐만 아니라 오늘날 벌어지고 있는 대다수

정치 논쟁의 핵심이다. 그렇다면 이런 지배적 시각을 떠받치고 있는 근본적인 정치관은 무엇일까? 그것은 정치를 '선거 목적의 쇼'로 여긴다는 것이다.

이런 협의의 정치관 중심에는 우리가 선거라고 부르는 거대한 쇼가 자리 잡고 있다. 이것은 두 거대 집단이 색색의 영롱한 텐트 아래로 관중을 모으는 일종의 서커스다. 관객석에는 제대로 조직되지 않은 수많은 유권자들이 앉아 있다. 그리고 무대 위에는 정치인들이 한 명씩 나와서 재주를 부리며 관객들의 관심을 사로잡으려고 몸부림친다. 그중에는 유권자들의 마음을 사로잡는 데 성공하는 사람도 있고, 그렇지 못한 사람도 있다. 베트남 전쟁, 소요 사태, 암살 테러, 경기 침체, 자신들과 직접적으로 관련된 문제를 처리하는 정치인들의 능력에 따라 유권자들의 표심은 수시로 변한다.

정치에 대한 이런 시각은 그럴듯하게 들리고 또 포장하기도 쉽다. 그리고 사람들에게 이런 확신을 심어준다. 정치인들이 어떠한 활동을 벌이는 것은 유권자들이 그것을 원하기 때문일 것이라는 확신 말이다. 그러나 여기에는 한 가지 문제점이 숨어 있다. 그것은 미국 정치의 본질을 꿰뚫어 보지 못하고 있다는 것이다.

특히 이런 보편적인 정치관에는 두 가지의 중요한 사실이 빠져 있다. 첫 번째는 공공정책이고, 두 번째는 조직화된 이익집단이다. 여기서의 정책이란 간단히 말하자면 정부가 실제로 하는 활동을 말한다. 우리가 정치에 관심을 갖는 주된 이유도 결국은 정부가 하는 활동이 중요하다고 생각하기 때문이다. 우리는 지도자들이 정치적 권한을 행사하고 그런 권한을 사용하여 국민들에게 실현 가능한 일과 불가능한 일, 그리고 반드시 해야 할 일을 솔직하게 밝히면 국민 삶의 질이 크게 개선될 것이라고 굳게 믿는다.

앞서 두 장에 걸쳐 우리는 이런 믿음의 근거에 대해 충분히 설명했다. 특히 정부의 개입이 활발하게 이루어지는 오늘날에는 권력을 가진 사람들이 경제, 소득 분배, 국민의 삶의 기회에 엄청난 영향력을 행사할 수 있다. 대다수 선진국에서 운영되고 있는 거대한 세금 및 소득 이전 시스템을 떠올리면 이런 사실을 금방 이해할 수 있다. 그러나 지금까지 우리가 봐왔던 것처럼 세금과 소득 이전 그 너머의 다양한 분야에서 행사하는 정치권력은 '민간 부문'의 시장 구조에까지 영향을 미칠 수 있는 초강력 수단이다. 그리고 결국 경제의 승자와 패자가 결정되는 곳도 바로 이런 민간 시장에서이다.

사실 정책만 빼놓고 보면 정치 대립은 스포츠 경기와 하나도 다를 것이 없다. 진보와 보수 간의 대립은 보스턴 셀틱스(Boston Celtics)와 로스앤젤레스 레이커스(Los Angeles Lakers) 간의 농구 경기와 거의 비슷하다. 이것이 선거를 목적으로 하는 정치 쇼에 언론이 그토록 집착하는 이유다. 아주 신나고 단순하기 때문이다. 자신이 좋아하는 선수나 과거에 벌어진 명승부 기록을 전문가 못지않게 줄줄 꿰고 있는 스포츠 열성팬들을 자주 볼 수 있다. 정치 역시 한껏 사기가 달아오른 두 팀이 결판이 날 때까지 서로 밀고 당기며 싸움을 벌이는 경기이다. 그리고 우리는 그런 모습을 재미있게 지켜본다.

하지만 정치 대립의 그랑프리가 선거에서의 승리가 아니라 정책이라는 시각을 갖기 시작하면 우리는 정치를 있는 그대로 바라볼 수 있다. 그것이 오래 지속되고 거대한 이해관계가 걸린 싸움이라는 것을 인식하게 되는 것이다. 그리고 그런 대결이 스테이플스 센터(Staples Center)에서 열리는 보스턴 셀틱스와 로스앤젤레스 레이커스 간의 시합보다 로마 시대의 콜로세움에서 벌어졌던 검투사들 간의 싸움에 더 가깝다는 것을 깨닫는다. 그렇다면 그런 싸움을 벌이는 사람들은 누구일까? 현대의 정치 검투사들은 누구인가? 원자화된 유권자들은 정치 검투사와는 거리가 멀다. 오늘날 정치라는 무대 위에서 자신이 가진 무기를 휘두르며 상대방이 쓰러질 때까지 공격을 멈추지 않는 진짜 검투사는 조직화된 집단이다.

이런 이유에서 정치를 '조직 싸움'이라고 하는 것이다. 미국의 정치를 이런 시각에서 바라보면 과거 몇 십 년간, 그리고 우리가 살고 있는 오늘날의 미국 정치가 그렇게 놀라운 변신을 하게 된 이유를 이해할 수 있다. 그리고 그 이유를 좀 더 명확히 이해하기 위해 1960년대와 1970년대의 정치적 격랑에서 잠시 물러나 지금부터 아주 높이 2만 9000피트의 상공으로 올라가 보도록 하자.

에베레스트에 처음 올랐던 사람은 누구인가?

2008년, 88세의 나이로 세상을 떠난 산악인 에드먼드 힐러리(Edmund Hillary)의 이야기는 영웅적인 한 인간의 성공기로 유명하다. 그런데 이 이야기를 약간만 돌려보면 오늘날의 정체성의 정치학(Identity Politics, 개인의 주요한 관심과 협력 관계는 인종·민족·종교·성에 기초하여 만들어진다는 것-옮긴이)에 관한 이야기가 성립된다. 힐러리를 에베레스트 정상까지 안내하며 동행했던 셰르파 텐징 노르게이(Tenzing Norgay)의 기여도를 어떻게 측정해야 할 것인가에 관한 문제를 제기할 수 있다. 하지만 그런 이야기를 듣는다 해도 그것을 조직 차원의 성공담으로 받아들일 사람은 아마도 없을 것이다.

그러나 그것은 분명히 조직의 성공담이다. 당시 힐러리와 노르게이에 뒤이어 바로 에베레스트 정상을 밟은 것은 12명의 산악인, 35명의 셰르파, 350명의 운반인, 16톤이 넘는 장비와 물품으로 이루어진 거대한 팀이었기 때문이다.[4] 이들은 아주 엄청난 동원 능력과 조직화를 보여 주었다. 에베레스트 최초 등정의 성공담 뒤에 숨은 이런 진실은 우리가 기존에 알고 있었던 이야기보다 극적인 맛은 떨어진다. 하지만 아주 인상적인 것이 사실이다. 그것은 현대적인 관리 체계가 만들어낸 쾌거다. 그런 거대한 규모의 물류 수송 지원이 없었다면 그들은 결코 에베레스트 정상을 밟지 못했을 것이다. 그리고 우리는 에드먼드 힐러리라는 영웅의 이야기도 듣지 못했을 것이다.

우리가 그런 에베레스트 등정 성공담을 이야기하고 수많은 사람들이 그런 이야기를 좋아하는 이유는 그 속에서 개인의 진취적인 기상을 느낄 수 있기 때문이다. 사람들의 이런 인식은 미국의 문화 속에 깊숙이 뿌리박혀 있다. 오랫동안 미국을 관찰한 사람들은 미국인의 이런 세계관을 발견하고 이것을 미국인만의 독특한 특성으로 꼽았다. 다른 나라 사람들에 비해 미국인은 성공이나 실패를 자신의 노력의 산물로 여기고, 그 결과를 당연시하는 경향이 아주 강하다. 우리가 미국을 개인주의자들의 나라라고 말할 때 그것은 단순히 미국인이 개인주의를 하나의 사회 윤리로 받아들인다는 뜻만은 아니다. 이런 윤리를 옹호한다는 것은 이 세계를 지극히 개인주의적인 관점에서 해석한다는 뜻이기도 하다. 우리는 특정 개인을 비난하기도 하고 칭찬하기도 한다. 왜냐하면 싫든 좋든 그들이 개인적으로 그런 행동을 했다는 사실이 중요하다고 생각하기 때문이다. 한마디로 '뿌린 대로 거둔다'라고 생각하는 것이다.

언론이 조장하는 미국의 명사(名士) 문화는 이런 개인주의적 사고를 더욱 강화하는 역할을 한다. TV라는 매체는 개인들을 사실보다 더 크게 확대하고 특정 목적에 부합하는 시각적 이미지를 만들어낸다. 미디어의 욕구를 충족시켜 줄 수 있는 사람들을 집중 부각하거나 비방하는 것만큼 시청자들이 좋아하는 것도 없다. 그 정도로 단순하고 도덕적으로 이야기가 전개된다는 뜻이다. 그들은 에베레스트 등정 성공담처럼 개인의 화려한 모습 뒤에 숨은 거대 조직의 진실 따위에는 관심이 없다. 그런 점에서 뉴욕과 할리우드는 조직적 활동을 통해 사람들의 관심을 끄는 '개인들'을 키우고 생산하고 그들에 대해 계속 떠들게 만드는 거대한 공장이라고 할 수 있다. 브랜젤리니(브래드 피트와 앤젤리니 졸리 커플의 합성어-옮긴이)의 쌍둥이 이야기가 방송을 타는 것도 그런 공장들이 뒤에서 다 조종하기 때문에 가능한 것이다.

그러나 특정 개인에 대한 선입견과 개인에게 일어나는 모든 일을 자신의 자질 탓으로 돌리는 이런 고집스러움은 일종의 무지라고 할 수 있다. 우리는 각자가 지닌 자원을 공유하면서 사회 활동 범위를 확대시킬 수 있는 것은 조직이 아니라 개인이라고 생각한다. 영화 '식스 센스(The Sixth Sense)'의 꼬마 주인공이 괴로워했던 것이 무엇인지 기억나는가? 그의 '천부적 능력' 또는 불행은 다른 사람들이 보지 못하는 것을 볼 수 있다는 것이다.("내 눈에는 죽은 사람들이 보여요") 미국의 정치와 그 속에서 일어난 놀라운 변화를 이해하기 위해서는 우리는 새로운 육감(Sixth Sense)을 키워야 한다. 미국의 정가에서 엄청난 영향력을 발휘하고 있는 조직의 내면을 좀 더 깊숙이 들여다볼 수 있어야 한다는 것이다.

조직의 우위

자세히 들여다보면 아마도 조직이 눈에 들어오기 시작할 것이다. 조직은 사회의 다방면에서 활동하는 다양한 개인들을 하나로 이어주고 표준적인 운영 규칙을 제시한다. 중요한 정보를 제공, 분류하고 개인들의 활동이 전체적인 효과를 거둘 수 있도록 결합하는 역할을 한다. 분명한 사실은 철저히 개별 기업가들의 영역으로만 여겼던 사업 세계를 오늘날은 이런 거대 조직들이 장악하고 있다는 것이다. 우리는 새로 사업에 뛰어들어 적극적으로 활동하는 신생 기업들에 찬사를 보낸다. 하지만 실제 생활에서는 도요타 자동차를 몰고 월마트에 가고, 홈 데포(Home Depot)에서 리모델링 자재를 구입하며 맥도널드에서 햄버거를 사먹는다. 또 인텔(Intel) 칩으로 구동되고 마이크로소프트(Microsoft) 프로그램이 설치된 컴퓨터를 이용해 자신의 뱅크 오브 아메리카(Bank of America) 계좌를 온라인으로 확인한다.

미국인들의 일상생활에 거대 조직들이 거미줄처럼 쳐놓은 이런 영향력은 우연의 산물도, 음모의 결과도 아니다. 거대 조직들은 엄청난 이점을 갖고 있고 이런 거대 조직이 없는 현대인의 삶은 상상조차 할 수 없다. 이런 조직들은 개인이 따라갈 수 없을 정도의 엄청난 자원 동원이 가능하다. 또 조직은 특화가 가능하기 때문에 전문가를 개발하기도 더 용이하다. 그리고 이것은 오늘날처럼 점점 더 치열해지고 복잡해지는 경쟁 세계에서 결정적인 이점으로 작용한다. 또 원대한 목표를 향해 다양한 재능을 결합하여 일사분란하게 움직일 수 있고, 여러 분야에서 동시에 활동을 펼칠 수도 있다. 무엇보다 중요한 점은 개인은 이 세계의 극심한 변화에 시달리다 결국 사라지지만 거대 조직은 오래도록 세력을 과시하며 생존한다는 것이다. 조직은 다양한 경험에서 교훈을 얻고 필요하다고 판단하면 수십 년 동안 한 분야에만 초점을 유지할 수도 있다. 그리고 지켜보고, 기다리고, 계획을 세운 다음 적당한 때가 왔을 때 기회를 붙잡는다.

물론 어느 시점에 다다르면 사람들도 이것을 인식하게 된다. 사람들은 '거대 석유회사'나 '특수 이익단체', '월가'가 워싱턴 정가를 뒤에서 조종한다며 비난을 퍼붓는다. 그러나 이런 비난은 대부분 현실성이 떨어진 추상적인 비난에 그친다. 다소의 악감정이 들어 있긴 해도 어떤 확실한 근거에 바탕을 둔 비난은 아니기 때문이다. 우리는 이런 식의 비난을 캠페인 광고 같은 데서 자주 발견한다. '마이클 클레이튼(Michael Clayton)', '에린 브로코비치(Erin Brockovich)' 같은 영화도 가짜 포퓰리스트 이야기를 소재로 한 것이다. 이처럼 포퓰리스트의 아이러니를 다룬 작품들은 아주 많다. 거대한 미디어 공장의 생산물인 이런 작품들에는 그런 공장에서 열심히 육성한 유명 인사가 출연하고 영웅적인 개인의 이야기를 소개한다. 그리고 조지 클루니(George

Clooney), 줄리아 로버츠(Julia Roberts) 같은 영화 속 주인공들은 투지와 기지를 발휘하여 정체불명의 악의적 조직을 상대로 결국 승리를 거둔다.

일반 사람들이 '특수 이익단체들'을 이토록 경멸하는데도 정치 전문가나 분석가들은 이런 조직에 대해 특별히 관심을 기울이지 않는다. 사실 이 세계를 개인적이고 비조직적인 관점에서 바라보는 이런 경향은 다른 어떤 분야보다도 정치 관련 논평에서 가장 두드러진다. 정치 분야에서 가장 인기 있는 이야기는 힐러리(에드먼드 힐러리가 아니라 힐러리 클린턴을 말한다) 가족에 관한 것이다. 사람들은 미국의 정치사에 한 획을 그은 뛰어난 인물들을 분석하는 것을 좋아한다. 그들의 심리, 날카로운 전략, 개인적 매력과 모습, 웅변술(고정된 연설문 작성자가 각각의 정치가들에게 맞춰서 써 준 것이라 할지라도)은 물론이고 사소한 실수 하나까지도 놓치지 않고 계속 분석한다.

이처럼 개인에게 초점을 맞추는 경향은 언론의 선거 보도에서 가장 분명하게 발견할 수 있다. 우리는 그런 정치 싸움을 다루는 언론의 방식 안에 숨어 있는, 정치의 '경마'적인 요소를 부각시키는 언론의 태도에서 그것을 확연히 느낄 수 있다. 정치 활동 중에서도 가장 서커스적인 성격이 강한 측면들을 집중 부각한다. 다만 그런 보도가 오늘날 너무 일상화돼서 사람들이 그것을 잘 인식하지 못할 뿐이다. 그러나 이제는 그것을 인식해야 한다.

정치라는 서커스에서 선거만큼 떠들썩한 서커스도 없을 것이다. 정치의 다른 활동들과는 달리 오늘날의 선거는 철저히 TV 중심으로 이루어진다. 우리는 거기에서 결투장에 들어선 정치인들이 서로 얼굴을 맞대고 경쟁을 벌이는 모습을 볼 수 있다. 대다수 미국인들이 일상적으로 행해지는 통치 활동은 지겨워하는 것 같다. 그리고 기자들 역시 점점 더 그런 경향이 강해지고 있다. 정책은 복잡하다 못해 지루할 정도다. 2000년, 부시와 고어(Gore)의 첫 번째 대선 토론이 TV로 방영된 다음날 저녁에 테드 코펠(Ted Koppel)이 '래리 킹 라이브(Larry King Live)'에 출연했다. 그는 두 후보 간에 벌어졌던 세금 정책과 관련한 설전에 대해 이야기했다. TV 토론에서 고어는 부시의 정책이 말도 되지 않는다며 대규모 재정 적자를 초래할 수 있다고 비난했다. "솔직히 머리가 멍해지는 것 같았다. TV 토론에서 두 후보가 펼치는 주장을 내가 이해하는 것처럼 가장하기가 무척 힘들었다. 물론 이해할 수 있는 대목도 없지 않았다. 그러나 어떤 부분에서는 도대체 그들이 무슨 말을 하고 있는지 갈피조차 잡을 수 없었다."[5] 이것은 어느 지방 방송국에서 일하는 뉴스 인턴의 입에서 나온 말이 아니다. 테드 코펠이 누구인가? 심야 TV 프로그램인 '나이트라인(Nightline)'에서 정부 정책에 대해 좀스러울 정도로 파고들던 진행자가 아닌가? 그리고 그가 무슨 로켓이나 기상 과학에 대해 이야기를 나누었던 것도 아니다. 그가 별 어려움 없이 비교적 명확하게 이야기할 수 있는 그런 주제였다. 하지만 선거에서 누가 이기고 누가 질 것인지는 일반 사람들도 별 어려움 없이 이야기할 수 있는 주제다.

　자사의 채널에 시청자의 눈길을 붙잡아 둘 방법에 골몰하는 미디어 회사 경영자들에게 이보다 더 참기 힘든 일은 정부의 정책이 답답할 정도로 느리게 전개된다는 것이다. "오바마의 세제 법안은 어제와 똑같습니다"라는 뉴스 멘트가 나온다면 어떨지 한번 상상해보

라. 2009년도의 의료보험 관련 대논쟁은 지난 30년간 벌어졌던 국내 정책 토론 가운데 가장 중요한 토론이다. 의회에서 거둔 성과를 감안한다면 1990년대 초 클린턴 대통령의 의료 서비스 관련 논쟁보다도 더 중요한 의미를 내포한 것이다. 그러나 뉴스 업계의 종사자들에게는 MSNBC의 진행자 딜런 래티건(Dylan Ratigan)의 솔직한 표현을 빌리면, "시청률을 떨어뜨린" 방송이었다. 이 토론이 진행되는 동안 래티건은 이렇게 말하며 초조감을 감추지 못했다. "케이블 방송 시청률이 가파르게 하락하고 있다", "그것은 케이블 TV에만 도움이 안 되는 토론이 아니"라며 CNBC 워싱턴 수석 특파원인 존 하우드(John Harwood)도 거들었다. "언론 쪽에도 전혀 도움이 안 되는 토론"이었던 것이다.[6] 의료보험 개혁이 미국인의 삶에 가져다 줄 엄청난 변화에도 불구하고 뉴스업계 종사자들은 이를 이해할 수 없을 정도로 더디게 진행되는 사건 정도로 여겼다.

이와는 반대로 선거는 아주 빠르게 전개되고 이해하기도 쉽다. 이보다 더 중요한 강점은 스포츠 중계(그 광고는 효과적이었는가? 그는 부통령 후보로 누구를 선택할 것인가?)나 오락 프로(오바마는 어디로 휴가를 떠날 것인가? 그런 배경막은 매케인을 더 늙어 보이게 하지 않는가?)를 진행하는 것처럼 보도하고 분석할 수 있다는 것이다. 미디어는 정부의 일상적인 통치 활동은 비수기 행사 정도로 취급할 때가 많다. 심지어 그때도 보도 내용의 대부분을 다음에 있을 선거 활동에 초점을 맞춘다. 워싱턴 정가의 고위 관계자들이 자신의 사활이 걸린 결정을 내리기 위해 고군분투하는 모습을 기자들은 정계의 훈련 캠프 정도로 취급할 때가 많다. 선거 캠페인은 시청률을 끌어올릴 수 있지만 의료보험 개혁은 그렇지 못하기 때문이다.

반면에 조직화된 이익단체들이 이 세계를 바라보는 방식은 정반대다. 선거가 훈련 캠프이고 워싱턴 정가의 일상적인 활동이 정규 시즌인 것이다. 세제 개편 활동을 예로 들어보자. 전문가와 칼럼니스트들에게 미국 정부를 찬양하고 싶은 마음이 들었을 때가 언제였는지 물어보면 1986년에 조세개혁법(Tax Reform Act)이 통과되었을 때라고 답하는 사람들이 많다. 당시의 유명한 기자 두 사람은 이를 두고 '구치 걸치'(Gucci Gulch, 워싱턴의 번화한 쇼핑가-옮긴이)에서의 마지막 결전이라고 부르기까지 했다.[7] '구치 걸치'란 값비싼 프랑스제 구두를 신은 부유한 로비스트들이 서성거리는 통로를 뜻하는 말로 의회 의원들이 세금 관련 법안을 결정하기 위해 하원 및 상원 회의장에 들어가려면 이 통로를 거쳐야 한다. 에린 브로코비치는 온갖 역경을 극복하고 결국 승리를 거두었다. 마지막 결전에서 구치 일당이 그 도시에서 도망치는 동안 주인공은 주위 사람들과 함께 축하를 하는 장면으로 영화는 끝난다.

레이건이 서명했던 이 법안은 특수 이익집단을 상대로 투철한 공공심을 발휘하여 거둔 초당파적 승리라며 사람들은 환호했다. 정부의 재정 적자가 더 이상 확대되지 않고 일반 국민들에 대한 세율도 낮춰졌다. 그리고 부족한 재원을 메우기 위해 기업 지원 정책의 일환이었던 부유층 감세 조치를 대폭 축소했다. 각계각층의 경제 전문가들은 투명성과 효율성의 승리라며 새로운 법에 찬사를 보냈다. 특수 이익집단이 아닌 일반 유권자들에게 이익이 돌아갈 것이 분명해 보였다.

그렇다, 당시에는 그렇게 보였다. 하지만 몇 년이라는 시간이 흐르면서 이 상황은 완전히 다른 양상으로 전개되었다. 현재의 세법을 자세히 들여다보면 새로운 감세 조치들이 빼곡히 들어차 있는 것을 발견할 수 있다. 그것은 대중들의 뜨거운 환호 속에서 폐지되었던 것보다 훨씬 더 큰 액수의 감면 조치들이다. 돌이켜 보면 그렇게 찬사를 받았던 1986년의 조세개혁법은 미국 초창기에 버지니아 주에서 불행하게 막을 내린 로어노크 식민지(Roanoke Colony)를 떠올리게 한다. 다른 식민지와 마찬가지로 오랜 세월을 떠나 있다 다시 그곳으로 돌아갔을 때 로어노크 식민지는 흔적도 없이 사라졌던 것이다.

  하지만 여전히 미스터리에 싸여 있는 로어노크 식민지인들의 행방과는 달리 우리는 그 몇 년 동안 미국의 정가에 무슨 일이 일어났는지 잘 알고 있다. 유권자와 언론의 관심이 다른 곳으로 향했고 로비스트들의 사냥터인 구치 걸치는 그대로 남아 있다. 그리고 1986년에 정치적으로 상당한 타격을 입었던 이권 조직들이 다시 돌아와 활동하고 있다. 시간이 지나고 사람들의 관심이 수그러들자 그들은 다시 로비 활동을 펼치며 자신들의 이익을 확대해 나아갔다. 그렇게 한 해 두 해 세월이 흐르는 동안 그들은 조용히 법률망의 허점을 뚫고 들어갔다. 그리고 당시에는 아무도 그런 허점을 눈치 채지 못했다. 그것이 가능할 수 있었던 것은 여론이 보수 쪽으로 이동했기 때문이 아니다. 사실 여론은 전혀 보수 쪽으로 기울지 않았다. 진짜 이유는 그들은 조직화되어 있었던 데 반해 반대 세력들은 전혀 조직화되어 있지 않았기 때문이다. 조직의 지원을 받은 그들은 자신들의 관심사를 행동에 옮기도록 정치인들에게 압박을 가했다. 그리고 그들의 그런 압박을 되받아치는 사람은 아무도 없었다.

중요한 것은 조직이다

일반 국민들의 이익은 철저히 무시된 채 이런 이권 조직들이 승리를 거둔 이야기는 계속 이어졌고 지난 30년을 거치면서 그 정도는 더욱 심해졌다. 그 출처가 분명하지는 않지만 프랭클린 루스벨트와 관련된 일화가 하나 있다. 한 이익단체가 그에게 행동을 촉구하며 압박을 가하자 그는 이렇게 대답했다고 한다. "좋다. 당신들은 내게 확신을 심어주었다. 그러니 이제 내가 행동으로 옮기게 해 달라." 그가 했던 말은 이런 의미였다. "당신들 뒤에 버티고 있는 조직이 압력을 가하면 나도 행동에 나서게 될 것이다. 그리고 그것이 올바른 일이라면 나는 보상을 받을 것이고 잘못된 행동이라면 처벌을 받게 될 것이다." 정책(정부가 국민들을 위해, 국민들에게 실제로 제공하는 활동)을 사이에 둔 싸움은 언제나 시간이 오래 걸리고 시련기를 거치게 마련이다. 그들은 다양한 분야에서 시간을 질질 끌면서 싸움을 벌인다. 그들이 주로 다루는 것은 대부분 전문 지식과 엄청난 시간을 투자해야만 효과를 거둘 수 있는 아주 복잡한 사안들이다. 그들은 그런 싸움에 수백억, 심지어 수천억 달러의 판돈을 아무렇지도 않게 걸 수 있다. 이런 싸움에서 조직화된 집단이 주인공이 되는 것은 어쩌면 불가피한 일일지도 모른다. 그리고 실제로도 그들이 유일한 주인공일 때가 많다.

이런 세력에 맞선 유권자들은 자신들의 처지가 존 스타인벡의 '분노의 포도(The Grapes of Wrath)'에 나오는 농부와 다르지 않다는 것을 깨닫곤 한다. 영화에는 한 남자가 트랙터를 몰고 와 소작인들의 집을 마구 부수는 장면이 나온다. 그러자 농부가 총을 들고 나와 남자를 협박한다. 그러나 트랙터 운전사는 자신의 탓이 아니라며 이렇게 말한다. "나는 그저 내가 맡은 임무를 수행하고 있을 뿐이다." 농부가 그러면 그 트랙터 운전사의 상사를 총으로 쏴 죽이겠다고 말하자 이런 대답이 돌아왔다. "그 역시 자신에게 내려진 지시를 따르는 것일 뿐이다." 이런 대화를 주고받으며 두 사람은 끝없이 이어지는 명령 체계를 따라 올라간다. 결국 절망한 농부는 자신의 집이 무너지는 모습을 맥없이 지켜보며 이렇게 자문한다. "그럼 우리는 누구에게 총을 겨눠야 한단 말인가?"[8]

　정치를 선거용 쇼라고 생각하는 유권자들은 이런 생각을 할 때가 많다. 누구에게 총을 겨눠야 하는지 쉽게 찾을 수 있다고 말이다. 즉, 어떤 정책을 지지하고 어떤 정책을 반대해야 하는지, 또 어떤 정치인에게 투표를 해야 하고 어떤 정치인을 몰아내야 하는지 쉽게 파악할 수 있다는 것이다. 그러나 그런 현실에 근거한 시각을 바탕으로 투표권을 올바로 행사하기 위해서는 다양한 자원이 필요하다. 하지만 국민들에게는 이런 자원이 결여되어 있을 때가 많다. 그런 자원 중에서도 가장 중요한 것은 아마 지식일 것이다. 자신들에게 영향을 미치는 문제에 대한 지식, 이런 문제를 해결하기 위해 정치인들이 펼치고 있는, 또는 펼치지 않고 있는 활동에 대한 지식, 그리고 그런 활동과 무활동이 일반 국민들에게 갖는 의미에 대한 지식이 필요하다는 것이다. 유권자들에게 이런 지식이 결여되어 있을 때는 해당 정치인에게 보상을 제공해야 하는지 아니면 처벌을 내려야 하는지 합당한 근거가 되어줄 수치가 필요하다. 신뢰할 수 있는 수치에 근거해 판단을 내려야 하기 때문이다. 이 말은 결국은 믿고 따를 수 있는 조직이 있어야 한다는 얘기다.

미국의 민주주의에 대해 낙관론을 펼치는 사람들은 이런 것들이 비교적 간단한 일이라고 생각하는 경우가 많다. 그러나 실제로는 그렇게 간단하지가 않다. 아주 복잡해서 심각한 정치 논쟁 자리에서조차 그런 것을 지적하는 것이 예의에 어긋난 행동으로 여겨질 정도다. 그리고 대다수 국민들은 정치와 그런 정치 쇼에 아주 무관심하다. 미국의 정치 체계에 대해 아주 기본적인 사실도 모르는 사람들이 수두룩하다. 아예 그런 것을 기대할 수 없다는 말이 더 맞는 표현일지 모르겠다. 몇 가지만 예를 들면 하원의원의 임기가 2년이고 상원의원의 임기가 6년이라는 사실을 아는 사람은 전체 미국인의 3분의 1도 안 된다. 2000년에 뉴트 깅리치(Newt Gingrich)가 하원 대변인을 맡은 지 6년이 다 되어 가는 데도 공화당이 하원 다수당이라는 사실을 아는 미국인은 55%에 불과했다. 물론 예상했던 것보다는 조금 더 높은 정답률이었지만 말이다. 그리고 상원에서 빌 클린턴 대통령에 대한 탄핵 소추안이 발의된 지 2년밖에 지나지 않았음에도 윌리엄 렌퀴스트(William Rehnquist)가 대법원장이라는 것을 알고 있는 사람도 전체 응답자의 11%뿐이었다.[9]

입법 절차와 관련된 아주 중요하고 기본적인 지식들에 대해서도 대다수 유권자들은 역시 잘 모르고 있다. 2010년 초의 예상치 못한 겨울 폭풍처럼 공화당이 워싱턴 정가를 완전히 멈춰놓은 사건이 있었다. 하지만 국민들은 공화당이 의료보험 개혁 법안에 단 한 명도 찬성표를 던지지 않았다는 사실을 거의 모르고 있었다.(응답자 중 3분의 2가량이 5~20명 사이의 수를 지목하거나 아니면 아예 모른다고 답했다) 그리고 의사진행방해를 막을 수 있는 의결 정족수(60표)를 정확히 아는 사람은 3분의 1도 되지 않았다. 51표라고 말하거나 잘 모르겠다고 답한 사람

이 절반 이상이나 되었다.[10]

　유권자들의 정책 관련 지식은 이보다 훨씬 낮았고 엄청 잘못 알고 있는 경우도 많다. 연방 정부의 예산에서 가장 큰 지출을 차지하는 두 분야 가운데 하나로 외국 원조를 꼽은 사람이 절반이나 되었다.(사실 미국 정부가 외국 원조에 사용하는 돈은 전체 예산의 1% 정도밖에 되지 않는다) 냉전이 한창이던 1980년에는 응답자의 38%가량이 소련을 나토(NATO, 소련방위동맹과 적대관계에 있던 북대서양조약기구)의 일원이라고 답했을 정도다. 2001년에 대대적인 감세 법안이 통과되고 2년밖에 지나지 않았음에도 응답자 중 절반이 감세 조치가 단행된 사실을 기억조차 못했다.[11] 그리고 소위 부동층이라는 사람들은 실제로도 정치 활동에 아주 소극적이고 관련 지식도 아주 적은 상황에서 빈약한 근거로 결정을 내리고 있다. 이것이 정치판의 싸움에 휘둘리지 않고 각 당이 제시한 정책의 장단점을 신중하게 파악할 수 있다고 저널리스트들이 이상화했던 계층의 실상이다.

　이것은 정치와 관련된 온갖 지저분한 비밀의 극히 일부에 지나지 않는다. 정치학자들도 대다수 유권자들이 정치에 무지하다는 사실에 전적으로 공감하고 있으며 그런 상황이 수십 년째 이어지고 있다. 설문 조사 결과도 그런 사실을 완벽하게 뒷받침한다. 그러나 그런 사실은 사람들 사이에 잘 알려져 있지 않다. 그리고 그런 조사도 정치에 대한 유권자들의 심각한 무지가 별로 중요하지 않은 이유와, 유권자들이 정책이나 정치에 별로 관심을 갖지 않음에도 워싱턴 정가가 유권자들의 요구에 귀를 기울일 것이라고 생각하는 이유를 찾는 데만 급급했다.[12]

　그렇다면 관련 정보나 지식이 취약한 유권자들이 워싱턴 정가에 계속 압력을 가하기 위해서는 무엇이 필요할까? 바로 조직이다. 미국 정치에서 누구를 겨냥해야 하는지도 모르는 방관자가 되지 않기 위해서는 유권자들은 자신들을 붙잡아줄 강력한 밧줄과 일관된 신호가 필요하다. 그리고 이런 것을 제공해줄 수 있는 것이 바로 조직이다. 그래야만 유권자들이 공공정책의 변화를 감지하고 거기에 적절히 대응할 수 있기 때문이다. 그러나 경제 사안에서 이런 밧줄과 신호의 역할이 갈수록 중요해지고 있음에도 유권자들의 현실은 오히려 정반대의 상황으로 치닫고 있다. 이것은 누구를 겨냥해야 하는지에 대한 파악만 어렵게 만드는 것이 아니다. 정부와 정치인에 대한 유권자의 확신, 특히 자신들의 손으로 뽑은 정치인이 자신들을 대변하고 자신들의 이익을 위해 열심히 일한다는 믿음까지 무너뜨렸다. 정부에 대한 신뢰가 급격히 추락하고 대의정치의 효과에 대한 사회적 냉소가 그만큼 크다는 얘기다. 1960년대 중반에는 "정부의 활동이 소수의 거대 이익집단의 영향을 많이 받는다"라고 생각하는 미국인이 3분의 1도 되지 않았다. 그러나 지난 20~30년을 거치는 동안 이런 주장에 동의하는 미국인이 3분의 2로 늘어났고, 2008년에는 그 비율이 70%를 넘었다.[13]

다수를 대변하지 않는 민주주의

이런 조사 결과는 근본적인 현실을 반영한다. 정치학자들의 새로운 연구 결과를 봐도 일반 유권자, 특히 승자 독식 경제의 피해자들의 정치적 영향력이 크게 약화되었음을 알 수 있다. 프린스턴 대학

(Princeton University)의 래리 바르텔스(Larry Bartels) 교수와 마틴 길 렌스(Martin Gilens) 교수가 각각 실시한 연구 결과가 그 대표적인 예 다. 두 사람은 정치인들이 실제로 수행하는 활동과 선거구민들이 정치 인들에게 바라는 활동 간의 상관관계를 연구했다. 물론 설문조사는 경 제적 배경이 서로 다른 선거구민들을 상대로 이루어졌다.[14] 정치인들 은 부유하지 않은 선거구민의 의견과 부유한 선거구민의 의견, 이 둘 중에서 어느 쪽에 더 관심을 기울일까?

놀랄 것도 없이 그 대답은 '후자'였다. 그러나 모든 선거구민의 의견 이 똑같이 중요하고 존중되어야 한다고 생각하는 사람들에게는 그 불 균형의 정도가 어쩌면 충격적일지도 모르겠다. 바르텔스는 1980년대 후반과 1990년대 초에 실시된 선거에서 상원의원과 유권자가 얼마나 긴밀하게 연결되어 있는지를 살펴보았다. 결과는 상원의원들의 입장 과 선거구민의 의견 간의 합치도가 아주 높은 것으로 나타났다. 적어 도 소득 분포도 상에서 상위 세 번째 계층까지는 그런 것으로 나왔다. 소득 분포도의 중간 세 계층에 해당되는 선거구민의 경우에는 그 합치 도가 훨씬 약했고, 하위 세 계층의 경우에는 아주 부정적으로 결과가 나왔다. 그렇다. 최하위 빈곤층이 지지하는 정책에 대해 상원의원이 찬성표를 던질 가능성은 아주 낮았다. 또한 민주당과 공화당의 상원의 원들 모두 부유층 유권자들이 지지하는 정책에 찬성표를 던질 가능성 이 더 높고, 민주당보다 공화당이 고소득 유권자들에게 훨씬 더 호의 적이라는 사실을 발견했다. 이런 조사 결과는 상원의원들이 모든 주민 (州民)을 똑같이 대표하겠다고 선서는 하지만 실제로는 주민을 동등하 게 대표하지 않는다는 사실을 그대로 보여준다.

길렌스는 바르텔스의 연구보다 좀 더 깊이 파고들었다. 1980년대 초반부터 설문지를 보내기 시작한 그는 2000여 개의 설문지를 바탕으로 방대한 조사 활동을 벌였다. 설문지 내용은 주로 정부의 정책이 변화되길 희망하는지를 묻는 것이었다. 그런 다음에 정부의 정책이 실제로 변화되었는지를 조사했다. 바르텔스와 마찬가지로 길렌스는 사람들을 소득 집단별로 세분화했다. 길렌스는 특정 정책이 빈곤층(길렌스의 분석에서는 전체 인구의 10%보다 소득이 많은 사람들), 중산층(중간 정도의 소득계층), 부유층(전체 인구의 90%보다 소득이 많은 사람들) 이 셋 중에서 어떤 계층으로부터 강력한 지지를 받았고, 그것이 어떤 차이를 가져왔는지를 조사했다.

조사 결과, 어떤 계층의 지지를 받느냐에 따라 결과가 크게 달라지는 것으로 나타났다. 다수의 사람들이 지지하는 정책 변화는 대부분 법으로 이어지지 못했다. 이런 사실 하나만 보더라도 분열과 양극화가 심한 미국 정치에서 정책을 변화시키는 것이 얼마나 힘든 일인지 다시 한번 절감하지 않을 수 없었다. 반면에 부유층이 지지하는 정책은 법제화될 가능성이 높은 것으로 나타났다. 빈곤층과 부유층의 의견이 엇갈리는 경우라면 빈곤층의 의견은 더 이상 의미를 갖지 못했다. 빈곤층의 90%가 어떤 정책 변화를 지지한다고 해서 빈곤층의 10%가 지지할 때보다 성사 가능성이 더 높은 것도 아니었다. 양쪽 모두 성사가 안 될 가능성이 높았고 그 수치도 비슷했다. 반대로 부유층의 경우에는 많은 사람들이 변화를 지지할수록 그런 변화가 일어날 가능성이 높아졌다.

그렇다면 중산층의 경우는 어떨까? 그들의 의견이 부유층과 엇갈리는 경우라면 그들의 사정도 빈곤층과 크게 다르지 않았다. 부유층이 어떤 정책 변화를 강하게 지지했을 때는 강력히 반대했을 때보다 법제화될 가능성이 세 배나 더 높았다. 하지만 중산층이 어떠한 정책 변화를 강력하게 지지했을 때는 강력히 반대했을 때보다 법제화될 가능성이 크게 높아지거나 하지는 않았다. 길렌스가 도달한 결론은 이것이다. "미국의 중산층은 대부분의 정치인들이 '나 같은 사람의 의견에는 별로 관심을 갖지 않는다'라고 생각한다." 안타깝게도 앞에서 소개한 연구 결과 역시 그들의 주장을 상당히 뒷받침한다. 국민의 손으로 선출된 정치인과 정책 입안가들이 중산층의 의견에 관심을 기울이느냐 여부와 상관없이 정책이라는 실질적 결과물에 대한 영향력은 부유층이 거의 독점하다시피하고 있다.[15]

의원들의 실제 활동과 미국의 중산층 및 노동자계층의 정책 의견 사이에 나타나는 이런 미약한 상관관계는 미국처럼 정치적 평등이 보장된 나라에서조차도 민주적인 대응은 저절로 일어나는 것이 아니라는 사실을 상기시킨다. 길렌스와 바르텔스의 연구 결과는 놀라울 정도로 분열된 미국의 정치 현실, 즉 유권자와 정책 입안가들 사이에 존재하는 엄청난 간극을 그대로 보여준다.

그러나 이런 연구 결과에도 불구하고 우리의 미스터리는 더욱더 미궁 속으로 빠져든다. 그런 간극을 만든 것이 무엇인지 그 어떤 것도 속 시원하게 설명하지 못하고 있기 때문이다. 이런 설문조사에는 실제로 미국의 정치를 주무르는 로비와 이권 집단의 활동은 대부분 빠져 있다. 그리고 정말 부유한 사람들에게는 설문 활동이 미치지 못하기 때문에 승자 독식 경제에서 승승장구하고 있는 이 극소수의 미국인들의 활동과 견해를 전혀 파악할 길이 없다. 그러므로 지금까지 무슨 일이 벌어졌는지 파악하기 위해서는 조직 싸움이 벌어지는 정치라는 꾸러미를 열어보는 수밖에 없다.

조직 싸움의 정치

정치를 '쇼'로 보는 사람들은 유권자와 정치에 초점을 맞추지만 정치를 조직 싸움으로 보는 사람들은 집단과 정책을 강조한다. 유권자들은 결코 무력한 존재가 아니다. 그러나 정부가 실제로 수행하는 활동에 대해 유권자의 관심은 제한적이고 대부분의 경우에는 오래 지속되지도 않는다. 그리고 미국의 복잡한 정치 제도를 감안한다면 유권자들은 불만을 느껴도 누구에게 그 책임을 물어야 할지 판단을 내리기가 쉽지 않다. 미국처럼 세분화된 정치 시스템에서는 영속적인 조직이 부재한 상태에서 거둔 승리는 대부분 얼마 가지 않아 사라진다. 현재의 민주주의 사회에서 정부의 권한 행사에 압박을 가하기 위해서는 일반적으로 다양한 능력이 필요하다. 자원을 동원하는 능력, 다른 사람들과의 활동을 조직하는 능력, 다방면의 전문 지식을 개발하는 능력, 활동의 초점을 계속 유지하는 능력, 여러 분야를 자유롭게 넘나드는 능력 등등. 그리고 이런 능력들은 모두 조직의 특징이라고 할 수 있다. 개별적이고 원자화된 유권자들이 이런 능력들을 모두 갖춘다는 것은 거의 불가능에 가깝다.

우리는 앞 장에서 미국식 민주주의에만 존재하는 특이한 제도들을 살펴보았다. 그런데 조직화된 집단의 특이한 이점들을 더욱 강화해주는 것이 바로 그런 제도들이다. 미국의 정치 제도는 지방-주-연방, 입법부-행정부-사법부, 이렇게 정치권력이 여러 곳에 분산되어 있다. 한마디로 변화보다는 현상 유지에 더 적합한 제도이다. 정치인들에게는 주어진 시간과 자원은 한정되어 있는데 여기저기서 수많은 요구들이 나오고 그런 요구들은 서로 경쟁을 벌인다. 이런 상황에서 정치인들이 최우선 순위를 두는 활동들이 있다. 일반적으로 중대한 기회를 포착했거나 자신들이 아무런 대응도 하지 않을 경우에는 커다란 위험에 직면할 것이라는 판단이 섰을 때이다. 정부라는 복잡하고 거대한 산을 움직이기 위해서는 조직화된 대규모 활동이 필요하다. 하지만 정부가 추진하는 사업을 중단시키는 데는 대규모 지원 활동이 필요치는 않다. 복잡하고 눈에 잘 띄지 않는 의사결정 사슬의 한 지점에서 효과적으로 동원 활동만 펼치면 된다. 중요한 역할을 하는 위원회의 의장 한 사람만 설득해도 충분히 목적을 달성할 수 있다는 얘기다.

우리의 이야기를 오해해서는 안 된다. 조직화된 집단은 선거 활동에도 깊이 관여해서 자신들에게 유리한 상황을 만들려고 무척 애를 쓴다. 그러나 그들은 이런 득표 경쟁에서도 적절하게 균형을 유지할 줄 아는 명민함과 노련함을 갖추고 있다. 정치권에서 활동하는 이익집단들이 추구하는 궁극적 목표는 누군가가 자신들을 위해 의회에 진출하는 것이 아니라 정책에 영향력을 행사하는 것이다. 기본적으로 이익집단의 관심은 관직 매수가 아니라 실질적인 통치 내용에 있기 때문이다. 선거는 그들의 진짜 목적을 달성하기 위한 수단에 지나지 않는다. 정치권력을 통제하고 그런 통제를 통해 정책 수립에 영향을 줄 수 있는 역량을 키우는 것이야말로 그들의 진짜 목적이다.

이런 조직들이 무엇에 관심을 갖는지는 그들이 추진하는 활동, 특히 그들이 어느 곳에 돈을 쓰는지를 보면 금방 알 수 있다. 자신들이 가장 중요시하는 것, 자신들이 생각하는 바람직한 정가 상황이 어떤 것인지를 분명하게 전달하고자 할 때 그들은 돈을 사용하기 때문이다. 그리고 그들은 최근 몇 십 년 동안 그런 활동에 점점 더 많은 돈을 쏟아붓고 있다. 그러나 기본적으로 선거 캠페인은 그들의 지출 우선순위에서 상단을 차지하지는 않는다. 그들이 매년 정가에 쏟아붓는 수십억 달러 가운데 선거와 직접적으로 관련된 자금은 극히 일부분에 지나지 않는다. 나머지는 대부분 로비 활동 자금으로 들어간다. 워싱턴 정가의 정책 결정에 직접적인 영향력을 행사하기 위해 지속적이고 집중적으로 돈을 투입하고 있다는 얘기다. 그들이 매년 로비 자금으로 사용하는 돈은 30억 달러가 넘는 것으로 공식 추산되고 있다. 10년 사이에 두 배나 늘어난 금액이지만 그들이 실제로 사용한 액수는 이보다 훨씬 많을 것이다. 강력한 힘을 갖춘 이런 조직들의 주된 활동 무대는 부동표가 많은 주가 아니라 워싱턴 정가이다. 지난 30년긴 워싱턴은 그렇게 그들의 활동 무대로 변해 갔다.

"도대체 저 작자들은 누구야?"

사람들은 버디 무비(Buddy Movie, 두 남성 주인공의 우정을 중심으로 이야기가 전개되는 영화-옮긴이)를 좋아한다. 그리고 우리가 알고 있는 유명한 버디 무비 중에 이 책의 핵심 메시지를 그대로 담고 있는 영화가 있다. 잘 믿어지지 않겠지만 사실이다.

그 영화는 바로 '내일을 향해 쏴라(Butch Cassidy and Sundance Kid)'이다. 다른 유명 서부 영화들과 마찬가지로 이 영화도 19세기 미국 서부 개척지 변경에서 일어난 죽음을 소재로 한다. 이 영화의 주인공 부치와 선댄스는 평범한 재능을 지니고 있지만 미워할 수 없는 악당들이다. 타고난 유머 감각과 쾌활함으로 그들은 무질서한 서부 변경지대에서 나름대로 자신들의 삶을 개척해 나갔다. 그들의 전문 분야는 갱단을 이끌고 외따로 떨어져 있는 은행이나, 증기를 내뿜으면서 서부의 평원을 달리는 기차를 터는 것이다. 보잘 것 없는 간계(대부분 부치)와 허세(대부분 선댄스)를 이용해 그들은 자신들에게 맞는 틈새시장을 발견한다. 그리고 별다른 노력 없이 작지만 근사한 사업도 차린다.

이 영화는 처음에는 코믹한 내용이 주요 줄거리를 이루다가 중반 정도에 가서 분위기가 급변한다. 그들이 마지막 먹잇감으로 노렸던 목표물이 그들을 잡으려는 함정이었던 것이다. 오합지졸인 갱단은 혼비백산해서 흩어지고 두 주인공 역시 깜짝 놀라서 황급히 후퇴한다. 그리고 정체를 알 수 없는 기분 나쁜 무리가 두 주인공을 맹렬히 추격한다. 두 명의 주인공은 자신들이 알고 있는 온갖 탈출 방법을 총동원한다. 사실 그들은 꽤나 많은 방법을 알고 있었다. 하지만 번번이 실패로 끝나고 말았다. 그리고 그때마다 점점 가까이 다가오는 추격자들을 불안한 눈길로 보며 항상 똑같은 질문을 던졌다. "도대체 저 작자들은 누구야?"

'저 작자들'은 현대적이고 효율적인 조직이었다. 서부의 종말, 좀 더 구체적으로 말하면 영화 속의 주인공들과 같은 아마추어 도둑들에게 종말을 몰고 온 조직이었다. 부치와 선댄스도 결국은 좀도둑질에 넌더리를 치던 은행과 철도회사가 자신들과 같은 무리를 소탕하기 위해 유능한 전문가들(추적자, 저격수 등등)로 이루어진 추격대를 조직하고 필요한 장비를 제공했다는 사실을 알게 된다.

점점 궁지에 몰리면서 자포자기 상태에 빠져 있던 부치와 선댄스는 극적으로 탈출에 성공한다. 두 사람에겐 다시 갱단을 조직할 기회가 찾아오고 그들은 자신들이 살 길은 새로운 방향을 찾는 것밖에 없다는 결론에 이르게 된다. 그래서 그들은 볼리비아로 건너간다. 혼란과 무질서가 난무하는 그곳에서 그들은 왕년의 성공을 재현한다. 그러면서 영화 초반에 등장한 코믹한 상황들이 또 다시 전개된다. 그러나 그것은 인디안 서머(Indian Summer, 늦가을이나 초겨울에 잠깐 나타나는 따뜻하고 맑은 날-옮긴이)에 불과했다. 볼리비아에도 서서히 근대 기계 문명의 파도가 밀려들고 있었다. 카리스마 넘치는 이 두 강도는 얼마 안 가 또 다른 조직과 맞닥뜨린다. 볼리비아 군대의 거의 절반 가까이를 동원한 것처럼 보이는 대규모 군대를 상대로 그들은 화력의 열세에 놓인다.

"저들은 누구인가?" 우리는 어쩌면 이 책에서 계속 이런 소리 없는 질문을 던지고 있는 것인지도 모른다. 왜 워싱턴 정가는 부자를 더 부유하게 만들면서 중산층에게는 등을 돌리는 것일까? 그것은 비현대적이고 비효율적인 정치 체제 속에서 현대적이고 효율적인 조직들이 펼친 맹렬한 활동의 결과 때문이다. 그리고 이런 조직들이 탄생한 시대, 즉 예상치 못한 닉슨 정부의 진보주의가 예상치 못한 카터 정부의 보수주의로 바뀐 미국 정치의 격동기에서부터 우리의 이야기는 시작된다.

제5장
조직 싸움의 정치

1972년 가을, 신망 높은 전국제조업자협회(National Association of Manufacturers)가 본사를 뉴욕에서 워싱턴 D.C.로 이전하겠다고 깜짝 선언을 했다. 이 협회의 회장 버트 레인스(Burt Raynes)가 밝힌 이유는 다음과 같다.

우리는 금세기 초부터 계속 뉴욕에 상주했었다. 이곳이 상업과 산업의 중심지라고 생각했기 때문이다. 그러나 오늘날 상업에 가장 큰 영향을 미치는 것은 정부다. 이제 상업과 상업의 관계보다 상업과 정부의 관계가 훨씬 더 중요해졌다. 지난 몇 년간, 이런 사실은 아주 분명해졌다.[1]

좀 더 정확히 말하면 재계에 아주 분명해진 것은 그들의 상황이 점점 참담해지고 있다는 것이다. 광범위한 분야에서 영향력을 행사하던 고용주들은 1960년대부터 1970년대 초까지 계속 쓰라린 좌절을 맛보아야 했다. 우리가 앞에서 살펴본 것처럼 이런 좌절은 리처드 닉슨이 백악관에 입성한 후에도 줄어들지 않고 계속 이어졌다. 선거에서의 패배에도 불구하고 진보주의 세력의 '위대한 사회' 운동은 놀라울 정도로 정치적 세를 확장했다. 정치학자 데이비드 보겔(David Vogel)이 상업의 정치적 역할에 대해 저술한 책에서 밝힌 것처럼 "1969년부터 1972년까지 미국의 재계는 전반적으로 정치적 후퇴를 겪었다. 미국의 전후 역사에서 그 전례를 찾아볼 수 없을 정도였다." 당시 워싱턴 정가는 환경에서부터 작업시설 안전, 소비자 보호에 이르기까지 고강도의 사업 규제와 요건을 도입하면서 기업에 대한 규제 활동을 대폭 확대하고 있었다.[2]

업계는 정부의 이런 단호하고 지속적인 변화에 대해 처음에는 믿어지지 않는다는 반응을 보였지만 시간이 흐르면서 점점 불안을 느끼기 시작했다. 1971년, 재계의 이런 상황에 대해 자신의 입장을 강하게 피력할 필요성을 느낀 루이스 파엘(Lewis Powell, 훗날 대법관 지위에까지 오른다)은 다음과 같은 비망록을 작성하여 실업계에 다시 활력을 불어넣으려고 했다. "미국의 경제 시스템은 광범위한 공격을 받고 있다." 파웰의 주장에 따르면 이것은 조직을 동원해야 하는 정치 투쟁이었다. "실업계는 이 일을 교훈으로 삼아야 한다. (…) 사업 활동에는 정치권력이 필수적이고 그런 권력을 주도면밀하게 키워나가야 한다. 그리고 필요할 경우에는 그런 권력을 아주 거세고 단호하게 사용할 수 있어야 한다는 것을 마음 깊이 새겨야 한다. 지금까지 미국의 실업계는 내키지 않아도 정부가 요구하면 수용하는 태도를 보였다. 그러나 이제는 그런 태도에서 벗어나 아주 단호하게 대응해야 한다." 그러면서 파웰은 이런 활동이 성공을 거두기 위한 필수 요건으로 조직화를 강조했다. "힘은 조직에서 나온다. 오랜 기간에 걸친 주도면밀한 계획과 실행, 지속적이고 일관된 행동, 공동의 노력을 통한 대규모 자금 동원, 단합된 행동과 전국적 조직화를 통해 만들어지는 정치권력에서 이런 힘이 나오는 것이다."[3]

파웰은 고용주들의 정치적 영향력 회복을 강하게 추진한 수많은 사람들 가운데 한 명에 불과하다. 1960년대, 정책 변화의 바람이 불기 전까지 실업계는 무역연합 외에는 다른 조직망의 동원 필요성을 별로 느끼지 못했다. 그들은 대부분 개인 간의 접촉에 의존했고 워싱턴 정가에서 활동하는 로비스트들의 주된 임무도 정부 계약을 따내고 감세 조치를 유도하는 정도였다.

그러나 정부의 개입이 폭발적으로 증가하고 랄프 네이더(Ralph Nader)와 손잡은 공익단체들이 부상하면서 그들은 근본적인 도전에 직면했다. 그리고 1970년대를 거치면서 그런 문제들은 더욱더 심각해졌다. 파웰이 위의 글을 작성한 것은 1971년이었다. 하지만 그 다음해에 닉슨이 압도적인 표차로 재선에 성공한 후에도 규제 관련 정책의 거센 파고는 멈추지 않았다. 닉슨을 불명예 퇴진으로 이끈 워터게이트 사건이 터지고 1974년 대선에서 민주당이 낙승을 거두면서 상황은 훨씬 암울해지는 것 같았다. 프록터 앤드 갬블(P&G)의 워싱턴 수석대표이자 당시 재계의 정치권력 회복에 앞장섰던 브라이스 할로(Bryce Harlow)는 훗날 이렇게 말했다. "실업계가 처한 위험이 갑자기 급상승하기 시작했다. 의회가 우리를 돌돌 말아 쓰레기통에 처박아버리기 전

에 우리 실업계를 보호할 방안을 찾아야 했다."⁴

결국 파웰, 할로, 그 외에 뜻을 같이 하는 사람들이 한자리에 모인다. 그리고 그들은 시대의 변화를 따라가지 못하는 기존의 주먹구구식 모임을 해체하고 보다 현대적이고 다각화된 고도의 조직을 만드는 데 합의했다. 그들이 머릿속에 구상하고 있던 것은 사업을 하기에 아주 열악한 정치 환경에서도 고용주의 이익을 계속적으로 관철시킬 수 있는 그런 조직이었다. 그들은 자신들이 지닌 능력을 동원하여 정가에 영향력을 발휘하려는 시도조차 해보지 않았다는 사실을 깨달았다. 업계 총수들은 자금만 넉넉했던 것이 아니었다. 기업의 수직적 계층 구조는 소수의 의사 결정자가 회사 자금을 마음대로 사용할 수 있는 환경을 만들었다. 그리고 자사 내의 다양한 능력들을 한 곳으로 결합하는 것이 가능했다. 어떤 것에 영향력을 미치는 데 이런 조직과 능력은 중요한 부분이다. 그러나 사실 그때까지 그런 능력들은 제대로 활용되지 않고 있었다. 워싱턴 정가를 10년도 안 되어 완전히 변모시킨 조직 혁신은 이런 선결 요건들이 갖추어져 있었기 때문에 가능했다. 그리고 그 과정에서 승자 독식 정치의 주요 기반들도 다져졌다.

전 세계 기업인들이여, 대동단결하라!

1970년대 들어 재계의 조직적 반격은 아주 신속하고 광범위하게 이루어졌다. 그것은 국내판 '충격과 공포'(Shock and Awe, 미군의 이라크전 작전명-옮긴이) 작전을 방불케 했다. 1968년에는 워싱턴에 공보실을 설치한 기업이 100여 개 정도였지만 1978년이 되자 500개를 넘어섰다. 1971년쯤만 해도 워싱턴에 정식 로비스트가 있던 기업은 175개에 불과했지만 1982년에는 2500여 개에 달할 정도로 급증했다. 기업의 정치활동위원회(Political Action Committee, 미국에서 자신들의 정치적·사회적 목표 달성에 부합하는 후보와 정책을 지지하기 위해 정치 자금을 모금하는 단체-옮긴이) 역시 1976년 300개 미만에서 1980년 중반에는 1200개 이상으로 늘어났다.[5] 기업의 정치 활동과 관련이 있는 이런 수치들은 1970년대 중반에 재계가 자신들이 가지고 있던 자원을 얼마나 대규모로 신속하게 동원했는지를 그대로 보여준다.

하지만 이런 수치들로 보여줄 수 없는 것이 있다. 그리고 그것은 훨씬 더 중요한 의미를 갖는다. 그것은 바로 고용주들이 공통의 정치적 목적을 달성하기 위해 어떻게 힘을 합쳐야 하는지를 알게 되었다는 것이다. 연합 조직의 회원으로서 기업들은 이제 보다 적극적으로, 보다 다양한 분야에서 자원을 동원할 수 있게 되었다. 그리고 자사와 관계된 관심사만이 아니라 실업계 전체가 공유하는 관심사를 공개적으로 지지할 수 있게 되었다.

아이러니하게도 재계의 이런 새로운 역량은 진보주의의 '위대한 사회' 운동이 몰고 온 전혀 예상치 못한 결과다. 정부 권한이 크게 확대되었던 1960년대와 1970년대 초의 특징의 하나로 우리는 여러 산업 분야에 동시에 영향을 미칠 수 있는 새로운 형태의 규제를 꼽을 수 있다. 그전까지는 항공사들은 민간항공위원회(Civil Aeronautics Board)에 로비를 하고 철강 회사들은 외국 경쟁업체의 진입 제한에만 초점을 맞추었다. 에너지 회사들은 자사에 호의적인 의원들로부터 특별 감세 혜택을 얻어내는 데만 관심을 쏟으면 그만이었다. 그러나 이제 다양한 업계의 무수한 기업들에 공동의 적이 등장했다. 환경 보호, 근로자 처우 개선, 소비자 보호 같은 문제를 관리 감독하는 규제 당국이 바로 그들의 공동의 적이었다. 개별 기업들은 광범위한 분야에서 점점 더 강력한 권한을 행사하는 정부를 당해낼 힘이 없었다. 그렇게 다양한 분야의 정치권력에 대항해서 자신들을 방어하기 위해 그들은 조직이 필요했다.

재계는 자신들이 예상했던 것보다 훨씬 강도 높은 정부의 규제에 자극을 받았다. 그리고 그것은 자신들이 직면하고 있는 거대한 경제적 도전에 대한 대응이기도 했다. 사실 조직 구축 활동은 1970년대 초, 경기가 하락하기 한참 전부터 시작되었다. 그러나 1970년대에 들어 경제 상황이 더욱 심각해지자 유권자들은 불만은 고조되고 재계는 공포에 떨기 시작했다. 두 차례에 걸친 대규모 석유 파동으로 물가 상승과 경기 침체가 동시에 일어나고 있었기 때문이다. 그렇다고 해서 1970년대가 회고담 같은데서 자주 등장하는 그런 경제적인 황폐기는 아니었다. 실제로는 인플레이션을 감안해도 1970년대가 1980년대보다 전반적으로는 더 급속한 경제 성장을 거두었다.[6] 그러나 경제가 맹렬이 타오르던 1960년대와 비교했을 때 그런 경제적 격변은 전혀 예상치 못한 일이었기에 충격이 더 클 수밖에 없었다. 그리고 이런 경제 상황은 정치권에 대한 새로운 접근법이 필요하다는 업계 총수들의 주장에 힘을 실어주었다.

재계에 많은 영향력을 미친 비망록을 작성했을 당시 루이스 파웰은 상공회의소 교육위원회 위원장으로 활동하고 있었다. 수많은 재계 단체 가운데 하나인 상공회의소는 고도의 조직화를 통해 새로운 위협에 맞섰고, 1974년부터 1980년 사이에 회원 수는 두 배, 예산은 세 배로 증가하며 조직이 크게 확대되었다. 또 다른 재계 단체인 미국 독립사업자연맹(National Federation of Independent Business) 역시 1970~1979년 사이에 회원 수가 두 배로 늘어났다.[7]

상공회의소와 독립사업자연맹의 이런 규모 확대는 단순히 재계의 집단적 역량 증가만을 의미하는 것이 아니다. 철저히 현실에 입각한 자원 동원이 가능해졌다는 의미이기도 했다. 정부의 규제 확대에 가장 격분한 것은 소규모 기업들이 대다수를 차지하고 있던 이런 조직이었다. 대기업들은 새로운 규제에 따른 관리 비용을 흡수하기가 좀 더 용이했고 그런 비용을 소비자들에게 전가할 수 있는 방법도 많았다. 게다가 소규모 업체들로 이루어진 다양한 협회를 통해 분노를 표출할 수 있었다. 그리고 이것은 정치권을 상대하는 데 아주 효과적인 무기였다.

물론 대기업들도 정부에 강력히 대항했다. 1972년, 세 개의 재계 단체를 통합한 비즈니스 라운드테이블(Business Round Table)이 탄생했다. 이것은 회원 가입을 재계 서열 상위 기업 최고경영자들로만 제한한 최초의 협회다. P&G 로비스트였던 브라이스 할로(Bryce Harlow)의 촉구가 결정적인 역할을 했던 이 새로운 단체의 탄생은 비교적 한정된 사안에만 초점을 맞추던 두 단체와 마치 그룹(March Group)이라는 비공식 단체가 손을 잡아 이루어졌다. 마치 그룹은 닉슨 행정부의 고위 관료들과 걸출한 유명 경영인들 간의 회담을 통해 설립된 단체로, 미국에서 최고의 영향력을 발휘하는 경영자들의 세를 결집하자는 것이 설립 취지였다. 비즈니스 라운드테이블은 5년도 안 되어 〈포춘〉 200대 기업 중 상위 113개 업체의 최고경영자들을 회원으로 거느리게 되었고, 이들 기업이 미국 전체 경제에서 차지하는 비율은 50%에 육박했다.[8]

순식간에 막강한 위력을 발휘하는 단체로 부상한 비즈니스 라운드테이블은 공동의 이익을 위해 로비를 펼칠 수 있는 고위 경영자 집단을 만드는 것이 목표였다. 포드 행정부에서 재무부 차관을 역임한 후 기업 설립자로 두각을 나타낸 찰스 워커(Charls Walker, 뒤에서 자세히 소개하게 된다)는 훗날 이 단체에 대해 이렇게 말했다. "비즈니스 라운드테이블은 여타 조직들과는 큰 차이가 있었다. 그들은 최고경영자들을 워싱턴 정가의 로비 활동에 어떤 식으로 동원해야 하는지 잘 알고 있었다. 그리고 의원 보좌관들과 돈독한 관계를 유지하는 데도 많은 노력을 기울였다. 그런 노력을 통해 그들은 워싱턴 정가에 대해 그전까지는 모르고 있었던 사실들에 대해 많이 알게 되었다."[9]

네이더스(Naders)를 따라잡다

재계 단체는 그전까지는 비판 세력에 대한 공격으로만 한정하던 활동에 변화를 가하면서 그 역할이 더욱 발전, 확대되었다. 워싱턴 정가의 입법 활동이 개방적, 역동적으로 변해간다는 사실을 인식한 업계는 그런 시대의 흐름에 맞춰 스스로를 변화시킨 것이다. 업계 간 네트워크 확대를 통해 역량을 강화한 그들은 공익 단체들의 자승자박을 유도하기도 했다. 어떤 식으로 대중 캠페인을 벌여야 하는지 잘 알고 있었던 재계 단체는 마케팅과 커뮤니케이션 같은 최신 기법들을 활용하는 데도 아주 적극적이었다. 또 이해관계를 공유하는 기업(예: 소매업자, 공급업체), 근로자, 주주, 지역 업체들과 네트워크를 형성해서 워싱턴 정가에 편지와 전화가 쇄도하게 만들었다. 전통적으로 하향식 접근법에 익숙했던 이들 조직은 얼마 안 가 상향식 캠페인에도 아주 능숙해졌다. 그 결과로 그들과 경쟁관계에 있던 조직들과 활동 수준이 비슷해졌고 얼마 후에는 아예 능가할 정도로 수준이 급상승했다.

그들은 이런 새로운 '외부' 전략을 '내부' 전략과 결합하는 명민함까지 갖추었다. 재계 조직들은 의회의 실세들과 개인적으로 접촉이 가능한 유명 경영자 목록을 만들었다. 콘퍼런스 보드(Conference Board) 모임에 참석한 최고경영자들은 서로 정보를 교환하는 한편으로 노조에서 어떤 점을 배워야 하고 어떤 식으로 노조의 허점을 찌를지를 논의했다. 한 경영자가 했던 말을 빌리면 "서로 이름을 부를 정도로 막역하게 지내는 상원의원이 없는 경영자는 자사의 주주들을 위해 적절한 활동을 취할 수가 없었다."[10]

재계는 또한 정치권에 대한 물량 공세를 대폭 확대했다. 이것은 선거 캠페인 비용이 급증하기 시작한 시점과 정확히 일치한다. 물론 여기에는 TV의 영향력 확대도 한몫을 했다. 항상 돈에 목말라하던 정치인들은 자연스럽게 돈 많은 사람들의 말에 귀를 기울이게 되었고, 재계의 돈 주머니는 절대 마르는 법이 없었다. 그리고 재계는 민주, 공화 양당 의원들에게 기부금을 제공하는 데 돈을 아끼지 않았다. 1980년대 초, 엑손(Exxon)과 비즈니스 라운드테이블의 회장을 지낸 클리프턴

가빈(Clifton Garvin)은 정치권과 손잡는 재계의 태도를 이런 식으로 요약했다. "라운드테이블은 어느 쪽이든 권력을 쥐고 있는 당과 함께 일하려고 한다. 개인적으로는 각자가 선호하는 당과 정치적 제휴 관계를 맺을 수 있지만 조직 차원에서 라운드테이블은 정권이 허용하는 한 모든 정권과 제휴가 가능하다."[11]

새로이 결집된 재계 단체들은 민주당 의원과 공화당 의원들이 상이하면서도 상호 보완적인 역할을 한다는 것을 잘 알고 있었다. 의회를 꽉 쥐고 있는 것처럼 보이는 민주당 역시 자신들의 전통적 동맹이었던 노조와 일정 거리를 유지할 필요가 있었다. 결국 관건은 돈이었다. 1970년대 말부터 1980년대 말까지 기업 정치활동위원회의 선거 관련 지출액은 다섯 배로 급증한 반면, 노조의 정치활동위원회는 그 절반 수준에 불과했다. 1970년대 초만 해도 의원 선거 때 노조의 정치활동위원회가 건네는 기부금이 재계의 정치활동위원회보다 더 많았다. 하지만 1970년대 중반에 이르면서 양쪽이 엇비슷한 수준이 되었고 1970년대 후반에는 재계에서 제공하는 선거 자금이 노조를 크게 앞지르기 시작했다. 급기야 1980년에는 노조의 기부금이 전체 정치활동위원회 기부금 가운데 25%도 안 되는 수준으로 떨어졌다. 6년 전만 해도 50%를 차지하던 비율이 그렇게 추락한 것이다. 그런 변화는 그때까지 노조에서 건네는 기부금에 거의 대부분을 의존했던 민주당 의원들에게 가장 큰 타격을 입혔다. 1970년대 중반까지 현직 상원의원의 선거 활동 자금의 절반가량이 노조의 정치활동위원회 주머니에서 나왔다. 그러나 10년 후에는 그 비율이 10분의 1에도 미치지 못할 만큼 자금 상황이 역전되었다.[12]

하지만 이즈음에 재계 정치활동위원회의 활동에 변화가 일어났다. 현직 의원들(주로 민주당)에게 초점을 맞추던 기존 전략을 버리고 권력층 인사에게는 정치 헌금을 제공하고 현직 의원에게 맞서는 보수 성향 입후보자들에게는 지지를 표명하는, 이른바 양다리 전략을 구사하기 시작한 것이다. 재계의 이런 활동 패턴은 정치적으로 아주 중요한 의미를 지녔던 1978년 선거에서 아주 분명하게 드러났다. 선거 열기가 뜨겁게 달아오르던 9개월 동안, 재계 선거 기부금의 절반가량이 민주당으로 향했다. 하지만 선거를 몇 주 앞둔 중요한 시점에서 민주당으로 향하는 기부금 비율은 29%로 떨어졌다. 그리고 선거 캠페인이 막바지에 이를 때쯤에는 재계 기부금의 60% 이상이 공화당 쪽으로 향했다. 진보 성향의 민주당 의원들과 맞붙은 공화당 현직 의원들과 후보들이 그 주요 대상이었다.[13] 그렇게 선거 자금 조달의 새로운 시대가 열리고 있었다. 재계의 후원금 규모가 과거와 비교할 수 없을 정도로 확대되었고 민주당 의원들은 그런 후원금을 차지하기 위해 더 적극적으로 뛰어야 했다. 재계의 통 큰 선물을 받기 위해 그들은 단순히 권력을 차지하는 것 그 이상의 무언가를 제공해야 했다. 자신들이 차지한 권력을 재계가 원하는 방향으로 행사해야 했던 것이다.

물론 정치활동위원회가 재계 총수들이 정치인에게 뇌물을 건네는 유일한 창구는 아니었다. 그들은 개인적으로도 정치인들에게 후원금을 제공했다. 기업에는 '번들링(Bundling)'이라는 관행이 있는데 자사 경영진으로부터 일정 액수의 기부금을 모아 일괄적으로 기부하는 행위다. 정치인들의 입장에서 보면 아주 고마운 관행이 아닐 수 없다. 재계는 또한 자신들이 겨냥한 특정 선거에서 정치활동위원회의 기부금 제공을 관리하는 조직들을 설립하고 영향력을 강화했다. 재계-산업계정치후원회(Business-Industry Political Action Committee, 1963년 설립되어 1970년대 들어 대폭 확대됨)와 미국재계정치활동위원회연합(National Association of Business Political Action Committees, 1977년 창설됨)이 그 대표적인 예라고 할 수 있다.[14]

고용주와 부유층 가구 역시 선거 입후보자들에게 기부금을 제공하거나 특정 법안의 로비 활동을 펼치는 데 막대한 자금을 쏟아부었다. 뿐만 아니라 다양한 분야에서 자신들에게 호의적인 정치 환경을 조성하는 데도 돈을 아끼지 않았다. 이런 활동에서 특히 두드러졌던 인물은 맥주업계의 거물인 조지프 쿠어스(Joseph Coors), 금속 및 탄약 제조업자인 존 올린(John Olin), 신문출판업자 리처드 스케이프(Richard Scaife) 같은 보수 성향의 부호들이었다. 열렬한 경제 보수주의자인 이들은 2차 세계대전 이후 미국의 노동계와 산업계 간에 이루어졌던 합의를 강하게 비판했다. 그리고 자신들이 추구하는 이데올로기를 위해 사신들이 가진 돈을 기꺼이 내놓았다.

금융업자이자 과거 포드 정부에서 재무부 장관으로 일했던 윌리엄 사이먼(William Simon)처럼 사회 기득권층 역시 중요한 역할을 했다. 재무부를 떠나 올린재단(Olin Foundation, 보수 세력 내에서 큰 영향력을 행사하던 단체)의 수장으로 자리를 옮긴 사이먼은 보수주의가 이데올로기 전쟁에서 밀리고 있다고 확신했다. 그리고 이데올로기 전쟁에서 승리를 거두기 위해서는 보수 이데올로기를 신봉하는 세대를 집중 육성하고 그런 세대를 육성할 수 있는 이데올로기 공장을 하루 빨리, 그것도 대규모로 설립해야 한다고 주장했다.

어빙 크리스톨(Irving Kristol, 신보수주의의 대표적 인물인 윌리엄 크리스톨(William Kristol)의 아버지)과 손을 잡은 사이먼은 이런 새로운 재단과 싱크 탱크(Think Tank, 두뇌 집단)를 설립하기 위해 기업 및 보수 성향의 부호들과 협력했다. 미국기업연구소(American Enterprise Institute)는 중도 진보 성향인 브루킹스연구소(Brookings Institution)의 기존 정책들을 그대로 모방했지만 다른 연구소들은 기존의 조직 모델이 너무 순진하고 구태의연하다는 이유로 완전히 차별화된 모델을 추구했다. 최대한 '객관적'인 정책 조언을 제공하려고 노력한 브루킹스연구소는 특정 주제를 연구하는 최고 전문가의 조언을 제공했다. 하지만 헤리티지재단(Heritage Foundation) 같은 연구소들은 자신들의 임무가 여론과 정책을 보수적인 방향으로 바꾸는 것이라고 믿고 있었다. 즉, 연구가 아니라 설득이 목적이라는 것이다. 따라서 정치 어젠다를 결정하고 보수적인 대의명분을 주장하는 데 필요한 논쟁 무기, 즉 설득력 있는 논거 제공을 자신들의 활동 목표로 삼았다. 또 친기업적 정부에서 일할 수 있는 유능한 정책 전문가들을 양성하고 보호하는 활동에 적극적으로 나섰다.

1970년대를 거치면서 이들 연구소는 엄청난 발전을 거두었다. 1970년에는 브루킹스연구소 예산의 10분의 1에 불과하던 미국기업연구소는 1980년에 이르자 브루킹스연구소와 거의 같은 수준으로 예산이 확대되었다. 그리고 1973년에는 헤리티지재단이 탄생했다. 맥주업계의 거물인 조지프 쿠어스, 사라 멜론 스케이프재단(Sarah Mellon Scaife Foundation)의 자금력에 힘입어 헤리티지재단 역시 1980년대 초에는 규모 면에서 미국기업연구소, 브루킹스연구소와 어깨를 나란히 하게 되었다. 논란의 여지가 있을 수 있겠지만 영향력 도달 범위 면에서는 어쩌면 헤리티지재단 같은 단체들이 훨씬 더 우위에 있었다고 할 수도 있다. 왜냐하면 대립관계에 있던 기존 단체들보다 훨씬 더 자금력이 풍부했기 때문이다. 반면에 브루킹스연구소의 경우에는 대외홍보와 지원활동 예산이 전체 예산에서 차지하는 비율이 20분의 1도 안 되었고 헤리티지와 비교하면 5분의 1 수준에 불과했다.

그리고 이런 자금은 보수주의 사상을 주류 이데올로기로 편입시키고 공화당 실세들이 그런 사상을 수용하게 만드는 데 공공연히 사용되었다. '당파를 초월한 독립적 조직으로 연구와 공공 교육에 헌신하는 조직'이라는 브루킹스연구소의 설립 취지가 대학교 홍보문구에 가깝다면 헤리티지재단의 설립 취지는 포고문에 가깝다. '자유로운 기업 활동, 정부의 개입 제한, 개인의 자유, 미국의 전통적 가치, 강력한 국방이라는 기본 원칙을 바탕으로 보수적 공공정책을 제시하고 홍보하는 싱크탱크'가 그들이 내건 설립 취지다. 브루킹스연구소와 마찬가지로 헤리티지재단도 공식적으로는 당파를 초월한 단체다. 그러나 브루킹스연구소와는 달리 헤리티지재단의 설립자들이 추구한 목적은 특정 정당, 즉 공화당의 활동을 지원하는 것이다. "우리에게 필요한 것은 의회 내부에서 의원과 보좌관들을 도와줄 공화당 연구위원회(Republican Study Committee)만이 아님을 알게 되었다. 의회 밖에서 보수주의 사상을 홍보하고 장기 연구를 수행하고 그것이 정책에 미치는 의미를 연구할 수 있는 조직도 필요하다는 것을 깨달았다. 이런 필요성에서 탄생한 것이 바로 헤리티지재단이었다." 훗날 이 재단의 공동 설립자 가운데 한 사람이 했던 말이다.[15]

텍사스 로비스트, 워커

우리가 앞에서 잠깐 언급했던 전직 재무부 차관 찰스 워커(Charles Walker)만큼 이런 조직 혁명을 몸소 실천한 사람도 없을 것이다. 무뚝뚝한 성격에 시가를 즐겨 피우던 이 협상 해결사는 텍사스 경제학 박사 출신으로 기업 감세를 옹호하고 관련 활동을 종합할 수 있는 조직을 설립했다. 기업들이 공동의 목표를 향해 나아갈 수 있도록 조정 작업을 하고 정치 어젠다와 여론 형성, 대국민 캠페인을 주도하고 양당의 정치 인맥들을 관리할 수 있는 조직을 만든 것이다. 워커가 새로 설립한 이 조직의 명칭은 미국상속증여세법협회(American Council for Estate and Gift Taxes)를 살짝 바꾼 미국자본형성협회(American Council for Capital Formation)였다. 이런 조직 명칭만 봐도 워커가 어디에 활동의 초점을 맞추었던 것이다. 부유층과 기업에 유익한 것이 미국 전체에도 유익하다는 것을 널리 알리는 데 초점을 맞추고 있다.

1975년, 이 단체를 설립할 당시 워커는 재계의 정치적 영향력 퇴보에 대해 많은 고민을 했다. 미국은행가협회(American Bankers Association) 이사장(실제로는 수석 로비스트나 다름없었다)에서 닉슨 및 포드 정부의 재무부로 자리로 옮긴 그는 재계가 1970년대 초반에 정부와의 입법 싸움으로 잃은 주도권을 되찾아주는 데 주력했다. 비즈니스 라운드테이블의 설립을 논의한 회의에도 참여했음은 물론이다. 나중에 다시 로비스트로 돌아온 그는 미국자본형성협회를 기업 감세 정책, 특히 자본 집약적 대규모 감세 정책을 옹호하는 단체로 전환시켰다.

워싱턴 정가를 상대로 다양한 캠페인을 펼치고 재계에 불리한 변화를 차단하고 유리한 개혁은 무슨 수를 써서라도 성사시키는 재계의 역량 쇄신에서 워커의 그런 전략은 분명하게 드러났다. 그는 또한 특정 회사에 국한된 변화가 아니라 여러 기업들을 하나로 묶어줄 수 있는 공동의 어젠다를 가진 연합체를 조직했다. 1980년대 초에 이르자 이 연합체는 참여 업체가 300개가 넘을 정도로 세력을 확장했다. 한편, 워커는 자신들의 그런 활동이 공익에도 부합된다는 것을 논리적으로 뒷받침해줄 사람이 필요하다는 것을 깨닫는다. 그래서 유능한 보수 이코노미스트들(이들 세 명은 훗날 공화당 정부에서 대통령경제자문위원회(Council of Economic Advisers) 위원장으로 활동했다)로 이루어진 팀을 결성했다. 그는 선거구민에 대한 지지를 보여주기 위해 일선 현장으로 뛰어들었다. 저널리스트 존 주디스(John Judis)에 따르면 "워커는 해당 지역 내의 회사 간부들을 자기편으로 만드는 새로운 전략을 개척했다. 그리고 지역의 일자리 감소와 증가 수치를 줄줄 꿰면서 해당 지역구의 하원이나 상원의원과 직접 대면했다"고 한다.[16]

그는 또한 양당 의원들과 개인적인 친분을 쌓는 활동에도 적극적이었다. 이런 인맥 관리는 주로 사석에서 이뤄지는 비밀 회담에서 큰 효과를 거두었다. 클라크 클리퍼드(Clark Clifford), 에드워드 베넷 윌리엄스(Edward Bennett Williams) 같은 민주당 거물들 역시 그의 인맥 리스트에 포함되어 있었고, 특히 그는 집권 민주당의 상원금융위원회 의장이었던 루이지애나 주의 러셀 롱(Russell Long) 의원으로부터 큰 신임을 받았다.

워싱턴 정가 여기저기에서 찰스 워커의 조직적 특징을 모방한 새로운 단체들이 생겨났고 이들을 연결해주는 가교도 만들어졌다. 재계의 조직화, 즉 전문 지식, 적극적인 태도, 대규모 자금 동원을 촉구했던 루이스 파웰의 요청에 대한 화답이 드디어 이뤄진 것이다. 그것도 아주 단기간에. 정부가 내놓는 주요 경제 사안에 대항하기 위해 재계는 만반의 준비를 갖추고 있었다.

하지만 타이밍이 별로 좋아 보이지 않았다. 1977년 1월, 10년 만에 처음으로 민주당이 워싱턴 정가를 모두 장악하는 사태가 벌어진 것이다. 의회 의사 일정표에는 소비자 보호기구 설립, 노동법 개혁, 세금제도 같은 중요한 법안들이 빼곡히 들어찼다. 그런 진보적인 의제를 무너뜨릴 수 있는 것은 대통령의 거부권밖에 없다. 그러나 찰스 워커는 이렇게 말하면서 계속 자신만만해 했다. "민주당이 의회를 장악하면 아무것도 할 수 없다고 생각하지만 사실은 그렇지 않다. 방법만 알면 그런 상황에서도 얼마든지 우리가 원하는 방향으로 활동을 펼칠 수 있다."[17] 이제 조직이라는 새로운 장비를 시험해볼 때가 온 것이다.

카터 행정부 시대의 재계

선거로 워싱턴의 정치권력이 요동칠 때마다 수년간 미뤄지다가 재빨리 통과되는 법안들이 있다. 한 예로, 이제 막 대통령 업무를 시작한 클린턴 책상 앞에 가족의료휴가 법안(Family and Medical Leave Act)이 올라왔고 그는 즉시 그 법안에 서명했다. 이것은 공화당의 거부권 행사로 계속 통과되지 못하고 있던 법안이었다. 어린이 의료보험 확대, 남녀 임금 평등 보장 및 강화 같은 민생 법안들 역시 버락 오바마가 취임한 지 며칠 안 된 시점에서 재빨리 대통령의 승인을 받아 통과된 것들이다.

지미 카터가 대통령에 오르고 민주당이 워싱턴 정가를 완전히 장악했을 때도 가장 먼저 달려온 법안은 소비자대표부(Office of Consumer Representation) 설립 건이다. 만약 그때 이 부서가 신설되었다면 소비자 관련 문제의 일괄 처리는 물론이고 연방 정부의 입법 활동에 소비자들이 조직적인 지지를 보낼 수 있는 통로가 마련되었을 것이다. 당시 랄프 네이더 같은 공익 활동가들은 연방 정부의 소비자 보호 및 기업 규제 확대에 성공을 거두며 전성기를 누리고 있었다. 사실 1960년대 후반 이전까지만 해도 워싱턴 정가에는 일반 국민들의 이익을 대변해줄 만한 이렇다 할 조직이 없었다. 그들은 소비자대표부 신설 법안 통과를 확신했다. 여론조사 결과를 보더라도 이 부서의 신설을 지지하는 유권자가 두 배나 더 많았기 때문이다. 이미 1970년과 1975년도에 상원에서 형태가 약간 다르지만 비슷한 법안이 통과된 사례가 있었고 하원에서도 1971년, 1974년, 1975년에 세 차례나 통과됐었다. 그전까지 네이더가 이끄는 진보 세력과 새로운 기구의 탄생 사이를 가로막고 있던 유일한 장애물은 제럴드 포드 대통령의 거부권이었다. 그런데 이제 그 포드 대통령도 물러나고 없었다.

하지만 이번에는 재계의 새로운 조직들이 가로막고 나섰다. 비즈니스 라운드테이블은 수백여 개의 업체들과 그 산하 조직(예: 상공회의소)들을 하나로 묶어주는 산파 역할을 했다. 이런 단체들은 세력을 결집해 다양한 공격 활동에 착수했다. 당시 하원 대변인이었던 팁 오닐

(Tip O'Neill)이 훗날 자신의 25년간 정치 인생에서 재계의 그런 고강도 공격은 한 번도 보지 못했다고 술회했을 정도다.[18] 재계 조직들은 대국민 캠페인을 펼치며 적극적으로 여론 몰이에 나섰다. 이 기구를 설립하는 데 1500만 달러가 소요된다는 점을 집중 부각하고 이를 정부 권력의 대대적 확장이라고 비난했다. 신문 사설과 잡지를 통해 대규모 반대 캠페인을 벌였다. 또한 다른 조직들과의 제휴를 통해 새로운 대중 동원 능력도 보여주었다. 그 결과로 영향력 있는 유권자들의 의회에 대한 항의 전화와 서한, 방문이 빗발쳤다. 그들의 이런 활동이 궁극적으로 겨냥한 대상은 1974년과 1976년 선거에서 선출된 민주당의 중도파 의원들이었다. 그런 중도파들은 대부분 전통적으로 공화당 텃밭이었던 대도시 근교에서 당선된 사람들이었다.

  재계의 이런 활동은 순조로운 승리를 예상하고 있던 소비자 보호 관련 단체들에 참패를 안겼다. 이 법안은 위원회에서는 가까스로 살아남았지만 하원에 와서 오도 가도 못하는 처지가 되고 말았다. 전폭적으로 지지를 하는 대신 법안의 주요 내용을 삭제하자는 타협안이 제시되었지만 별 효과를 거두지 못했다. 몇 달 동안 계속 협상이 이어지다 1978년 2월에 마침내 법안이 투표에 부쳐졌다. 그러나 결과는 놀랍게도 189 대 227로 부결되었다. 민주당의 전체 하원 의석 중 5분의 3을 차지하는 초선 의원들이 모두 반대표를 던진 것이다. 개혁파에게 등을 돌린 의회 부동층은 '스칼렛 오하라(Scarlett O'hara)식 변명'을 늘어놓았다. "우리도 개혁을 지지한다. 그러나 이 법안은 문제점이 너무 많다"는 것이었다. 그들은 그 문제에 대해 "내일 다시 생각하자"고 했다. 하지만 그 '내일'은 결코 오지 않았다. 그리고 지난 몇 십 년 동안 이런 스칼렛 오하라식 변명은 의회 의사진행방해의 단골 레퍼토리이자 정치 표류를 떠받치는 수사로 자리 잡았다.

워싱턴 정가에서 영향력을 상실한 노조

장기적으로 이보다 더 참담한 결과를 몰고 온 것은 노사관계 개혁 법안이다. 네이더스 같은 활동가들과 마찬가지로 노조 역시 민주당이 선거에서 대승을 거두며 백악관과 의회를 모두 장악하자 사기가 충천했다. 그들은 이것을 자신들의 세를 만회할 수 있는 천재일우의 기회로 여겼다. 그때까지 경제 분야에서 계속 재계에 밀리고 있던 노조는 정부의 지지를 얻는 데 총력을 기울였다. 2장에서 살펴본 것처럼 노조가 상호 연관성을 갖는 두 가지 도전에 직면하면서 노사관계를 규정한 기존 법률들의 효과가 급격히 떨어지고 있었다. 노조가 직면한 첫 번째 도전은 자본 유동성의 부상이다. 이는 기업들이 노동권(Right-to-Work, 노조에 가입하지 않아도 직장을 유지할 수 있는 권리—옮긴이)을 허용하는 주(州)로 사업장을 이전하는 데 그 유명한 태프트-하틀리법(Taft-Hartley Act, 미국의 중요한 노사관계법)의 14조 (b)항을 사용할 여지가 그만큼 커졌다는 것을 의미했다. 그런 지역에서는 노조가 취업자의 노조 가입을 채용 조건으로 요구할 수 없다.

앞서 2장에서도 잠깐 언급한 바 있는 두 번째 도전은 노조 결성을 차단하기 위해 고용주들이 사용하는 전략이 훨씬 공격적으로 변했다는 것이다. 1960년부터 1980년 사이에 불공정 노동 행위와 관련한 고

발 사례가 네 배, 불법 해고와 관련한 고발 사례는 세 배, 노동자 소급분 급여나 복직 명령과 관련한 고발 건수는 다섯 배나 증가한 것만 봐도 이런 사실을 잘 알 수 있다.[19] 고용주들은 그런 벌금을 사업 운영비 정도로 여겼고 노조의 세력 확대보다 벌금을 내는 편이 더 낫다고 생각했다. 고용주의 이런 노동법 위반 급증보다 더 심각한 문제는 노조 탄압을 용이하게 하는 환경의 조성이었다. 노조 회피 컨설턴트라는 새로운 직종이 등장하면서 고용주들은 점점 더 교묘한 방법으로 노조 활동가들을 괴롭혔다.

노동계는 전(全)건설현장피켓법(Common Situs Picketing Bill, 단일 하도급업체에 대한 불만을 표현하기 위해 건설 현장 전체에서 피켓 시위를 하는 것)을 재도입하여 자신들의 세력을 회복하려고 시도했다. 이 법이 의회에서 통과된다면 건설 현장 노동자들이 공공장소에서 피켓 시위를 벌이는 것이 합법화되기 때문이다. 전년도에 상원과 하원에서 모두 통과되었지만 포드 대통령의 거부권 행사로 좌절되었던 터라 이번에는 순조롭게 통과될 것으로 노동계는 예상하고 있었다. 그리고 앞으로 노동계가 더 큰 사업들을 추진하는 데 발판이 될 것이라고 기대했다. 그러나 이 법안은 1977년 3월, 하원에서 217 대 205로 부결되었다. 그것은 노동계에는 전혀 예상치 못한 패배였고 재계로 보면 초선 의원에 대한 공략이 멋지게 성공을 거둔 순간이었다. 상공회의소 관계자의 말을 인용하면 의원들은 "어떠한 사심이나 편견 없이 그 법안에 반대했다"고 한다.[20] 캘리포니아 민주당 의원이었던 토니 베이렌슨(Tony Beilenson)은 그 법안에 반대하는 편지는 248통이나 받은 반면에 찬성하는 편지는 1통에 불과하다고 말했다. 초선 의원들은 이 법안에 68 대 37로 반대표를 훨씬 많이 던졌다. 이렇게 반대표를 던진 사람들 중에는 1976년 선거에서 노동총연맹 산별노조 산하 정치교육위원회(Committee on Political Education)의 지지를 받아 당선된 초선 의원 13명과 북부 지역 민주당 의원 7명도 포함되어 있다.[21]

이런 패배로 노동계와 그 연합세력들은 활동 목표를 수정해야 했다. 사실 전건설현장피켓법은 바람잡이 정도에 불과했다. 노동계의 진짜 목표는 노조 결성을 용이하게 하고 경영자들의 반노조 전략을 차단할 수 있는 노동법 개혁이었다. 노동계가 처음부터 염두에 두고 있던 성배(聖杯)는 태프트-하틀리법 14조 (b)항의 폐지였다. 그러나 전건설현장피켓 법안이 의회에서 어이없이 무너지자 노동계 지도자들은 그들의 뜻을 손질하지 않을 수 없었다. 그들의 강력한 우군이었던 팁 오닐(Tip O'Neil)조차 이렇게 말하는 상황이었기 때문이다. "나도 태프트-하틀리법 14조 (b)항을 수정할 생각이 없다. 승산이 없는 게임에는 선수를 내보내지 않는 것이 정가의 오래 철칙이다."[22]

그러나 노동계는 1959년 랜드럼-그리핀법(Landrum-Griffin Act)이 통과된 후 한 번도 손질하지 않았던 노사관계법을 의회가 대대적으로 개정하길 원하고 있었다. 그 법안은 스티븐스(JP Stevens, 섬유제조업체)처럼 노조를 거칠게 공격하는 기업들을 겨냥한 것이었다. 노동계는 미국노동관계위원회(National Labor Relations Board)에서 그런 기업들에 부과하는 벌금이 미미하고 위반 판결을 내리는 데 시간을 너무 끌기 때문에 기업들이 반노조 활동에 적극적으로 나서는 것이라고 믿고 있었다. 그런 기업들은 노동법 위반으로 벌금을 내는 것이 노조 결성으로 야기될 위험을 감수하는 것보다 비용 면에서 훨씬 효과적이라고 생각했다. 그러나 이 법이 개정된다면 노동관계위원회의 의사결정이 보다 간소화되고 신속해진다. 그리고 위반 업체에 대한 벌금도 인상될 것이 분명했다. 노동계와 재계 모두 이런 사실을 잘 알고 있었기 때문에 법안 자체가 갖는 의미가 엄청날 수밖에 없었다. 이 법안에 양측의 정치 운명이 걸려 있다고 해도 과언이 아니었다. 만약 이 법안이 통과된다면 노조의 투쟁 의지는 아주 뜨겁게 달아오를 것이고 정가의 변화에 촉각을 곤두세우는 세력들은 그것을 교훈으로 삼아 향후 갈등에 대비해야 했다.

잇따른 패배로 초조해진 노동계는 이 법안 통과에 총력을 기울였다. 미국 산업별노조총연맹 의장이었던 조지 미니(George Meany)는 다음과 같은 성명을 발표했다. "우리는 와그너법(Wagner Act, 태프트-하틀리법의 전신) 이후 가장 큰 의미를 갖는 이번 법안의 통과를 위해 전력투구할 것이다."[23] 단기적으로 그런 노력은 효과를 거두었다. 1977년 10월, 257 대 163으로 하원에서 법안이 통과되었기 때문이다.

상원의 경우, 민주당이 61석을 차지하고 있었고 이 법안에 동조하는 공화당 의원들도 상당수 있었던 상황이었다. 그 법안에 반대했던 의원은 훗날 이렇게 말했다. "법안 통과를 막을 방법이 전무해 보였다."[24] 하지만 반대파들은 비즈니스 라운드테이블이라는 강력한 우군을 갖고 있었다. 자본집약적 업체나 기존에 노조가 결성된 회사들은 대부분 중립을 선언한 상황에서 비즈니스 라운드테이블은 자체 표결 결과, 19 대 11로 반대하는 입장이 더 우세한 것으로 나왔다. 결국 그들은 상공회의소, 전국제조자협회, 법안에 반대하는 다수의 중소기업들과 손을 잡았다. 얼마 전까지만 해도 재계가 수세에 몰리던 상황이 점점 시간이 흐르면서 한 번 붙어볼 만한 싸움으로 바뀌고 있었다. 상공회의소 노사관계위원회 의장이었던 로버트 톰슨(Robert Thompson)은 그런 상황 변화에 대해 이렇게 말했다. "지난 25년 동안 노동 법안과 관련하여 재계가 이렇게 일치단결한 모습을 보여준 적이 없었다."[25]

1978년 늦은 봄, 상원 회의실에서는 몇 시간에 걸친 막바지 기 싸움이 벌어졌다. 그런데 아이러니한 사실은 아주 중대한 의미를 갖는 이 세 법안 모두 30년이 지난 지금까지도 상원에 계속 계류되어 있다는 것이다. 극적인 변화의 바람이 미국의 정치, 경제를 강타한 그 오랜 세월 동안 상원에서 계속 잠자고 있는 것이다. 당시 다수당이었던 민주당의 당수 로버트 버드(Robert Byrd)는 카터 대통령의 간곡한 부탁으로 파나마운하 조약(Panama Canal Treaty) 관련 문제에 여념이 없었다. 이 사안을 놓고 겨울부터 이른 봄까지 공화당과 장기 대치를 벌이고 있었던 것이다. 그 때문에 노동법 개혁을 강하게 추진할 수 있는 기회를 놓치고 말았다. 그럼에도 불구하고 버드는 민주당 지도부가 노사관계법 개혁 추진에 아주 적극적이라는 것을 보여주기 위해 안간힘을 썼다. 그는 상원 회의 시간의 일부를 의사진행방해에 발목이 잡힌 법안에 할당하고 그 나머지는 다른 법안들에 집중하는 이른바 '이원화' 작전을 펴지 않기로 결정했다. 다른 모든 활동을 중단한 채 의원들은 미국의 향후 노사관계가 걸린 이 법안에만 매달렸던 것이다.

한편, 법안 반대 운동은 공화당의 두 젊은 상원의원이 주도했다. 공화당 보수파의 새로운 돌격대장으로 떠오른 유타(Utah) 주의 오린 해치(Orrin Hatch)와 인디애나(Indiana) 주의 리처드 루거(Richard Lugar) 의원이 그 주인공이다.(그러나 두 사람 모두 30년 후에는 공화당 상원 지도부 내에서 강경 보수파로 분류되지 않고 있다) 그들은 거대 노조가 권력을 잡으려는 시도라며 법안 통과 시도를 맹렬히 비난했다. 해치 의원은 이 법안이 "회사 설립에 의무조항으로 작용하여 기업들을 아주 힘들게 할 것"이라고 목소리를 높였다.[26] 오늘날 미국의 상원은 걸핏하면 의사진행방해 카드를 꺼내 든다. 즉, 토론 종결에 찬성표를 던지지 않는 활동만으로도 충분히 법안 저지가 가능하다는 얘기다. 굳이 다른 반대 활동을 펼칠 필요가 없는 것이다. 노동법 개정 법안과 관련하여 해치와 루거가 펼친 방해 활동은 영화 '미스터 스미스 워싱턴에 가다(Mr. Smith Goes to Washington)'에서 지미 스튜어트(Jimmy Stewart)가 했던 것과 아주 비슷했다. 두 신참내기 상원의원은 그들의 지지 세력을 세 팀으로 나누어 번갈아 가며 의사진행방해 활동을 펼쳤다. 그들은 날마다 새로운 수정 법안을 제시했고 나중에는 이런 수정안이 1000개에 달할 정도였다. 그러는 동안 상원의 입법 활동은 완전히 멈춰버렸다.

이런 양측의 대립은 5주 가까이 이어졌다. 3주가 지난 시점에서 버드가 두 번이나 토론 종결을 시도했지만 모두 무산되었다. 노조는 법안을 발의한 의원들인 뉴저지 주의 민주당 의원인 해리슨 윌리엄스(Harrison Williams)와 뉴욕 주의 공화당 의원인 제이콥 자비츠(Jacob Javits)의 결정을 따르겠다고 했다. 결국 두 의원은 일련의 절충안을 받아들이게 된다. 그것은 대부분 소규모 업체들에 적용될 수 있는 항목을 축소하는 데 초점을 맞춘 절충안이었다. 개혁 반대를 부르짖으며 소규모 업체들의 단결된 힘을 보여준 것이 주효했던 것이다. 절충안은 찬성 편에 서 있던 알래스카 주의 테드 스티븐스(Ted Stevens)를 비롯하여 다수의 공화당 의원들이 반대표로 돌아서게 만들었다. 그러나 전세를 뒤집기에는 여전히 수가 모자랐다. 6월 중순, 세 차례나 토론 종결 투표가 부쳐졌다. 사실 그때가 이 법안을 지지하는 의원 수가 가장 많았던 때다. 58 대 41, 두 표가 부족했다. 6월 22일, 여섯 차례에 걸친 법안 통과 시도가 모두 실패로 끝나자 버드도 결국 항복하고 말았다. 상원은 투표를 통해 법안을 인적자원위원회(Committee on Human Resources)에 다시 회부하기로 결정했다. 그 후 이 법안은 다시는 의회로 되돌아오지 못했다.

단결력과 조직력을 앞세운 재계 연합 세력이 눈부신 승리를 거두는 순간이었다. 노동계보다 세 배나 많은 자금력을 동원한 결과, 전국 각지에서 800만 통의 항의 서한이 밀려들었고 상원 회의장 복도는 분노에 찬 중소업체 고용주들로 발 디딜 틈이 없었다. "그것은 완전히 다른 형태의 로비였다." 한 반대파 의원의 보좌관은 그렇게 보고했다. "이 법안에 대해 사람들이 보인 태도는 평상시와는 완전히 다른 모습이었다." 플로리다 주의 민주당 의원인 로든 사일스(Lawton Chiles)의 보좌관도 이렇게 동의했다. "이런 로비 활동을 마지막으로 본 적이 언제였는지 기억도 나지 않는다. 아주 체계적이고 조직적이었다. 우리 주에서도 반대하는 사람들은 한 명도 빠짐없이 모두 몰려온 것 같았다."[27]

오랜 세월 미국자동차노조(United Auto Workers)를 이끌어온 더글러스 프레이저(Douglas Fraser) 위원장은 노동계 관련 법안이 차례로 좌절되는 것을 지켜보면서 울분을 참지 못했다. 당시 프레이저는 카터 대통령의 노사위원회(Labor-Management Group, 노사협력을 주장한 하버드대 존 던롭(John Dunlop) 교수의 주도로 보다 발전적인 노사관계를 목표로 설립된 기구)에서 활동하고 있었다. 그러나 이제 노동계 지도자들에게 정부의 그런 활동이 그저 허울 좋은 구실에 지나지 않는다는 사실이 분명해졌다. 노동법 개정안이 부결되고 3주 후에 프레이저는 다음과 같은 내용의 사직서를 제출했다.

거의 모든 재계 지도자들이 노동자들을 상대로, 심지어 우리 사회의 대다수를 이루는 중산층을 상대로 일방적인 계급투쟁을 벌이기로 작심한 것처럼 보인다. 미국의 산업, 상업, 금융계 지도자들은 과거, 성장과 발전의 시대에 만들어진 맹약을 깨뜨리고 폐기처분했다. 그것은 불안하고 문서화되어 있지 않았지만 아주 굳은 맹약이었다. (…) 최근에 벌어진 노사관계 붕괴는 그런 활동 중에서도 정도가 가장 극심한 것이었다. 노동법 개정안에 맞서 재계가 펼친 활동은 30년 넘게 지속되어온 노동 운동사에서 가장 사악하고 부당한 공격으로 기록될 것이다. (…) 그것은 불법을 일삼는 기업만이 두려워할, 아주 온건하고 공정한 법률이었다. (…) 오늘날 재계는 사실상 모든 측면에서 정부가 자신들의 말을 잘 따르고 기업에 대한 규제를 철폐해줄 것을 요구하고 있다. 그리고 과거에는 노조에 비굴한 태도를 요구하더니 이제는 아예 노조라는 존재가 사라지길 원한다. (…) 현행 세법은 한마디로 미국의 수치라고 할 수 있다. 그런데 미국이라는 회사는 이보다 더 불평등하다. (…) 부유층이 원하는 것은 법률의 허점이 사라지는 것이 아니다. 그들은 자신들에게 막대한 부를 안겨줄 자본이득세 인하를 부르짖으며 그런 허점을 더욱 확대하려고 할 것이다. (…) 이런 이유 때문에 나는 노사위원회에 참석하여 이 나라와 세계의 미래에 대해 철학적 논의를 하는 것이 더 이상 의미가 없다는 결론을 내리게 되었다. (…) 나는 우리 노동계를 파괴하고 내가 대표하는 사람들의 삶을 망가뜨리려고 획책하는 재계 지도자들과 더 이상 얼굴을 맞대고 화합을 논의할 수가 없다.[28]

프레이저는 자신의 눈앞에서 벌어지는 상황을 아주 정확하게 꿰뚫어보고 있었다. 노동계는 이제부터 혼자 힘으로 싸워야 했던 것이다.[29] 민주당이 의회를 장악하고 민주당 소속 지미 카터가 집권한 상황에서도 노조가 이런 참패를 겪었다는 것은 앞으로는 이길 승산이 더욱더 희박하다는 것을 의미했다. 워싱턴 정가에서 자신들에게 대적할 세력이 없다는 것을 알고 나면 재계가 산업 현장에서 노조와 노동자들을 더욱더 거세게 몰아붙일 것임은 뻔한 이치였다. 근소한 표 차이로 당선된 의원들 역시 자신이 손잡고 있는 단체가 유익한 우군인지를 다시 한번 되돌아보게 되었다.
그리고 그런 재평가 결과가 얼마 안 가서 나타나기 시작했다.

자본이 지배하는 미국 의회

지미 카터가 집권한 지 1년밖에 지나지 않았음에도 그가 내걸었던 국내 현안들은 대부분 누더기가 되었다. 모두들 새로운 현실에 적응하느라 정신이 없었지만 재계는 언제든 공세를 취할 수 있는 만반의 준비를 갖추고 있었고 그 주요 공격 목표는 카터 정부의 세금 정책이었다. 카터는 대선 기간 중 세금 개혁을 공약으로 내걸며 현재의 세법을 '인류의 치욕'이라고 비난했다. 그가 재임 초기에 제안한 세법은 민주당 중도파 의원들이 요구하는 누진세율 인상(자본이득세 인상, '회사 경비로 제공되는 호화로운 식사' 같은 일부 고가 물품에 대한 공제 폐지)과 개혁파 의원들이 요구하는 단순화를 결합한 형태였다.

하지만 1978년 1월에 카터 정부 관리들이 준비한 세법 개혁안은 그 규모가 아주 많이 축소된 것이다. 즉, 당초 계획에서 훨씬 후퇴했다는 뜻이다. 자본소득세 인상이 들어가긴 했지만 그 정도가 아주 미약했고 기업들에 제공하는 다양한 혜택으로 그 위력이 많이 약화된 상태였다. 찰스 워커와 그의 동지들은 기쁨과 놀라움을 감추지 못했다. 워싱턴 정가의 내부 사정에 정통했던 누군가는 당시 상황을 이렇게 설명했다. "법안 반대파는 공격받을 각오를 하고 있었다. 그런데 아무도 자신들을 공격하지 않자 자신들이 공격을 감행하기로 결심했다."[30]

워커는 즉시 그런 변화의 기미를 감지했다. "린든 존슨 시대의 합의와는 다른 토대에서 합의가 이뤄지고 있다. 당파를 넘나드는, 아니 아예 당파를 무시한 합의다. 미국인들은 자본의 속성을 뼛속 깊이 이해하고 있는 사람들이다."[31] 워커의 눈은 정확했다. 세금과 정부에 대한 국민들의 반감은 점점 높아졌고 1970년대 후반, 그러잖아도 경제가 어려운 상황에서 주 정부들이 재산세까지 인상하자 여기저기서 반대 여론이 들끓었다. 그러나 1982년, 수년간의 여론 데이터를 바탕으로 이런 재산세 인하 운동을 연구한 두 전문가의 의견에 따르면 "레이건 대통령의 집권으로 정부의 경제, 사회 분야 활동에 대한 국민들의 선호도가 크게 바뀌었다는 증거는 어디에서도 발견할 수 없었다."[32] 분명한 사실은 재산 가치가 하락한 주택 소유자들과 인플레이션으로 더 높은 세율을 적용받는 중산층의 분노가 왜 기업과 부유층 감세에 대한 열광으로 바뀌었는지를 설명해줄 이렇다 할 여론 변화가 없었다는 것이다.

여론 변화보다 더 강력한 힘을 발휘했던 것은 입법 열차를 운전하는 사람들의 변화다. 의회가 점점 자신들에게 우호적인 분위기로 변하고 있다는 사실을 재빨리 감지한 워커와 그의 연합 세력은 입법 열차의 운전대를 장악했다. 그리고 여기에 칼튼 그룹(Carlton Group, 리츠 칼튼 호텔에서 정기적으로 모임을 가져서 붙게 된 명칭)이라고 불리는 보다 엄선된 조직이 가세했다. 그들은 자신들에게 호의적인 양당 의원들과 힘을 합쳐 자본소득세를 기존의 절반 수준으로 인하하는 수정안을 하원에서 통과시켰다. 이 법안은 상원에 가서도 약간의 손질만 거쳤을 뿐이었다. 그리고 그 해가 가기 전에 민주당이 장악하고 있던 의회에서 압도적인 표차로 통과되었다. 여기에 민주당 소속 대통령이 서명함으로써 부유층의 자본소득세를 48%에서 28%로 대폭 인하한 새로운 세법이 탄생했다.

노동법 개혁만큼 엄청난 파급력을 지닌 1978년도 세법의 탄생은 워싱턴 정가의 통치 방향에 극적인 변화가 일어날 것임을 알리는 신호탄이었다. 3년 후에 워커와 그의 동지들은 그런 비슷한 승리를 또다시 맛보게 된다. 하지만 이번에는 그 규모가 훨씬 거대했다. 물론 레이건이 대통령에 당선되면서 세금 분야에 극적인 변화가 일어날 가능성이 커졌던 것은 사실이다. 하지만 이런 신임 대통령의 제안서에 재계에 긍정적으로 작용할 주요 항목들을 직접 집어넣었던 것은 바로 칼튼 그룹이었다.[33] 그즈음에 의회 내 민주당 의원들은 재계에 러브콜을 보내기 위해 아주 열심히 활동하고 있었다. 국면 전개 양상에서도 드러났듯이 양당이 재계에 거대한 감세 혜택을 안겨주려고 안간힘을 썼던 세금 논의는 거의 광적인 입찰 경쟁을 방불케 했다. 레이건 정부에서 예산 국장을 지낸 데이비드 스톡먼(David Stockman)은 당시 상황을 다음과 같이 요약했다. "의원들은 말 그대로 재계의 배를 불려주고 있었다."[34] 레이건은 얼마 후 공화당으로 당적을 옮기게 되는 필 그램(Phil Gramm) 등 보수 성향의 민주당 의원들을 자기편으로 끌어들이며 이 세금 법안을 성공적으로 통과시켰다.

역사적 기준에서 보더라도 1981년도의 경제회복세금법(Economic Recovery and Tax Act)은 기업과 부유층에 대규모 감세 혜택을 안겨준 1978년도 세법을 훨씬 더 확대한 것이다. 감가상각 규정을 대폭 완화하고 세법의 허점들을 더 많이 넓힘으로써 전체적으로 기업들의 세금 부담을 크게 낮췄다. 그리고 자본소득세 인하를 또 다시 단행하면서 부유층의 소득세율은 급격히 하락한다. 부유층에 대한 상속세 과세율도 70%에서 50%로 인하하고 개인 공제액도 대폭 인상했다.

로널드 레이건이 입법 분야에서 거둔 가장 큰 업적으로 칭송받는 이 경제회복세금법은 사실상 경제 승자가 모든 것을 독식할 수 있도록 미국의 세법을 완전히 뜯어 고친 것이다. 그러나 그 속을 좀 더 깊이 들여다보면 그 때문에 발생한 가장 큰 변화는 양당 간 대립의 본질이다. 이제 민주, 공화 양당의 정치적 대립은 어느 쪽이 부유층에 더 많은 혜택을 안겨줄 수 있는지를 보여주려는 몸부림이나 다름없기 때문이다.

온 세상이 부유층의 발 아래 놓이다

1899년에 의회는 어떤 신축 건물도 미국의 국회의사당보다 더 높게 지어서는 안 된다고 규정한 이른바 건물 고도법(Height of Buildings Act)을 통과시켰다. 이 법은 날아가는 새도 떨어뜨릴 만큼 막강한 실세조차 1953년 5월의 어느 날, 에드먼드 힐러리와 텐징 노르게이가 에베레스트 정상에서 맛보았던 것과 같은 멋진 전망을 누릴 수 없게 만들었다. 그러나 재계가 정가에 자유시장과 세금 인하를 강력하게 요구할 수 있는 세상을 구상했던 사람들(루이스 파웰이나 윌리엄 사이먼, 찰스 워커, 어빙 크리스톨, 그 밖의 다수) 중 누군가가 의사당 꼭대기에 올라선다면 어떨지 한번 상상해보라. 힐러리와 노르게이처럼 그들 역시 자신들의 발 아래 펼쳐진 세상에서 강력한 조직이 승리를 거둔다는 분명한 신호를 발견하게 될 것이다.

그들의 눈앞에 펼쳐진 세상은 그들이 정기적으로 드나들게 될 베이스캠프이자 자신들을 워싱턴 정가라는 새로운 정상에 오르게 해줄 발판이었다. 재계 수장들이 만나 새로운 집단 전략을 구상하는 맨 아래층에서부터 기업 로비스트들이 복도를 가득 메우고 있는 맨 꼭대기 층에 이르기까지 과거에는 불가능했던 영향력 행사 통로가 만들어지고 있었다. 그들이 한 걸음씩 내디딜 때마다 경제 논의는 급속히 우경화되고 조직 혁신은 계속 진척되었다. 점점 확대되는 승자 독식 경제는 조직화된 재계의 이익단체들이 계속 의지하게 될 일종의 지도와 같았다.

미국 정치 지형을 이렇게 바꿔놓은 그 개척자들은 국회의사당의 거대한 흰 돔 지붕 위에서 그들과 마찬가지로 정상을 목표로 해서 경쟁하던 세력들이 허우적대는 모습도 발견하게 될 것이다. 재계에 조직혁신이라는 새로운 길을 열어준 그 개척자들은 1970년대 초 자신들이 행동에 나서도록 자극했던 소비자, 노동자, 환경운동가들을 이제 완전히 앞질렀다. 이런 적대 세력 중 일부는 다시 돌아와 싸움을 걸 것이다. 하지만 나머지 세력들은 그렇게 쉽게 반격하지 못할 것이다. 재계의 가장 오랜 경쟁자였던 노조는 권력이라는 정상 한참 아래서 가쁜 숨을 몰아쉬고 있었다. 노조의 몰락은 워싱턴 정가를 독점하게 된 재계를 더욱더 선명하게 부각시켰다. 그리고 그런 몰락은 단순히 노조에만 닥친 운명이 아니다. 정계 고위층에 자체적으로 영향력을 행사하고 노동자 계층, 중산층에 정치적 힘을 실어주던 수많은 조직들 역시 과거의 정치적 영화를 상실한 상태였다. 우리는 다음 장에서 이런 조직들의 추락담을 들려주려고 한다. 그리고 그것은 승리나 성공과는 거리가 먼 아주 우울한 이야기가 될 것이다.

제6장
사라진 중산층

　백악관의 주인은 민주당 소속 대통령이고 상원과 하원 모두 민주당이 장악하고 있었다. 그러나 대통령은 대규모 경제 개혁을 강하게 밀어붙이지 못했다. 자신의 통치권 행사에 부담으로 작용할 수 있기 때문이었다. 경제는 불안하고 국가 부채는 계속 늘어났다. 그리고 자신의 정치 의제에 반대하는 우익 세력은 막강한 힘을 과시했다. 그것만이 아니다. 민주당 내의 보수파들과도 싸워야 했다. 그렇다고 물러설 수도 없었다. 그러기에는 그가 직면한 도전이 너무나 거대했기 때문이다. 대신 입장을 바꿔 자신과 민주당이 원래 의도했던 원대한 계획에서 한참 후퇴한 개혁안을 제시했다.
　어찌 보면 마치 앞에서 설명한 카터 정부의 이야기처럼 들릴 것이다.(아니면 좀 더 앞으로 되감기를 해서 그 다음으로 백악관을 차지한 클린턴 대통령의 첫 임기 이야기처럼 들릴 수도 있다) 그러나 이 이야기의 주인공은 프랭클린 루스벨트 대통령이다. 자유주의의 강력한 신봉자였던 그는 2차 세계대전이 끝나자 수천만 명의 귀환병 처리 문제에 봉착했다. 그리고 위 이야기는 그렇게 까다로운 문제에 그가 어떤 식으로 접근했는지를 설명한 것이다. 당시 사람들은 군인들의 귀환으로 미국 경제가 수렁에 빠질 것이라고 우려했다. 이것은 전혀 근거 없는 우려가 아니었다. 1920년대에 출생한 미국인 남성 가운데 무려 80%가 이미 전쟁에 참전하여 재향군인이 되었거나 앞으로 재향군인이 될 사람들이었기 때문이다. 그러잖아도 취약한 노동 시장이 1500만 명에 달하는 귀환병들을 감당할 수 있을 것이라고 생각하는 사람은 거의 없었다. 그리고 전쟁이 벌어지는 동안 군수산업에 종사했던 1000만 명의 근로자들 역시 전쟁이 종결되면 새로운 일터를 찾아나서야 하는 상황이었다.[1]

그러나 문제의 심각성, 강력해 보이는 대통령의 정치적 입지, 대통령 자신이 제시한 진보적인 온갖 공약에도 불구하고 프랭클린 루스벨트는 전쟁 귀환병들을 전후 경제권으로 흡수하는 데 아주 소극적이었다. 그는 의회에 나가 귀환병들에 대한 단기 교육 지원 계획을 제시했다. 그리고 당시 루스벨트 정부에서 이 계획을 구상했던 한 관계자의 말을 그대로 인용하면 '특별한 능력'을 가진 소수의 군인들에게는 계속 교육 활동을 지원하겠다는 뜻도 내비쳤다.[2] 이것이 뉴딜 정책과 아주 동떨어진 이야기라는 것은 두말할 나위도 없었다.

하지만 그 다음 벌어진 일은 민주당 소속 대통령의 정책들이 민주당이 장악한 상원과 하원에서 계속 축소되는 것을 목격하는 데 익숙한 사람들에게는 가히 충격이 아닐 수 없었다. 미국재향군인회가 귀환병들에게 최장 4년간 대학 교육 또는 직업 교육을 보장하고 다양한 복지 수당을 제공하라며 대규모 민중 집회를 연 것이다. 물론 전액 국고 지원임은 말할 필요도 없었다.

이런 대담한 목표를 달성하기 위해 재향군인회는 자신들이 갖고 있던 거대한 전국적 조직망을 이용했다. 미국 전역에 흩어져 있는 지부를 통해 세력을 결집한 재향군인회는 우편물 발송, 서명 캠페인, 지역 언론사에 탄원서 보내기 같은 활동을 펼쳤고 심지어 홍보 영상물까지 제작했다. 이런 활동들은 대규모 민중 운동으로 이어졌고 이제 미 의회도 무시할 수 없을 만큼 심각한 상황으로 치달았다. 그리고 그로부터 몇 달 안 되어 상원은 재향군인회의 지지 속에서 다양한 복지 혜택을 담은 제대군인원호법(GI Bill)을 통과시켰다. 하지만 하원에서는 남부 출신의 보수파 의원들이 법안에 반대 입장을 표했다. 이 법이 통과될 경우, 흑인들에게 새로운 권리와 복지 혜택이 돌아갈 것을 우려했던 것이다. 그러나 재향군인회는 다시 한번 자신들의 세력을 과시했고 마지막 한 표까지 끌어 모으기 위해 자발적으로 거대한 조직망을 가동하기 시작했다. 심지어 어떤 회원은 하원에서 중책을 맡은 의원이 아파 누워있다는 소식을 듣고 조지아 주의 그의 자택까지 찾아갔다. 그래서 그가 워싱턴 비행기에 오르도록 공항까지 자신의 차로 직접 데려다 주기까지 했다. 결국 1944년 6월에 루스벨트 대통령은 제대군인원호법을 국법으로 선포했다.

제대군인원호법의 탄생은 조직 싸움이 벌어지는 미국 정치에서 희망을 발견하게 해준 거대한 사건이다. 우리는 앞에서 조직화된 집단이 조직화되어 있지 않은 다수를 얼마나 악랄하게 짓밟았는지, 그리고 얼마나 빈번하게 그런 행동을 일삼았는지를 이야기했다. 조직은 민주주의의 발전을 가로막는 방해물인 경우가 많았다. 경제적으로 부유하고 다양한 자원 동원이 가능한 소수의 사람들에게 권력이 집중될 수 있게 해준 것도 바로 이런 조직이다. 그리고 이들은 일반 유권자들이 정치에 영향력을 행사하는 것을 극도로 싫어했다.

그러나 재향군인회가 앞장서서 제대군인원호법을 통과시킨 사건은 조직이 일반 유권자들에게 항상 방해물이 되는 것은 아니라는 사실을 보여주었다. 오히려 시민운동의 성공에 중요한 통로가 될 수 있음을 보여주었다. 우리가 지금까지 설명한 역량들, 즉 필수적인 여러 자원들을 하나의 방향으로 결집해서 전문성을 개발하고 그런 활동에 계속 초점을 유지하는 것은 정치적 영향력을 행사하는 데 아주 중요한 선결 조건이다. 국민들이 깊은 우려를 표하는 사안에 이런 역량들이 사용될 때 민주주의는 더욱더 발전하고 번영할 수 있다.

그러나 일반 유권자들의 그런 증폭된 목소리는 저절로 일어나는 것이 아니다. 그리고 안타깝게도 경제 사안의 경우, 그런 일이 일어날 가능성이 점점 희박해지고 있다. 앞 장에서 설명한 미국 정치 풍토의 극적인 변화만 봐도 이를 잘 알 수 있다. 조직 싸움이 벌어지는 정치판을 자신들에게 유리한 방향으로 몰아갔던 재계의 조직 동원 능력을 기억하는가? 이번 장에서 우리는 그 반대편에 서 있던 사람들의 상황에 대해 이야기하려고 한다. 20세기 중반, 미국 정가에서 쇠락의 길을 걸었던 '중산층 민주주의'의 대변자들 말이다. 워싱턴 정가가 이른바 경제적 패자들에게 더 이상 관심을 갖지 않게 된 데에는 난타당한 노조, 여기저기로 흩어진 공익 단체, 기독교 복음주의자들의 정치적 부상, 정치에 무관심한 유권자, 제 기능을 상실한 언론 등 여러 요인들이 복잡하게 뒤엉켜 있다. 하지만 이 이야기의 결론은 간단하다. 일반 대중들은 자신들의 목소리를 증폭시켜주던 신호와 정치적 영향력을 상실했고, 제대군인원호법을 통과시키며 황금기를 누렸던 시민사회는 실종됐다는 것이다.

노동계의 몰락

지난 세기 중반, 미국의 노동자 계층과 중산층의 이익을 대변하던 자발적 조직 가운데 노조만큼 막강한 영향력을 행사한 단체도 없을 것이다. 사실 역사적으로 보수 성향이 강했던 미국재향군인회가 사회 변혁 운동에 앞장섰을 가능성은 아주 낮다. 그러나 미국의 노동계는 달랐다. 1950년대 사회보장 프로그램 확대를 이끌어낸 투쟁에서부터 1965년 노인의료보상세노 법안 통과에 이르기까지 노조는 20세기 중반의 중요한 경제 사안이 대두될 때마다 항상 최전선에 섰다. 심지어 공민권 운동에도 적극적인 지원과 지지를 아끼지 않았고, 그들의 그런 활동은 공민권 법안의 통과에 결정적인 역할을 했다. 이 법안을 강하게 지지했던 한 의원의 발언을 통해 우리는 그런 사실을 분명히 확인할 수 있다. "노조가 없었더라면 공민권 법안은 결코 통과되지 못했을 것이다. 그들에게는 공민권 운동 단체에 없는 어떤 근력(Muscle) 같은 것이 있었다."[3]

그런 '근력'은 뉴딜 정책에서 물려받은 또 하나의 유산이다. 노조는

1935년에 통과된 와그너법에 힘입어 2차 세계대전으로 경색된 노동 시장에서 급속히 세력을 확대해 나갔다. 1950년대 중반에 이르자 민간 부문 근로자의 3분의 1 이상이 노조에 가입했다. 역사적으로 심한 분열을 겪었던 미국의 여러 노조들은 노동계의 의제와 관련하여 워싱턴 정가에 압박을 가하기 위해 산업별노조총연맹(AFL-CIO, 1955년, 노동총동맹(AFL)과 산업별조합회의(CIO)가 합병하여 창설됨)이라는 전국적인 규모의 거대 조직을 창설한다. 1935년부터 1940년까지 산업별조합회의를 이끈 존 루이스(John Lewis)는 "노동계의 미래가 곧 미국의 미래"라고 선언할 정도로 노조는 막강한 힘을 발휘했다.[4]

미국의 정치 지도자들도 이런 주장에 동의하는 것처럼 보였다. 2차 세계대전 직후에 어느 유명한 대통령은 다음과 같은 말을 하기도 했다. "노조가 우리 산업계에 성공적으로 안착했다. 오로지 극소수의 보수 세력만이 노조를 파괴하고 남녀 노동자들이 각자의 판단에 따라 노조에 가입할 수 있는 권리를 빼앗을 추잡한 생각을 한다."[5] 그 대통령은 바로 공화당 소속의 드와이트 아이젠하워였다. 그리고 그의 이런 확언을 통해 노동계가 긴밀한 공조를 취하고 있던 민주당뿐만이 아니라 공화당 의원들 사이에서도 상당한 지지를 얻고 있었음을 알 수 있다. 1954년, 아이젠하워 대통령이 재계와 공화당 내 보수파들의 맹렬한 반대에도 불구하고 사회보장제도를 확대하기로 결정한 것이 그 단적인 예다.[6] 그가 그런 결정을 내리게 된 데는 노조가 펼친 강력한 캠페인의 영향도 무시할 수 없다. 사회보장제도의 확대 관련 청문회에서 노동총동맹(AFL)의 수장인 조지 미니는 포괄적인 사회보장제도에 지지를 표하면서 자신이 이끄는 노조는 "생계를 위해 일터로 나가야 하

는 모든 미국인들을 대변한다"고 선언했다.[7]

물론 미니의 이런 선언에는 수사적 기교도 없지 않다. 하지만 당시 최고의 정치권력을 구가하던 노조는 노조원들에게 보다 나은 혜택을 제공하기 위해 단순히 말싸움만 벌인 것이 아니라 실제 행동에도 아주 적극적이었다. 그 결과로 노조가 없는 사업장의 고용주들은 노조가 결성된 사업장의 복지 혜택과 임금 수준에 맞춰야 하는 간접 압박에 시달려야 했다. 노조 활동을 저지하기 위해서라도 그들은 그렇게 할 수밖에 없었다.[8] 이보다 훨씬 더 중요한 사실은 노조가 노동자들이 정치에 계속 관심을 갖고 정치 활동에 참여하도록 붙잡아주는 역할을 했다는 것이다. 사실 이런 정치 참여는 대다수의 노동자들에게는 처음 있는 일이었다. 노조는 회원들이 공유하는 관심사를 파악하고 회원들에게 정치와 정책 관련 정보를 제공하고 회원들의 요구를 정치권에 강하게 전달했다. 또한 라디오 및 TV 광고를 통해 유권자등록 운동을 펼치고 노조원의 가정들이 해당 지역에서 투표를 하도록 권유했다. 또한 표 동원 활동에 나서도록 유도하는 등 노동계 바깥에 있는 일반 시민들에게까지 적극적으로 손을 뻗쳤다.

대선이 가까워지자 그 효과가 더욱 두드러지기 시작했다. 1936년에는 모두 합쳐 200만 달러도 안 되었던 노조의 정치 후원금 액수가 1968년에 이르자 700만 달러(인플레이션을 감안하여 조정한 금액임)를 훌쩍 뛰어넘었다.[9] 물론 이 돈은 대부분 민주당으로 향했다. 사실 당시 민주당 의원들은 선거 자금의 상당 부분을 노조의 후원금에 의존하고 있었다. 그러나 노조가 선거 활동에 가장 크게 기여한 것은 돈이 아니라 자원봉사자와 유권자였다. 노조는 그전까지 미국 정치 무대에서 볼 수 없었던 대규모의 유권자 동원 활동을 펼쳤다. 1960년, 양측이 팽팽한 접전을 벌였던 대통령 선거에서 노조원들은 의회 투표 기록이 적힌 전단지 1000만 장과 노동 문제와 관련한 케네디와 닉슨의 기록을 비교한 안내문 500만 장을 돌렸다. 1963년에 어느 유명 정치학자가 했던 말처럼 "정당의 구조, 절차와 관련하여 전후 일어난 가장 근본적인 변화는 지역구는 물론이고 그 너머의 선거 운동 무대에 노조가 등장한 것"이다.[10]

사실 당시 노조의 영향력은 계속 증가할 수밖에 없는 상황이었다. 1970년대 후반의 미국의 노사관계를 연구한 데릭 보크(Derek Bok)과 존 던롭(John Dunlop)이라는 두 학생은 노조의 투표 독려 운동이 미국의 유권자들을 크게 변모시킬 것이라고 확신했다.(훗날 두 사람은 닉슨과 포드 행정부는 물론, 카터 정부의 노사협의회(Labor-Management Committee)에서 활동한다)[11] 보크와 던롭은 노조가 사회적 통념을 바꾸고 수많은 미국인들의 투표 참여를 유도하며 일반 대중들이 계속 선거 단체로 향하게 만들 것이라고 주장했다. "수많은 기권자들이 일반적으로 민주당에 더 호의적인 것은 사실이지만 그렇다고 해서 민주당이 계속 다수당의 지위를 누리게 된다는 뜻은 아니다. 그보다는 양쪽 정당이 부유하지 않은 일반 국민들의 경제적, 사회적 욕구에 좀 더 관심을 기울이면서 워싱턴 정가의 균형점이 좀 더 왼쪽으로 이동할 가능성이 높다"는 해석을 내놓았다.[12]

실제로 새로운 균형점이 등장했고 그것을 촉발시킨 것은 다름 아닌 노조다. 그러나 우리가 앞에서 살펴본 것처럼 그러한 균형점은 부유층의 경제적, 사회적 요구에 더 강하게 반응했다. 그리고 재계의 유례없는 대규모 동원 앞에서 노조는 맥없이 무너졌다. 우리는 이미 앞에서 노조의 쇠락에 대해 이야기했다. 그러므로 여기에서는 노조 쇠락에 결정적인 역할을 한 중요한 요인 한 가지에 대해서만 논의하고자 한다. 그 요인은 바로 노조 회원 수의 가파른 하락이었다. 노동자들이 계속 자신들의 목소리를 내고 있고 1984년 이후 노조 및 노조의 활동 목표에 대해 일반 대중의 지지가 상당히 높은 수준이었음에도 불구하고 노조원 수는 급격히 감소했다. 노조를 원하는 비율이 점점 늘어나는 데도 미국 노동자들은 자신들을 대표하는 중요한 조직을 그렇게 상실하고 있었다.

2장에서 논의한 것처럼 노조가 결성된 사업장의 감소는 불평등의 확대로 이어졌다. 그러나 이러한 노조의 쇠락이 승자 독식 경제를 확대한 결정적 요인이 되었다는 것은 그만큼 미국 정치에서 노동계가 차지하는 비중이 컸다는 방증이기도 하다. 정치권에서 한껏 목소리를 높이던 노조가 얼마 되지 않는 임금 투쟁으로 활동 방향을 선회하면서 그들이 전성기 때 수행하던 광범위한 중산층 투사로서의 역할은 더 이상 기대할 수 없게 되었다. 그리고 그들에게는 그런 의지도 더 이상 남아 있지 않았다. 그들은 노조원 수를 회복하기 위해 몸부림쳤지만 내부 분열로 와해될 때가 많았다. 그리고 계속 세력이 확대되고 있던 공공 부문 노조에 집중했지만 그럴수록 그들은 또 다른 이익단체처럼 비칠 뿐이었다. 그것도 아주 궁지에 몰린 이익집단으로 말이다.

노조가 막강한 영향력을 발휘할 수 있었던 것은 단순히 선거 및 로비활동 자금이 풍부해서가 아니다. 일반 대중들을 투표소로, 길거리로, 지역 사회로 끌어낼 수 있는 능력 때문이다. 투표 활동의 가장 중요한 예측 변수인 교육 수준의 상승에도 불구하고 1970년대와 1980년대에 투표자 수가 계속 감소한 이유에 대해 정치학자들은 오랫동안 논쟁을 벌여왔다. 하지만 그 주된 원인 중의 하나는 노조의 쇠락이었다.[13] 노조원 수가 적다는 것은 투표장에 나가 노조에 호의적인 후보에게 투표를 하고 싶어 하는 노조 유권자 수가 적다는 것을 의미한다. 그리고 이보다 더 중요한 사실은 투표 참여를 독려하는 활동이 줄어들고, 유권자를 교육시킬 홍보물이 줄어들고, 노조의 입장을 홍보하는 광고가 줄어들고, 지역 사회 내에서 친구와 가족, 이웃들과 투표에 대해 이야기를 나누는 노조원이 줄어들었다는 것을 의미한다. 노조원 수가 많았을 때는 노조원 가구들과 비노조원 가구들이 함께 정치 활동에 참여하면서 노조가 긍정적인 분위기를 전염시킬 수 있었다. 그러나 노조가 쇠락하면서 그런 전염성이 줄어들고 그런 적극적인 활동도 눈에 띄게 줄어들었다.

다른 여러 단체들과 비교했을 때 분명 노조는 일반 대중들 사이에서 강력한 존재감을 갖고 있다. 선거와 국가 정책 논의에 투입할 노조의 자금이 갑자기 바닥난 것은 아니다. 그러나 시간이 흐를수록 자금 면에서 노조는 점점 심각한 열세에 몰렸다. 수많은 경제 논의에서 노조는 빈곤층과 중산층을 대표하는 중요한 이익집단이다. 그리고 실질적인 영향력을 가진 유일한 이익집단이다.[14] 하지만 이런 논의에서 노조는 강력한 조직을 앞세운 재계의 맹렬한 공격을 받았고 그런 공격을 막아내느라 자신들이 갖고 있던 방어 수단을 모두 소진할 수밖에 없었다. 그 결과로 미국의 중산층과 노동자 계층은 경제 사안에서 자신들을 대변해서 활발한 활동을 펼치던 강력한 투사를 잃고 말았다.

회원 조직에서 관리 조직으로

대규모 회원을 거느렸던 조직 가운데 1970년대 이후 지지 기반을 잃은 것은 비단 노조만이 아니다. 이 몇 십 년 사이에 일어난 조직 변모의 또 다른 희생양으로는 제대군인원호법을 강하게 압박했던 재향군인회를 들 수 있다. 재향군인회는 1955년에서 1995년 사이에 그 회원수가 40% 이상 격감했다. 이보다 더 심한 타격을 입은 곳은 엘크스 자선보호회(Elks), 메이슨(Masons, 18세기 초 영국에서 창설된 이후 세계 곳곳으로 퍼진 박애주의 단체), 이글스 스카우트(Eagles, 미국 보이스카우트) 같은 우애 단체이다. 이들 단체는 신입 회원은 60% 이상, 전체 회원은 4분의 3 가까이 줄어들면서 회원 수의 급감을 겪었다.[15]

그들이 한때 미국의 자발적인 시민 문화의 주축 세력이었다는 사실을 망각한 채 사람들은 이런 단체를 촌스러운 모자나 쓰고 다니고, 모여서 점심 식사나 하는 구식 사교 모임 정도로 치부할 때가 많았다. 정치학자 테다 스카치폴(Theda Skocpol)이 《민주주의의 쇠퇴(Diminished Democracy, From Membership to Management in American Civic Life)》라는 저서에 기술한 것처럼 이런 회원 연합체들은 한때 "정치와 정부가 나아갈 방향을 수립하는 데 정당을 보완하는 역할을 했을 뿐 아니라 때로는 정당과 대립각을 세우기도 했다".[16] 이런 조직들의 가장 중요한 특징은 시민들을 촘촘히 연결한다는 것이다. 즉, 로버트 푸트남(Robert Putnam)이 '사회적 자본'이라고 부른 신뢰와 호혜를 바탕으로 시민들이 폭넓은 유대 관계를 맺을 수 있도록 통로 역할을 했다는 뜻이다.[17] 그리고 이런 사회적 자본과 관련하여 놀라운 사실은 그 분배 방식이 전통적인 형태의 자본, 즉 금전의 분배 방식과는 확연한 차이가 있다는 것이다. 정치권에 영향력을 행사하는 데 쏟아부을 자금이 많지 않았던 당시의 중산층과 노동자 계층은 이전 세대들은 경험하지 못한, 어쩌면 차후 세대들도 경험하지 못할 방식으로 미국의 시민사회 형성에 크게 기여했다.

1960년쯤, 가브리엘 알몬드(Gabriel Almond)와 시드니 버바(Sydney Verba)라는 두 정치학자가 세계 여러 나라의 시민 활동에 대해 처음으로 정밀 연구조사를 실시한 적이 있다. 조사 결과, 그들은 미국인이 정치 활동에 아주 적극적이고 미국의 정치 시스템을 아주 자랑스러워한다는 사실을 알게 되었다.[18] 이 조사는 그들이 1963년에 공동 저술한 《시민문화(The Civic Culture)》의 토대가 되기도 했다. 오늘날 미국인의 정치적 냉소를 감안했을 때 무엇보다 우리의 눈길을 사로잡은 것은, 당시의 미국인들은 지역 및 국가의 공공 현안을 보다 바람직한 방향으로 개선할 수 있다고 확신했다는 점이다.

알몬드와 버바 역시 그전까지는 그런 사실을 전혀 인식하지 못하고 있었다. 그러나 안타깝게도 그들은 그러한 시대의 끝자락에서 그 글을 쓰고 있었다. 미국의 정치 무대에 새롭게 등장한 단체들은 재향군인회나 노조와는 완전히 성격이 다른 조직이었다. 그들은 우편물 발송 회원 목록만 갖고 있거나 아니면 회원 자체가 존재하지 않는 전문 시민 단체였다. 그 중에는 '위장 시민운동' 단체도 일부 있었다. 그들은 자신들이 광범위한 대중적 지지를 받고 있다고 선전했지만 실제로는 산업 로비스트들이 운영하는 단체였다. 한 예로, 포퓰리스트 냄새를 풍기는 노동자퇴직금보장연합(Alliance for Worker Retirement Security)

이라는 단체가 있었는데 이 수상한 조직은 미국제조업자협회가 사회보장연금 민영화에 압력을 넣기 위해 만든 위장 단체였다. 이처럼 시민 단체를 가장한 조직들은 1980년대 이후에 급증했고 점점 지능화되었다. 심지어 어떤 단체는 특정 우체통을 자신들의 우편물 주소로 사용하기까지 했다. 또 미국석유협회(American Petroleum Institute)는 보수 성향의 산업협회와 손잡고 에너지시민(Energy Citizens)이라는 단체를 설립하기도 했다. 그런데 신기하게도 여기에는 정작 있어야 할 시민이 한 명도 없었다. 그럼에도 불구하고 미국석유협회는 이 단체가 주요 하원 선거구에서 열리는 이른바 '시민' 집회에 참석할 수 있도록 석유협회 회원사들을 적극 동원했다.[19]

새로운 정치판에 등장한 다른 여러 단체들 역시 위장 시민 단체까지는 아니더라도 진정한 의미의 대중 단체와는 거리가 멀었다. 수십만 명의 회원 수에도 불구하고 대부분이 중산층 상위 계층인 이런 단체의 회원들은 본부 차원에서 전문가들을 동원하는 청원 활동에 자신들의 지갑을 여는 경우가 극히 드물었다. 그나마 환경운동 단체 정도가 이런 조직 모델의 성공 사례로 꼽힌다. 1970년대 정치 무대에 대거 등장한 새로운 환경운동 단체들은 환경 관련 사안에 발 빠르게 대처하면서 우편물 발송을 통해 회원 확보에 성공했다. 시에라클럽(Sierra Club, 미국의 자연환경 보호 단체), 오더반협회(National Audubon Society, 미국 조류 보호 단체) 같이 오랜 역사를 갖는 환경 단체들 역시 1970년 이후 매년 회원 수가 증가하고 있다. 물론 그 회원 수가 예전의 회원 단체들 규모에는 못 미치고 모집 방식 역시 지부를 통한 상향식 활동이 아니라 본부 차원의 활동에 대부분 의지하고 있긴 하지만 말이다.

하지만 지난 30년 사이에 우후죽순처럼 등장한 새로운 시민 단체들은 회원이 한 명도 없는 곳이 대부분이다. 워싱턴에 근거지를 두고 완전히 직업적으로 활동하는 이런 단체들은 회원들의 회비가 아니라 비영리 재단, 대규모 기부금, 정부 보조금을 통해 운영되고 있다. 진보적 대의에 앞장섰던 전설적인 조직 운동가 마셜 갠즈(Marshall Ganz)의 말처럼 이런 단체들은 "몸통은 없고 머리만 있었다".[20] 그들은 미국 전역에 사무실을 설치하고 의회와 행정부를 지지하는 활동을 펼쳤지만 '상부'가 특정 방향으로 나아갈 수 있도록 추진체 역할을 해줄 회원이 존재하지 않았다.

탈유물론자의 시대

사람들은 시민 단체의 증가가 진보주의 운동에 중요한 요소라고 생각하는 경우가 많다. 그리고 이런 새로운 시민 단체들의 대부분이 정치 스펙트럼에서 왼쪽에 치우쳐 있는 것도 사실이다. 그 대표적인 예가 한 개의 지부도 없이 전국적으로 정치 활동을 펼치는 에밀리스 리스트(EMILY's List)다. 선출직에 출마하는 여성 후보를 지원하는 것이 가장 주된 활동인 이 단체는 오늘날 노조의 기부금 공백을 메우며 민주당에 단일 조직으로는 가장 많은 정치 후원금을 제공하고 있다. EMILY라는 명칭은 'Early Money is Like Yeast'(초기 자금은 이스트와 같은 역할을 한다)의 두문자로 '정치판'을 '빵의 도우'에 비유하여 선거 활동에서 초기 자금 투입의 중요성을 강조한 것이다.

그런데 이런 시민 단체와 관련하여 정치학자 제프리 베리(Jeffrey Berry)가 상당히 설득력 있는 주장을 내놓았다. 1970년대와 1980년대에 정치 무대에 대거 등장한 진보적 단체들은 '새로운 진보주의'의 요소로 받아들이기 어렵다는 것이다. 노조를 비롯한 과거 진보 단체들과는 달리 이런 단체들은 생계형 사안에 초점을 맞추지 않는다는 것이 그 이유였다.[21] 베리는 관심의 초점이 '유물론'에서 '탈유물론'으로, 중산층과 노동자 계층의 경제적 사안에서 좀 더 부유한 계층의 사회적 사안으로 이동한 점을 날카롭게 대비시켰다. 한 예로 에밀리스 리스트가 '낙태에 찬성하는 민주당 여성 후보들을 선출함으로써 진보 사회 건설'을 목표로 하는 단체임을 강조하는 것을 보더라도 진보의 개념을 상당히 좁게 잡고 있음을 알 수 있다.[22] 이 단체의 인터넷 홈페이지에 소개된 단기적 사명 선언문에는 이들이 낙태에 찬성하는 여성 후보를 지지한다는 내용이 나온다. 하지만 그 밖의 정책에 대해서는 전혀 언급이 없다.

노조의 영향력이 쇠퇴하자 여러 시민 단체들이 그 빈자리를 채우며 강력하고 새로운 진보 세력을 형성했다. 모두 어느 정도는 진보주의를 표방하고 있다. 이런 단체들은 환경, 여성의 권리, 인권 등 각기 중요시하는 특정 사안에 대해 유능한 로비스트들이라는 것이 입증되었다. 그러나 그들은 노동자 계층과 중산층에 강력한 영향을 미치는 경제 사안에는 한 번도 관심을 기울이지 않았다. 그 결과로 부유한 진보주의자들이 탈유물론적 대의를 부르짖을 수 있는 적절한 환경이 조성되면서 기존의 유물론적 대의를 표방한 단체의 열정적 활동가들은 소수파로 밀려날 수밖에 없었다. 결국 베리가 도달한 결론은 이것이다. "새로운 좌파 세력이 점점 커지면서 기존 좌파는 점점 고립되었다."[23]

　소수자와 여성 문제에 관심을 쏟는 시민 단체와 마찬가지로 워싱턴에서 활동하는 조직들은 소득 불평등과 관련된 경제 사안들은 철저히 등한시했다. 로비 활동에 대해 포괄적으로 조사를 실시했던 한 연구가는 공익 단체들의 로비 활동 의제에서 "일반 노동자 계층의 경제적 안정이나 빈곤층에 관한 문제가 아주 극소수에 불과하다"는 사실에 놀라움을 금치 못했다고 한다. 그들은 부유층을 대변하는 로비스트들이 "항상 성공을 거두는 것은 아니고 기업, 전문가 집단, 무역 회사의 이익집단들도 로비활동 의제를 정하는 데서 분명 강점을 갖고 있다"는 사실을 발견했다. 그리고 "사회 계층 간 불평등이 이익집단 중심으로 돌아가는 정치 상황 때문에 더욱 악화되고 있다"는 사실도 확인했다.[24] 미국의 다원화된 이익집단 환경은 사실 어제 오늘의 일이 아니다. 1960년, 정치학자 셰츠슈나이더(E.E. Schattschneider)가 이런 말을 한 적이 있다. "다원주의 천국의 약점은 천국의 성가대가 부유층만 알아들을 수 있는 악센트로 노래를 부른다는 것이다." 그런데 오늘날 그런 '부유층의 악센트'가 승자 독식의 불평등 시대에 점점 더 크게 울려 퍼지고 있다.[25]

보수 성향 국민의 증가

　우리가 위에서 논의한 시민 단체는 노동자 계층과 중산층 중심의 일반 대중 조직과는 거리가 멀다. 그런데 여기에 한 가지 예외가 존재한다. 바로 기독교 보수주의 운동이다. 그러나 아이러니하게도 이것은 우리가 지금까지 이야기했던 광범위한 사회 현상을 더욱 공고하게 한 예외이다.

소위 '몸통은 없고 머리만 있는' 시민 단체의 부상 속에 기독교 보수주의 운동이 들어 있다는 것은 아주 이례적인 일이다. 1970년대 일반 대중들 사이에서 일어나 대부분 정치권 바깥으로 영역을 확대한 백인 기독교 보수주의 조직들은 교회와 복음주의 교단 중심의 사회 네트워크를 적극 활용했다.[26] 이를 통해 그들은 지역사회 활동, 공공 사안과 관련한 지식 같이 전이가 가능한 자질의 소유자들을 동원하고 교회의 사회 참여를 촉진시킬 수 있었다. 그것은 미국 시민사회가 쇠락하면서 사회 경제적 배경은 비슷해도 종교 활동에 소극적인 사람들은 갖출 수 없는 자질이다. 그런 자질과 활동을 통해서 중산층 유권자들을 거대한 정치 조직으로 탄생시킨 기독교 보수주의 단체들은 오늘날 지속적으로 민중 동원에 성공한 보기 드문 사례로 꼽힌다.

하지만 좌파 공익 단체들과 마찬가지로 그리스도인의 권리(Christian Right)라는 기독교 우파 단체 역시 탈유물론적 대의를 부르짖었다. 그들이 주로 초점을 맞춘 활동은 낙태, 동성애자 혼인 같이 도덕적 가치와 직결된 문제였다. 그런데 이런 도덕적 문제에 초점을 맞춘 그들의 활동은 역설적인 결과를 가져왔다. 그들은 대부분 소득이 미미한 복음주의 유권자들을 기반으로 한 단체인데 그들이 지지하는 공화당은 부유층의 경제적 요구에만 초점을 맞추고 있다는 것이다. 게다가 경제 사안에 따라 정당의 지지 계층이 확연하게 갈리는 시대에 그들은 중산층 복음주의 유권자들과 나란히 어깨동무를 하고 달려온 것이다. 민주당은 부유하지 않은 유권자들로부터 지지를 받고 공화당은 부유한 유권자들의 지지를 받는 그런 시대에 말이다.

잘못 들은 게 아닐까 귀를 의심할지도 모르겠지만 분명 제대로 들은 것이다. 아무리 복음주의라 하더라도 경제 사안에서는 민주, 공화 양당의 입장이 지지 계층에 따라 아주 확연하게 갈린다. 정치 전문가, 특히 보수 진영 전문가들의 이야기를 들으면 그 반대로 생각할 수도 있다. 데이비드 브룩스(David Brooks), 터커 칼슨(Tucker Carlson) 같은 정치 전문가들은 신문이나 방송에서 미국의 정치가 물질적 문제보다는 사회, 소비자 가치 같은 비물질적인 문제 중심으로 재편되었다고 주장한다. 그러면서 한쪽에는 동성애자 결혼에 반대하고 나스카(NASCAR, 개조 자동차 경기 연맹) 경기를 즐기고 권총을 소지하고 전통을 부르짖는 공화당원들로 가득한 가난한 보수주의 미국이, 또 다른 한쪽에는 낙태에 찬성하고 초밥을 즐기고 〈뉴요커〉 잡지를 읽으며 범세계주의를 부르짖는 민주당원들로 가득한 풍요로운 진보주의 미국이 있다며 이분화 논리를 편다. 이런 일반적인 시각에 따르면 공화당은 저소득 노동자 조(Joe, 배관공 조(Joe the Plumber)라고 불리는 오하이오주에 거주하는 백인 남성으로 실직 상태의 무면허 배관공이다. 2008년 대선 캠페인 당시 존 매케인은 그를 평범한 미국인의 전형으로 치켜세웠다)를 위한 정당이다. 그리고 민주당은 부유한 진보주의자들을 위한 정당이 되어야 한다.(그러면 이들은 '고소득 전문직 종사자 조(Joe the Professional)'라고 불러야 할까?) 2007년에 칼슨은 이렇게 주장했다. "부유층은 진보주의자들에게 표를 던진다. 어찌된 영문인지 나도 잘 모르겠다."[27]

하지만 이런 일반적 시각의 문제점은 그것이 잘못된 시각이라는 것에 있다. 계층과 투표는 여전히 깊은 상관관계가 있다. 그리고 그런 상관관계는 과거보다 훨씬 높아졌다. 1950년대와 1960년대를 거치면서 정당에 대한 충성심은 소득 수준에 따라 점점 더 양극화의 길을 걷고 있다. 오늘날 공화당은 소득 상위계층으로부터 열렬한 지지를 받고 있다. 반면에 민주당은 소득 하위계층의 열렬한 지지를 받고 있다. 그리고 그 격차는 아주 엄청나다. 2000년 대선에서 소득 상위 5개 계층 유권자들의 공화당에 대한 지지율은 소득 하위 5개 계층의 두 배에 달했다.[28] 그리고 이것은 다른 나라의 소득 계층별 보수 정당에 대한 지지율 격차보다 더 큰 것으로 나타났다. 미국이 계층 정치에 심한 알레르기 반응을 보이는 나라라는 일반적인 인식을 감안했을 때 참으로 놀라운 사실이 아닐 수 없다.[29]

복음주의자들과 여타 '도덕적 가치를 중시하는 유권자들'에 관한 논평에서 전문가들은 유권자들이 더 이상 경제 사안을 중요하게 생각하지 않는다고 주장한다. 하지만 사실은 그렇지 않다. 오히려 그 반대다. 미국인들이 경제 문제를 최우선 순위로 꼽는 빈도, 낭론에서의 경제 언급 횟수나 부각 정도, 유권자들의 선택에서 경제가 차지하는 비중 같은 데이터를 보라. 1970년대 이후 유권자들에게 경제 사안의 중요성이 줄어들기는커녕 점점 더 커지고 있다는 것을 알 수 있다.[30] 한 예로 여론조사 전문 기관인 갤럽(Gallup) 조사에 따르면 1946년부터 1972년까지 경제를 '가장 중요한 문제'로 꼽은 유권자가 6분의 1밖에 되지 않았다. 당시 갤럽은 유권자들에게 중요하게 여기는 문제들의 순위를 매겨달라고 요청했다. 그런데 1973년부터 2004년 사이에는 경제 사안을 1순위로 꼽은 사람이 4분의 3으로 크게 증가했다.[31] 뿐만 아니라 다른 조사 기관에서 실시한 결과를 봐도 경제 사안이 대다수 유권자들의 선택에 가장 결정적인 영향을 미치는 요인이라는 것을 금방 알 수 있다.[32]

결과적으로 이런 것들이 모두 복음주의자들을 더욱더 충성스러운 공화당 지지자로 만들고 있다. 기독교 보수주의자 전체를 놓고 보면 소득이 높을수록 공화당을 지지할 가능성이 높다. 하지만 복음주의자들의 경우에는 소득이 낮은 계층(통계 분석에 따르면 소득이 약 5만 달러 이하인 계층)일수록 여타 유권자 계층보다 공화당을 지지할 가능성이 높다. 바꿔 말하면 연소득 5만 달러의 복음주의 유권자와 연소득 10만 달러의 비복음주의 유권자가 공화당을 지지할 가능성이 서로 비슷하다는 결론이 나온다.[33] 평균 가구 소득이 5만 달러 정도 되는 나라에서 이것은 아주 엄청난 일이다. 그리고 이것은 공화당이 기독교 복음주의 세력과 손을 잡는다면 빈곤층, 중산층 유권자의 지지를 훨씬 더 많이 받을 것임을 의미한다.(2004년에 백인 복음주의자들은 전체 유권자의 4분의 1로 공화당의 선거 연합 세력의 40%를 차지할 정도로 비중이 큰 세력이었다)[34] 보수 성향의 작가인 로스 도우댓(Ross Douthat)과 레이한 샐럼(Reihan Salam)의 표현처럼 복음주의자들은 '샘스클럽 공화당원'(Sam's Club Republican, 샘스클럽은 미국의 대형 할인매장의 하나로, 레이건 및 부시 대통령을 거치면서 공화당의 주요 지지층으로 성장한 중산층이 주로 샘스클럽에서 물건을 구입한다고 해서 붙여진 이름이다. 공화당의 전통적인 지지층인 부유층이나 기업가들을 지칭하는 '컨트리클럽 공화당원' 당원과 대비되는 개념이다. 컨트리클럽 공화당원은 미국에서 지역 유지들이 주로 골프장에서 끈끈한 유대 관계를 유지하는 데서 비롯된 말이다─옮긴이)

이다. 이들은 사회 현안에 아주 보수적 입장을 취하지만 경제 관련 사안에서는 다른 유권자들의 의견에 동조할 때가 많다. 물론 대학을 졸업한 복음주의자들은 일반적으로 경제 사안에서 다른 신교도 유권자들보다 더 보수적인 입장을 취하는 경향이 강하다.[35] 이런 복음주의 유권자들은 그들과 처지가 비슷한 노동자 계층이나 중산층의 다른 교인들과는 달리 정가의 동원 대상이 되고 있다. 그러나 집단별, 기간별로 이루어지는 이런 동원은 경제 이외의 분야에서도 그들의 지지를 활성화시키는 역할을 한다. 어쩌면 그들은 샘스클럽 공화당원일지도 모른다. 그러나 그들이 그렇게 지지를 보내는 공화당의 시선은 샘스클럽이 아니라 삭스 피프스 에비뉴(Saks Fifth Avenue, 뉴욕 5번가에 있는 고급 백화점 - 옮긴이)로 향하고 있다.

닻을 올린 미국의 유권자

기독교 복음주의자들은 탈유물론적인 기반 위에서 정치 세력으로 조직되어 왔다. 하지만 중산층 민주주의의 토대가 거센 변화의 물결에 휩쓸려 가버린 지금 미미한 소득의 대다수 유권자들은 정치권 바깥에서 표류하고 있다. 중산층의 경제 문제에 관심을 쏟던 조직들이 하나 둘 무너지면서 제대군인원호법이 통과될 당시에 미국 정치의 중심부를 장악했던 평범한 유권자들의 정치 활동과 영향력은 쇠락의 길을 걷고 있다.

미국의 정가에서 일어난 조직 지형도의 변화를 감안했을 때 이것은 결코 놀라운 사실이 아니다. 그러나 돌이켜보면 그 전개 과정은 많은 사람들을 고통으로 몰아넣었을 뿐 아니라 그들에게 많은 의구심을 갖게 했다. 승자 독식으로 인한 불평등 확대는 미국의 거대한 다수에게 불이익을 안겼다. 그리고 그런 불이익은 중산층과 빈곤층에 가장 큰 타격을 입혔다. 3장에서 언급한 것처럼 토크빌 같은 유명 인사를 비롯해서 수많은 이론가와 논평가들은 불평등으로 피해를 입은 사람들이 투표를 통해 그런 불균형을 바로잡을 수 있다고 주장했다. 어쩌면 우리는 승자 독식의 불평등이 미국인의 활발한 정치 참여에 자극제가 될 것이라는 막연한 기대를 품고 있었는지도 모른다.

그러나 그런 일은 결코 일어나지 않았다. 오히려 정반대의 상황이 벌어졌다. 연구가들이 미국의 정치 변화를 깊이 파고들수록 그 반대의 사실만 드러났다. 2004년, 미국정치학회(American Political Science Association)라는 특별 연구팀에서 〈불평등 증가 시대의 미국 정치〉라는 제목의 보고서를 발간했다. 15명의 정치학자들(이 15명의 이름은 모두 공개되었고 우리 중 한 명도 이 속에 포함되어 있다)이 1년여에 걸쳐 연구조사 활동을 벌였는데 이 연구팀이 도달한 결론은 아주 냉정했다. "시민사회와 시민의 요구에 즉각 반응하는 정부라는 미국의 이상은 갈수록 확대되는 불평등으로 위기에 처해 있다.…… 저소득 계층과 중산층은 자신들 따위는 안중에도 없는 정부에 요구를 해봤자 소용없는 일이라고 수군댄다. 한편, 정책 입안자들은 부유층이 분명하고 일관되게 내지르는 포효에는 항상 귀를 기울이고 정책에 반영할 준비가 되어 있다."[36]

이런 변화의 가장 근본적인 원인은 미국의 중산층을 대변하던 조직의 권한과 정치적 영향력의 퇴보였다. 그러나 이것이 전부가 아니다. 경제 스펙트럼의 최상위 계층과 최하위 계층 간의 소득 격차가 갈수록 벌어지면서 투표권 행사에서도 소득 계층별 비대칭 현상이 점점 심해지고 있다는 것이다. 2008년, 민주당이 비부유층 유권자들을 투표장으로 유도하기 위해 엄청난 노력을 기울였음에도 불구하고 가구 소득 10만 달러 이상인 사람, 즉 부유층이 전체 투표자의 4분의 1에 달했다. 이 집단이 미국 전체 인구에서 차지하는 비율은 16%에 불과한데도 말이다.[37]

그러나 투표가 가장 공평하게 분배되는 정치 자원인 것만은 분명한 사실이다. 정치 활동에 아주 소극적인 사람이라도 미국의 성인이라면 모두 가질 수 있는 자원이기 때문이다. 한편, 이 스펙트럼에서 투표와 정반대되는 곳에 자리 잡고 있는 것은 돈이다. 그리고 돈은 오늘날 미국 정치에서 그 중요성이 점점 커지고 있다. 이런 현실 속에서 정당과 정치인들은 전에 없이 급상승한 선거 비용을 마련하기 위해 부유한 후원자와 이익단체로 점점 더 눈을 돌리고 있다. 정당들은 최근 선거 캠페인 기간 중 상위 세 번째 계층의 부유층 절반 정도에게 직접 연락을 취했다고 한다. 1950년대만 해도 정치인들이 이렇게 직접 연락을 취한 사람은 15%도 안 되었는데 그 사이에 이렇게 늘어난 것이다.[38]

물론 정부가 수행해야 하는 활동에 대해 부유한 사람과 부유하지 않은 사람의 견해가 똑같다면 이런 것들은 아무 문제가 되지 않을 것이다. 실제로 공공정책에 대한 소득 계층 간의 시각차가 그렇게 크지 않은 분야도 많다.(이런 것들은 일관되게 현실에 근거한 견해인 경우가 많다) 그러나 경제 분야의 경우에는 정부의 역할에 대한 계층별 견해 차이가 엄청나다. 부유한 사람들은 정부가 일반 국민들에게 경제 재분배와 경제적 안정을 제공하는 조치들에 대해 별로 달가워하지 않는다. 그들은 자유무역과 규제 완화 정책은 지지하지만 노인의료보험이나 사회보장제도는 지지하지 않는다. 그들은 세금 감면, 특히 배당금이나 자본 소득에 대한 감세 정책을 더 지지한다. 반면 증세를 통해 재원을 마련하는 의료보험제도 확대는 강하게 반대한다. 사실 소득과 관련이 있는 중요한 사안에서는 당적보다 소득이 더 확실한 예측 지표 역할을 할 때가 많다. 하지만 미국의 부유층은 빈곤층과는 달리 막대한 자금력을 앞세워 자신들의 의견을 관철시킬 수 있다.[39] 갈수록 돈의 위력이 증가하면서 미국의 정치는 점점 더 마태복음 13장의 구절을 닮아가고 있다. "가진 자는 더 많이 갖게 될 것이다."

오해, 근시안적 사고, 상관관계에 대한 인식 부족

평범한 다수의 유권자들에게 공평하게 배분되지 않거나 결여된 정치 자원은 정치 참여와 자금만이 아니다. 지식 역시 결여되어 있다. 경제 상황에 대한 지식, 그런 경제 상황에 대한 정치인들의 대응 행동에 대한 지식, 그런 대응 행동이 국민들의 일상생활에 미칠 결과에 대한 지식 등등. 신뢰할 만한 정보나 지침을 제공해줄 조직이 거의 없는 상태에서 불평등에 관한 이런 지식들은 훨씬 더 중요한 의미를 가질 수밖에 없다. 래리 바르텔스(Larry Bartels)가 자신의 저서 《불평등한 민주주의(Unequal Democracy)》에서 주장한 것처럼 원자화된 유권자들은 워싱턴 정가에 무엇을 요구하고 정치인들에게 어떤 식으로 책임을 물을지를 결정하는 데 점점 더 어려움을 겪게 될 것이다. 이런 평범한 유권자들은 "오해와 근시안적 사고에 사로잡힐 때가 많다. 한 손에는 가치와 이해관계를, 또 다른 한 손에는 정책 선호도와 투표권을 쥔 채 그 둘 간의 상관관계를 제대로 파악하지 못하는 것이다".[40] 이런 오해와 혼란은 정치인들이 정부 정책을 자기 멋대로 결정하거나 숨길 수 있는 여지를 많이 만든다. 특히 '여론이 분열되고 불안정하고 혼란스러울 때, 또는 뚜렷한 여론이 형성되어 있지 않을 때' 그런 일이 자주 일어난다.[41]

우리는 경제적 불평등에 대한 일반 대중들의 시각에서 이런 '오해, 근시안적 사고, 상관관계에 대한 인식 부족'을 쉽게 발견할 수 있다. 그리고 그들은 여기에 적당한 모호함과 강한 냉소까지 곁들인다. 그런 불평등을 아무렇지 않게 받아들이고 이런 불평등 확대를 수수방관하는 정부에 합심하여 대항하지 않는 것이 신기할 정도다. 아니면 로렌스 제이콥(Lawrence Jacob)과 벤저민 페이지(Benjamin Page)가 자신들의 공저 《계급전쟁?(Class War?)》에서 주장한 것처럼 미국인은 정말 '보수적 평등주의자'들인 것일까?[42] 정부가 혈세를 낭비하고 특수 이해관계의 집단에 휘둘리는 상황을 걱정하면서 정치인들을 더 이상 신뢰하지 않는다는 점에서 보면 미국인은 분명 보수적이다. 정부와 정치인에 대한 이런 회의는 승자 독식 경제가 맹위를 떨치면서 점점 더 커지고 있다. 한편으로 소득, 부, 기회의 불평등을 우려하고 사회 전반에 만연한 불평등, 불안정, 난관을 해결해줄 강력한 조치를 지지한다는 점에서 보면 미국인은 평등주의자라고도 할 수 있다. 미국의 불평등에 대해 귀에 못이 박히도록 들어온 우리에게는 참으로 놀라운 사실이 아닐 수 없다. 게다가 소득 분배와 관련해서도 이런 시각이 지배적이다. 물론 부유층은 지지하지 않겠지만 말이다.

하지만 대다수 전문가들은 미국인이 보수적 평등주의자라는 사실에 동의하지 않는 것 같다. 어쩌면 그들 눈에는 미국인이 보수적 불평등주의자들로 보일지 모른다. 그들은 미국인들이 불평등에 무관심하고 중요한 경제 사안에만 보수적인 태도를 취하고 한 세대 전과 비교해 그런 보수적인 성향이 훨씬 강해졌다고 주장한다. 그러나 지난 20년간 실시된 수많은 여론조사와 연구 결과는 이런 견해를 정면으로 반박한다.[43] 스스로를 보수주의라고 밝힌 미국인의 비율이 1970년대 이후 계속 증가하고 있는 것은 사실이다. 카터가 대통령에 당선되었던 1976년에는 25%였고 부시가 대통령 재선에 성공한 2004년에는 32%로 증가했다. 물론 이 기간에 자신을 진보주의자라고 밝힌 미국인의 비율도 16%에서 23%로 늘어났긴 했지만 말이다. 그러나 가장 큰 비율을 차지하는 집단은 시종일관 자신을 중도주의자라고 말하는 사람들이다.[44] 그러나 정부의 역할과 주요 공공정책에 관한 설문조사 결과를 보면 국민들의 우경화 현상을 거의, 또는 전혀 발견할 수 없다. 오히려 좌경화 현상이 더 두드러졌다.[45] 단언컨대, 우리는 이런 결과들에 아주 신중하고 조심스럽게 접근해야 한다. 왜냐하면 이런 여론조사로는 사람들의 내면 깊숙이 자리 잡고 있는 정부에 대한 태도를 정확히 포착할 수 없기 때문이다. 그러나 우리는 이런 여론조사 결과를 통해 지난 30년간 미국의 공공정책에 일어난 극적인 변화가 미국인의 우경화 때문이라는 전문가들의 추정이 잘못된 것임을 분명하게 확인할 수 있다.

미국인들이 정말 이런 불평등 확대를 인식하지 못한다고 생각하는가? 다시 한번 잘 생각해보라. 1988년, 갤럽은 국민들에게 미국이 "가진 자와 가지지 못한 자로 양분되어 있다"고 생각하는지에 대해서 물었다. 혹자는 경제적 양극화에 대한 이런 노골적 묘사에 대다수 국민들이 동의하지 않을 것이라고 기대했을지도 모른다. 그러나 26%에 달하는 미국인들이 여기에 동의했다. 그리고 여기 놀라운 수치가 하나 더 있다. 그로부터 20년이 지난 2007년, 신망 높은 여론조사 기관인 퓨리서치센터(Pew Research Center)에서 똑같은 질문을 던졌다. 그런데 이번에는 답변 비율이 똑같이 양분되었다. "그렇다"라고 답한 사람도 48%이고 "그렇지 않다"라고 답한 사람도 48%였다.[46] 같은 해에 다른 여론조사 기관에서 실시한 결과 역시 미국의 소득 격차에 대해 "너무 크다"라고 답한 응답자가 72%인 것으로 나왔다. 이 정도면 대다수 국민들이 여기에 동의한다는 뜻으로 해석이 가능하다. 심지어 스스로를 부유층이라고 밝힌 4% 미만의 사람들조차 이런 사실에 동의하고 있었다.[47] 앞으로 이야기하겠지만 대다수의 미국인들은 미국의 경제적 불평등이 얼마나 심각한 상태인지 잘 모르고 있다. 그러나 불평등이 존재하고 그것이 점점 커지고 있다는 사실은 분명히 인식하고 있다.[48]

미국인들이 불평등 확대를 인식하고 거기에 반감을 갖고 있다는 것 못지않게 중요한 사실은 자신들의 경제 상황에 아주 현실적인 태도를 취한다는 점이다. 물론 잘못된 인식이나 희망사항이 이런 태도에 영향을 미치기도 했겠지만 말이다. 미국인들은 대부분 자신의 소득 수준이 중간 정도이거나 중간보다 낮다고 대답한 반면에 "평균보다 한참 높다"라고 답한 사람은 3%에 불과했다.[49] 사람들의 일반적인 착각과는 달리 모든 미국인이 언젠가는 부자가 될 수 있다고 생각하는 것은 아니다. 2003년도 조사에서 자신이 부자가 될 가능성에 대해 "아주 높다"(10%) 또는 "그럴 가능성이 상당하다"(21%)라고 답한 사람은 31%였다. 1990년, 갤럽 조사에서 똑같은 질문을 던졌을 때 나온 응답률과 거의 비슷한 수준이었다.[50] 이를 통해 우리는 미국인의 신분 상승에 대한 꿈이 여전하고 상당한 수준이라는 것을 알 수 있다. 그리고 2장에서 살펴본 사실들을 감안했을 때 실제로 실현될 가능성보다도 미국인들의 신분 상승에 대한 믿음이 훨씬 더 크다는 것을 확인할 수 있었다. 그러나 그런 믿음은 제한적일 수밖에 없고 앞으로 미국인들이 그런 질문에 "그렇다"라고 동의할 가능성은 점점 줄어들 것이다.

이런 모든 사실에도 불구하고 대다수 미국인들은 경제적 불평등이나 경제 정책의 흐름에 대해서는 잘 모르고 있다. 그리고 빈곤층일수록 경제 상황에 대한 이해도가 현저히 낮다. 무엇보다 우리의 눈길을 사로잡은 것은 불평등에 대한 사람들의 인식이다. 이들 조사에서(고맙게도 다른 나라에서도 이런 조사들이 많이 실시되고 있었다) 가장 먼저 던진 질문은 "다른 직종에 종사하는 근로자들은 임금을 어느 정도 받는가?"였다. 예를 들면 "공장에서 근무하는 숙련공들은 임금을 얼마나 받는가?, 변호사는 돈을 얼마나 버는가?, 대기업 회장의 보수는 얼마나 되는가?"라고 물은 것이다. 그런 다음, "그런 직종의 사람들이 어느 정도의 임금을 받아야 한다"고 생각하는지 물었다. 바꿔 말하면 자신이 생각하는 회장, 변호사, 공장 숙련공들의 적정 임금 수준을 물어본 것이다. 이 두 답변—응답자가 인식하고 있는 소득과 응답자가 생각하는 적정 소득—간의 격차를 통해 우리는 사람들이 불평등 해소를 얼마나 갈망하는지 대략적으로나마 파악할 수 있었다.

그렇다면 미국은 어떤 결과가 나왔을까? 미국인은 다른 나라 국민보다 불평등을 상대적으로 더 잘 참는 것으로 나타났다. 다른 직종의 종사자가 받아야 한다고 생각하는 임금과 실제로 받는다고 생각하는 임금 간의 격차가 평균치보다 더 적게 나온 것이다. 그러나 미국인들이 이런 불평등을 잘 참는 이유는 다른 직종의 사람들이 임금을 더 많이 받는 것에 찬성해서가 아니다. 다른 직종 종사자들이 실제로 받는 임금이 그렇게 많지는 않을 것이라는 착각 때문이었다. 미국의 실제 불평등 수준은 다른 나라와 비교할 수 없을 만큼 높음에도 그런 사실을 인식하지 못하고 있는 것이다. 즉, 미국인들은 평등주의자로 불릴 만큼 이상 사회에 대한 시각을 계속 견지하고 있다는 애기다. 그러나 그들의 그런 시각에는 실제 현실을 꿰뚫어볼 수 있는 날카로움이 결여되어 있다.[51]

그리고 조사 결과, 미국인들은 부유층의 소득 수준과 관련하여 많이 오해하고 있는 것으로 드러났다. 미국인들은 '평범한' 직업에 종사하는 사람들의 임금 수준은 상당히 잘 알아맞혔다. 그러나 고소득 종사자들의 소득을 어림잡을 때는 그들의 실제 소득에 한참 못 미치는 금액에서 시작했다. 미국 경제의 거대 승자들에 대해 미국인들은 '오스틴 파워(Austin Powers)'에 나오는 악당 이블 박사(Dr. Evil)만큼이나 순진했다. 30년 동안 잠을 자다가 깨어난 이블 박사가 세계 지도자들을 핵무기로 위협하면서 요구한 금액이 얼마였는지 기억하는가? 겨우 100만 달러였다. 2007년 미국 대기업의 최고경영자들이 얼마나 받을 것 같으냐는 질문에 미국인들은 '50만 달러 정도'라고 대답했다. 그들은 분명 그것이 아주 큰 액수라고 생각했을 것이다. 그러나 실제로 최고경영자들이 받는 것과는 상당한 차이가 나는 금액이었다. 2007년 스탠더드 앤드 푸어스(Standard and Poor's) 500대 기업의 최고경영자들은 평균 1400만 달러 이상을 받는 것으로 집계되었다.[52] 물론 미국인들만 고소득 종사자의 소득을 낮게 추정한 것은 아니다. 그것은 다른 나라 사람들도 마찬가지였다. 그러나 미국인들은 다른 나라 사람들보다 고소득 종사자의 수입을 훨씬 더 낮은 수준에서 어림잡았다.[53]

이런 오해가 무슨 문제가 되느냐고 반문하는 사람들이 있을지 모르겠다. 2008년에 미국선거연구소(National Election Studies)의 영리한 설문 활동을 통해 우리는 '그것이 문제가 된다'는 것을 확인할 수 있다. 이 연구소는 오랜 세월에 걸쳐 "정부가 소득 불평등을 줄여야 한다고 생각하는가?"라는 문항을 계속 설문지에 집어넣었다. 그리고 이 질문에 "그렇다"라고 답한 미국인의 비율은 1970년대 후반 이후 계속 25~33% 대를 유지했다.(1부터 7까지의 수 가운데 '긍정'의 정도가 가장 높은 두 수를 선택한 사람들이 여기에 해당된다) 그런데 2008년 조사에서는 "소득 분포에서 맨 꼭대기와 맨 아래쪽에 해당되는 사람들의 실제 수입이 어느 정도일 것 같은가?"라는 질문을 추가했다. 그런 다음, 앞에서 했던 질문을 똑같이 던졌다. 그러자 이번에는 '정부가 소득 불평등을 줄여야 한다'에 동의한 응답자가 57%로 대폭 늘어났다.[54]

물론 정부의 이런 인위적인 개입이 현실 정치에서 벌어지는 상황과는 거리가 먼 얘기일 수도 있다. 현실에서는 지지 세력 간에 끊임없이 설전이 벌어지고, 어느 한쪽으로 크게 치우쳐 있을 때가 많기 때문이다. 그러나 미국 정가를 가까이에서 지켜본 사람들이 대체로 동의하는 중대한 사실 하나가 있다. 시민 조직이 퇴보하고 정치 엘리트들이 여론몰이에 막대한 자금과 시간을 쏟아붓고 있는 오늘날, 대다수 국민들은 자신들과 관련된 경제 사안이 정책으로 이어지는 데 더 이상 압력을 행사할 수 없게 되었다는 것이다. 논쟁의 여지가 있을 수 있지만 현대의 정책들은 과거보다 훨씬 복잡하다. 아동보육세액공제(Child Care Tax Credit)처럼 세금 우대 조치를 통한 정부의 활동이 늘어나고 민간 하도급업자들과 여타 비정부 기구들에 대한 정부의 의존도가 높아진 탓도 있을 것이다. 이런 정치 환경에서 일반 유권자들에게 가장 필요한 것은 신뢰할 수 있는 신호를 바탕으로 정치인들에게 영향력을 행사할 수 있는 힘을 갖추는 것이다. 오늘날 이런 영향력이 어느 때보다 절실한 상황이지만 정작 그것이 실현될 가능성은 어느 때보다 희박하다.

무소식은 절대 희소식이 아니다

우리가 확신할 수 있는 한 가지 사실은 유권자들에게 필요한 것은 언론에서 쉴 새 없이 떠들어대는 그런 정보가 아니라는 것이 아니다. 전통적인 이익집단이 퇴보하면서 다수의 유권자들에게 정기적으로 정치 관련 정보를 제공해줄 수 있는 통로는 언론 매체가 유일하다. 과거에는 정치권 소식을 동맹 관계의 이익집단이나 광범위한 시민 연합체를 통해 접할 수 있었다. 정치 분석가들은 정치인들이 국민의 요구를 잘 수행하고 있는지 언론이 중요한 감시자 역할을 한다며 한껏 치켜세운다. 적어도 기자들은 자신들의 입으로 이런 말을 내뱉지는 않는다.

〈워싱턴 포스트(Washington Post)〉의 베테랑 논설위원인 레오너드 다우니 주니어(Leonard Downie Jr.)와 로버트 카이저(Robert Kaiser)는 정치 분석가들 사이에서 보편화된 이런 희망 사항을 다음과 같이 요약했다. "미국의 정치인들은 정치 관련 소식에 밝은 유권자들이 자신들을 자리에서 쫓아낼 수 있다는 것을 잘 알고 있다.… 국민들이 필요로 하는 정보를 언론이 제공하기 때문에 정치인들은 자신에게 주어진 책무를 열심히 수행하지 않을 수 없다."[55]

그러나 지난 몇 십 년간 일어난 통신 혁명은 이런 감시자 역할을 자처하는 언론에 그다지 호의적인 환경을 제공하지 않았다. 미디어 환경의 변화, 특히 케이블과 인터넷이 보급되면서 그전까지 편안하게 독점 체제를 유지해온 뉴스 회사들이 살벌한 경쟁 체제에 돌입했기 때문이다. 갈수록 줄어드는 시청자를 붙잡기 위해서는 어쩔 수 없었다. 이와 같은 변화는 한때 대다수 미국인들에게 가장 중요한 정보 공급원이었던 TV 방송사들에 가장 큰 타격을 입혔다. 케이블 방송이 등장하기 전에는 뉴스가 방영되는 황금 시간대에는 다른 것을 보고 싶어도 광범위한 민생 현안들을 다루는 뉴스 외에는 달리 선택의 여지가 없었다. 그런데 이제는 더 이상 그럴 필요가 없어졌다. 이렇게 TV 시청자층이 분산되면서 뉴스 시청률은 수직 하락했다. 2000년도에 'NBC 나이틀리 뉴스(NBC Nightly News)'의 사명을 묻는 질문에 톰 브로코(Tom Brokaw)는 짤막하게 두 마디로 답했다. "살아남는 것."[56]

인터넷의 부상 역시 비슷한 결과를 몰고 왔다. 이제 미디어 시청자들은 뉴스를 고집하는 집단과 철저히 오락 프로만을 고집하는 훨씬 더 거대한 두 집단으로 양분되었다.[57] 원래부터 정보에 밝았던 사람들은 과거보다 더 많은 정보를 얻게 된 반면, 대다수 국민들은 뉴스를 시청하는 시간이 점점 줄어들었다. 그리고 뉴스만 고집하는 시청자들도 뉴스에 오락적 요소를 더 많이 가미할 것을 요구했다. 그 결과, 뉴스의 초점이 보도 내용 그 자체보다 TV의 시각적 효과를 극대화하는 방향으로 바뀌었다. 그리고 스캔들, 범죄, 유명인, 자연재해, 건강이나 개인 금융 같은 가벼운 뉴스거리를 최대한 많이 내보내게 되었다. 그러면서 자연스럽게 무거운 뉴스, 특히 많은 설명이 필요하고 사람들의 시선을 끌 만한 영상이 없는 복잡한 사안은 뉴스에서 점점 설 자리를 잃어갔다. 1968년 대선 때만 해도 후보자들이 카메라 앞에서 이야기할 수 있는 시간은 평균 40초 정도였다. 그러나 20년이 지난 지금은 9초에 불과하다. 정치인들이 대립하고 있는 문제에 어떤 이해관계가 걸렸는지 유권자들이 이해할 수 있도록 쉽고 자세히 설명해주는 친절함은 더 이상 기대할 수 없게 된 것이다.

뿐만 아니라 일반 사회 현안을 다룰 때도 미디어는 정치 활동의 '경마'적 요소를 집중 부각시킨다. 누가 앞서고 누가 뒤처져 있는지, 선거라는 정치 쇼에서 누가 사람들에게 인기가 있고 누가 그렇지 못한지에 초점을 맞춰 보도하는 것이다. 그리고 정치를 개인 간, 팀 간 경쟁으로 보는 이런 인식은 조사 활동에 필요한 재원이 고갈되고 뉴스를 감시하는 열성적인 당원이 증가하면서 정치 저널리즘의 탄생에 적당한 환경을 조성했다. 이러한 정치 저널리즘의 가장 큰 특징은 양측(모든 보도에 항상 양측이 등장한다)에 각자의 생각을 말할 수 있는 무대를 제공한다는 것이다. 심지어 딱딱한 뉴스도 대부분 그런 경쟁 구도에 적합한 문구를 사용하여 보도한다. 그리고 이런 양측 주장의 진실성이나 타당성을 분석하거나 그 뒤에 감춰진 맥락을 살피는 활동은 뒤로 미루거나 아니면 아예 생략한다.

인터넷과 인쇄 매체의 상황은 이보다 좀 더 나은 편이다. 그러나 이런 매체들 역시 점점 경쟁 압박에 시달리고 있다. 그렇다 보니 정책의 내용에 관한 정보 제공은 갈수록 줄어들 수밖에 없다. 점점 더 원자화되는 오늘날의 유권자들을 고려했을 때 그런 정보 제공이 그 어느 때보다 중요해졌음에도 이와 같은 상황이 벌어지고 있는 것이다. 좀 더 이해를 돕기 위해 미국에서 최고의 판매부수를 자랑하는 〈USA투데이(USA Today)〉가 2001년 부시 정부의 감세 정책을 어떤 식으로 보도했는지 한 번 살펴보도록 하자. 2005년도에 《중심에서 벗어나(Off Center)》라는 책을 집필하기 위해 우리 두 사람은 한 연구 팀과 공동으로 2001년도 감세 정책을 다룬 〈USA투데이〉 기사 내용을 샅샅이 뒤진 적이 있다.[58] 세금 감면은 부시 대통령의 국내 현안 중에서 최우선 순위를 차지하는 정책이었고 미국인들도 엄청난 관심을 가졌던 문제였다. 그 정도로 중대한 사안이었던 만큼 〈USA투데이〉도 감세 정책과 관련하여 78개의 기사를 내보냈고 대부분 1면에 게재했다. 그러나 78개의 기사 중에서 법안의 내용을 자세히 소개한 것은 6개에 불과했다. 그리고 그런 정책 변화가 가져올 경제적 분배 효과에 대한 기사는 고작 1개뿐이었다. 즉, 세금 감면 혜택이 고소득 납세자들에게 집중된다는 사실을 보도한 기사는 1개밖에 없었다는 뜻이다. 나머지 기사는 대부분 정치사건 보도에 초점이 맞춰져 있었다. 지지층을 규합하려는 부시 대통령의 노력, 반대파의 전략, 의회 내에서 더디지만 꾸준히 진행되고 있던 공화당의 정책 의제에 관한 내용이 주를 이루었다.

그렇다면 인터넷은 어땠을까? 여기서 주의할 점은 인터넷을 통해 뉴스를 열심히 접하는 사람들은 인쇄 매체를 통해 뉴스를 열심히 접하는 집단, 즉 교육 및 소득 수준이 높고 당파색이 뚜렷한 집단과 마찬가지로 그 수가 많지 않다는 것이다. 그리고 미국인들의 일반적 모습과도 상당히 동떨어져 있다.[59] 게다가 광대한 인터넷 세상에서 딱딱한 뉴스에 할애하는 공간은 아주 작은 구석자리가 고작이다. 물론 뉴스 중독자들은 그런 작은 귀퉁이 공간도 빼놓지 않고 꼼꼼히 기사를 살핀다. 하지만 오락거리를 찾는 사람들이 과거에 시트콤을 보기 위해 끝까지 뉴스를 시청하던 것처럼 인터넷을 검색하다가 우연히 발견한 뉴스를 클릭할 가능성은 아주 희박하다. 대중을 기반으로 한 조직들의 퇴보가 다양한 배경의 미국인들을 하나로 묶어준 공유 관심사 네트워크를 해체시켰던 것처럼 인터넷과 케이블 방송의 등장으로 방송 뉴스의 퇴보는 한때 사회적 자본을 키우고 유지시켜준 미디어 공유 체험을 산산조각내고 있다.

물론 정책의 상세 정보나 소득 분배 통계를 더 많이 접한다고 해서 곧바로 중산층 민주주의가 부활되는 것은 아니다. 그런 정보를 정치 활동과 결합하고 그 영향력을 이해하고 유권자들이 그런 활동과 영향력이 지닌 사회 변혁 가능성을 절감할 때에만 중산층 민주주의가 부활할 수 있다. 중요한 것은 그런 능력을 갖고 있는 미디어가 일반 대중에게 정보를 제공하고 정치 참여를 유도하는 역할을 제대로 수행할 수 없게 되었다는 사실이 아니다. 정말 중요한 것은 이런 짐은 그들이 혼자 감당하기에는 항상 너무 거대했다는 것이다. 그런데도 지금 그들은 이 짐을 혼자 짊어지려고 몸부림치고 있다.

이것은 누구의 책임인가?

오늘날 유권자들은 자신들이 지지해야 하는 것이 무엇인지 또는 누구인지 제대로 파악하지 못하고 있다. 그러나 그들이 직면한 문제는 그것만이 아니다. 정치인들의 관심도 사로잡지 못하고 있다. 우리는 바르텔스의 연구를 통해 빈곤층과 중산층 유권자들이 특정 정책에 대해 자신들의 입장을 분명하게 밝힌다 해도 정치인들의 활동에는 거의 영향을 미치지 못한다는 것을 알았다. 하지만 고소득층 유권자가 자신들의 정책 선호도를 피력했을 때는 이야기가 달라졌다. 바르텔스의 프린스턴대학 동료인 마틴 길렌스 교수 역시 자신의 연구에서 이런 사실을 확인했다. 정치학자들이 사용하는 전문 용어를 빌리면 정치인들은 다양한 민생 사안에는 거의 '호응'을 보이지 않는다는 것이다.

이를 가장 극명하게 보여주는 것이 오늘날 미국 정치의 가장 악명 높은 특징인 양극화다. 미국의 정치 변화를 연구한 정치학자들은 미국 남북전쟁 직후인 재건 시대 이후 민주당과 공화당의 정치적 이념이 지금처럼 크게 벌어진 적이 없었다는 결론에 다다르게 되었다. 놀런 맥카티(Nolan McCarty), 키스 풀(Keith Poole), 하워드 로젠탈(Howard Rosenthal) 같은 학자들 역시 자신들의 공저 《양극화된 미국(Polarized America)》에서 이런 주장에 공감을 표했다. 이 책에서 지적하고 있는 것처럼 "지난 30년 동안 의회에서 양당은 자신들이 속한 계파의 이념을 위해 중도적 입장을 철저히 내팽개쳤던 것이다."[60]

이론상으로 볼 때 민주당과 공화당은 양극화의 길을 걸을 수밖에 없는 존재다. 왜냐하면 그들을 지지하는 유권자가 양극화되어 있기 때문이다. 그러나 특이하게도 이념적 양극화는 대부분 엘리트 계층의 문제인 것으로 드러났다. 대다수 미국인들의 이념적 견해는 그렇게까지 양극화가 심하지 않다는 것이다.[61] 진보주의자들은 민주당을, 보수주의자들은 공화당을 지지하면서 유권자들이 예전보다 더 뚜렷이 '양분된' 것은 사실이다. 그리고 그런 정당 내부에서 활동하는 사람들은 이보다 훨씬 양 극단으로 치우쳐 있다. 그러나 유권자들의 이념적 양극화(좌익-우익 문제에 대한 전반적인 이견 정도)는 전반적으로 미미한 수준이고 과거에 비해 그렇게 많이 변화되지도 않았다. 기본적으로 양극화는 유권자들의 양극화가 심화되었다는 뜻이 아니라 중산층 유권자들에 대한 정치인들이 호응이 줄어들었다는 의미라고 할 수 있다.

이해하기 쉽도록 예를 하나 들어보자. 여기 동일한 유권자들을 상대로 한 대응에서조차 엘리트 계층의 양극화가 얼마나 심한지를 보여주는 사례가 있다. 바로 네바다(Nevada) 주의 두 상원의원인 민주당 원내 대표인 해리 리드(Harry Reid)와 공화당 보수주의자인 존 엔자인(John Ensign)의 이야기다. 리드가 그렇게 진보적 성향이 강한 의원이 아닌데도 이 두 사람은 주요 사안에 대해 공화당과 민주당만큼이나 서로 다른 입장을 취했다. 그냥 다른 정도가 아니라 아주 현격한 차이를 드러냈다. 물론 두 사람 모두 네바다 주 출신이고 네바다 주 유권자들이 선출했고 네바다 주에서 재선을 노리고 있었다. 현직 상원의원이나 여기에 도전장을 내미는 상원 입후보자 모두 해당 주의 부동층 유권자들의 표심을 잡으려고 애쓴다. 또한 그들을 활동의 지침으로 삼는다고 가정했을 때 동일한 지역에서 선출된 의원이라면 소속 정당이 다르다고 해도 의견 차이가 심하지 않을 것이라고 예상할 수 있다.(최근 집계에 따르면 정당별로 상원의원이 각각 한 명씩 선출된 주는 13개 주였다) 그러나 실제로는 리드와 엔자인의 경우처럼 동일한 지역에서 선출되었지만 소속 정당이 다른 의원들 간에 의견 격차가 아주 크고 점점 심해지는 것을 거의 모든 주에서 목격할 수 있었다. 상원 내에서 보여준 두 정당 간의 격차만큼이나 커다란 이견이 나타나고 있는 것이다.[62]

이것 못지않게 당황스러운 사실은 당파 양극화가 아주 일방적으로 진행되고 있다는 것이다. 민주당의 좌경화는 아주 미미한 수준인 데 반해 공화당의 우경화는 아주 심각한 상황이기 때문이다.[63] 심지어 이중적 태도를 보이는 상원 대표단 내에서도 이런 모습을 발견할 수 있다. 민주당과 공화당 의원이 각각 한 명씩 선출된 주의 민주당 의원들은 상원의 전체 민주당 의원들보다 보수적 성향이 더 강하다. 하지만 민주당 의원과 함께 선출된 주의 공화당 의원들은 상원의 공화당 의원 전체와 비교하면 좀 더 진보적이긴 하지만 그 정도가 아주 미미했다. 그 결과, 워싱턴 정치인들 사이에서 이데올로기의 무게 중심이 오른쪽으로 상당히 기울어진 상태라는 것을 알 수 있다. 하지만 일반 유권자들 사이에서도 이런 현상이 똑같이 나타나고 있는 것은 아니다. 자신을 보수주의자라고 여기는 유권자 비율은 한 세대 전과 비교해 별 차이가 없었다. 그리고 이념에 관한 문제에서도 유권자들의 시각은 오히려 왼쪽으로 이동해 있었다.[64]

그렇다면 이렇게 거대한 간극을 어떻게 설명할 수 있을까? 그리고 승자 독식 정치와 관련하여 이것이 의미하는 것은 무엇일까? 바르텔스를 비롯한 여론 전문가들은 유권자들의 영향력 행사를 어렵게 만드는 것에 대해 상당히 설득력 있는 주장을 제기했다. 그리고 우리는 그런 주장을 통해 미국의 승자 독식 정치는 평범한 일반 유권자들이 만든 것이 아님을 알게 되었다. 그렇다면 미국의 승자 독식 정치는 누가 만든 것일까? 거대한 중산층 유권자가 아니라면 미국 정치인들이 그 정도로 관심을 기울일 수 있는 대상이 누구란 말인가? 이 질문에 답변하기 위해서는 조직 싸움의 정치로 되돌아가서 미국의 양대 정당 간의 싸움을 자세히 들여다보아야 한다.

우리는 세 장에 걸쳐 한쪽으로 심하게 편향되어 있고 조직화 양상을 띠는 미국의 정치 지형에 대해 살펴보았다. 기독교 복음주의자들이 공화당에 가세한 이후 재계 조직들은 워싱턴 정가에서 점점 더 입지를 넓히고 있다. 복음주의 운동을 전개하고 있는 비부유층 유권자들이 공화당을 매개체로 해서 강력한 재계 이익단체들과 뜻밖의 동맹을 맺었기 때문이다. 그러는 사이 한때 평범한 유권자들을 정치 세계로 이끌어주고 정보, 영향력, 힘을 제공하던 다양한 분야의 시민 조직들은 점점 더 설 자리를 잃어갔다. 이런 조직들의 운명 변화는 양대 정당 간의 패권 싸움이 벌어지는 정치 무대를 크게 변화시켰다. 그리고 그런 정치 환경의 변화 속에서 정당과 정치인들 역시 엄청난 변화를 겪었다. 공화당은 더욱더 급격한 우경화가 진행되었고 민주당은 새로운 전략적 딜레마에 봉착했다. 이런 불평등한 싸움, 그리고 그것이 승자 독식 정치와 경제에 미친 영향에 대해서는 3부에서 자세히 들려주도록 하겠다.

/제3부/

끝나지 않는
진흙탕 싸움

제7장
두 정당 이야기

    1970년대 이후 미국 정치의 변화, 불평등 경제의 부상과 깊은 관련이 있는 정치인을 한 명 꼽으라면 단연 로널드 레이건이 1순위일 것이다. 그를 비난하는 사람들이나 흠모하는 사람들 모두에게 레이건이 뉴딜 정책의 종말이라는 정치 드라마의 주인공이었던 것만은 분명한 사실이기 때문이다. 동시에 그는 보수주의자들에게 가장 설득력 있는 대변인이자 가장 큰 성공을 거둔 정치인이었다. 한마디로 그는 미국의 정치 판도를 바꿔놓은 '게임 체인저(Game-Changer)'였다. 미국의 정치가 레이건 이전과 이후로 확연히 나누어졌기 때문이다.
    그러나 우리에게 익숙한 이런 이야기는 오도된 측면이 많다. 레이건을 현대 공화당의 화신으로 묘사하는 것은 아주 잘못된 생각이다. 그것은 레이건 집권 당시 공화당의 급진주의를 과대평가한 것이며 그로부터 15년 후에 나타난 공화당의 급진주의를 과소평가한 것이기 때문이다. 그리고 우리가 다음 장에서 논의하게 될 공화당의 활동과 영향력을 과소평가하는 것이기도 하다. 중도 성향의 공화당이 맹렬한 보수주의로 완전히 탈바꿈한 것은 레이건이 집권했던 8년 동안 일어난 일이 아니다. 그보다 더 오랜 시간, 무려 한 세기에 걸쳐 일어난 일이다. 모든 변화가 그러하듯 모르는 사이 아주 서서히 말이다. 공화당은 그렇게 한 세기를 거치며 국내 정치에서 과거와는 완전히 상반된 모습을 보였다. 그리고 그런 변화는 지금도 계속되고 있다. 레이건은 이 거대한 변화에 바람을 불어넣고 자극제가 된 인물이다. 그러나 그가 대통령에 취임할 당시에는 아직 그 토대가 제대로 형성되어 있지 않았고, 공화당은 여전히 보수화 작업 중이었다.

공화당의 급진적인 정복자라는 레이건의 이미지 역시 잘못된 부분이 많다. 왜냐하면 거기에는 레이건의 백악관 입성 훨씬 전부터 공화당이 구축하고 있던 조직이 빠져 있기 때문이다. 레이건은 그것을 부분적으로, 그리고 일시적으로 지휘한 인물에 불과하다. 레이건은 공화당의 획기적인 변신에 에드먼드 힐러리와 같은 역할을 했던 사람이다. 그리고 레이건이 거둔 업적도 백악관 담 너머에서 전개되던 조직 구축 활동이 없었다면 불가능했을 것이다.

심지어 레이건이 대선에서 승리를 거두기 이전부터 공화당은 강력한 정당을 건설하기 위해 우리가 앞에서 설명한 조직적인 변화를 적극 활용했다. 즉, 선거 자금과 공공정책 방향을 맞교환하는 식으로 이익단체와 공화당의 입후보자를 연결했다. 새로운 첨단 기술과 혁신적인 조직 전략을 앞세운 공화당은 돈의 영향력이 점점 확대되는 선거 무대에서 계속 우위를 차지했고 때로는 불가능할 것 같은 승리를 거머쥐기도 했다. 결국 그런 승리도 1970년대 후반의 새로운 승자 독식 경제를 떠받쳐준 정책 토대가 있었기에 가능했던 것이다.

이와 반대로 노조의 세력 약화와 재계의 영향력 강화라는 상황 변화에 적절히 대응하지 못한 민주당은 계속 허우적대야 했다. 그리고 점증하는 자금 수요와 확대일로를 달리는 공화당의 역량 사이에서 자금 확대 경쟁에 갇히고 말았다. 민주당에는 불행한 일이었지만 냉전 후반기 레이건의 대규모 방위력 증강에 맞선 소련의 대응 활동에 민주당은 상당한 기여를 했다.

이런 조직 간 불균형의 엄청난 결과가 모습을 드러낸 것은 그런 변화의 물결이 고조되었던 레이건 제1기 정부가 아니라 그 열기가 시들해지던 1982년의 중간선거였다. 1982년? 그렇다. 여기서 우리는 기존 정치사에서 간과하고 있는 중요한 정치적 전환점에 다시 눈을 돌릴 필요가 있다.

앞에서 설명했던 것처럼 1978년이 미국의 정치사에서 중요한 의미를 갖는 이유는 민주당이 의회와 백악관을 모두 장악했음에도 불구하고 보수주의와 재계가 다시 부활한 해였기 때문이다. 반대로 1982년은 일어나야 할 무언가가 일어나지 않았다는 점에서도 중요한 의미를 갖는다. 여기서의 '무언가'란 레이건 정책의 붕괴다. 레이건이 추진한 정책들이 붕괴 직전의 상황에서 기사회생할 수 있었던 이유를 살펴보는 것은 새로운 승자 독식 경제의 토대가 된 미국 정치의 변화를 들여다볼 수 있는 기회가 되기도 한다. 더불어 서서히 부상하고 있던 승자 독식 경제가 머지않아 미국 경제를 완전히 장악하게 된 이유도 살펴볼 수 있다.

궤멸 실패

　사람들의 기억 속에 레이건은 정치계의 거목으로 각인되어 있지만 사실 우리의 이런 기억은 아주 까다로운 선별 과정을 거쳐서 형성된다. 정치 승리자라는 레이건의 명성은 1984년 재선 캠페인의 절묘한 타이밍에서 비롯된 측면이 적지 않다. 일시적인 경기 호조를 등에 업은 레이건은 사기가 저하되어 있던 월터 먼데일(Walter Mondale)을 가볍게 제치고 재선에 성공했다. 당시 그가 자신의 재선 슬로건으로 내걸었던 '다시 찾아온 미국의 아침(It's Morning Again in America)'은 역대 대선 슬로건 중 최고로 손꼽히고 있다. 하지만 그로부터 2년 후 레이건은 중간선거에서 참패가 확실시될 정도로 절망적 상황에 직면한다. 레이건식 경제 정책이 더 이상 빛을 발하지 않게 된 것이다. 10월 초에 레이건 행정부는 10%가 넘는 실업률 통계치를 발표해야 했다. 이는 대공황 이래 최고 수준이었다. 대중의 반응을 떠보기 위해 경솔하게 사회보장연금 삭감 시안을 내놓았다가 노년층과 육체노동자의 거센 반발을 샀고 그 때문에 레이건의 입지까지 크게 흔들렸다. 선거 직전 실시한 갤럽 조사에서 대통령의 업무 수행 지지도는 42%로 떨어졌다. 이는 1946년 해리 트루먼(Harry Truman) 이후 재임 대통령 지지도로는 가장 낮은 수치였다.[1]

　레이건과 그의 보좌진은 그때서야 상황의 심각성을 깨달았다. 상황이 전반적으로 양호했던 레이건 1기 정부 때도 중간선거의 결과는 암울했다. 당시 공화당은 하원 의석을 27석이나 잃었는데 이는 전후 기간에나 볼 수 있는 선거 결과였다. 1982년도의 암담한 정치 상황을 감안했을 때 그보다 훨씬 더 참담한 결과가 나올 것은 불 보듯 빤한 이치였다. 그 해 여름부터 가을까지 그들은 공화당 후보들이 여론조사에서 계속 밀리는 상황을 지켜보아야 했다. 당시 공화당 하원선거위원회(NRC, National Republican Congressional Committee)의 총 지휘자였던 낸시 시노트 드와이트(Nancy Sinnott Dwight)는 훗날 이렇게 회고했다. "우리는 아주 거대한 난관에 봉착했다. 주요 선거 예측 결과에서 대부분 55~60석 정도를 잃는 것으로 나왔기 때문이다."[2] 그러나 이것은 결코 엄살이 아니었다. 정치, 경제와 관련한 다양한 지표들에 근거한 선거 모형 분석에서도 모두 공화당이 58~60석을 잃는다는 결과가 나왔다.[3] 지난 55년 동안 집권당이 최악의 패배를 기록한 적이 두 번 있었는데 한 번은 클린턴 대통령 재임 시절의 민주당이 하원에서 54석을 잃은 1994년이었고, 다른 한 번은 닉슨 대통령 재임 시절에 공화당이 48석을 잃었을 때였다. 당시 공화당 역시 역사에 길이 남을 참패를 앞두고 있는 상황이었다. 하원에서 민주당이 다수당을 차지하고 있고 민주당 내의 일부 보수파 의원들과 공화당 간의 불안한 연합이 이어지고 있는 상황이었다. 그런 현실에서 그렇게 엄청난 수의 의석을 잃는다면 임기가 끝날 때까지 레이건의 국내 정치 의제들은 강한 공세에 시달리고 결국 레이건식 정치에 심각한 의문이 제기될 것은 자명했다.

그러나 그 해 중간선거에서 공화당은 하원에서 26석을 잃는 데 그치며 훌륭하게 선방했다. 과거의 역사를 보더라도 그 정도의 패배는 아주 무난한 수준이었다. 정치학자 게리 제이콥슨(Gary Jacobson)은 자신의 논문에서 공화당을 위기에서 구해준 것은 레이건이라는 지도자의 매력이나 능력이 아니라고 주장했다. 사실 당시 레이건은 상당히 인기 없는 대통령이었다. 공화당을 진짜로 구해준 것은 공화당이 갖고 있던 현저한 조직의 우위였다. 그리고 그런 선거 결과에 결정적인 영향을 미친 것은 신망 높은 민주당 도전자와 공화당의 취약한 현직 의원이 맞붙었던 선거구들이었다. 이런 선거구에서는 대부분 양당의 조직이 총동원되었다. 전국에 퍼져 있는 공화당의 각종 위원회(NRC와 상하원선거위원회)는 민주당보다 60배나 많은 선거 자금을 끌어 모았고, 상하원에 출마한 공화당 후보에게 개별적으로 건넨 기부금 액수도 민주당보다 여섯 배나 더 많았다.

반면에 민주당에는 이렇다 할 조직이 없었다. 1982년 7월, 민주당은 공화당의 기세를 꺾을 절호의 기회를 불과 몇 달 앞둔 시점에서 민주당 전국위원회(Democratic National Committee)가 와해되는 아픔을 겪어야 했다. 재정난으로 90명의 직원 가운데 15명을 해고해야 했던 것이다. 이제 민주당 후보자들은 전적으로 자신의 선거 자금에 의존할 수밖에 없었다. 그 중 상당수는 자금력의 우위에 서 있는 강력한 현직 의원들을 상대하느라 이미 많은 자금을 허비한 상태였다. 1982년 늦은 여름, 선거를 통한 '정치판 물갈이' 가능성이 점점 높아지자 민주당 지도부는 자금이 넉넉한 현직 의원들을 상대로 자금 지원을 호소했다. 자금 고갈 사태에 빠진 신규 출마자들에게 자금을 나눠줄 것을 요청했던 것이다. 하지만 전혀 효과가 없었다. 그러나 단 한 명은 예외였다. 뉴욕 주 민주당 의원인 젊은 찰스 슈머(Charles Schumer, 이 사람에 대해서는 뒤에서 자세히 이야기하겠다)였다. 정치인들 사이에서 자금 모금 능력으로 명성이 자자했던 찰스 슈머는 민주당 신규 입후보자들에게 선뜻 자신의 자금을 나눠주었다. 유세 활동 마지막 날, 32명의 현직 출마 의원들이 선거에 사용하고 남은 돈은 300만 달러가 넘었다. 만약 이 돈이 민주당의 금고로 들어왔다면 신규 입후보자들에게 더 많은 선거 자금을 제공할 수 있었을 것이다. 이렇게 남은 돈은 굳이 사용할 필요가 없었던 현직 의원들의 기존 정치 자금 위에 차곡차곡 포개졌다. 민주당이 사용한 전체 선거 자금 가운데 3분의 1은 70% 이상의 압도적 득표율을 거둔 현직 의원들의 선거구에 투입되었다. 반면 이 지역에 공화당이 투입한 돈은 겨우 13%에 불과했다.[4]

당시 양쪽 정당의 수뇌부들이 작성한 회고록을 보면 공화당 전국선거위원회가 현직 의원들에게 활발한 지원 활동을 제공한 덕분에 공화당은 하원에서 10~20석가량을 사수할 수 있었다고 한다. 상원에서도 공화당은 근소한 차이로 승리를 거두었다. 그때 3만 5000명가량의 유권자들이 마음을 돌렸다면 상원의 무게 중심이 공화당에서 민주당으로 완전히 넘어갔을 것이다.[5]

1982년 선거 역시 예외는 아니었다. 1970년대 밀부터 1980년대 초반까지 계속 공화당이 유지했던 막강한 조직력의 우위는 선거 때마다 빛을 발했다. 1978년부터 1984년까지 네 차례 실시된 선거에서 51%의 득표율로 간신히 승리한 상원의원 격전지가 24곳이나 되었다. 그리고 공화당은 자신들이 갖고 있던 첨단 기법과 전략적 우위를 앞세워 이런 박빙의 대결에서 무려 19번이나 승리를 거두었다.[6]

앞서 언급한 바 있는 《불평등한 민주주의》라는 책에서 래리 바르텔스는 "대선에서 자금력의 불균형이 양쪽 정당 모두에 엄청난 결과를 가져왔다는 사실을 알게 되었다"라고 적고 있다. 50년 동안 공화당 의원들과 그 연합 세력들은 대선 자금 모집 활동에서 엄청난 우위에 서 있었다. 바르텔스는 통계치 분석 작업을 통해 자금력의 우위가 공화당의 대선 득표율에 미친 영향을 측정해 보았다. 그 결과, 1950년대와 1960년대는 1.5% 정도, 1970년대는 3% 이상, 1980년대는 거의 7%까지 치솟았다가 1992년, 1996년, 2000년에 평균치인 3.5%로 떨어졌다는 것을 확인할 수 있었다. 이것은 1968년과 2000년도 대선에서 공화당 쪽으로 분위기가 완전히 기울어지게 할 만큼 엄청난 영향력이었다.[7]

양당의 숨겨진 본 모습

1982년 선거에서 드러난 조직의 영향력은 선거 결과를 대중의 의지와 특정 정치인의 호소력으로만 평가하는 전문가들의 방식에 문제가 많다는 것을 그대로 보여주었다. 그들은 계속 민주당 의원들은 물정 변화에 둔감한 사람들로, 공화당 의원들은 권력이 욱일승천하는 사람들로 단순하게 이분화했다. 정치가 선거 목적의 쇼라는 기존의 시각에서 봤을 때 민주, 공화 양당이 중요한 의미를 갖는 것은 선거에 출마할 입후보자를 내놓기 때문이다. 그런 시각은 '아메리칸 아이돌(American Idol)' 같은 TV 쇼의 출연자들처럼 유권자들의 일시적 애정을 차지하려고 서로 싸우는 유명 정치인들에게 초점을 맞춘다. 그리고 정당은 정치 이야기를 무슨 스포츠 경기처럼 포장함으로써 그런 정치 쇼를 더욱 흥미진진하게 만든다. 어떤 팀이 이겼고, 얼마나 큰 차이로 이겼고, 누가 승리의 주역이고, 이제 패자는 어떻게 될 것인지만을 강조하는 것이다.

이런 시각에서 본다면 정당은 강력하고 영속적이고 조직적인 배우다. 그렇지만 정치 쇼의 배경막 속에 몸을 숨기고 있는 배우라고 할 수 있다. 정치 쇼에서 '워싱턴 정가에 어떠한 메시지를 보내는 것'은 유권자들이다. 아주 극단적인 형태의 쇼(많은 분석가들이 여기에 암묵적으로 동의하고 있다)인 선거에서 이기는 사람은 유권자의 요구에 즉각 반응을 보여야 한다. 그것이 규정이다. 유권자들은 선거라는 거대한 시위를 통해 자신들의 의지를 표현한다. 그러면 워싱턴 정가는 그런 유권자들의 명령을 따르게 된다. 가끔 워싱턴 정가가 유권자들의 명령을 따르지 않는 것은 선거에서 승리한 사람들이 실수를 하거나 배신을 했기 때문이다. 그리고 그런 잘못이 드러나면 뒷담화를 좋아하는 정치 전문가들이 마구 비난을 쏟아낸다. 항상 그렇듯이 그런 비난의 초점은 정당이 아니라 개별 정치인에게 맞춰진다.

정당은 나중에 생각하게 되는 경우가 많다. 미국의 상하원은 영국의 의회와는 많이 다르다. 영국 의회의 경우 선거에서 승리한 다수당이 총리를 배출하고 평의원들은 당의 정책에 전적으로 따른다. 트렌트 로트(Trent Lott)는 자신이 상원 다수당 당수로 활동하던 때를 기록한 회고록에 이런 제목을 붙였다. 《고양이 떼 감시하기(Herding Cats)》. 이것은 윌 로저스(Will Rogers)가 민주당을 묘사하면서 사용한 문구이기도 하다. "나는 조직화와는 거리가 먼 정당 소속이다. 바로 민주당 의원인 것이다." 그러나 정당은 미국 정치 무대에서 아주 강력한 역할을 하고 1970년대 이후 그 역할이 점점 확대되고 있다. 정당이 막강한 역할을 할 수 있는 것은 정확히 말하면 조직적으로 활동하기 때문이다. 완벽한 통합까지는 어려울지 몰라도 정당은 미국의 세분화된 정치 세력들을 결집하고 조정하는 대규모 단체다. 정부의 권력이 아주 세분화되어 있는 미국의 상황을 감안했을 때 정당이 소속 회원, 자신들을 지지하는 이익집단, 유권자들이 원하는 활동에 계속 초점을 유지하고 거기에 맞춰 조직을 변화시킬 수 있다면 훨씬 더 큰 영향력을 발휘하는 것도 충분히 가능하다.

정치에 처음 입문한 사람들에게는 워싱턴 정가에서 정책 의제를 수립하는 데 정당이 필수 요건이다. 일반적으로 의회에서 논의를 펼칠 의제를 결정하는 것이 정당이기 때문이다. 물론 가끔은 사건 그 자체가 특정 사안을 전면에 부각시킬 때도 있긴 하다. 그러나 의회에서 처리하게 될 의제에 귀중하고 한정된 시간을 배정하는 것은 대부분 다수당의 몫이고 공화당은 주로 감세 정책을, 민주당은 의료보장제도 관련 의제를 강하게 밀어붙인다.

그렇다고 정당이 이런 사안을 아무렇게나 결정하는 것은 절대 아니다. 특별히 부각시키고 싶은 사안이나 채택 가능성이 높은 사안을 중심으로 결정한다. 그리고 다수당은 이런 의제들을 채택하는 과정에서 중요한 역할을 맡는다. 만약 워싱턴 정가에서 지구 온난화 문제나 치솟는 의료비용, 금융 규제 완화 같은 문제에 대응책을 마련한다면 어떤 식으로 활동을 전개할 것인가? 대규모 감세 조치를 단행한다면 어떤 계층의 세금을, 얼마나 감면해줄 것인가? 이런 세부 조항들을 주로 다수당이 결정하는 것이다. 그리고 우리가 이 책에서 계속 강조하는 것이지만 정책의 허점은 세부 조항, 즉 수조 달러가 왔다 갔다 하는 이런 세부 조항들 속에 숨어 있다.

정당의 조정자 역할은 다음과 같은 몇 가지 형태로 이루어진다. 정당은 우선 정치인 무리를 하나로 결집시키는 역할을 한다. 선거에서 승리를 거두기 위해서일 수도 있고 정책에 대한 동의를 이끌어내기 위해서일 수도 있다. 물론 선거구, 이해관계, 자존심이 모두 제 각각인 정치인들을 하나로 끌어 모은다는 것은 로트가 말한 것처럼 그렇게 쉬운 일이 아니다. 그러나 정당 지도부도 나름의 방책을 갖고 있다. 정치인 경력에 도움이 되거나 걸림돌이 될 수 있는 다양한 당근(선거유세 자금 제공, 강력한 이익집단과의 연결 등)과 채찍(하원위원회 위원장직 박탈 등)을 적절히 활용하는 것이다. 최근 몇 년간 정당, 특히 공화당이 소속 의원들을 강하게 결집시키고 일사분란하게 움직이도록 만들 수 있었던 것은 바로 이런 당근과 채찍을 효과적으로 사용했기 때문이다. 이렇게 하면 고양이 떼도 가끔은 모이게 할 수 있다.

그러나 정당은 단순히 정치인들만 끌어 모으는 곳이 아니다. 이것 못지않게 중요한 역할이 있다. 어떤 사안이 제대로 부각되지 않고 사람들의 인식이 낮을 때 그들은 조직화된 집단들을 하나로 묶어서 보다 효과적인 연합체를 형성하기도 한다. 이런 집단들은 선거는 물론이고 그 외의 다양한 활동에 필요한 자금과 조직적인 지원을 제공할 수 있다. 하지만 강력한 이익집단들이 무언가에 불만을 갖거나 못마땅해 하는 경우에는 그들은 정당에 거대한 위협 세력으로 돌변하기도 한다. 이익집단이 아무 대가없이 무조건 정당을 지원하는 것은 아니다. 자신들에게 유리한 방향으로 정책을 추진하는 등의 무언가 기대하는 것이 있게 마련이다. 이 때문에 정당은 이중 압박을 받는다. 유권자들의 마음도 사야 하고 동시에 조직화된 이익집단들도 기쁘게 해주어야 하는 것이다.[8] 이런 까다로운 활동을 성공적으로 수행하고 유지하는 것이 오늘날 정당이 갖추어야 할 진짜 능력이다.

정당은 유권자뿐 아니라 집단과의 연합이기도 하기 때문에 선거에만 관심을 쏟을 수는 없다. 그들은 조직 풍토에 일어나는 중대한 변화에도 즉각적인 반응을 해야 한다. 조직화된 이익집단 사이의 균형에 큰 변화가 일어날 경우 강력하고 새로운 유인, 교차 압력(Cross Pressure, 사회 구성원이나 계층은 서로 압력을 주고받는 관계이기 때문에 어느 한쪽이 다른 한쪽에 대해 100% 적대적일 수는 없다는 뜻-옮긴이), 도전이 발생할 수 있기 때문이다. 이런 프로세스를 다원적 시각에서 이렇게 설명하기도 한다. "정치라는 생태계에 큰 변화가 발생하면 새로운 경쟁 압력이 생길 수 있다"라고 말이다. 그런 압력이 개별 정치인과 정당에 보내는 메시지는 아주 간단하고 분명하다. "적응하지 못하면 살아남지 못한다."

우리가 앞에서 이야기한 것처럼 지난 몇 십 년간 일어난 조직의 이런 대변화는 양대 정당의 경쟁 무대인 정치 생태계를 완전히 바꾸어놓았다. 민주, 공화 양당 모두 이런 변화된 환경에 어떻게든 적응을 해야 했고 그들이 선택한 방식은 1980년대와 1990년대를 거치면서 미국의 정치 및 경제 풍토를 크게 변모시켰다. 우리는 이 장 초반에 공화당과 민주당이 1970년대 후반과 1980년대의 변화에 대응하기 위해 얼마나 안간힘을 썼는지 이야기했다. 그리고 그 시기가 얼마나 중대한 의미를 갖는 시기였는지 앞으로 알게 될 것이다. 다음 두 장에 걸쳐 우리는 두 정당에 대한 이야기를 들려주려고 한다. 먼저 공화당이 그런 변화를 어떤 식으로 끌어안았는지, 그런 다음 민주당으로 눈을 돌려 1990년대 이후 급격히 확산된 승자 독식의 새로운 현실을 그들이 어떤 식으로 받아들였는지 살펴보려는 것이다.

'끌어안음'과 '받아들임'. 대조적인 이 두 단어에서도 느낄 수 있듯이 완전히 새로운 방향으로 펼쳐진 미국 정치 생태계의 진화는 공화당과 민주당에 아주 다른 것을 요구했다. 정당과 재계 이익단체 간의 끈끈한 동맹 관계를 고려해볼 때 경제 승자들이 점점 더 성공을 거두는 현실에서 공화당은 자신들의 야심에 꼭 들어맞는 것을 쉽게 발견했을 것이다. 하지만 민주당은 그런 새로운 환경이 과거 자신들이 발전시켜온 특성과 부합하지 않는다는 것을 깨달았을 것이다. 그리고 이 새로운 정치 생태계에서 별로 매력적이지는 않지만 아주 중요한 부분을 차지하는 선거 자금 경쟁만큼 이런 상황을 뚜렷하게 대비시키는 분야도 없을 것이다.

돈이 모든 것을 바꿔놓다

윌리엄 맥킨리(William McKinley)의 선거 본부장이자 다재다능한 정치 실세였던 마크 한나(Mark Hanna)는 자신이 하는 업무를 이렇게 간단히 요약했다. "정치에서 중요한 것은 두 가지다. 첫 번째는 돈이다. 두 번째는 잘 기억나지 않는다." 한나는 자신이 무슨 말을 하고 있는지 분명히 알고 있었다. 미국 역사상 가장 유명하고 가장 양극화가 심했던 선거에서 한나가 지원한 윌리엄 맥킨리는 상대편 후보이자 포퓰리스트인 윌리엄 제닝스 브라이언(William Jennings Bryan)을 누르고 눈부신 승리를 거두었다. 4년 전에 공화당 의원들이 쏟아부었던 선거 자금의 두 배에 달하는 돈을 투입한 덕분에 맥킨리는 그렇게 낙승을 거둘 수 있었다. 당시 맥킨리가 투입한 선거 자금은 상대편 후보인 브라이언보다 무려 다섯 배나 많은 액수였다.[9]

위에서 한나가 했던 농담은 미국 정치에서 가장 중요한 것이 돈이라는 사실을 고맙게도 다시 한번 상기시킨다. 그러나 우리는 미국 정치사에서 1970년대가 중대한 분기점이었다는 사실을 여기서 또 한번 확인할 수 있다. 바로 이 시기에 정치인과 유권자를 연결해주는 중요한 전달 매체인 TV가 등장했기 때문이다. TV는 '선거 입후보자 중심'의 정치를 더욱 부채질했다. TV라는 새로운 매체를 효과적으로 활용할 줄 알고 TV가 선호하는 스타성(정치 스타로서의 매력)을 가진 개별 정치인에게 초점을 맞추는 분위기가 더욱 뜨거워졌다. 당시 TV가 제1의 첨단 기술이었다면 제2의 첨단 기술은 TV와 함께 떠오르며 TV의 약점을 보완해준 현대적인 여론조사 활동이었다. 이런 여론조사 활동 결과에 맞춰 선거 출마자들은 자신의 신상명세를 작성하고 유권자들의 입맛에 맞는 메시지를 전달할 수 있었다. 그리고 이것은 여론조사를 실시하고 그 결과를 해석하고 선거 출마자들에게 전략적인 조언을 제공하는 정치 컨설턴트의 등장을 촉발했다.

이러한 변화는 선거의 근본 성격을 완전히 바꿔놓았다. 누가 인기가 있고 누가 인기가 없는지, 출마자들이 시간을 어떻게 관리하는지, 그리고 자신들이 전달하려고 하는 메시지를 어떻게 만들어내는지, 선거 활동이 얼마나 조직화되어 있는지가 중요해졌다. 하지만 가장 뚜렷한 변화는 정치 무대에서 갈수록 확대되는 자금의 역할이었다. 1970년대 중반부터 1980년대 중반 사이에 현직 하원의원들의 평균 선거 자금이 세 배 가까이 증가했다는 사실만 봐도 이를 잘 알 수 있다.[10] TV의 부상이라는 새로운 환경에서 돈은 선거에서 승리를 거두기 위한 필수 조건이었다. 또한 돈이 선거의 승패를 가르는 결정적 요인으로 떠오르면서 새로운 기부금을 마련하고 유망 라이벌을 저지하는 데 막대한 활동 자금이 투입되었다. 이런 유인들이 분명하게 드러나자 비교적 자금이 충분했던 현직 의원들까지 이 혹독한 경쟁에 가세하면서 자금 모금은 차츰 미국 정가의 고정적인 활동으로 정착화되어 갔다.

물론 이런 변화상은 조직화된 이익집단들이 장악한 새로운 정치 풍토에 잘 들어맞았다. 1970년대에 들어서면서 처음에는 노조가, 그 다음에는 그보다 훨씬 규모가 큰 재계 조직들이 정치활동위원회를 결성했고 전례 없이 막대한 자금을 선거 유세 활동에 쏟아붓기 시작했다. 1976년에는 224개였던 노조의 정치활동위원회는 10년 후 261개로 소폭 증가하는 데 그쳤지만 같은 기간에 기업 및 교역 분야의 정치활동위원회는 922개에서 2182개로 대폭 증가했다. 양쪽 모두 이 기간에 선거 자금 지출 규모가 크게 늘었지만 10년이라는 세월을 거치면서 기업 및 교역 분야 정치활동위원회의 자금 규모가 노조 정치활동위원회를 두세 배나 앞지르게 되었다.[11]

이런 자금력의 불균형은 원래부터 재계, 부유층과 마음이 잘 맞았던 공화당에 더욱더 유리한 정치 환경을 조성했다. 반면에 전통적으로 자금 모금보다는 동원 활동에 초점을 맞추었던 민주당은 노조의 입지 추락으로 크나큰 타격을 입지 않을 수 없었다. 그러나 이와 같은 공화당의 우위가 어느 날 갑자기 만들어진 것은 결코 아니었다. 처음부터 그런 불균형의 격차가 컸던 것은 아니라는 얘기다. 그것은 새로운 정치 생태계에서 우위를 차지하기 위해 공화당이 지속적으로 조직 활동을 펼친 결과였다.

공화당의 부활

여기서 다시 한번 카터의 재임 기간이 엄청난 정치적 의미를 갖는다. 우리는 이 시기의 주된 특징으로 공화당 전국위원회에 활동적이고 혁신적인 조직가가 등장한 사건을 꼽을 수 있다. 그 주인공인 윌리엄 브록(William Brock)은 전직 의원이자 행정부 각료로도 활동한 바 있는 정계의 기득권 세력이었다. 그런 그가 공화당 전국위원회 회장으로 임명되었을 때 그것이 그렇게 중대한 사건이 될 것이라고는 어느 누구도 예상치 못했다. 그러나 그는 타고난 조직 혁명가였다. 브록이 공화당 전국위원회의 회장을 지낸 4년 동안, 즉 카터 행정부 첫 해부터 레이건의 백악관 입성으로까지 이어지는 그 기간에 공화당 전국위원회는 공화당의 조직력이 눈부시게 부활할 수 있는 구심점 역할을 했다. 이런 부활이 재계의 영향력 상승과 나란히 이루어진 것은 결코 우연의 일치가 아니다. 그리고 그때부터 승자 독식 경제도 서서히 꿈틀거리기 시작했다.

브록이 임명되었을 당시에 공화당의 정치적 운은 거의 밑바닥 수준이었다. 8년간 백악관을 장악했던 공화당의 황금기는 포드의 뒤를 이어 카터가 대선에서 승리를 거두면서 막을 내린다. 뿐만 아니라 공화당은 하원과 상원에서도 겨우 143석, 38석밖에 차지하지 못한 상황이었다. 워싱턴 정가의 외부 상황도 암담하기는 마찬가지였다. 공화당 소속이 시장 직을 차지한 주는 13개에 불과했고 주 의회를 장악하고 있는 주도 4개뿐이었다. 게다가 일반 국민들의 공화당 지지도 역시 25%로 아주 낮았다.[12] 정당이라는 공식 조직은 말할 것도 없고 다른 조직 면에서도 민주당이 한 수 위처럼 보였다. 이제 민주당 현직 의원들은 다수당의 이점을 살려 직원은 물론이고 노조, 자원봉사자들을 더 많이 끌어모을 수 있게 된 것이다. 그리고 민주당 입후보자들 역시 민주당의 집권으로 보다 안정적인 자금 마련 통로를 확보할 수 있을 것이라고 기대했다.

　전반적으로 공화당에는 아주 강력한 우군이 절실한 상황이었다. 그리고 그들은 그런 우군을 갖게 된다. 브록은 생기라고는 찾아볼 수 없고 사기도 밑바닥으로 떨어졌던 조직을 4년 만에 활기차고 야심찬 조직으로 탈바꿈시켰다. 그는 주 차원 및 전국적 규모의 활동을 육성하고 주도하기 위해 공화당의 역량을 대대적으로 확대하고 현대화했다. 공화당의 그런 장기 개혁에서 가장 중요한 것은 새로운 자금 조달 기법을 활용하여 공화당이 가진 기존의 재정 우위를 신속하게 확대하는 것이었다. 브록이 펼친 주된 혁신 활동으로는 대대적으로 확대한 인쇄물 발송을 꼽을 수 있다. 그 결과로 공화당은 자신들의 강력한 지지 기반을 통해 엄청난 자금을 조달할 수 있게 되었다. 민주당이 워싱턴 정가를 장악한 상황을 역이용해 브록은 우편물 발송을 통해 민주당의 부정적인 면을 최대한 부각시키는 전략을 함께 추진했다. 그러는 사이 공화당에 대한 기부자 수는 25만 명에서 120만 명으로 네 배 이상 증가했다. 우편물 발송에서 발생한 공화당 전국위원회의 순수입도 1976년의 1270만 달러에서 1980년에는 2600만 달러로 늘어났다.[13] 이런 신규 자금은 대부분 소액 기부금에서 나온 것이었다. 브록이 추진한 모금 활동은 이것이 전부가 아니었다. 1만 달러 이상의 고액 기부자들로 이루어진 공화당 이글스(Eagles) 프로그램 역시 기부자 수가 1978년의 211명에서 1980년에는 865명으로 대폭 증가했다. 또 공화당 전국위원회에 특정 후보를 지정하여 정기적으로 들어오는 기부금도 1976년에는 2900만 달러였던 것이 4년 만에 7800만 달러로 급증했다.[14]

　브록이 공화당 전국위원회 회장 자리에서 물러날 즈음 공화당은 정치학자 게리 제이콥이 했던 말을 그대로 인용하면 "미국 역사상 가장 강력한 전국적 규모의 정당 조직"이라고 불러도 손색이 없을 만큼 새로운 조직으로 변신했다.[15] 또 4년 전에는 200명에 불과하던 공화당의 직원 수가 350명으로 불어나 있었다. 이는 민주당에서 활동하는 직원보다 네 배나 많은 수였다. 1982년, 공화당의 위기 탈출 마술에서 드러난 것처럼 브록은 박빙의 승부가 예상되는 주요 선거구에 선거 자금을 집중 투입했다. 뿐만 아니라 주 차원은 물론이고 지역 차원의 정당 설립, 입후보자 선출 및 훈련, 여론조사 활동에도 민주당과 비교가 안 될 정도로 엄청난 자금을 지원했다.[16] 전국에 흩어져 있는 정치활동위원회에서 1981~1982년도에 의회 입후보자들에게 제공한 정치 자금이 무려 8360만 달러에 달했다는 사실만 보더라도 공화당의 활동 규모를 충분히 짐작하고도 남는다. 한편, 이 기간에 공화당의 세 위원회(공화당 전국위원회, 상원선거위원회, 하원선거위원회)는 1억 9100만 달러라는 경이적인 액수를 모금했다.[17] 새로운 시대로 향하는 정치 흐름에 맞춰 공화당은 자신들에게 새로운 기회를 안겨줄 점진적인 변화에 일찍부터 착수했던 것이다.

수세에 몰린 민주당

새로운 정치 환경은 민주당에도 엄청난 변화의 바람을 몰고 왔다. 조직의 역량과 날로 확대되는 자금의 중요성으로 워싱턴 정가의 균형추가 이동하기 시작했고, 그러면서 모든 상황은 민주당에 아주 불리한 방향으로 전개되었다. 조직 역량 면에서 한수 위에 있던 공화당을 따라잡기 위해 그들이 택한 것은 과식과 토하기를 반복하는 전략이었다. 선거가 있을 때마다 그들은 거액을 대출받아 민주당 입후보자들에게 선거 자금을 제공했고, 그렇게 선거가 끝나고 나면 그들은 거대한 빚더미에 나앉아야 했다. 하지만 새로운 정치 생태계에 적응하기 위해 그들이 선택한 이 과식과 토하기 전략은 냉혹한 적응 압력을 일시적으로 늦추는 것에 불과했다. 그리고 그런 적응 압력은 돈에 좌우되는 정치 현실에 보조를 맞추도록 민주당을 서서히, 조용히 변화시키고 있었다.

아무리 열심히 뛰어다녀도 민주당은 공화당의 엄청난 모금액 근처에도 가지 못했다. 그러나 이처럼 한쪽으로 심하게 기울어진 기부금 액수만으로는 양당의 불균형 격차를 충분히 설명할 수 없다. 왜냐하면 민주당이 지출하는 돈은 대부분 예전에 선거 자금으로 빌린 대출을 상환하는 데 들어갔기 때문이다. 1981년, 레이건의 정책으로 유발된 새로운 경쟁 위협에 맞서 민주당 의원들이 사투를 벌이고 있을 때도 민주당 전국위원회는 1968년 선거 때 빌린 대출금을 갚기 위해 허덕대고 있었다. 어떻게든 선거판에서 밀리지 않기 위해 계속 대출을 받다 보니 선거가 끝날 때마다 민주당 전국위원회는 거액의 빚을 떠안지 않을 수 없었다. 그렇기 때문에 정당 확대 같은 활동에는 자금을 투입할 엄두도 내지 못했다.[18]

원래부터 존재했던 양당 간의 자금 불균형은 시간이 갈수록 점점 더 심화되었다. 브록과 그 후임자들이 이끄는 공화당 전국위원회의 지원 속에서 공화당은 조직의 장기적 역량을 구축하는 데 자신들이 가진 강력한 자원 기반을 십분 활용할 수 있었다. 하지만 민주당은 이런 역량을 구축하면 할수록 대출과 청산의 고통스러운 악순환이 되풀이될 뿐이었다. 연방선거위원회(Federal Election Commission)에 따르면 공화당의 세 위원회는 1976년에 이미 민주당의 세 위원회가 투입한 액수의 세 배에 달하는 막대한 자금을 선거에 쏟아부었다고 한다. 그때부터 상황은 눈에 띄게 악화되었다. 그 후 10년이라는 세월을 거치면서 선거 자금 수요가 급상승했고 공화당의 우위는 계속 확대되었다. 급기야 1986년에는 공화당의 총수입이 다섯 배 가까이 증가하면서 자금 면에서 민주당 위원회들을 다섯 배나 앞지른다.[19]

정치를 선거용 쇼라고 여기는 사람들은 그런 세부 조직들의 중요성을 간과할 때가 많다. 특정 입후보자, 즉 정당의 호소력이 유권자들의 마음을 얼마나 움직이느냐가 훨씬 중요하다는 것이다. 이런 견해는 대부분 언론이 만든다. 하지만 그렇다고 해도 그 속에 들어있는 결함까지 덮어지는 것은 아니다. 중요한 것은 조직이다. 1982년 선거에서 보다시피 이것이 엄청나게 중요한 역할을 할 때도 많았다.

하지만 이런 영향들은 대부분 추적 조사가 어렵다는 단점을 갖고 있다. 자금의 불균형은 공화당 입장에서는 다양한 활동에 투입할 자금이 그만큼 많다는 것을 의미했다. 반면에 민주당은 막대한 선거 자금을 마련하기도 벅찬 상황이었기 때문에 다른 활동에 대한 자금 투입은 생각할 수도 없었다. 공화당은 선거 입후보자들의 선출 및 훈련은 물론이고 여론조사, 특정 계층을 겨냥한 캠페인 활동에 자금을 충분히 투입할 수 있었다. 주 의회의 의원 선거에서도 자금 모금 경쟁이 치열해졌고 풍부한 자금력을 갖춘 공화당은 별로 관심을 끌지 못하지만 중요한 의미를 갖는 활동을 적극 추진할 수 있었다. 주 의회의 주도권은 선거구획 조정 활동에서의 주도권을 의미했고, 그것은 결국 의회의 의석 확대로 이어졌기 때문이다. 한 예로, 1980년 공화당 전국위원회는 오하이오 주 상원의원 자리를 놓고 박빙의 대결이 펼쳐진 다섯 개 선거구에 자금을 집중 투입했다. 그 결과, 공화당은 네 곳에서 승리를 거두며 오하이오 주의 의회를 완전히 장악했다.[20]

이보다 더 중요한 사실은 공화당은 자신들이 가장 필요로 하는 곳에 언제든지 자금의 물꼬를 돌릴 수 있었다는 것이다. 사용 가능한 전체 자금 중에서 공화당이 당 차원에서 총괄 관리하는 자금이 큰 부분을 차지했기 때문에 그것이 가능할 수 있었다. 입후보자들이 선거 캠페인에 사용한 총액을 집계하는 방식은 양당 간에 존재하는 거대한 재정의 불균형을 많이 감춰준다. 실제로 이런 총액은 양당이 거의 비슷한 수준을 보인다. 앞에서 언급했듯이 민주당의 지출 총액은 자신들의 권력과 지위를 이용해 막대한 선거 자금을 마련할 수 있었던 현직 의원들이 개별적으로 사용한 자금이 대부분이다. 하지만 정당의 입장에서 보면 낙마 가능성이 희박한 기존 의원들의 계좌를 불리는 것은 자금 낭비였다. 사실 현직 의원들의 독자 행보 경향이 강해진 것도 이런 자금력에서 비롯된 것이다. 당 차원에서 보다 효과를 거둘 수 있는 지역으로 그런 자금의 물꼬를 돌리기 위해서는 강력한 중앙 조직이 필요했다. 하지만 공화당은 그것을 갖고 있었던 데 반해 민주당에는 그런 강력한 조직이 없었다.

민주당 당직자들 역시 공화당의 조직력이 레이건 1기 정부의 성공에 촉매 및 방패 역할을 했다는 것을 알고 있었다. 그리고 그런 조직력의 부활을 이끈 사람이 바로 윌리엄 브록이라는 사실도 잘 알고 있었다. 결국 민주당은 1980년 선거에서 참패를 한다. 진보 진영의 수장이던 프랭크 처치(Frank Church), 조지 맥거번(George McGovern) 등 9명의 민주당 상원의원이 정계 은퇴 선언을 했고 지미 카터 역시 그들과 같은 운명을 걸었다. 한편, 공화당은 공석이 된 3자리를 포함하여 전부 12석을 휩쓰는 기염을 토하며 1954년 이후 처음으로 의회의 주도권을 재탈환했다. 전직 주별 민주당의장연합회(Association of State Democratic Chairs) 회장이었던 앤 캠벨(Anne Campbell)은 당시 상황을 회고하며 자신들의 패배를 시인했다. "우리는 자금력에서 뒤처졌고 공략 목표도 잘못 세웠다. 여론조사 결과, 지지도도 낮은 상황이었다. 반면에 공화당 전국위원회는 더할 나위 없이 완벽한 활동을 펼쳤다. 민주당은 창피해서 고개를 들 수 없을 정도였다." 급기야 하원 대변인인 팁 오닐(Tip O'Neil)까지 나서서 자금 모금, 인쇄물 발송, 여론 조사 및 홍보 활동 확대를 통해 전국에 있는 민주당 정당 조직을 보강할 것을 강하게 촉구했다.[21]

1981년에 민주당은 전국위원회 신임 회장으로 찰스 매너트(Charles Manatt)를 임명했다. 매너트는 전직 캘리포니아 주 민주당 의장이었고 무엇보다 중요한 경력은 과거에 민주당 전국위원회의 재정 자문위원회 회장을 맡았다는 것이었다. 그는 머리부터 발끝까지 철저히 조직적인 인물이었다. 민주당 전국위원회 활동을 현대화하는 데 그보다 더 나은 적임자를 찾을 수 없을 정도였다. 매너트는 다음과 같은 주장들을 선보였다. "나의 목표는 브룩이 했던 활동을 똑같이 하는 것이다", "우리는 민주당을 조직화해야 한다". 그 역시 이런 사실을 인정했다. "공화당은 우리보다 한참 앞서 나가고 있다.…… 우리는 오랫동안 모든 일이 너무 순조롭게 풀리는 바람에 조직화의 필요성을 느끼지 못했던 것이다."[22]

마크 한나가 말한 정치의 제1원칙을 신봉했던 매너트는 자금을 가장 중요한 요소로 여겼다. 민주당 전국위원회에서 매너트의 특별 자문위원으로 활동했던 마이클 스티드(Michael Steed)는 자신의 상사가 직면했던 도전을 정확히 기억하고 있었다. "매너트가 선출된 날, 좋은 소식은 오전에 우리 은행 계좌에 25만 달러가 있었다는 것이다. 그리고 나쁜 소식은 그날 오후에 은행에 있던 25만 달러가 어디론가 송금되었고 그런데도 여전히 갚아야 할 청구서들이 밀려들고 있었다는 것이다."[23] 매너트는 인쇄물 발송 활동을 확대하는 등 장기적인 자금 모금 방안을 마련하는 데 아주 적극적이었다. 단기적으로 민주당 전국위원회의 조직이 훼손되더라도 이를 불사하겠다는 태도였다. 1981년의 민주당 총수입은 기본적인 일반 경비, 부채, 기금 모금 활동 경비도 충당하지 못할 정도로까지 떨어졌다. 일반적인 활동에 필요한 30만 달러를 마련하기 위해 또다시 대출을 받아야 하는 비참한 신세가 되었다. 더욱더 놀라운 사실은 1982년의 중간선거가 몇 달 남지 않은 중요한 시점에서 민주당 직원을 6분의 1가량이나 해고해야 했다는 것이다.

하지만 매너트는 우편물 발송을 중요한 자금 마련책으로 전환하는 등 재정 개선 작업에 서서히 박차를 가했다. 또 재계로 고개를 돌린 그는 민주당 기업협의회(Democratic Business Council)를 설립하여 부유층 인사와 기업 정치활동위원회의 유료 회원 가입을 유도했다. 그 결과, 민주당 기업협의회는 1981년에 민주당에 100만 달러를 제공했고, 1984년에는 그 액수가 300만 달러로 늘어났다. 1980년부터 1984년 사이에 민주당 전국위원회가 거액 기부자들로부터 거둔 정치 헌금 역시 두 배로 증가했다. 엄청난 발전이 아닐 수 없다. 하지만 공화당 전국위원회와의 격차를 좁히기에는 턱없이 부족한 액수였다.

민주당, 재계, 그리고 현직 의원이라는 카드

매너트가 민주당 전국위원회를 새로운 정치 무대로 끌어들이기 위해 고군분투하고 있을 때 민주당이 장악한 또 다른 성채인 의회 내에서도 변화의 바람이 일고 있었다. 새로운 정치 생태계가 민주당 내 실세들의 사고방식에 어떤 변화를 가져왔는지 가장 분명하게 보여준 곳은 사실 이곳이다. 강력한 조직과 단호한 태도로 무장한 재계를 상대로 어떻게든 협상을 해야 할 만큼 강력한 자금 압박에 시달렸던 민주당 조직은 그때까지 한 번도 시도한 적이 없는 기업 후원금 모금 활동에 나섰다.

여기서 민주당은 자신들이 쥐고 있던 유일한 카드를 적극 활용했다. 그 카드란 바로 민주당 현직 의원들이었다. 공화당이 선거에서 선전을 거두긴 했지만 1994년까지 민주당은 계속 하원에서 상당한 규모의 의석을 차지하고 있었다. 다수당 자리를 계속 유지할 것으로 보이는 민주당의 지위가 공화당의 재정적 우위를 견제하는 데 그나마 유용한 수단으로 작용했던 것이다. 그런 식으로 민주당은 재계와 여타 로비 단체들로부터 선거 후원금을 끌어모으기 시작했다.[24]

1981년에 민주당 의회선거위원회(Democratic Congressional Campaign Committee) 위원장에 오른 토니 쾰로(Tony Coelho)는 민주당의 자금력 추격 활동을 멋지게 성공시켰다. 1980년에 쾰로가 은연중에 했던 말처럼 민주당 의원들은 재계와의 접촉에 착수했다. 민주당의 여러 인사들이 스스로를 '친기업적인 민주당 의원'이라고 열심히 선전하고 다녔고, 1981년도의 대규모 기업 감세안에 다수의 민주당 의원들이 찬성표를 던짐으로써 자신들의 정체성을 그런 방향으로 계속 강화했다.[25]

이 전략은 상당한 효과를 거두었다. 토니 쾰로가 위원장직에 오르기 전 치러진 선거에서 민주당 의회선거위원회가 모금한 '하드 머니'(Hard Money, 개인이 정치인들에게 개별적으로 주는 정치 후원금으로 사용 제한이 없는 돈이다. 한도액은 원래 1000달러였으나 2002년부터 2000달러로 늘어났다-옮긴이)는 겨우 290만 달러에 불과했다. 이것은 공화당 의회선거위원회가 모금한 기부금의 6분의 1도 안 되는 액수였다. 그러나 1986년에 쾰로는 이 모금액을 네 배로 불려놓았다. 물론 공화당과 비교하면 여전히 3분의 1에도 못 미치는 액수였지만 엄청난 발전인 것만은 분명했다. 그가 그런 눈부신 성과를 거둘 수 있었던 것은 민주당의 족쇄와 기회에 대한 그의 냉철한 분석과 판단 덕분이었다. 그리고 이런 판단은 재계의 여러 정치활동위원회와의 활발한 접촉으로 이어졌다. 쾰로는 기업 친화적 제스처를 취하며 잠재 기부자들에게 다가갔고 정치활동위원회와의 연락을 담당할 직원을 별도로 채용하기까지 했다. "정치활동위원회에 민주당 입후보자들에 대한 정보를 제공하겠다. 여기에는 영향력 있는 입후보자들이 상당히 많다. 당신네 정치활동위원회가 관계를 돈독히 해두면 도움이 될 사람들이다"라는 식으로 재계에 접근했다. 민주당이 모금한 기부금의 상당 부분이 이런 정치활동위원회에서 나올 수 있었던 것은 "그들이 민주당의 친기업적 행보를 반겼기 때문"이라고 쾰로는 주장했다. 그러나 그는 민주당이 그런 입장을 선회할 수도 있다는 협박을 가하는 데도 전혀 주저함이 없었다. "재계는 싫든 좋든 우리와 협상을 벌여야 할 것이다. 왜냐하면 우리가 다수당이기 때문이다."[26]

한마디로 쾰로는 '우리와 접촉하려거든 돈을 내라'는 식의 접근 시스템을 시범 가동함으로써 민주당이 공화당과의 자금력 싸움에서 밀리지 않고 버틸 수 있게 했다. 그런데 아이러니하게도 훗날 이 시스템을 완성시킨 주인공은 공화당이었다. 1994년, 공화당 하원 원내총무인 톰 드레이(Tom DeLay)가 K 스트리트 프로젝트(K Street Project)에

이 시스템을 아주 효과적으로 사용했던 것이다. 하지만 1980년대 초에 쾰로의 이런 전략의 핵심이었던 상원에서 다수당 지위를 잃으면서 민주당은 양당 간의 조직력 격차가 여전히 엄청나다는 사실을 또 한번 절감하지 않을 수 없었다. 공화당이 다시 다수당의 지위를 누리던 기간(1981~1986년) 동안 공화당 상원선거위원회는 민주당의 열 배에 달하는 엄청난 액수의 기부금을 거둬들인 것이다.[27]

1980년대 내내 민주당은 당 조직의 인프라를 현대화하고 자금 모금 경쟁에서 공화당을 따라잡기 위해 몸부림을 쳐야 했다. 매너트의 후임인 폴 커크(Paul Kirk) 역시 민주당의 재정 혁신 사업을 계속 추진해 나아갔다. 과거 테드 케네디(Ted Kennedy) 의원의 보좌관으로 활동했고 2009년에 케네디가 사망하자 공석이 된 상원의원 자리를 잠시 대행하기도 했던 커크가 그 자리에 오를 수 있었던 것은 노조의 강력한 지원 덕분이었다. 그는 민주당 내 진보 진영과 계속 친밀한 관계를 유지하면서도 한편으로는 민주당의 노선이 중도 쪽으로 이동하도록 제도적 혁신을 꾀했다. 또한 매너트가 실시한 자금 모금 활동들을 더욱 더 강화했다.

민주당 전국위원회의 우편물 발송 활동과 민주당에 '소프트 머니'(Soft Money, 기업이나 단체가 정치인 개인이 아니라 지지하는 정당에 제공하는 후원금으로 정당 발전 사업 같은 특정 목적에 배정되는 돈이다. 2002년 이전까지는 액수에 제한이 없었다)를 제공할 수 있는 잠재 후원자를 찾아다니는 활동 모두를 확대했다. 1988년까지 그는 공화당 전국위원회가 가진 자금력의 우위를 꺾기 위해 엄청난 노력을 기울였다.[28] 그러나 그런 온갖 노력과 활동에도 불구하고 민주당의 정책 사업들은 살아남기 위해 계속 발버둥을 쳐야 했고 유일한 카드인 현직 의원에 대한 의존도는 불안할 정도로 높아져만 갔다.

민주당, 너 자신부터 고쳐라

민주당 의원들에게 이런 거대한 조직력의 격차는 그 자체가 다원적 메시지나 다름없었다. "스스로 살 길을 찾아 나서라." 입후보자들은 선거에서 승리를 거두기 위해 각자 알아서 자금 기반을 마련해야 했다. 왜 은행을 털었느냐는 질문에 윌리 수튼(Willie Sutton)이 했던 대답처럼 민주당은 돈이 있는 곳이면 어디든 달려갔다. 그리고 그것은 두 곳으로 귀결되었다. 자금력이 풍부한 신종 시민 단체와 점점 정치적 영향력이 확대되는 재계 단체가 그곳이다.

우리가 6장에서 소개한 바 있는 자금력이 풍부한 신종 시민 단체들에 민주당이 지지를 요청한 것은 충분히 이해할 수 있는 일이었다. 이런 단체들은 1960년대와 1970년대를 거치면서 주로 상위 중산층이 관심을 보인 환경, 소비자 권리, 기타 탈유물론적 대의를 앞세워 사회 전면으로 대거 부상했다. 과거의 진보주의가 퇴색하고 그 빈자리를 새로운 진보주의가 메우게 되면서 민주당 의원들은 급증하는 선거 비용의 상당 부분을 이런 진보세력의 자금에 의존해야 했다. 그 대표적인 예가 1990년대 중반에 설립된 에밀리스 리스트(여성의 낙태 선택권을 지지하는 입후보자들에게 돈 다발을 안겨주는 페미니스트 단체)였다. 미국에서 가장 거대한 정치활동위원회로 부상한 에밀리스 리스트는 민주

당 입후보자들에게 1200만 달러의 후원금을 제공했다.[29]

민주당의 새로운 재정 후원 구조의 또 다른 한 축을 이룬 재계 역시 이 시기에 대규모의 자금 제공원으로 자리잡는다. 민주당도 공화당 못지않게 재계의 입맛을 맞추는 데 적극적인 태도를 취했던 것이다. 하지만 공화, 민주 양쪽 모두에 자금을 제공하긴 했지만 양당에 대한 재계의 접근 방식에는 상당한 차이가 있었다. 민주당에 제공하는 후원금은 거의 현직 의원들에게 향했고 그 대상도 중도 및 보수 성향 의원들이 주를 이루었다. 물론 공화당 현직 의원들에게도 후원금을 제공했다. 그러나 공화당에는 정당 조직 강화 활동에 별도의 거액을 제공했다. 한편, 재계의 이런 후원금 덕분에 민주당 현직 의원들은 재선 캠페인 비용을 아무 어려움 없이 마련할 수 있었지만 그들의 소속 정당인 민주당은 여전히 자금난에 허덕여야 했다.

이렇듯 공화당과 민주당에 제공하는 재계 후원금의 타깃이 달랐던 이유는 그런 후원금이 추구하는 목적 자체가 달랐기 때문이다. 공화당으로 흘러들이긴 재계의 자금은 주로 규제 완화와 감세 정책에 앞장설 세력들을 양성하는 데 사용되었다. 그리고 공화당 입후보자들에 대한 후원금은 조직 차원의 지원 방식을 사용함으로써 재계에 대해 긍정적인 이미지를 심어주는 작용을 했다. 재계는 또한 자유시장을 촉진하고 대중들의 소비 욕구를 자극할 수 있는 메시지를 다듬고 열성적으로 홍보할 수 있도록 지적 인프라 제공에도 앞장섰다. 그리고 앞에서 이야기했던 것처럼 박빙의 승부가 예상되는 선거구에서 민주당을 따돌릴 수 있도록 공화당 조직에 다양한 지원 활동과 자금을 제공했다.

민주당 의원들에게 향한 재계의 기부금 역시 그 성격이 다르긴 했지만 공화당에 제공하는 돈 못지않게 중요한 역할을 했다. 이런 기부금은 일종의 보험과 같았다. 재계의 자금은 대부분 민주당이라는 조직이 아니라 개별 의원들에게 향했고 그 대상도 주로 실세 중도파로 한정되었다. 이런 자금의 목적은 재계의 입맛에 맞지 않는 법안이 상정될 가능성을 최소화하는 것이었다. 그 제공 대상을 신중하게 선별했던 재계의 기부금은 정치 조직들이 차단, 희석, 지연 활동을 펼치는 데 필요한 채널들을 효과적으로 두루 활용할 수 있게 했다. 소수의 민주당 의원들—이들은 아주 적재적소에 위치해 있었다—이 마지못해 지지를 표명하거나 그냥 가만히만 있어줘도 그 결과는 엄청나게 달라질 수 있었다. 그런 민주당 의원들과의 동맹은 재계에 비우호적인 사안들을 제거하고 상징적 의미를 갖는 정책들을 실질적인 의미를 갖는 정책으로 바꾸고, 중대한 허점을 추가하거나 공화당과의 불필요한 갈등을 차단하는 데 아주 요긴했다. 또한 재계에 적극적으로 손을 내미는 민주당 의원들은 공화당이 제시한 친기업적 정책들에 당파를 초월해 보호막이 되었다. 물론 여기에서도 다른 분야와 마찬가지로 민주당과 공화당 의원들이 분명히 다른 역할을 했지만 이런 상이한 역할은 재계의 이익을 옹호하는 데 상호 보완적 관계를 이루고 있었다.

친기업적 정당 만들기

경제 사안에서 노골적으로 친기업적 성향을 드러내기 시작한 민주당 의원들은 1985년에 민주당리더십회의(Democratic Leadership

Council)라는 단체를 설립하면서 보다 조직적인 형태를 갖춘다.[30] 이 단체는 1980년대 초의 레이건이라는 정계의 거목에 맞서 민주당이 경쟁력을 갖출 수 있는 방안을 모색하자는 목표를 내걸고 활동에 돌입했다. 그런 압력은 주로 민주당 내에서 보수파로 통하는 남부 출신 의원들로부터 나왔고 루이지애나 주의 길리스 롱(Gillis Long, 남부 지역의 전설적 포퓰리스트 정치가인 휴이 롱(Huey Long)의 사촌)과 그의 보좌관 알 프롬(Al From)이 주축 세력을 이루었다. 하지만 월터 먼데일(Walter Mondale)이 1984년 선거에서 참패하면서 활동이 흐지부지되고 말았다.

하지만 민주당리더십회의는 1985년에 공식적으로 재결성되었고 미주리 주의 딕 게파르트(Dick Gephardt) 의원을 초대 회장으로 추대했다. 게파르트는 버지니아 주의 찰스 롭(Charles Robb), 조지아 주의 샘 넌(Sam Nunn), 플로리다 주의 로튼 차일스(Lawton Chiles), 루이지애나 주의 존 브로(John Breaux), 테네시 주의 엘 고어(Al Gore), 애리조나 주의 브루스 배비트(Bruce Babbitt, 빌 클린턴과 조 리버만(Joe Lieberman)은 훗날 합류한다)와 함께 고정 멤버가 된다. 이들은 같은 남부 출신 저명인사나 신흥 세력들과 손을 잡았고 민주당의 정책 방향을 바꾸는 데 활동의 초점을 맞추었다. 이를 위해 진보적인 활동가들에 대한 지원을 축소하는 쪽으로 당규를 개정하고 문화 및 경제 분야에서 좀 더 보수주의 쪽으로 이동하는 두 가지 활동을 병행했다. 이 두 활동은 민주당이 선거, 특히 남부 지역에서 경쟁력을 갖기 위해서는 필수적이었다.

하지만 두 번째 목표는 민주당리더십회의가 달성하기에는 역부족인 활동이었다. 보수 성향이 강한 남부 지역에서 민주당 의원들은 기존에 우위를 차지하고 있던 공화당에 계속 밀리고 있었다. 하지만 다른 목표들은 민주당의 상황이 민주당리더십회의가 제시한 청사진에 가깝게 전개되면서 상당 부분 달성할 수 있었다. 그리고 마침내 1992년, 민주당리더십회의는 '새로운 민주당(New Democrat)'을 기치로 내건 빌 클린턴의 대선 캠페인에서 완벽한 형태를 갖추며 전면에 부상한다. 그러면서 총기, 소수 민족, 여성의 교육 기회 확대, 고용차별 철폐, 범죄 등 민주당이 기존에 진보적 색채를 드러냈던 사안에서는 최대한 목소리를 낮추고 국방 같은 분야에서 보다 강경한 노선을 취하기 시작했다.

그러나 민주당리더십회의의 개혁 활동이 가장 역점을 둔 것은 단연 경제 분야였다. 대부분 친기업적 노선을 바탕으로 정치 경력을 구축하고 있던 이 단체의 지도부는 당 차원에서도 그런 입장을 좀 더 분명히 할 것을 강력히 촉구했다. 이 단체는 발족 초기부터 자신들의 취지에 동조하는 부유한 개인들을 정가 실세들과 연결해주는 식으로 자신들의 조직망을 구축했다. 민주당리더십회의의 취지에 호감을 표했던 한 역사학자는 언젠가 이런 말을 했다.

대다수 고액 기부자들을 유혹할 수 있는 미끼는 실세 정치인들과 개인적으로 친밀한 관계를 맺을 수 있다는 것이었다. 또 민주당 내에서 새로이 부상하는 몇몇 스타 정치인들과 돈독한 관계를 유지할 수 있다는 것도 커다란 강점으로 작용했다. 민주당리더십회의는 부유한 후원자들의 관심을 유도하기 위해, 예를 들면 기부금을 가장 많이 제공한 사람에게는 이 단체의 지도부와 개인적으로 휴가를 갈 수 있게 해주는 등 자신들이 가진 인적 자원을 노골적으로 활용했다. 가입 자격을 처음부터 고위 정치인들로 제한했던 것처럼 그들은 후원자들도 아주 엄선했다. 그런 점에서 볼 때 민주당리더십회의는 철저한 엘리트 조직이었다고 할 수 있다.[31]

경제 사안에서 민주당리더십회의가 강조했던 것은 '탈공업화와 세계화라는 새로운 경제 현실'에 적응해야 한다는 것이었다. 그러면서 기업이 경쟁력을 갖출 수 있도록 정부가 규제를 완화하고 자유무역을 장려하고 노동 생산성 향상을 위해 첨단 기술, 인프라, 직업 훈련에 투자를 강화해야 한다고 목소리를 높였다.[32]

하지만 가장 중요한 것은 민주당리더십회의가 경제 정책의 핵심 요소로 정부의 적자 감축을 무척 강조했다는 사실이다. 뿐만 아니라 이 단체의 지도부는 정부의 재정 지원 혜택을 가장 심각한 문제로 지적하면서 이 문제를 새로운 시각에서 접근했다. 오늘날 우리에게는 익숙하지만 당시만 해도 그것은 아주 획기적인 변화였다. 이것은 정부의 각종 재정 지원 혜택에 대해 과거에 자신이 일한 대가로 받는 정당한 수당이라는 기존의 인식을 아무것도 하지 않고 공짜로 받는 수당이라는 식으로 아주 교묘하고도 획기적으로 바꿔놓았다. 이런 시각에서 본다면 정부의 복지 수당과 사회보장연금도 모두 '재정 지원 혜택'에 해당되었고, 워싱턴 정가는 이렇게 일방적으로 제공하기만 하는 재정 지원 혜택의 정치를 새로운 상호 책임의 정치로 대체해야 했다. 그러면서 민주당리더십회의는 "연방 정부의 각종 재정 지원 혜택과 보조금을 다시 검토"해야 한다고 강하게 주장했다. 특기할 사항은 적자 감축 싸움이 한창이던 1990년에 민주당리더십회의는 재정 적자를 줄이기 위한 세금 인상에는 반대하면서 민주당과 부시 행정부 간의 최종 합의를 이끌어낼 정도로 보수 쪽으로 상당히 기울어져 있었다는 사실이다.

경제 분야와 관련된 이런 민주당리더십회의의 입장은 민주당 내 보수파가 갖고 있던 일련의 사고와 입장을 조직 차원에서 보여준 것이다. 이처럼 민주당의 보수 진영이 두각을 나타낼 수 있었던 것은 갈수록 공화당의 힘이 막강해지면서 교착 상태를 타개하는 것이 어려워지고 민주당의 재정적 어려움이 점점 심화되었기 때문이다. 이것은 또한 두 정당 간에 존재하는 근본적인 불균형이 가시화되고 있었다는 것을 의미하기도 했다. 민주당에는 당의 노선을 공화당 쪽으로 끌어당기는 강력하고 조직화된 파벌이 있었던 데 반해 공화당에는 그런 세력이 존재하지 않았던 것이다.[33] 이제 경제 사안에 관한 한 공화당에 필적할 만한 세력은 어디에도 없었다. 이런 현격한 차이는 다음과 같은 모습으로 표출되었다. 강력한 경제 이익단체에 막혀 개혁 정책을 효과적으로 추진하지 못하는 민주당의 무능함과 새로운 승자 독식 경제를 떠받쳐주는 공화당의 정책에 동의하거나 적극적으로 나서서 거들어주는 민주당 정치인들의 등장이 바로 그것이다.

브로와 공화당의 로맨스

민주당리더십회의가 이런 정치권력의 역학 관계를 조직 차원에서 보여준 예라면 화려한 경력의 소유자인 존 브로(John Breaux)는 그것을 몸으로 직접 구현한 인물이었다. 부정부패로 악명을 떨쳤던 루이지애나의 주지사 에드윈 에드워즈(Edwin Edwards)의 전직 보좌관이었던 브로는 1981년에 하원 민주당 의원으로 선출되면서 처음으로 전국적 명성을 얻는다. 자신의 지역구 기업들에 설탕 보조금을 받게 해준 대가로 주요 예산 표결에서 공화당 의원들과 행동을 같이 했던 그는 자신의 표는 절대 돈으로 살 수 없다고 큰소리쳤던 것으로 유명하다. 그러나 나중에 드러난 것처럼 그의 표는 돈으로는 살 수 없어도 "빌릴 수는 있었다".[34] 시간이 흐르면서 점점 높은 정치적 명성을 얻게 된 브로(나중에는 상원 내에서 막강한 영향력을 행사하는 인물로 부상했고 빌 클린턴의 뒤를 이어 민주당리더십회의 회장 자리에까지 오르게 된다)는 좀 더 정치가다운 모습으로 이미지 변신을 시도했다. 공화당과 민주당의 중개자를 자처한 브로는 '당파를 초월한' 자신의 절충안 채택을 요구할 때가 많았다. 그의 절충안은 진보적 정책들을 약화시키거나(클린턴의 의료보험 계획의 경우 대안을 보강하는 식으로 대폭 약화시켰다) 재계(2003년의 일부 처방약품에 대한 노인의료보험 적용 확대)와 부유층(2001년의 부시 감세 조치)에 아주 유리한 정책들을 담고 있는 경우가 대부분이었다. 브로는 점점 보수화되고 강경해지는 공화당이 버티고 있는 한 중산층에 의미 있는 정책을 펼치는 것이 불가능하다는 것을 확신했던 민주당 신흥 귀족의 전형이었다.

　브로의 정치 활동이 민주당에 몰고 온 또 다른 미묘한 파장은 새롭고 거대한 자금의 유입이었다. 정치에서 자금줄이 갈수록 중요해지면서 민주당 조직과 로비의 세계를 연결해주는 고수익 전문 로비스트들이 급증하기 시작했다. 많은 돈을 벌 수 있다는 이유로 선출직이나 임명직에서, 의회나 대선 캠프에서, 또는 대기업에서 로비스트로 자리를 옮기는 사람들이 대거 늘어났다.

여러 사례가 있지만 그 중에서도 피터 켈리(Peter Kelly)가 대표적인 경우라고 할 수 있다. 코네티컷 변호사 출신인 피터는 1981년부터 1985년까지 공화당 재정위원회 위원장으로 활동하다가 공화당 실세를 상대로 로비 활동을 펼치는 로비회사인 블랙 매너포트 앤드 스톤(Black, Manafort & Stone)으로 자리를 옮겼다. 비슷한 시기에 이 회사는 민주당 내에서 최고의 세금 전문가로 통하는 루셀 롱(Russell Long) 상원의원, 댄 로스텐코스키(Dan Rostenkowski) 하원의원의 전직 보좌관들도 전격 채용했다.[35] 물론 켈리 같은 로비스트들의 가치는 전적으로 민주당 정책 입안자들에게 얼마나 접근하느냐에 달려 있다. 로비의 세계에 어느 정도 적응하고 나자 그들은 이런 정치인들과 관계를 돈독히 하는 데 적극적으로 뛰어들기 시작했다. 브로 역시 동료 정치인들의 비중이 급격히 확대되자 의원 생활을 접고 고수입을 기대할 수 있는 로비스트로 자리를 옮겼다.

누구를 위한 정당인가?

1980년대를 거치면서 민주당은 경제적 약자를 대변하는 정당이라는 명성을 점점 상실해갔다. 당의 지지 기반이 노조에서 상위 중산층의 탈물질적 관심사에 초점을 맞춘 이익단체로 이동하고, 노골적으로 재계를 옹호하는 중도파의 영향력이 크게 확대되면서 경제 분야에서 정부의 역할을 강조하는 정책들을 더 이상 강하게 밀어붙일 수 없었기 때문이다. 한마디로 민주당의 상황은 일반 국민들의 경제 문제를 예리하게 포착해야 한다는 목소리는 점점 줄어드는 반면에 그런 노선에서 벗어나야 한다는 압력은 점점 커지고 있었던 것이다. 그들은 경제 사안에서 비굴한 모습을 보이기까지 했고 그들의 그런 태도에 중산층은 냉담한 반응을 보였다.

그러나 무엇보다 어이없는 사실은 이것이 민주당이 적자 감축 옹호자로 이미지를 변신하기 위해 10여 년간이나 노력한 결과물이었다는 것이다.[36] 레이건의 감세라는 후한 선물과는 처음부터 경쟁이 안 되었던 먼데일은 증세의 필요성을 공개적으로 인정함으로써 스스로를 "콩도 먹어야죠"('꿀만 먹어서는 안 된다, 건강해지려면 콩도 먹어야 한다.' 먼데일은 눈앞의 이익만 중시하는 감세 정책은 재정 파탄으로 이어진다며 증세의 필요성을 역설하기 위해 이런 비유를 사용했다-옮긴이) 후보로 만들었던 유명한 일화의 이면에는 그런 서글픈 상황이 숨어 있다. 민주당은 계속 똑같은 논쟁을 되풀이해야 했다. 당내 보수파들이 어떤 대안도 받아들이지 않았기 때문이다.

민주당은 또한 점점 확대되고 있던 탈규제 정책을 놀라울 정도로 잘 받아들였다. 1970년대 후반 테드 케네디 등 다수 민주당 의원들의 지지 속에서 카터 정부가 운송, 항공 같은 보호 산업들에 대해 탈규제 정책을 추진했던 것을 기억하는가? 하지만 탈규제는 거기에서부터 퍼지기 시작했다. 그리고 여기에 새로운 기회를 찾아다니는 로비스트들이 적극 가담하면서 조심스럽게 분야별 규제의 비용과 편익을 분석하던 활동이 무질서한 무한 경쟁으로 완전히 돌변한다. 균형과 견제에 바탕을 둔 혼합 경제와 경제 사상은 '경제 규제는 시대에 뒤떨어진 낡은 사고다. 이제 시장 자체의 규제가 새로운 표준이 되어야 한다'는 단순한 경제 만트라(mantra)에 밀려 역사의 뒤안길로 사라졌다.

힘의 균형을 유지해줄 강력한 조직이 전무한 상황에서 탈규제 물결은 걷잡을 수 없을 정도로 거세게 퍼져 나아갔다. 새로운 경쟁 원천이 등장하자 그때까지 규제 아래에 있던 기업들이 정부의 감독에서 벗어나 자유롭게 사업을 할 수 있게 해달라며 목소리를 높이기 시작했다. 카터 행정부의 정책 입안자였던 알프레드 칸(Alfred Kahn)은 몇 십 년이 지난 후에야 자신의 반대 의사를 솔직히 밝힐 수 있었다. 그에 따르면 "은행은 완전히 다른 종류의 동물이었다. 그들은 거시경제에 직접적으로 영향을 미칠 수 있는 동물이었다. 그것은 재화와 서비스를 제공하는 기업들에 대한 규제와는 완전히 차원이 다른 것이었다. 나는 은행에 대한 규제 완화는 어떤 형태로든 결코 지지할 수 없었다".[37]

그러나 대다수 민주당 의원들은 그렇게 생각하지 않았다. 1980년에 그들은 은행 예금과 대출 이자에 대한 규제를 폐지하는 법안을 통과시켰다. 2년 후, 양당은 초당적 협력을 통해 가안-생 제르맹 예금기관법안(Garn-St. Germain Depository Institutions Act)을 통과시켰고 이것은 대규모의 규제 완화 정책으로 이어졌다. 그 결과로 저축대부조합이 정부의 규제에서 벗어나 다양한 신종 사업을 추진할 수 있게 되었다. 이 법안을 공동 상정했던 의원들 중에는 민주당의 스테니 호이어(Steny Hoyer)와 척 슈머(Chuck Schumer) 의원도 있었다. 그런 은행법 개정은 타인의 돈으로 고수익 고위험 상품에 투자할 수 있는 기회를 넓혀주는 등 오늘날 사람들에게는 익숙한 일련의 부정한 유인책들을 태동하게 만들었다. 비록 이번에는 그 피해가 대부분 저축대부조합으로 한정되었지만 그러한 대실패는 2008년에 일어날 금융시장 붕괴의 섬뜩한 전조였다. 납세자들에게 1250억 달러라는 막대한 세 부담을 안겨준 저축대부조합의 위기는 순전히 양당의 합작품이었다. 상황이 별로 심각하지 않았던 초기에 그런 문제점을 시정하려는 시도가 몇 차례 있었지만 의회에서 번번이 차단당했다. 만약 그때 그런 시도가 성공을 거두었다면 그 피해 비용을 최소화할 수 있었을 것이다.[38] 하지만 이 비도덕적인 금융 관행은 링컨 세이빙스 앤드 론(Lincoln Savings and Loan) 회장인 찰스 키팅(Charles Keating) 스캔들이 터지면서 금세 묻혀버리고 말았다. 당시 이 스캔들에 연루된 정치인들은 공화당 소속 존 매케인(John McCain)을 제외하면 모두 민주당 의원들이었다.

전체적으로 종합해봤을 때 민주당은 경제 사안들에서 1980년대 내내 우왕좌왕하는 모습을 보였다. 민주당의 지지 기반이 새로운 부유층으로 바뀌고 재계와의 유대 관계가 더욱 끈끈해지면서 현직 의원들은 공화당에 맞서는 데 필요한 자금을 충분히 확보할 수 있었다. 그리고 민주당은 중요한 정치 요새인 하원을 계속 지배했다. 그러나 그런 지배력은 민주당 지도부가 부유한 진보 세력의 지지와 현직 의원의 이점이라는 두 개의 목발에 지나치게 의지하면서 점점 불안해지고 있었다. 게다가 일반 대중을 위한 정책을 추진하는 데 힘을 실어줄 강력한 지원군도 없었고, 효과적인 경제 메시지를 만들어낼 능력도 없는 상태였다. 이런 문제점은 새로운 경제 질서가 출현하고 경제, 정치가 빠른 속도로 변화하면서 그 다음 10년에도 계속 이어졌고 점점 악화되었다.

공화당 연합의 등장

이와는 반대로 지금부터 들려줄 공화당의 이야기는 한 치의 흔들림도 없이 계속 극보수를 향해 진군하고 점점 더 결의와 집중도가 높아지는 내용이다. 그리고 이 이야기에는 확실한 주인공이 등장한다. 그 주인공은 바로 로널드 레이건이다. 그러나 레이건의 재임 시절에는 경제 보수주의를 지속할 수 있는 정치적 토대가 아직 완성되지 않은 상태였다. 실제로 레이건이 추진한 정책은 리처드 닉슨이 어쩔 수 없이 추진했던 뉴딜 정책과 조지 W. 부시가 의욕적으로 추진한 승자 독식 정책의 중간 정도에 해당한다.

그렇다고 해서 레이건의 대통령 재임 기간이 갖는 의미를 축소할 생각은 없다. 미국 정치사의 분수령이었던 1980년, 레이건은 공화당 내 중도파의 좌장이었던 조지 부시 1세를, 그 다음에는 민주당 현직 의원인 카터를 차례로 무너뜨렸다. 덕분에 그는 선거 승리에 대한 의구심을 말끔히 날려버릴 수 있었다. 당시 보수주의자들 사이에서는 경제 사안과 관련하여 정부가 "해결책이 아니라 문제"라는 비난이 일어나면서 차기 선거를 우려하는 분위기가 지배적이었기 때문이다. 선거 얼마 전까지만 해도 레이건은 주류에서 한참 벗어난, 한물간 정치인으로 취급받고 있었다. 선거에 출마했다가는 베리 골드워터(Berry Goldwater)처럼 참패를 당할 것이 뻔하다고 생각했던 것이다. 수많은 정치 애널리스트들은 레이건을 대선 후보로 내세우는 것을 심각하게 고민해야 한다고 한목소리를 냈다. 그러나 정부의 정책 주도권을 쥐고 있는 민주당의 힘이 미약하고 경제가 격변을 겪는 상황에서 레이건만큼 완벽한 후보는 없었다. 레이건은 워싱턴 정가를 향한 국민들의 불만과 경제 불안을 해소하는 데 자신이 지닌 천부적인 능력을 유감없이 발휘했다. '친레이건 민주당원'(Reagan Democrats, 민주당원이면서 레이건에 투표한 사람들—옮긴이)이라는 당시의 신조어는 레이건이 남부와 북부 양쪽의 백인 노동자들 사이에서 얼마나 강력한 지지를 받고 있었는지를 그대로 보여준 단어였다. 공화당은 지지하지 않지만 공화당의 카리스마 넘치는 대선 후보인 레이건은 지지했던 그들은 선거의 향방을 가를 만큼 중요한 유권자 집단이었다.

그것은 단순히 선거 캠페인용 수사가 아니었다. 레이건이 당선되자 워싱턴 정가는 경제 문제에 더욱더 보수적인 태도를 취했다. 탈규제 정책에도 더 강한 탄력이 붙었음은 두말할 나위도 없었다. 공항 관제사 노조 파업에 단호하게 대처했던 레이건의 일화는 아주 유명하다. 당시 파업에 참가했던 관제사들은 모두 즉각 해고되었다. 그의 그런 조치는 전국 노동관계위원회와 노동부 양쪽 모두 노조에 등을 돌렸다는 것을 보여주는 하나의 신호였다. 과거보다 훨씬 조직화되어 있고 백악관에 계속 정책 아이디어와 인적 자원을 제공하는 보수주의 단체의 지원 속에서 레이건은 다양한 정부 기구에 자신과 친밀한 재계 인사들을 앉히기 시작했다. 그리고 이들은 정부의 각종 규정들을 기업에 유리한 방향으로 고치는 작업에 착수했다. 자연히 레이건 정부의 법집행 속도와 엄격성은 크게 떨어질 수밖에 없었다.[39]

레이건의 가장 대표적인 정책 변화를 꼽으라면 공화당은 물론이고 민주당 내 보수파 의원들까지 거들고 나선 1981년도의 '공급자측' 세금 감면, 즉 기업 감세를 들 수 있다. 이런 1981년 세법 개정에 뒤이어 대규모 세율 인하, 고소득 가구에의 다양한 추가 감면 혜택, 법인세의 대대적 인하 같은 조치들도 단행되었다. 여기서 중요한 것은 입법부 역시 슬그머니 과세 등급을 물가와 연동시켰다는 것이다. '납세자 세율 등급의 점진적 상승'은 의회에서 세금 찬반 투표를 거칠 필요도 없이 조용히 정부의 세입을 늘려주는 효과가 있었다. 그러한 규제 제거는 공화당의 입장에서는 중대한 정책적 승리를 의미했다. 공개적으로 증세를 주장할 수 없는 상황에서 각종 사회보장제도에 돈을 쏟아부어 진보주의자들을 기쁘게 해주던 정책 하나에 종언을 고하게 만들었기 때문이다.

1981년도의 세금 감면은 정책의 변화를 알리는 획기적인 사건이었다. 그러나 그 때문에 발생한 경제적 효과보다 훨씬 더 중요한 것은 그것이 공화당의 '브랜드'와 공화당 의원들의 자아상에 미친 결과였다. 이런 의미를 지속시켜준 조치가 하나 더 있었다. 레이건이 공화당의 의제와 경제 메시지의 핵심으로 예산 균형과 공화당 구세대의 점진적 변화 대신 감세를 지목했다는 사실이다.

그러나 아이러니하게도 레이건의 이런 세금 감면 조치는 경제 정책과 경제 메시지의 극적 변화를 알리는 신호탄이었음에도 불구하고 레이건이 재임 기간 중 거둔 눈부신 입법 승리는 거기까지였다. 레이건은 대선에서 승리했지만 공화당이 차지한 의석은 하원을 장악하기에 턱없이 부족한 상태였다. 레이건은 사안마다 정파 간에 제휴를 하고 자신의 정적이자 민주당의 하원 대변인이었던 팁 오닐과 절충안을 놓고 밀고 당기기를 되풀이해야 했다. 1982년, 경기 하강과 더불어 재정 적자가 눈덩이처럼 불어나고 자신의 지지도가 급락하자 레이건도 결국 대규모 세금 인상안에 동의하기에 이른다. 그리고 1984년에는 또다시 세금 인상 법안에 서명을 한다. 강하게 밀어붙인 사회보장연금 삭감 법안이 의회에서 번번이 좌절되자 레이건은 중도로 입장을 선회했다. 1982년, 공화당의 성공적인 구출 작전 덕분에 종이호랑이 신세를 면하게 된 레이건은 미미한 수준에서 복지 수당을 삭감하는 대신에 또 다시 세금 인상을 단행해야 했다. 즉, 고전적인 뉴딜 프로그램을 강화한 1983년도 예산 편성안에 동의해야만 했다.

레이건은 압도적인 표차로 재선에 성공했지만 그것이 경제 보수주의자들의 대의에 새로운 추진력이 되지는 못했다. 사실 레이건 2기 정부의 국내 정책 가운데 가장 커다란 부분을 차지했던 1986년도 세금 개혁법은 합리주의의 전형이라고 할 수 있는 중도적 정책 타협의 산물이었다. 민주당 의원들과의 타협을 통해 나온 이 법안은 워싱턴의 "거친 맹수들을 굶어 죽게" 만드는 쪽보다 세수 총액 유지 쪽에 초점을 맞추고 있었다. 세법에 존재하는 여러 가지 허점들을 제거함으로써 낮은 세율의 부족분을 메우는 한편으로 국민들의 세금 부담도 덜어주었다. 하지만 기업들에 대한 세금 인상은 불가피했다. 한마디로 그 법안은 현상 전복이 아니라 개선에 초점을 맞춘 개정이었다. 물론 그런 개정을 통해 태어난 새로운 현상 유지가 얼마 안 가 승자 독식 정치 세력에 허물어졌지만 말이다.

그러므로 실제로는, 특히 첫 해 이후 레이건이 펼친 정책들은 일반적으로 그의 비판 세력과 지지자들이 생각하는 것처럼 그렇게 보수적인 경제 정책은 아니었다. 처음에는 아주 요란스럽게 시작했지만 나중에는 여기 저기 수많은 제약이 가해지면서 그 영향력 범위가 대폭 줄어들었던 것이다. 레이건은 정부의 새로운 사업들을 차단하는 데 성공을 거두었다. 그리고 그가 대통령으로 재임했던 8년은 그 후의 30년간 이어지게 되는 정책 표류 시대를 활짝 열었다는 점에서 큰 의미를 갖는다. 하지만 야심차게 추진한 정책들에 대한 지지를 끌어 모으는 데는 실패했다. 물론 거기에는 공화당이 한 번도 의회를 장악하지 못했던 탓도 있다. 그 결과로, 정부의 역할에 대한 생각이 근본적으로 달랐고 전통적인 뉴딜 정책을 강하게 지지했던 팁 오닐과 항상 협상안을 놓고 씨름을 벌여야 했다.

하지만 공화당 혁신의 진정한 씨앗이 자라고 있던 곳은 의회였다. 레이건이 비틀거릴 때조차 새로운 형태의 경제 보수주의는 의회에서 세력을 확장하고 있었다. 그리고 그 토대가 된 것은 정부의 견고한 재정이 아니라 부유층을 위한 감세 조치와 최대 규모로 단행된 규제 완화 정책이었다.

양분된 하원

의회 대표단은 여러 층으로 이루어진 퇴적물과 비슷하다. 우리는 거기에서 오랜 시간에 걸쳐 일어난 정당의 변화상을 읽을 수 있다. 과거의 정치 환경과 전통이 몸에 배어 있는 원로 의원들은 조직과 선거라는 현실적 측면에 초점을 맞추는 신세대 의원들과 항상 갈등을 겪었다.

레이건이 취임했을 당시도 상황은 비슷했다. 의회 내에서 공화당은 전통적으로 정부 재정의 보수적 운영을 지지하는 거대 파벌과 미국 중서부, 북서부, 북동부 지역 출신의 아이젠하워식 정책을 추구하는 중도파로 계속 양분되어 있었다. 이들 공화당 중도파는 혼합 경제를 적극 수용하고 뉴딜 정책 중에서 대중적이고 지속 가능한 요소들을 적극 수용함으로써 성공적으로 정치 경력을 쌓아가고 있었다. 닉슨과 마찬가지로 그들 역시 경제적 급진주의에 반대하는 입장이었다. 공화당 중도파의 성공적인 전형으로 꼽히는 드와이트 아이젠하워는 닉슨을 지지하긴 했지만 사실 그렇게 탐탁해하지는 않았다. 그런 아이젠하워가 경제적 급진주의자들의 입장을 산뜻하게 요약한 글이 있다. 1954년 10월 8일, 자신의 동생인 에드가(Edgar)에게 보낸 편지에서 그는 뉴딜 정책을 끌어내리려고 몸부림치는 세력에 대해 노골적으로 경멸감을 표시했다.

> 사회보장연금, 실업보험을 폐지하고 노동법과 농업 관련 정책들을 몰아내려고 하는 정당이 있다면 그런 정당은 얼마 안 가 미국의 정치 역사에서 완전히 사라지는 신세가 될 것이다. 실제로 이런 일들을 할 수 있다고 생각하는 작은 소수 분파가 존재한다. 그들 중에는 헌트(H. L. Hunt)도 포함되어 있다. 그의 출신 배경에 대해서는 아마 너도 잘 알 것이다. 또 텍사스 주의 석유 백만장자들도 몇 명 있고 다른 지역 출신의 뜨내기 정치인, 사업가도 있다. 수적으로 아주 미미한 그들은 아주 멍청한 작자들임에 분명하다.[40]

하지만 아이젠하워가 맹비난했던 그런 세력들은 레이건이라는 보호막 속에서 계속 자라고 있었다. 반면 '과거 시대'의 공화당은 새로운 시대의 공화당에 밀려 점점 설 자리를 잃고 있었다. 공화당은 그렇게 새로운 경제 보수주의를 표방하는 정당으로 탈바꿈하고 있었던 것이다. 이런 보수 세력은 1970년대 말부터 1980년대 초 사이에 대거 공화당에 입당한다. 1978년에 입당한 딕 체니(Dick Cheney)와 뉴트 깅리치(Newt Gingrich), 1980년도의 빈 웨버(Vin Weber), 1984년도의 딕 아미(Dick Armey), 톰 드레이(Tom DeLay) 등이 그 대표적인 인물이다. 레이건의 혁신 활동에서 중요한 역할을 맡게 되는 이들은 현상 유지라는 것을 결코 용납하지 않았고 아주 취약한 것으로 여기기까지 했다.

공화당 내 이런 젊은 피들은 의회에서 공화당 지도부를 거침없이 비난했다. 협상에만 익숙하고 소수파라는 공화당의 현 지위에 계속 안주하려 한다는 것이 그 이유였다. 뉴트 깅리치를 중심으로 뭉친 이 신세대 공화당 의원들은 '보수주의 기회협회(Conservative Opportunity Society)'라는 단체를 조직하고 의회 다수당인 민주당과 전면전을 펼치는 데 자신들이 가진 모든 에너지를 쏟아부었다. 그들은 그런 전략을 통해 민주당을 와해시키고 동시에 공화당을 새롭게 변신시킬 수 있다고 생각했다. 1990년대 초에 그들의 한 측근이 했던 말처럼 "정당은 일종의 문화이고 문화는 스스로 만들어가는 것이다. 공화당처럼 오랫동안 소수당에 머물러 있던 정당은 소수당이 될 수밖에 없는 온갖 폐습들을 자연스럽게 몸에 익히게 된다는 것이 깅리치의 논리였다."[41]

깅리치의 날카로운 통찰력은 거기에서 끝나지 않았다. 상당수 정치인들이 머지않아 현재의 자리를 잃거나 떠나게 되고 그들이 새로운 환경에 적응하지 못하면 그 시기가 더욱 앞당겨질 것임을 그는 정확히 내다보고 있었다. 그는 신입 의원들이 원로 의원들을 '대체'하고 현직 의원들이 새로운 현실에 적응하기 위해 기존 입장에서 '전환'하는 과정을 통해 공화당이 변화될 것이라고 생각했다. 그리고 이 두 과정은 공화당 내 보수파의 영향력을 점점 강화시켜주고 있었다.

대체는 크게 다음 두 가지 형태로 나누어진다. 한 가지는 하원이나 상원의 특정 의석이 한 정당에서 다른 정당으로 바뀌는 것이다. 남부 지역을 대표하는 정당의 극적인 변화가 미국 정치사에 일어난 대체의 전형이라고 할 수 있다. 과거에는 민주당만을 고집하던 남부 지역 유권자들이 이제는 공화당만을 고집하게 된 것이다. 공민권 운동으로 지역에 따라 당파 색깔이 확연히 나눠지기 시작하면서 이제 미국에서 가장 보수적인 지역이 미국에서 가장 보수적인 정당과 손을 잡는 것은 시간문제였다. 필 그램(Phil Gramm) 등 남부 출신 민주당 의원 몇몇은 그런 변화의 바람을 타고 지리적으로도 더 우세하고 이념적으로도 더 잘 맞는 공화당으로 자리를 옮겼다. 하지만 대다수 의원들은 계속 민주당에 머물러 있었다. 선거에서 현직 의원이라는 이점을 활용하면 대부분 의원직을 계속 유지할 수 있었기 때문이다. 하지만 남부 지역 민주당 의원들은 전 국민이 지켜보는 앞에서 모두 낙마하는 수모를 당하고 말았다. 그리고 그들이 물러난 자리는 훨씬 더 보수적인 공화당 인물들로 채워졌다.

공화당을 더욱더 보수 쪽으로 기울게 만든 두 번째 형태의 변화는 공화당 내부에서 일어났다. 공화당 내 중도파 의원들이 보수적인 인물들로 교체된 것이다. 이런 현상은 경제 급진주의라는 새로운 이념을 전폭적으로 지지해준 남부 지역에서 특히 두드러졌다. 남부 지역을 공화당이 장악하면서 아주 맹렬한 보수 활동가들이 자라났던 것이다. 하지만 그 외의 지역에서도 구세대를 대체한 신세대 의원들은 경제 분야에서 점점 더 극단적 입장을 취할 때가 많았다. 그들 스스로는 레이건의 노선을 따르는 것이라고 주장했지만 그들의 태도는 레이건이 재임기간 중 펼쳤던 활동과는 비교가 안 될 정도로 극단으로 치달았다. 그런 결과가 가시적으로 나타나지 않았음에도 그들은 줄기차게 내달렸다. 사실 그 결과는 10년이 지나서야 나타나기 시작했다. 1989년에 깅리치가 소수당 원내 부총무 자리에 오르면서 공화당 내 보수파의 압박이 더욱더 거세지자 당시 민주당 대변인이었던 짐 라이트(Jim Wright)는 결국 사의를 표했다.

공화당 구세대의 몰락

1980년대 《불평등의 신정치학(The New Politics of Inequality)》이라는 걸작을 저술했던 토머스 에드샐(Thomas Edsall)처럼 현상을 날카롭게 꿰뚫어보는 혜안을 가졌던 사람들은 불평등의 증가와 더불어 새로운 형태의 정치가 등장하는 것을 눈치 챌 수 있었다.[42] 레이건의 감세 조치에서부터 파업에 참가한 연방 정부 근로자들에 대한 대대적인 해고, 저축대부조합의 위기를 야기한 금융규제 완화에 이르기까지 워싱턴의 무게 중심은 모든 것을 독차지한 사람들 쪽으로 점점 기울고 있었다. 그러나 앞으로 벌어질 상황과 비교하면 이 모든 것들은 미지근한 물에 불과했다. 사실 온건주의자였던 조지 부시 1세(1980년 공화당 대통령 후보 지명전에서 레이건에게 패한 후 적대 관계로 돌아선 그는 레이건의 공급자 중심의 감세 조치를 "부두교(Voodoo)식 무당 경제학"이라며 깎아내렸다) 재임 기간에는 이런 급진적인 변화를 촉구하는 목소리가 줄어들 것처럼 보였다.

조지 부시 1세는 공화당 내에서 구파 정치인에 속했다. 타고난 협상가였던 그는 공화당의 기성 의원들에게 전통적으로 민주당의 영역이었던 사회, 경제 관련 사안들에 신중하게 접근하는 습관을 갖게 했다. 1988년에 공화당의 대선 후보로 나선 그는 레이건의 세금 정책 실패를 꼬집으며 '결단코 증세(增稅)는 없습니다'라는 공약을 내걸었고 덕분에 자신을 탐탁지 않게 여기던 보수 세력의 지지를 이끌어낼 수 있었다. 하지만 대통령 취임 후 1990년도 대기정화법 개정(Clean Air Act Amendments), 미국 장애복지법(Americans with Disabilities Act) 같은 굵직굵직한 국내 현안에서 민주당과 협상할 용의가 있음을 내비쳤다. 그러잖아도 그를 탐탁지 않아 하던 보수 세력은 그의 그런 행동에 대해 그와 밥 돌(Bob Dole) 같은 공화당 구파 정치인들은 입으로만 보수적 수사를 늘어놓을 뿐 실제로는 진보적 정책들을 시행할 것이라는 뜻으로 해석했다.

하지만 보수 세력이 가장 용서할 수 없었던 것은 1990년에 조지 부시 1세가 대규모 재정 적자 감축 협상안에 동의하면서 "더 이상의 증세는 없다"던 자신의 대선 공약을 스스로 깬 사건이었다. 그들은 이것이 앞으로 계속 이어질 재정 감축 패키지 가운데 하나에 불과하다고 생각했다. 실제로 이 정책은 1982년에 시작되어 1997년까지 이어졌다. 이런 협상안들은 계속 세금 인상(공화당 의원들에게 고통스러운 일)과 지출 삭감(민주당 의원들에게 고통스러운 일)을 결합하는 형태로 되풀이되었다. 로널드 레이건도 이와 비슷한 재정 감축 패키지를 수용했지만 그것은 어디까지나 역사에 길이 남을 대규모 감세 정책을 성공시킨 후의 일이었다. 하지만 돌이켜보면 1990년도 하나의 분수령이었다고 할 수 있다. 레이건이 야심차게 추진한 감세 법안이 통과되어 정치적으로 큰 성공을 거두었던 1981년이나, 이를 이어받아 조지 부시 2세가 또 다시 대규모 감세 정책을 단행한 2001년만큼이나 공화당의 점진적 변화에 중요한 의미를 갖는 한 해였기 때문이다.

1990년도가 갖는 역사적 의미는 공화당 엘리트들 사이에서 일어난 지각 변동에 기인한다. 정치적 영향력의 구조 변화는 오랜 시간이 흐른 뒤에 가시화되는 경우가 많다. 왜냐하면 한참 상승세를 타고 있는 집단이 그들 앞에 놓인 도전을 극복하며 성공을 거두기까지 그들은 계속 발전 도상에 있기 때문이다. 하지만 그 아래에서는 엄청난 일들이 벌어진다. 대니얼 발즈(Daniel Balz)와 로널드 브라운스테인(Ronald Brownstein)이라는 두 저널리스트가 자신들의 공저 《문을 박차고 내달리는 사람들(Storming the Gates)》에서 지적한 것처럼 새로운 공화당이 서서히 그 형태를 갖추기 시작한 것이다. 이때는 정치적으로는 중도를 표방하지만 정부 재정 면에서는 보수적 입장을 취하던 구파 정치인들이 강경 보수와 급진적 감세를 부르짖는 신세대 의원들에게 밀려 점점 설 곳을 잃어가던 시기였다.[43] 완전히 새로운 종류의 정치인이었던 이들 보수 엘리트는 당 내 구파 정치인들을 그런 식으로 서서히 몰아내고 있었던 것이다. 그리고 1990년은 이런 압력이 마침내 폭발한 해였다.

　공화당의 혁신은 새롭게 두각을 드러내던 신흥 보수 세력의 수장 뉴트 깅리치가 주도했다. 그들은 자신들 앞에서 재정 적자 감축을 위해 협상안에 동의해줄 것을 호소하는 조지 부시 1세에게 치욕스러운 패배를 안겨주자며 공화당 하원의원들을 설득했다. 부시는 자신의 개정안 패키지를 다시 손질해서 법안을 통과시킨다. 물론 그런 진보적 수정안을 반대하는 공화당 내 보수파 의원들 대신 민주당 의원들로부터 더 많은 지지를 이끌어내야 했지만 말이다. 그러나 그것은 장기적으로 공화당에 엄청난 결과를 몰고 왔다. 공화당 내 보수 세력과 조지 부시 1세와의 관계는 회복이 불가능할 정도로 영구적으로 단절되고 말았다. 그의 아들 조지 부시 2세가 직접적으로 언급했던 것처럼 2년 후 재선을 노렸던 조지 부시 1세는 이런 관계 단절로 아주 값비싼 대가를 치러야 했다. 그 후 공화당 중도파는 다시는 세력을 회복하지 못했다. 지도부에 반기를 든 깅리치와 그 추종 세력은 하원의 소수당 대표였던 로버트 미첼(Robert Michel)에게 이런 경고를 보냈다. "이것이 소시 부시의 마지막 임기다." 미첼이 사임을 발표하자 재빨리 공화당 지도부를 장악한 깅리치 일파는 이전보다 훨씬 공격적이고 급진적인 입장을 취했다.

　공화당은 높은 세금에 반대하며 오랜 세월 정치 투쟁을 벌여왔다. 그러나 이런 활동은 재정 보수주의라는 당의 방침과 항상 충돌을 일으켰다. 깅리치가 당시 공화당 상원 대표였던 로버트 돌(Robert Dole)에게 내뱉은 "복지 국가를 위해 일하는 세금 징수원"이라는 조롱 속에 공화당의 그런 전통적 입장이 잘 드러나 있다. 깅리치가 이끄는 공화당의 새로운 보수 세력은 재정 보수주의와 감세의 순위를 뒤바꿔버렸다. 그리고 세금 감면이 훨씬 더 중요한 목표이므로 항상 최우선적으로 추진해야 한다고 목소리를 높였다. 이보다 더 중요한 사실은 승자 독식 경제가 날개를 펼칠 수 있도록 정부의 역할을 근본적으로 뜯어고치는 데 전력투구하는 정당이 되자고 촉구했다는 것이다. 1980년대까지만 해도 걸음마 단계에 불과했던 그들의 활동은 이제 야심찬 행보를 시작할 만반의 준비를 갖추고 있었다.

제8장
19세기와의 가교 만들기

어떤 측면에서 보더라도 1980년대가 부유층에 더할 나위 없이 화려한 시절이었던 것만은 분명한 사실이다. '허영의 불꽃(The Bonfire of the Vanities)'이나 '월스트리트(Wall Street)' 같은 대중 영화에서도 묘사된 것처럼 1980년대는 자본주의의 승자들이 사회의 전면에 부상하고 그러면서 새로운 자본주의의 윤곽이 드러난 시기였다. 그전까지 제조업이 차지하고 있던 경제의 선장 자리는 이제 자본주의의 최대 승자로 떠오른 부정 거래자와 금융 도박꾼들의 차지가 되었다.

그러나 1980년대는 그저 워밍업에 불과했다. 놀라움과 당황스러움을 불러일으킬 정도로 경이적인 액수의 연봉도 몇 년 안 되어 2등급으로 밀려났다. 그 뒤로 이어진 10년 동안 부유층으로 향한 엄청난 소득은 그 증가세가 줄어들 줄을 몰랐다. 공화당은 말할 것도 없고 민주당이 집권했을 때에도 부유층과 일반 국민들 간의 소득 격차는 해가 거듭될수록 더 가파르게 벌어졌다. 경제가 확대일로를 달리던 1990년대(1993~2000년)에는 소득 상위 0.01%의 연간 세전 실질소득이 인플레이션을 감안해도 평균 16% 이상 증가하며 세 배 가까이 상승했다. 그리고 2000년대(2002~2007년)에 들어서는 17%(인플레이션을 감안한 수치임) 이상 증가하며 또 다시 두 배 넘게 상승하더니 급기야 2007년에는 3500만 달러를 훌쩍 뛰어넘었다.[1] 그렇게 브로드랜드는 사멸하고 리치스탄이 탄생한다.

1990년 이후 승자 독식 정치의 전체적인 윤곽이 드러나게 된 것은 결코 우연의 일치가 아니다. 사실 1990년은 아주 중요한 의미를 갖는 한 해였다. 그해 공화당의 중도파는 가차없이 권력 밖으로 밀려나며 재기가 불가능할 정도의 패배를 겪었다. 그것도 같은 공화당 의원들 손에 말이다. 공화당 구파 정치인의 최종 기수였던 조지 부시 1세는 아직 대통령 임기가 2년이나 남은 상태였다. 하지만 깅리치가 이끄는 신흥 보수 세력과의 관계 단절로 그의 정치 브랜드와 대통령으로서의 생명은 이미 끝난 것이나 다름없었다. 그런데 아이러니하게도 조지 부시 1세를 그렇게 내쳤던 공화당 급진 세력은 훗날 똑같은 이름을 가진 그의 아들 조지 부시 2세 정부 아래서 최고의 정책 승리를 거두게 된다. 비록 얼마 동안이었지만 말이다.

시간이 흐르면서 민주당도 점차 변해갔다. 그렇다고 해서 공화당에 종교적 신념과도 같은 감세 정책을 열렬히 지지할 정도로 바뀐 것은 아니었다. 물론 찬반 표결에서 공화당의 감세안을 적극 지지하는 민주당 의원들도 상당수 있긴 했다. 그리고 그들의 찬성표는 그런 법안 통과에 결정적 역할을 할 때가 많았다. 그러나 초강력 엔진을 장착하고 거침없이 질주하는 자유시장은 또 다른 문제였다. 이런 시대적 흐름에 의구심을 제기할 수 있는 사람들은 그나마 민주당 의원들밖에 없었다. 그러나 민주당 지도부를 장악한 새로운 인사들은 재계, 특히 월가에 친화적인 제스처를 보내는 데 더 열중했다. 새로운 승자 독식 경제에서 거대한 부분을 차지한 월가에 워싱턴 정가는 단순히 조지 부시 2세 정부 때만이 아니라 빌 클린턴 정부 때도 당파를 초월하여 계속 뜨거운 지지를 보냈다.

승자 독식 경제의 황금기는 조지 부시 1세를 실각시켰던 경기 후퇴와 더불어 시작되었다. 그리고 조지 부시 2세의 지지율을 끌어내리고 새로운 경제가 몰고 온 파장이 적나라하게 모습을 드러낸 거대한 경기 후퇴로 막을 내렸다. 이 시기와 그 속에 들어 있던 경제 및 정치 메시지를 아주 완벽하게 압축해서 보여주는 두 사람이 있다. 바로 클린턴과 부시 정부에서 재무부 장관으로 활동하면서 엄청난 영향력을 떨친 로버트 루빈(Robert Rubin)과 헨리 폴슨(Henry Paulson)이다. 소속 정당 등 여러 가지 면에서 서로 달랐지만 그럼에도 불구하고 이 두 사람은 한때 정교한 경제 운용 능력으로 명성을 날렸다는 공통점을 갖고 있다. 그리고 그런 명성은 대부분 골드먼삭스에서 근무했던 과거 경력에서 비롯된 것이다. 골드먼삭스가 어떤 회사인가? 승자 독식 경제의 상징 그 자체라고 해도 과언이 아닌 회사가 아닌가?

우리는 이번 장과 다음 장에 걸쳐서 공화당과 민주당이 이 새로운 경제, 정치 질서의 탄생에 어떤 상이한 방식으로 기여했는지를 살펴보려고 한다. 그리고 무엇이든 상단에 이름을 올리는 것이 주특기인 공화당에 대한 이야기부터 시작해보자. 공화당은 경제 성장의 과실이 부유층에 심하게 편중되는 현상을 세상이 잘 돌아가고 있다는 신호로 여겼다. 그들의 이런 태도는 민주당과 비교가 안 될 정도로 단호했다. 그리고 여러 가지 측면에서 자신들이 워싱턴 정가를 장악했다는 것이 확실해지자 그때부터는 아주 노골적으로 그런 입장을 드러내기 시작했다.

필 박사의 경제 진단

2008년 대선 캠페인 기간 중 존 매케인이 가장 곤혹스러웠던 순간은 아마 전직 상원의원이자 매케인 캠프의 최고 경제자문위원이었던 필 그램(Phil Gramm)이 주요 언론의 1면을 장식한 날이었을 것이다. 물론 매케인에게는 그런 순간이 많았지만 말이다. 7월 초, 미국 경제에 두꺼운 암운이 드리워진 상황에서 필 그램은 보수 성향의 일간지 〈워싱턴 타임스(Washington Times)〉와 인터뷰를 가졌다. 그 자리에서 그는 미국 경제가 "지금보다 더 강력했던 적이 없다"면서 점점 심각해지는 경제 문제에 대해 사람들이 그저 "심리적으로 경기 후퇴라고 느끼는 것뿐"이라며 그런 우려를 일축했다. 그리고 미국이 점점 "불평하고 투덜대는 사람들의 나라로 변하고 있다"고 주장했다.

이 소식에 희색이 만면해진 오바마 선거 캠프는 기회를 놓치지 않고 즉각 반격을 펼쳤다. 오바마 자신이 직접 나서서 미국의 경제는 실제로 아주 심각한 상황이며 필 그램을 유명한 TV 심리 치료사인 필 맥그로(Dr. Phil McGraw)에 빗대어 우리에게는 "더 이상의 필 박사가 필요치 않다"고 응수했던 것이다.[2] 상원 실세로 통했던 필 그램은 매케인이 집권할 경우 재무부 장관 후보 1순위라는 말이 나올 정도로 영향력이 막강한 인사였다. 이 두 공화당 거물은 개인적으로도 친분이 두터운 사이였다. 매케인은 그램이 대선에 출마했던 1996년에 그의 선거 캠프를 지휘했었다. 그리고 그에 대한 화답으로 그램은 2007년 공화당 대통령 후보 지명전에서 매케인을 지지했다. 사실 당시만 해도 매케인이 공화당 대선 후보로 지명될 가능성은 희박한 상태였다. 그런 매케인이 후보 지명전에서 지지도를 크게 끌어올릴 수 있었던 것은 필 그램의 공이 컸다. 하지만 경제가 어렵다는 불평만 늘어놓는다고 미국인들에게 호통쳤던 필 그램은 그로부터 일주일 후 매케인 선거 캠프에서 하차하는 수모를 겪는다.

필 그램이 정말로 상황을 제대로 파악하지 못한 것이라면 거기에는 분명 그럴 만한 이유가 있는 것이다. 사실 미국 경제가 기우뚱거리기 시작했다는 것을 강하게 부정하는 사람은 거의 없었다. 우디 앨런(Woody Allen)의 영화 '젤리그'(Zelig, 어떤 상황에서도 자유자재로 변신할 수 있었던 사람-옮긴이)의 주인공 젤리그처럼 그램은 승자 독식 경제가 건설된 지난 30년 동안 거의 매일 같이 신문지상에 오르내렸다. 하지만 젤리그와는 달리 그램은 그저 현실에 머물기만 한 것이 아니라 그 속에서 계속 적극적으로 참여한 인물이었다. 실제로 그의 정치 인생에는 승자 독식 경제가 건설되기까지 미국 정치사가 겪은 깊은 변화의 굴곡들이 그대로 반영되어 있다. 그리고 세상의 이목을 집중시켰던 말년에는 엘리트 계층의 정치가 어떻게 된다는 것을 아주 적나라하게 보여주었다.

텍사스 주 민주당 하원의원으로 활동하던 1981년에는 레이건이 추진한 여러 정책들이 들어 있던 그램-라타(Gramm-Latta) 예산 법안을 공동 발의했고 그로부터 10년 뒤에는 아예 공화당으로 당적을 바꾸기까지 했다. 그때부터 그램은 부유층을 위한 감세와 완전한 탈규제를 더욱 열렬히 옹호하기 시작했다. 1995년에 상원은행위원회의 공화당 위원장에 오른 그는 월가의 입맛에 맞는 법안을 추진하고 월가가 반대하는 법안을 차단할 수 있는 막강한 권력을 손에 쥔다. 그가 거둔 가장 커다란 입법 승리로는 1999년의 글래스-스티걸법(Glass-Steagall, 금산 분리법)의 폐지를 꼽을 수 있다. 이것은 대공황 시대에 금융 시스템의 잠재적 위험과 이해상충을 막기 위해 투자 회사와 상업 은행 간에 높은 장벽을 쳐놓은 일종의 금산 분리법이었다. 이보다 훨씬 더 인상적인 활동도 있었다. 2000년도 입법 회기가 얼마 남지 않은 시점에서 상품선물현대화(Commodity Futures Modernization Act) 법안을 해당 회기 내에 반드시 처리해야 할 예산 목록에 슬쩍 집어넣은 일이었다. 이 법안은 파생상품에 대한 규제를 원천적으로 봉쇄할 수 있게 하는 내용이었다. 당시 새로운 금융 기법으로 떠오른 파생상품은 레버리지(leverage, 타인의 자본을 이용하여 자금을 조달하는 것-옮긴이)와 투기는 물론이고 월가의 보수를 늘려주는 데 지대한 공헌을 했다.

그런 선제적 활동에서 알 수 있다시피 그램은 공격만이 아니라 방어 활동에도 능한 인물이었다. 서브프라임 모기지 시장의 위험과 느슨한 대출 기준에 대한 우려와 대응책 마련 요구가 거세지자 그램은 약탈적 대출(Predatory Lending, 대출상환 능력이 없는 소비자에게 자금을 빌려주고 높은 수수료나 연체료를 부과하거나 담보물을 싸게 취득하는 방법으로 높은 수익을 올리는 대출-옮긴이)이 아니라 그런 모기지를 갚을 수 없는

'약탈적 대출자(Predatory Borrower)'가 더 문제라고 반박했다. 또한 그는 상원은행위원회 위원장이라는 권한을 이용하여 법안 관련 청문회 요구를 거부하며 개혁파 의원들의 활동을 차단했다. 또 증권거래위원회(Security and Exchange Commission)의 아서 레빗 위원장이 이해상충을 막기 위해 회계 회사들에 대한 규정을 강화하려고 하자 증권거래위원회 예산을 삭감하겠다고 으름장을 놓기도 했다. 여기에서 레빗이 말한 이해상충이란 엔론(Enron)을 비롯한 다수의 기업 스캔들에서 핵심을 이룬 그런 이해관계의 충돌을 의미했다. 실제로 월가의 규모가 확대되면서 증권거래위원회의 업무 역시 대폭 늘어났지만 그램은 예산을 증액해달라는 증권거래위원회의 요구를 계속 묵살하고 있었다. 그가 레빗에게 보낸 다음과 같은 직설적인 메시지 속에서 우리는 우연이라고 넘기기에는 오싹할 정도로 신통한 그의 예언 능력을 발견할 수 있다. "광천수가 투자자들의 피로 진홍색이 되지 않는 한 당신이 말도 안 되는 규제 활동을 벌이며 설쳐대는 꼴을 보고 싶지 않다."[3]

  탈규제를 옹호한 고위 공직자 가운데 그램을 당해낼 사람은 앨런 그린스펀(Alan Greenspan) 정도밖에 없을 것이다. 약탈적 대출을 놓고 벌어진 논쟁에서 그램은 이런 말도 서슴지 않았다. "어떤 사람들은 서브프라임 대출을 악마로 여긴다. 그러나 나는 서브프라임 대출이야말로 아메리칸 드림을 실현시켜 줄 수 있는 수단이라고 생각한다." 그 전년도에는 이런 말을 하기도 했다. "내가 근무했던 월가는 내게 성지와 같은 곳이다."[4] 하지만 자신이 성지라고 부르며 추앙하던 그곳에 그는 십일조를 내기는커녕 오히려 십일조를 거둬들였다. 1989년부터 2002년까지 그램이 상업 은행들로부터 받은 액수는 전체 의원들 가운

데 1위, 월가에서 받은 액수는 5위에 이를 정도로 엄청난 기부금을 모금했던 것이다.[5]

재계는 단순히 선거 자금만 제공했던 것이 아니다. 그램 가족의 과거사를 들여다보면 워싱턴 정가의 내부인과 승자 독식 경제를 연결하고 있는 작은 다리 하나만 건너면 엄청난 보상이 기다리고 있고 그러한 보상이 점점 증가하고 있다는 것을 알 수 있다. 1980년대 후반부터 1990년대 초반까지 상품선물거래위원회 위원장으로 활동했던 그의 부인 웬디(Wendy)는 재계의 가장 든든한 동반자 가운데 한 사람이었다. 그녀가 위원장으로 재직할 당시 상품선물거래위원회는 일부 스와프(swaps) 및 파생상품을 규제 대상에서 제외했을 정도다.(훗날 상품선물거래위원회 위원장에 오른 브룩슬리 본(Brooksley Born)은 이 규정을 원상태로 되돌려놓으려다 오히려 그램이 2000년 법안을 상정하도록 자극하는 결과를 낳고 말았다) 상품선물거래위원회 위원장에서 물러난 웬디 그램은 엔론(Enron) 이사로 들어갔다. 그녀가 상품선물거래위원회 위원장으로 있을 때 승인해준 규정 덕분에 정부 감독에서 벗어나 마음껏 에너지 선물 거래를 할 수 있게 된 바로 그 회사였다. 그 다음해에 그녀가 엔론으로부터 받은 연봉과 주식은 총 91만 5000달러에서 180만 달러 사이였다고 한다.[6]

그램 역시 기업으로부터 막대한 돈을 챙겼다. 요즘 말로 하자면 소위 '먹튀'를 했다는 것이다. 2003년에 정계에서 은퇴한 그는 스위스 최대 은행인 UBS 고위직으로 자리를 옮겼다. 엔론과 마찬가지로 UBS도 그램이 의회에서 주도한 정책 덕분에 엄청난 수익을 거두고 있었다. 글래스-스티걸법이 폐지된 덕분에 UBS는 파인 웨버(Paine Webber)

를 인수할 수 있었다. UBS에서 그램이 수행한 업무는 의회와 재무부를 상대로 은행 및 모기지 자금 조달과 관련한 로비를 펼치는 것이었다. 그램이 UBS로부터 받은 보수가 총 얼마였는지는 알 수 없다. 그리고 2008년의 금융 위기로 UBS가 심각한 경영난을 겪을 당시 그가 얼마나 많은 손실을 입었는지도 알려지지 않고 있다. 당시 UBS는 과거 4년 동안 벌어들인 수익에 맞먹는 거대한 부채를 탕감하면서 스위스 정부에 막대한 구제금융을 요청하는 신세가 되고 말았다.

새로운 공화당

필 그램이 1990년대에 출현한 새로운 공화당을 몸으로 직접 구현한 인물이었다면 이 새로운 공화당은 승자 독식 경제의 열렬한 치어리더와 같은 존재였다. 오늘날 공화당은 경제 사안에서 놀라울 정도로 보수화 경향이 강해졌다. 그저 '닉슨이나 제럴드 포드 시절의 공화당보다 더 보수적'이 아니라 '로널드 레이건 시절의 공화당보다 훨씬 더 보수적'이라고 말해야 할 정도다. 아니 어쩌면 공화당은 '놀라울 정도로 급진적으로 변했다'는 말이 더 적합한 표현인지도 모른다. 이 새로운 공화당에는 과거 선배 정치인들이 외치던 뜨뜻미지근한 재정 보수주의를 전혀 찾아볼 수 없었고 대규모 감세를 모든 문제의 해결책으로 여겼다. 의회 내에서 '해머'라는 별명으로 통했던 톰 드레이(Tom DeLay)는 깅리치 지도부 아래서 하원 다수당 원내 부총무를 거쳐 다수당 당수 자리에까지 올랐던 인물이다. 하지만 유명 재계 로비스트인 잭 아브라모프(Jack Abramoff) 스캔들로 결국 당수 자리에서 물러난다. 그런 톰 드레이가 2003년에 했던 이 한마디 속에서 우리는 그의 생각을 그대로 읽을 수 있다. "전쟁이 터진다고 해도 감세보다 더 중요한 일은 없다."[7]

공화당은 1980년 이후 경제 사안에서 계속 보수주의적 입장을 분명히 해왔다. 그러나 공화당이 이런 입장을 변함없이 지속한 것처럼 보이지만 사실은 그렇지 않다. 전문가들은 여기에서도 경쟁 활동에만 초점을 맞추느라 정작 중요한 것은 놓치는 우를 범했다. 정책 대결의 실질적 내용이나 조직의 점진적 변화에는 관심을 기울이지 않았기 때문에 오랜 세월에 걸쳐 진행된 공화당의 우경화를 제대로 살피지 못했던 것이다. 레이건과 조지 부시 1세는 민주당하고만 싸워야 했던 것이 아니다. 그들은 경제 사안에서 양분되어 있는 공화당과도 싸워야 했다. 1980년대 초부터 1990년대 초까지 그런 당내 분열로 그들은 계속 타협을 되풀이해야 했다. 그러나 그런 타협은 거기까지였다. 1970년대 후반부터 1990년대 후반까지 20년간에 걸친 싸움이 경제 강경론자들의 일방적인 승리로 끝났기 때문이다.

이런 내부 갈등은 거대한 공연을 방불케 했다. 무대 뒤에서 펼쳐지는 은밀한 싸움은 물론이고 연쇄적으로 총력전이 벌어졌다. 하지만 그러한 변화상은 대부분 한 번에 요동치는 지진보다는 한 방울, 한 방울씩 녹아떨어지는 만년설에 더 가까웠다. 그렇게 20년이 넘는 세월 동안 공화당의 지리적, 조직적 토대는 극단적인 경제 노선을 점점 더 강화하는 쪽으로 이동했다. 아이젠하워, 닉슨, 그리고 이들과 상반된 레이건조차 다른 분야에서는 민주당과 대립했지만 기본적으로 뉴딜 정책은 받아들여야 한다는 생각을 갖고 있었다. 하지만 오늘날 새로운 공화당은 과거 린든 존슨(Lyndon Baines Johnson)이 부르짖던 빈곤과의 전쟁 같은 것은 벌일 마음이 추호도 없다는 것을 만천하에 드러냈다. 뉴딜 정책과 진보주의의 잔재를 모두 쓸어내리려는 입법 활동 속에서 그들이 추구하는 목표를 분명하게 읽을 수 있다. 사회보장연금 반대, 최저 실효 임금 반대, 누진세 반대, 고용주 부담 의료보험제도 반대, 금융 규제 반대……. 한마디로 그들이 추구하는 목표는 도금 시대(Gilded Age, 미국 남북전쟁 후의 대호황 시대) 경제의 재부상과 도금 시대 정책의 재수립이었다.

남부 지역의 부상

이런 태도는 새로운 공화당의 주된 지지 기반이 누구이고 어떤 단체들이 가장 조직화된 목소리를 내는지를 그대로 보여주는 것이다.

선거에서 새로 부상한 두 유권자 집단은 공화당의 급진주의에 필요한 부분을 충족시켰다. 그 첫 번째 집단은 남부 지역 유권자들이었다. 1974년만 해도 남부 지역 출신 하원의원은 3분의 2가 민주당이었다. 그러나 1994년에는 3분의 2가 공화당 의원이었다. 게다가 1994년 이후 공화당 내에서 실세로 통하는 뉴트 깅리치, 톰 드레이, 딕 아미, 미치 맥코넬(Mitch McConnell), 트렌트 로트(Trent Lott), 빌 퍼스트(Bill First), 그리고 조지 부시 2세까지 모두 융통성이라고는 조금도 찾아볼 수 없는 남부 출신들이다. 그 외에는 중서부 지역의 밥 돌, 데니스 해스터트(Dennis Hastert), 서부 지역에서 살짝 벗어난 존 매케인 정도가 공화당 수뇌부에 이름을 올리는 정도였다. 아버지 부시에서 아들 부시로의 권력 세대교체는 중요한 상징적 의미를 갖고 있다. 레이건 시절의 공화당과는 달리 현재의 공화당은 완전히 남부 지역 당이 되었다는 것이다.

오로지 민주당만 고집하던 과거와 달리 이제는 오로지 공화당만 고집하는 남부 지역의 뚜렷한 표심의 변화는 일반 국민들도 잘 알고 있는 사실이다. 그러나 그것과 관련된 다음 두 가지 사실은 잘 모르고 있다. 첫 번째는 그것이 아주 오랜 시간에 걸쳐 진행된 현상이라는 것이다. 한 예로, 1980년 당시 남부 지역 의원이 민주당 당수를 맡을 때조차 남부 지역은 대선에서 공화당의 우세가 확실시되는 곳이었다. 하지만 의회에 들어오면 이야기가 달라진다. 현직 의원이라는 이점을 활용하여, 그리고 소속 정당을 잊게 만들 만큼 뛰어난 의정 활동에 힘입어 남부 출신 민주당 의원들도 의회에서는 그럭저럭 대등한 경기를 펼칠 수 있었던 것이다. 그런데 이런 민주당 의원들이 하나둘 은퇴를 했고 그러면서 그들의 빈자리를 공화당이 채워나가기 시작했다. 그러다가 1994년 선거에서 민주당이 참패를 당하면서부터 남부는 완전히 공화당의 수중으로 떨어졌다. 물론 당시 민주당이 그 정도로 대패를 하게 된 데는 민주당 의원들이 대거 은퇴를 했던 탓도 컸다.

남부 지역 표심의 변화에서 사람들이 제대로 인식하지 못하고 있는 두 번째 사실은 그것이 공화당의 급진주의, 양당 간의 역학 관계 변화에 엄청난 영향을 미쳤다는 것이다. 당 내의 보수 세력으로 꿋꿋이 버텼던 남부 출신 민주당 의원들은 북부 지역 공화당 중도파 의원들과 자연스럽게 동맹 관계를 맺는다. 이들 민주당 의원은 의회 내에서 부동층을 형성할 때가 많았고 이들의 지지를 얻기 위해 양당의 지도부까지 나설 정도였다. 흥정과 타협을 일삼는 그들의 모양새가 항상 좋지만은 않았겠지만 적어도 급진적인 방향으로 흐르지는 않았다.

하지만 새로 공화당에 합류한 남부 지역 의원들은 전혀 다른 종류의 정치인이었다. 그들은 미국의 정치 경제를 근본적으로 뜯어고쳐야 한다고 주장했다. 일반 국민들보다 훨씬 더 보수적인 유권자(특히 예비선거)와 활동가들의 지지를 받았던 이들은 타협 활동을 가장 혐오했다. 그리고 이들은 서서히 새로운 공화당의 극우 진영을 장악했다.

조지 부시 2세, 톰 드레이, 딕 아미, 필 그램 같은 인물들이 주축을 이루었던 2000년 텍사스 주의 공화당 정견 내용을 한번 살펴보자. 그들은 금본위제 부활, 연방준비은행의 철폐, 최소임금 폐지, 사회보장 연금의 점진적 폐지, 16차 수정헌법(연방 소득세를 도입했다)의 폐지, 국세청의 폐지를 요구했다.[8] 이런 남부 지역 의원들이 동질화, 중앙집권화 되어가는 당 지도부를 장악하면서 공화당의 경제 의제들은 더욱 더 극단적인 방향으로 치달았다.

종교 세력의 보강

공화당을 지지하는 유권자 계층 가운데 크게 확장된 또 다른 한 축은 앞서의 6장에서 잠깐 언급한 바 있는 보수적인 복음주의자들이다. 이들이 공화당을 중심으로 점점 더 세력을 확대했다는 것은 모두가 다

알고 있는 사실이다. 그러나 여기에서도 짚고 넘어가야 할 몇 가지 사실들이 있다. 공화당을 중심으로 한 복음주의자들의 결집 역시 어느 날 갑자기 이루어진 일이 아니다. 그리고 공화당이 경제 사안에 대해서 급진적인 태도를 취하게 된 데는 이들의 영향이 상당했다는 것도 사실이다.

1960년에 복음주의 기독교도들이 천주교도인 존 케네디(John Kennedy) 후보에게 반대해서 닉슨에게 투표를 했을 때 그들은 정당은 민주당을 지지했고 의회 선거에서도 민주당 의원들에게 표를 몰아줬다.[9] 그랬던 그들이 공화당 쪽으로 조금씩 기울기 시작한 것은 남부 출신의 침례교 신자였던 지미 카터가 민주당 대선 후보로 나섰을 때부터였다. 물론 그런 변화는 아주 미세하게 조금씩 진행되었다. 그리고 1984년의 레이건의 재선 승리는 대다수 복음주의자들이 공화당에 애착을 갖게 된 출발점이었다는 점에서 중요한 의미를 갖는다. 그러나 복음주의자들의 표심이 완전히 공화당 쪽으로 기울어졌다는 사실이 분명하게 드러난 것은 1990년대였다. 물론 여기에는 빌 클린턴에 대한 강한 반발심이 작용했던 측면도 무시할 수 없다. 그의 문란한 사생활을 혐오했고, 논란이 많았던 주요 사회 현안에 대해 그들은 그런 식으로 반대 입장을 표명했다.

사람들은 기독교인의 권리(Christian Right, 기독교 우파 단체)가 광범위한 계층의 유권자들이 낙태 등의 사회 문제에 대해 반대하는 과정에서 생겨난 단체라고 생각한다. 그러나 거기에는 이 이야기의 주된 핵심인 조직적인 측면이 빠져 있다. 거기에는 기독교 유권자들 못지않게 여러 기독교 단체, 특히 기독교 학교들이 깊이 연루되어 있다. 1970년대 후반에 국세청의 관리감독 강화로 사립 기독교 학교의 세금 감면 문제가 복음주의 운동가들 사이에서 뜨거운 쟁점으로 떠올랐다. 인종차별대우 폐지 조치(인종별로 나누어진 학교·학급 등을 통합하라는 정부의 요구-옮긴이)에 맞서 이런 학교들이 거대한 조직망을 동원하자 카터 대통령이 임명한 국세청장은 이 문제를 과세와 연계하겠다고 공표했다. 여기에 대한 반발로 기독교 보수단체들까지 들고 일어섰지만 카터 정부는 꿈쩍도 하지 않았다. 그러자 그들은 공화당에 도움을 요청했다. 물론 사립 기독교학교에 대한 감세 문제가 낙태 문제만큼 그렇게 사회적으로 큰 반향을 일으켰던 것은 아니다. 그러나 그 당시의 정치 조직에 커다란 기폭제 역할을 했던 것만은 사실이다. 보수주의 운동권 내에서 전설적인 인물로 통하는 리처드 비게리(Richard Viguerie)의 말처럼 그러한 세금 부과 결정은 "잠들어 있는 개를 걷어찬 격이었다.… 그런 일격에 화들짝 놀란 기독교 보수주의 세력은 종교적 권리를 부르짖기 시작했고, 그것은 그들을 현실 정치에 뛰어들게 만든 도화선이 되었다". 복음주의 교회와 더불어 '갱생한' 사립 기독교학교 연합은 보수주의 운동에 필요한 기본적인 제도들을 마련했고 시간이 흐르면서 점점 당파성까지 갖게 되었다.

이런 새로운 세력 동원에서 가장 두드러진 단체는 제리 팔웰(Jerry Falwell) 목사가 설립한 도덕적 다수(Moral Majority)였다. 이 단체는 국세청과 기독교 학교 간의 싸움이 시작되자 곧바로 로버트 빌링스 시니어(Robert Billings Sr.)를 초대 사무총장으로 추대했다. 그리고 50개 주에 있는 각 지부의 초대 회장 가운데 절반가량이 기독교 학교 재단을 후원하는 교회들과 손을 잡았다.[10] 하지만 이 단체는 1980년대에는 기대만큼 그렇게 큰 위력을 발휘하지 못했다. 우편물 발송을 통한 기금 마련에 집중하면서 회원들의 잠재력을 끌어내는 데 실패했기 때문이다. 팔웰 목사의 활동은 세간의 이목을 집중시키는 데는 성공했지만 대중을 동원하는 능력에서는 한계를 드러냈다. 심지어 그들이 끌어모은 자금도 워싱턴 정가의 높은 기대치에는 한참 못 미치는 수준이었다. 그 결과로 레이건 재임 후반기에는 많은 사람들이 기독교 보수주의를 쇠락하는 정치 세력으로 여길 정도로 그 위상이 추락했다.

그러나 1차 활동이 최고조에 이르렀을 때 그보다 더 큰 규모의 2차 활동이 바로 그 뒤에서 대기하고 있었다. 1980년대 후반부터 1990년대 초반 사이 팔웰 목사의 활동이 시들해질 때쯤 기독교 보수 세력의 동원이 다시 활기를 띠기 시작했다. 이러한 활기에는 분권화, 지방의 활발한 활동, 전국적 규모의 신생 단체의 설립 같은 몇 가지 요인이 결합되어 있다. 기독교인 연합(Christian Coalition)이라는 신생 단체를 조직한 랄프 리드(Ralph Reed)는 팔웰과 마찬가지로 아주 기민하게 움직였다. 그의 이런 활동은 1994년 선거 기간은 물론이고 선거가 끝난 후에도 얼마간은 상당한 영향력을 발휘했다. 다만 영향력을 계속 이어가지는 못했다.

하지만 기독교 단체들은 미국의 여러 지방에서 조용히 세를 확장하고 있었다. 〈캠페인스 앤드 일렉션스(Campaigns and Elections)〉는 워싱턴 정가에 정통한 정치 논객들과의 인터뷰를 바탕으로 정기적으로 주(州)별 정당 활동을 평가하는 잡지다. 이 잡지에 따르면 1994년도에 보수주의 성향이 '중간' 또는 '강력한' 기독교 단체가 공화당을 장악한 주는 31곳이었고 2002년에는 그 수가 44개로 늘어났다.[11] 뿐만 아니라 이런 단체들은 수많은 자원봉사자를 동원하여 대선 투표일에 유권자들을 투표장으로 끌어내는 활동도 열심히 펼치고 있었다.

6장에서 언급했던 것처럼 이런 동원 활동의 중요한 특징은 기독교 복음주의자들의 표심의 변화가 정치화, 조직화되는 기독교 보수주의 운동으로 이어졌다는 것이다. 그리고 이런 기독교 보수주의 운동은 공화당과 공동 전선을 형성했다. 전성기 때의 노조가 그랬던 것처럼 유권자들을 정치 무대로 끌어낸 이런 조직들은 정치 자원의 활용 방식을 결정하는 데도 중요한 역할을 했다. 즉, 어떤 목적을 위해서 어떤 정치인들을 위해서 활동할 것인지를 이들이 결정했다는 얘기다. 그리고 유권자들에게 신호를 보내는 것도 이들의 주된 역할 가운데 하나였다. 충성의 대상은 누구이고 분노의 대상은 누구인지, 그리고 그 이유는 무엇인지를 유권자들에게 알려주었다. 이런 조직들이 결정했던 것이 또 하나 있다. 기독교인의 권리가 중요시하는 사회 문제에 지지를 표명하는 대신 그들은 다른 이익집단들의 이해관계에 맞춰 수립된 경제 정책을 지지하는 식으로 기독교 보수주의 유권자들이 공화당의 다른 세력들과 손을 잡게 했다.

기독교 보수주의자들이 정치적으로 이용당했다는 주장에 대해서는 지금도 가끔 논쟁이 일고 있다. 토머스 프랭크(Thomas Frank)가 제작한 '캔자스의 문제가 무엇인가?(What's the Matter with Kansas?)'라는 다큐멘터리에서 이것을 아주 재미있게 소개하고 있다. 프랭크는 여기에서 종교적 권리를 부르짖는 단체들이 재계의 이익에만 관심을 갖는 공화당의 돌격대 역할을 하고 있다고 주장했다. "기독교 보수주의자들이 검은색 깃발을 치켜든 채 운집해 있다. 백만장자들이 자신의 대저택 안에서 불안에 떠는 동안 밖에서는 기독교 보수주의자들이 놀라운 요구들을 외치고 있다. 그들은 백만장자들에게 이렇게 부르짖는 것 같았다. '당신네 부자들의 세금을 깎아주려고 우리가 여기에 모였다!'"[12] 프랭크의 눈에는 사회 문제에 초점을 맞추는 이들 기독교 보수주의자들이 공화당의 이익단체들을 위해 자신들이 피땀 흘려 번 돈을 아깝게 허비하는 것처럼 보였던 것이다. 공화당 이익단체들이 단순히 그런 사회 문제에 지지를 표명하는 대가로 말이다.

이런 사회 문제와 관련한 보수주의자들의 활동이 사법부의 판결에 적잖은 영향을 미치겠지만 우리는 이런 싸움에는 조금도 관심이 없다. 이런 거래로 경제적 보상을 얻은 자유시장 옹호자들이 기독교 보수주의자들의 사회 문제에 지지를 표명해야 했었는지는 승자 독식 경제의 정치에서 그렇게 중요한 문제가 아니기 때문이다. 정말 중요한 것은 그런 거래의 세부 조건이 아니라 근본 성격이다.

1990년대 중반에 주로 중산층과 노동자 계층인 수천만 명의 기독교 보수주의자들이 공화당의 선거 활동에 동원되었다. 소득 계층에 따라 일반 유권자들의 지지 정당이 확연히 갈리는 상황에서도 복음주의자들은 공화당에 한결같은 지지를 보냈다. 문제는 공화당이 이런 선거 부대의 경제적 이해관계에는 전혀 관심을 기울이지 않아도 그들은 계속 공화당에 헌신하고 충성했다는 것이다. 그리고 이런 거래를 중개한 리드(Reed) 같은 인사들은 경제 사안에 대한 그들의 관심을 다른 쪽으로 돌리거나 진보 세력과 민주당이 그들의 경제적인 안정을 위협한다고 설득하는 역할을 했다.

자유시장에 열광하는 사람들

　기독교 보수주의자들과 공화당을 결합시킨 것이 조직이라면 1990년대 이후 점점 심해지는 공화당의 경제 우경화 현상 역시 똑같이 조직의 작품이라고 할 수 있다. 공화당은 1980년대에도 일반 국민들이 모두 알 정도로 "친기업적 정책, 세금 부과 반대"를 공공연히 부르짖었다. 하지만 당시만 해도 공화당은 완제품이 아니었다. 오랫동안 전개한 보수주의 활동으로 당내 중도파들이 점점 줄어드는 가운데 공화당 내 두 핵심 조직의 발전은 경제적 급진주의의 중요성을 더욱더 부각시켰다.

　그 첫 번째는 공화당 내에서 점점 조직화되고 확대된 소규모 기업들이었다. 당시 이런 소규모 기업의 고용주들은 대기업보다 정부에 불만이 더 많았다. 워싱턴 정가의 규제는 일반적으로 소기업과 대기업을 똑같이 강타했지만 대기업은 그런 규제와 감독에 따른 비용 부담을 잘 견뎌낼 수 있었던 데 반해 소기업은 그렇지 못했기 때문이다. 수천 명의 근로자를 거느린 대기업들은 규제 당국의 요구를 수용하는 것이 조금 귀찮았을 뿐 거기에 수반되는 비용은 사업 추진비 정도로 여길 수 있었다. 그리고 대부분의 다른 경쟁업체들도 동일한 요구를 받고 있기 때문에 그런 비용을 소비자들에게 전가할 때가 많았다. 그래서 대기업은 규제 내용 그 자체만큼이나 그런 규제가 동일하게 적용되고 예측 가능한 것인지를 확인하는 데도 많은 관심을 기울였다.

　하지만 소기업 고용주들에게 당국의 규제는 사업의 존폐가 걸린 문제였다. 고통스러운 경제 변화가 정신없이 밀려드는 상황에서 정부와 워싱턴 정가는 점점 더 이들의 분노의 표적이 되어가고 있었다. 과거 비료회사의 소유주였던 톰 드레이가 워싱턴 정가로 들어가게 된 것도 이런 상황이 크게 작용했다. 워싱턴 정가에 발을 들여놓은 톰 드레이는 환경보호국(Environmental Protection Agency)을 "정부의 게슈타포"라고 비난하며 자신의 주된 표적으로 삼는다.[13]

공화당의 우경화를 더욱더 강하게 밀어붙이고자 했던 사람들은 이들의 분노를 확대하고 적극 활용했다. 그리고 이들을 하나의 정치 세력으로 키우는 한편으로 공화당이 더 강하게 정부에 반대 목소리를 내도록 부추겼다. 한때 회원수가 60만 명에 이르며 강력한 영향력을 발휘했던 미국 독립사업자연맹(National Federation of Independent Business, 이하 NFIB)이 그 대표적인 예다. 이런 변화상을 직접 구현했던 NFIB는 원래 비즈니스 라운드나 전미제조협회, 상공회의소만큼 그렇게 비중 있는 단체는 아니었다. 하지만 1990년대 들어 그 진가를 발휘하기 시작했고 오늘날에는 재계와 공화당 간의 관계를 더욱 발전시키고 더욱 급진적인 방향으로 몰아가는 강력한 단체로 발전했다.

이 두 신흥 동맹 세력에게 의료 서비스 개혁 반대 투쟁은 하나의 분수령이 된 사건이다. 당초 클린턴의 계획은 대기업과 대형 의료보험 회사들에 당근을 제공함으로써 개혁 반대 세력을 이간질하는 이른바 '분열과 정복' 전략이었다. 사실 상공회의소처럼 대기업 중심의 조직들은 그들이 할 수 있는 최선의 거래를 저울질하며 흥정과 반대 사이에서 어정쩡한 태도를 취하고 있었다. 그러나 미국 독립사업자연맹은 전혀 주저함이 없었다. 고용주에게 의료보험 제공을 의무화하려는 클린턴의 계획은 이 단체의 회원들에게는 말도 안 되는 정책이었다. 이 단체의 회장 잭 파리스(Jack Faris)는 정부가 기업을 "미국 사회가 직면한 모든 문제의 해결 수단"으로 여긴다며 정부의 태도를 강하게 비난하고 나섰다.[14] 한편, 이 단체의 지도부는 이것을 자신들의 조직이 발전할 수 있는 절호의 기회로 여겼다. 의료 서비스 개혁을 단호하게 반대함으로써 상공회의소 회원들을 일부분 끌어오는 데 상당한 성공을 거두고 있었기 때문이다. 상공회의소는 대기업과 소기업을 똑같이 대표한다고 주장했지만 실제로는 대기업들의 요구에만 초점을 맞춘 조직이었다.

공화당 내 강경 보수파의 부추김 속에서 미국 독립사업자연맹은 클린턴의 의료 서비스 개혁 사업에 거세게 반대하며 많은 세력을 동원했다. 이들은 또한 영세 보험사업자들을 대표하는 미국의료보험협회(Health Insurance Association of America)와 손을 잡고 네거티브 광고 캠페인과 대중 동원에 필요한 재원을 마련했다. 당시 의료 서비스 개혁 소식에 극도의 불안을 느낀 영세 보험사업자들은 정부의 계획을 반대하고 공격하기 위해 '해리와 루이스'(Harry and Louise, 1990년대 클린턴이 제안한 의료개혁안을 반대한 광고 제목-옮긴이)라는 광고를 제작하기도 했다. 독립사업자연맹 부대표에 따르면 그런 활동을 통해 그들은 사람들의 관심과 이목을 집중시키고 공화당과의 "관계를 더욱 공고히 할 수 있었다"고 한다.[15] 그들의 성공적인 활동은 연합 관계에 있던 양쪽의 급진주의자들을 더욱더 자극하는 계기가 됐다. 이런 승리의 대미를 장식하고 진행 중이던 우경화를 더욱 촉진시킨 사건이 있다. 보수 성향의 재계 리더와 공화당 하원의원들이 똘똘 뭉쳐 상공회의소의 부소장을 몰아낸 일이다. 그들은 상공회의소 부소장인 윌리엄 아치

(William Archey)가 가로막고 있기 때문에 상공회의소가 클린턴의 의료 서비스 개혁에 적극적으로 반대 활동을 펼치지 않는 것이라고 생각했다.

1994년 중간선거에서 공화당이 눈부신 승리를 거두면서 공화당과 재계의 유착 관계는 더욱더 공고해졌다. 그리고 톰 드레이는 그런 기회를 놓치지 않고 곧바로 K 스트리트 프로젝트(K Street Project)에 착수했다. 이것은 로비스트와 기업들이 공화당 지도부와 보다 친밀하고 협조적인 관계를 구축하도록 유도하는 프로젝트였다. 톰 드레이는 "우리의 정치 혁신에 참여하고 싶다면 우리의 규칙을 따라야 한다"고 대놓고 주장했다.[16] 그리고 선거 캠페인 모니터링 활동이나 로비 회사와 무역 단체의 인력 제공 등 공화당에 우호적이라는 것을 직접 행동으로 보여줄 것을 요구했다.[17] 이런 뻔뻔스러운 활동을 펼친 드레이에게는 아주 보기 드문 보상이 주어졌다. 하원윤리위원회로부터 시정 권고 조치를 받은 것이다.

그런 강압이 얼마나 효과를 거두었는지는 알 수 없다. 사실 워싱턴 정가의 관심을 끌 수 있는 일이라면 물불 안 가리고 달려들던 이익단체들은 다수당을 돕는 것을 아주 당연하게 여겼다. 그리고 규제 완화와 부유층 감세 같은 공화당의 정책 의제를 설득하는 것도 그리 어려운 일이 아니었다. 어느 쪽이든 이런 새로운 정치 계산법은 민주당에는 결코 반가운 소식이 아니었다. 책임정치센터(Center for Responsive Politics, 각종 기업들의 의회 로비를 감시하는 비영리 단체-옮긴이)에 따르면 10년 전만 해도 민주당과 공화당에 제공하는 주요 산업 분야의 정치 기부금 액수가 거의 비슷했다고 한다. 하지만 현재는 공화당에 건네는 정치 헌금이 민주당을 두 배나 앞지르고 있다.[18] 무엇보다 중요한 사실은 이것이 워싱턴 정가에 대한 기업들의 영향력 확대와 동시에 일어났다는 점이다. 자료 부족으로 1998년 이전의 로비 활동 규모를 정확히 추산할 수는 없지만 조지 부시 2세가 백악관에 입성한 이후 로비 업체들이 공식적으로 발표한 활동비용이 가파르게 상승했다. 그의 재임 8년 동안 두 배 가까운 증가세를 보였다.[19] 재계와 공화당 간의 유착 관계가 30년 동안 계속 공고해졌지만 20세기 초반까지는 그렇게 막강한 정치적 영향력을 발휘하지는 못했던 것이다.

공화당의 사냥꾼들

재계와 공화당 간의 유착 관계는 앞에서 잠깐 언급했던 두 번째 조직의 등장으로 더욱더 공고해졌다. 이 두 번째 조직은 감세 정책을 지속적으로 추진하고 공화당 정책의 토대를 공고히 하는 데 헌신했던 일단의 활동가들로 이루어져 있다.[20] 사실 공화당 내 보수 세력에게 감세 정책에 대한 지지는 더 이상 새로울 것이 없는 당연한 일이었다. 하지만 이제 보수주의자들은 재정 적자 감축보다는 감세 정책이 훨씬 더 중요한 과제라는 것을 조금도 의심하지 않게 되었다. 게다가 징세 반대 세력의 지속적이고 조직화된 압박은 아주 새로운 양상으로 전개되었다. 단순히 세금 인하만 부르짖는 것이 아니라 이제는 자신들의 이런 대의에 헌신할 수 있는 정부 관료들을 선출하고 지원하는 활동에도 적극적으로 나선 것이다. 또한 꼼꼼한 모니터링 활동을 통한 감시와 경계도 늦추지 않았다. 조금이라도 퇴보의 기미가 보이면 재빨리 응징 위협을 가하며 철저한 후방 지원 활동을 펼쳤다.

그들이 이런 새로운 활동으로 눈을 돌리게 된 것은 1981년 이후 레이건 정부와 조지 부시 1세 정부의 감세 정책에서 받은 실망과 교훈 때문이었다. 1982년과 1984년도의 세금 인상, 1986년도의 세수 중립을 목표로 한 세제 개혁 등등. 무엇보다도 그들이 가장 경악을 금치 못했던 것은 조지 부시 1세가 "더 이상의 증세는 없다"고 호언장담했던 자신의 대선 공약을 깨고 증세 법안에 서명한 사건이다. 의회 안팎에서 분노한 경제 급진주의자들이 들고 일어나자 공화당 중도파 의원들이 나서서 달래보았지만 소용이 없었다. 막강한 영향력을 지닌 증권 중개인이자 자선 사업가이고 또 '경제 성장을 위한 클럽(Club for Growth)'을 공동 설립할 정도로 공급자 중심 경제를 열렬히 부르짖었던 리처드 길더(Richard Gilder)는 이런 비난도 서슴지 않았다. "대통령이란 작자들은 대선 후보에 출마할 때는 감세 및 성장 중심 정책 등 화려한 계획들을 쏟아 내놓고 막상 그 자리에 오르고 나면 하나같이 세금 인상안에 동의해버린다."[21]

그들의 이런 분노는 새로운 조직 결성으로 표출되었고 부유층은 이런 조직에 엄청난 자금을 제공했다. 단순히 교훈을 마음속에 새기는 것으로 그치지 않고 그런 교훈을 새로운 활동으로 전환할 수 있는 능력은 이런 정치 조직들이 가진 강점 가운데 하나는 그런 교훈을 그저 마음속에 새기는 것으로 그치지 않고 그것을 새로운 활동으로 전환할 수 있다는 것이다. 세금 감면에 대한 그들의 뜨거운 신념은 더 이상 새로울 것이 없었지만 그들의 전략은 달라졌다. 좀 더 구체적으로 말하면, 광범위한 대중적 지지를 이끌어내는 데 초점을 맞추던 활동이 정치인을 선출하고 감독하는 쪽으로 선회했던 것이다. 이런 단체들은 마음이 맞는 입후보자들을 발굴하고 감세 활동에 적극적으로 나설 수 있는 급진주의자들을 양성하는 데 아주 중요한 역할을 했다.

이런 활동의 중심에 서 있던 단체는 두 곳이다. 그로버 노르퀴스트(Grover Norquist)가 이끄는 미국 조세개혁운동재단(Americans for Tax Reform, 이하 ATR)과 스테판 무어(Stephen Moore)의 경제 성장을 위한 클럽(Club for Growth, 이하 CFG). 원래 ATR는 1986년에 레이건 정부가 조세 개혁을 추진할 때 노르퀴스트의 주도로 활동을 시작한 단체였다. 하지만 아이러니하게도 당시 조세 개혁은 조세 중립을 목표로 한 것이었다. 경제 성장을 위한 클럽의 경우에는 공식적으로 거의 빈사 상태에 빠져 있던 과거의 조직을 계승한 것으로 1999년에 이르러서야 실질적인 활동에 들어간 단체다. 월가 이익집단, 보수 성향의 싱크 탱크, 미디어계 거물들의 비호를 받으며 이 단체를 설립한 스테판 무어의 그 전까지의 활동 경력을 보면 극단적인 경제 보수주의자를 양성하는 훈련 캠프를 방불케 했다. 그는 극우 단체인 헤리티지 재단, 자유주의를 옹호하는 카토 연구소(Cato Institute)를 거쳐 딕 아미 밑에서도 일했다.

처음부터 이 두 단체는 급진주의 추구라는 자신들의 목표를 공공연하게 드러냈다. 노르퀴스트는 국내총생산(GDP)에서 정부의 활동이 차지하는 비율을 50%로 줄이는 것("욕조 속에 집어넣을 수 있을 만큼 축소하는 것")이 자신들의 목표라고까지 말할 정도였다. 이것은 미국 정부를 2차 세계대전 이전의 상태로 돌려놓겠다는 것과 같았다. 스테판 무어는 세법에서 모든 누진세를 제거하고 일률 과세(Flat Tax, 개인의 경제 상황을 고려하지 않고 모든 사회 구성원에게 동일 세율을 적용하는 것-옮긴이)를 해야 한다고 강력하게 주장했다. 1980년대만 해도 사회적으로 용납이 안 되는 이런 주장에 공화당 의원들은 전폭적인 지지를 보냈다.

하지만 ATR와 CFG 모두 대중보다는 엘리트 계층을 기반으로 활동했기 때문에 회원 수가 적었고 그 때문에 거의 모든 활동을 대규모 기부금에 의존했다. ATR는 공화당으로부터 상당한 재정 지원을 받기도 했다. 이런 영향력 있는 조직들이 가진 대중적 요소는 일반 대중 동원보다는 선거 운동원 정도가 대부분이었다. 사실 일반 대중을 회원으로 하는 다른 조직들과 비교했을 때 2003년까지 회원 수가 1만 명 정도였던 CFG는 소인국에 가까웠다. 그러나 특이하게도 이 단체의 회원들은 모두 부유층이었다. 2002년 중간선거 기간 중에 이 단체가 제공한 10만 달러의 기부금은 공화당 외부에서 선거 활동을 펼치는 데 중요한 역할을 했다. 또 2004년에는 예비선거 캠페인에 무려 230만 달러를 투입하며 팻 투미(Pat Toomy)를 적극 지원하기도 했다. 당시 팻 투미는 현직 공화당 상원의원이었던 알렌 스펙터(Arlen Specter, 펜실베이니아 주)를 거의 이길 뻔했다. 6년 후, 투미와의 재대결 가능성이 높아지자 결국 스펙터는 공화당을 탈당했다.

CFG가 스펙터를 공격한 것에서 알 수 있듯이 이들 단체는 공화당의 내부 인사를 점진적으로 교체함으로써 공화당이 감세 정책을 더욱 맹렬히 추진하도록 유도하는 역할도 했다. ATR가 이런 활동에 주로 사용한 방법은 세금 공약이다. ATR는 선출 의원은 물론이고 의원 출마자들에게 증세를 지지하지 않겠다는 약속을 해달라고 요구했다. 일부 공화당 현직 의원들(대부분 중도파)은 한동안 이런 약속을 거부했다. 그러나 예비선거를 거치면서 그것을 거부할 수 없음을 깨닫는다. 현직이 아닌 입후보자들의 경우, 그런 약속에 서명하는 것이 선거에 출마할 수 있는 전제 조건이었다. 그리고 주 정부의 관리로 출마하는 사람들 역시 마찬가지였다. 자신들의 기득권을 포기하고 싶지 않았던 중도파는 결국 대부분 서명을 한다. 끝까지 서명을 하지 않았던 사람들은 결국 그 후임자들이 대신했다. 2003년 말에 ATR는 부시 대통령은 말할 것도 없고 하원에서 216명(과반수에 2명 모자란 수), 상원에서 43명으로부터 서명을 받아냈다. 그런데 여기서 주목할 것은 ATR가 서명을 받아낸 사람들은 대부분 하원에서 중요한 역할을 하는 두 위원회, 즉 세입위원회(Ways and Means Committee)와 예산위원회(Budget Committee)에서 활동하는 의원들이었다는 사실이다. 이 두 위원회는 부시 정부가 2001년부터 2004년에 걸쳐 단행한 감세 정책을 구체적으로 계획했던 기구이다.[22]

   ATR와 마찬가지로 CFG 역시 의회 내에서 감세 정책에 헌신할 수 있는 의원들을 확대하는 데 총력을 기울였다. 그들이 주로 초점을 맞춘 활동은 알렌 스펙터처럼 '이름만 공화당원'인 정치인을 쫓아내고 공석이 된 자리에 출마할 입후보자들을 선발하는 것이었다. CFG의 회장인 스테판 무어는 고집을 부리는 공화당 의원들에게 예비선거 출마로 협박하자 "그들은 팬티에 오줌을 지리기 시작했다"는 농담을 하기도 했다. CFG는 2006년까지 이름만 공화당인 의원을 한 명도 몰아내지는 못했지만 몇 번은 거의 성공 단계까지 갔고 일부 의원들에게는 은퇴를 서두르게 만들었다. 이보다 더 중요한 것은 그들의 이런 활동이 중도 진영에는 강력한 경고로 작용했다는 것이다. 이 단체가 지원했던 공화당 하원의원인 제프 플레이크(Jeff Flake)의 지적처럼 "부시의 감세 정책에 공화당 의원들이 100% 찬성표를 던진 것은 스테판 무어가 자신들의 선거구에서 다른 입후보자를 물색하는 일이 없길 바란다는 뜻이었다".[23]

언제나 보수

1994년에 공화당이 의회를 장악했을 때는 적어도 하원에서는 감세 법안과 관련하여 공화당 의원들을 별도로 만나서 설득할 필요가 없었다. 1990년까지만 해도 경제 사안에서 양분된 모습을 보이던 공화당은 얼마 가지 않아 한마음 한뜻으로 똘똘 뭉쳤기 때문이다. 보수 세력이 요구하는 목표를 향해 계속 앞으로만 달려 나가는 정당이 된 것이다. 그들은 절대 뒤를 돌아보는 법이 없었다. 조지 부시 1세에게 반기를 들었던 그날 이후 강경 보수주의자들은 공화당을 완전히 장악했다. 그리고 딕 아미, 톰 드레이를 좌우에 거느린 뉴트 깅리치는 지도부와 노골적으로 대립하기 시작했다. 공화당 내에서 깅리치를 따르는 무리가 그 정도로 많았다는 뜻이다. 구파 정치인들이 물러나고 지도부가 남부 지역 출신들로 대거 교체되면서 공화당의 대다수 의원들 역시 보수 쪽으로 기울었다. 여기에는 감시 및 감독 업무를 맡은 단체들의 영향도 무시할 수 없었다. 배회하는 공화당 의원들에 대한 훈련이나 징벌 활동에 그런 단체들이 아주 적극적으로 나섰기 때문이다.

하지만 상원에서는 이런 교체 과정에 좀 더 시간이 걸렸다. 거기에는 밥 돌이 균형 예산을 고집하는 중서부 지역 의원들의 맹주로 버티고 있었기 때문이다. 하지만 상원 역시 세대교체가 진행되면서 정치적인 지형 변화가 조금씩 일어나기 시작했다. 그 결과로 중도파는 공화당 예비선거에서 살아남기가 점점 힘들어졌다. 또 깅리치가 이끄는 공화당 하원 부대 출신들이 상원에 대거 진출하면서 배타적 분위기가 강한 상원에도 철저히 현실에 입각한 극단적인 신보수주의 바람이 불기 시작했다.[24] 결국 1990년대 후반에 이르러서는 경제 사안에서 상원과 하원 모두 한목소리를 낸다.

공화당 지도부와 그 연합 세력이 성공적으로 활동을 펼친 결과, 공화당은 경제 사안에서 한목소리를 낼 수 있게 되었고, 이런 일치된 목소리 덕분에 그들은 계속 강경 노선을 유지할 수 있었다. 새로운 공화당은 원칙적으로 국가의 개입을 강력하게 반대하는 입장이었다. 물론 그들이 쌍수 들고 환영하는 예외적인 경우도 있었다. 정부의 돈이 자신들의 지지 계층으로 향하고 정부의 개입이 자신들에게 아주 유리하고 유익한 방향으로 작용할 때다. 그러나 공화당의 공식적인 입장과 활동은 경제 기득권 계층에 대한 규제를 제거하는 데 계속 초점이 맞춰져 있었다. 그들은 기회가 생길 때마다 규제 완화를 밀어붙였고 그것이 여의치 않을 때는 비효율적인 상태를 유지하도록 만들었다. 그리고 공화당 정치 철학의 토대이자 공화당 지지자들의 이익과 직결된 감세는 정부의 개입을 효과적으로 차단하는 효과도 있었다.

그렇다면 공화당이 재계의 이해관계가 걸린 문제에 예전보다 더 강하게 매달리면서 경제 사안에서 급진적 태도를 취한 이유는 무엇일까? 가장 근본적인 이유는 그것이 가능했기 때문이다. 앞에서 우리는

1980년대와 1990년대의 재편 과정을 통해 공화당이 과거의 정치 관행에서, 또 여론을 중시하던 중도적 입장에서 벗어나 어떻게 그렇게 보수 쪽으로 기울게 되었는지를 보았다. 그리고 어떻게 그런 변화가 가능할 수 있었는지도 살펴보았다. 공화당은 사회, 문화적 쟁점을 통해 거대한 새로운 유권자 집단을 자신들의 지지 세력으로 끌어들였고 경제적 승자 집단으로부터는 다양한 조직 및 재정 지원을 끌어냈다. 그러나 경제 사안과 관련하여 점점 교차 압력이 심해지는 이해상충에 직면해 있었다. 하지만 공화당은 경제 급진주의를 고수하면 계속 승리를 거둘 수 있다고 확신했다.

급속도로 확산되는 레이건식 정책

이렇게 새로워진 공화당이 통치 활동에 남긴 족적, 즉 노르퀴스트가 입에 침이 마르도록 칭찬했던 "급속도로 확산되는 레이건식 정책"의 진면목이 드러나는 데는 그리 오랜 시간이 걸리지 않았다.[24] 공화당 소속 현직 대통령의 참패로 공화당이 적잖이 당황했을 1993년도가 그 첫 번째 징후가 나타난 시기였다. 재정적자 문제에 정면으로 맞서야 한다는 압박이 점점 강해지자 클린턴 대통령은 사회적 '투자'라는 자신의 공약을 포기하고 세금 인상과 정부 지출의 삭감을 결합한 예산안을 제시했다. 사실 그것은 진보주의와는 거리가 먼 안이다. 동시에 이것은 자신의 공화당 전임자가 3년 전에 서명했던 것과 놀라울 정도로 흡사한 안이기도 했다.[25] 하지만 자신의 전임자와는 달리 클린턴은 공화당의 찬성표를 끌어내지 못했다. 아니 좀 더 정확히 말하자면 그는 하원에서 공화당의 찬성표를 한 표도 얻지 못했고 상원 투표 결과 역시 마찬가지였다. 아주 인상적인 결과가 아닐 수 없다. 아마 이것은 현대 역사상 의회 소수당으로부터 단 한 개의 찬성표도 얻지 못한 채 예산이 통과된 첫 사례로 기록될 것이다.

또 적자 감축 패키지의 절충안은 아예 논의 대상에서 제외되다시피 했다. 예전 같았으면 지출 삭감과 세금 인상을 결합한 예산안에 마지못해서라도 초당적인 지지를 보내주었을 공화당 중도파 의원들이 모두 자취를 감추었기 때문이다. 어떤 세입 확대 법안도 이제는 공화당의 찬성표를 기대할 수 없게 되었다. 공화당의 지지를 얻을 수 있는 방법은 오직 한 가지뿐이었다. 1997년에 공화당과 팽팽히 맞서다가 결국 합의했던 것처럼 단순히 재정 적자만 줄이는 것이 아니라 추가적인 세금 감면이 가능하도록 정부의 지출을 대폭 삭감하는 것이다.

부유층을 위한 감세를 자신들의 지상 최대 과제로 여기는 이런 태도만큼 경제 사안에서 공화당의 급신 보수로의 납선회와 승자 독식 경제의 적극적 수용을 극명하게 보여주는 것도 없을 것이다. "전쟁이 터져도 감세보다 더 중요한 것은 없다"는 톰 드레이의 이 말은 좀 더 직설적으로 이야기하면 결국 이것이다. "부유층을 위한 감세보다 더 중요한 것은 없다." 새로운 공화당은 자신들의 경제 요리책에 전시건 평시건, 호경기건 불경기건, 재정 적자가 크건 작건 항상 똑같은 요리법을 사용했다. 상황이 급박하게 돌아가고 정말 중요한 우선순위(적자 감축이 우선인가 감세가 우선인가, 감세를 한다면 그 대상은 중산층인가, 아니면 그럭저럭 살 만한 계층인가, 아니면 부유층인가)를 가려야 하는 상황에 몰렸을 때도 그들의 입에서는 항상 똑같은 대답이 돌아왔다. "부유층을 위한 감세." 다른 것들은 모두 뒤로 밀려났다.

공화당의 강경론자들도 처음에는 압박을 받았다. 특히 행정부 수반인 빌 클린턴 대통령의 거부권 행사가 가하는 압박은 상당했다. 정부 폐쇄부터 탄핵안에 이르기까지 6년 내내 양측의 정쟁은 끊일 날이 없었다. 그러나 공화당은 줄기차게 부유층의 감세를 외치며 그것이 자신들의 최우선 정책이라는 뜻을 분명히 밝혔다. 특히 클린턴의 재선 성공 후 나온 1997년도 예산안 처리를 높이 평가했던 공화당은 여기에서 아주 놀라운 성공을 거둔다. 대규모의 지출 삭감 등 균형 예산 도출을 위한 형식적인 타협에서 공화당은 부유층을 위해 엄청난 세금 감면 혜택을 얻어낸다. 그들은 보기좋게 국세청을 악당으로 만들어버렸다. 또 법정 세금을 거둬들일 수 있는 정부의 능력도 대폭 축소시켜버렸다. 레이건이라도 그 정도면 아주 흡족해 했을 것이다.

2000년 선거가 끝난 후 공화당에는 이런 기회가 많이 찾아왔다. 부시 대통령은 백악관 입성에는 성공했지만 일반 유권자 득표수에서는 뒤졌고, 공화당은 의회에서 우위를 차지했지만 민주당과의 의석 차이가 크지 않아 불안한 상황이었다. 그런데도 새 대통령과 의회 지도부는 자신들의 최우선 정책을 추진하는 데 조금도 주저함이 없었다. 그들의 영향력을 강화해준 준 것 가운데 하나는 '예산 조정 과정'이라고 불리는 활동이다. 1970년대 도입된 이 법은 예산안이 상원에서 51표의 찬성표를 얻으면 곧바로 통과될 수 있다는 법률이다. 말이 51표이지 대통령의 소속 정당과 의회 다수당이 똑같을 경우, 사실상 50표나 마찬가지다. 왜냐하면 찬성과 반대가 동수로 나올 때는 부통령이 결정표를 행사할 수 있기 때문이다. 그전까지 정부는 의사진행방해 없이 이런 식으로 예산안을 처리했다. 대신 적자 중립은 포기해야 했다. 연방 정부의 채무를 확대시키는 법안들은 예산 조정 과정에서 제외되었기 때문이다. 그러나 클린턴 재임 시절인 1993년도 증세, 1997년도의 예산안 합의, 그리고 닷컴 기업(dot-com, 인터넷 기반의 IT 회사들)의 거품으로 세입이 폭발적으로 증가하면서 이런 '세원 확보' 준칙들이 느슨해지기 시작했다. 이것은 1993년도의 예산안 합의에 전반적으로 반대했던 공화당에는 더할 나위 없이 좋은 기회였다. 필요한 재원을 별도로 확보하지 않고도 자신들의 최우선 목표인 부유층의 감세를 밀어붙일 수 있는 상황이었기 때문이다.

물론 이것은 오래전의 일이고 사람들 역시 모두 잘 알고 있는 사실이다. 하지만 잠시 우리의 기억을 되짚어볼 부분이 있다. 그 부분에서 승자 독식 경제와 승자 독식 정치의 결합상이 완전히 드러나 있기 때문이다. 미국이 심각한 도전에 직면해 있는 상황에서도 공화당은 최상위 부유층의 막대한 세금 감면이 미국의 최우선 과제라고 주장했다. 사실 그들 앞에는 미국의 부실한 의료 서비스 체계를 바로잡고 새로운 시대의 변화에 맞춰 교육 제도를 개선하고 노령화 사회 진입으로 야기될 재정 압박을 해결하는 등 중차대한 문제들이 산적해 있는 상황이었다. 게다가 부유층의 소득, 그리고 그들의 소득이 미국의 전체 소득에서 차지하는 비율이 지난 10년 사이의 그 어느 때보다 급증하고 있는 상황이었다. 적어도 최근 30년 동안은 그런 급증세를 보인 적이 단 한 번도 없었다.

2000년 선거 당시 공화당은 '특정 계층의 감세'만 옹호한다며 민주당을 비난했다. 이것은 공화당이 원하는 계층이 아니라 중산층에 초점을 맞춘 세금 감면이라는 뜻이다. 그러나 공화당의 2001년도 감세안 역시 특정 계층을 겨냥한 것이었고 그 대상은 부유층이었다. 처음에는 노동자 계층과 중산층에 큰 타격을 입히는 급여세보다 누진소득세에 초점을 맞추었다. 그런 다음 공화당 지도부는 '전반적 감세'라는 말을 걸고 넘어졌다. 모든 사람이 각자의 세율에서 적정한 감면 혜택을 받아야 한다는 것이다. 그런 논리를 따르면 최상위 부유층은 실제로 훨씬 더 많은 세금 감면을 받는다. 그런 다음에는 부동산세를 폐지하고 고소득자들의 저축을 유도하기 위해 새로운 인센티브를 제공하고 부유층의 항목별 공제 한도를 없애자고 목소리를 높였다. 2003년, 그들은 고소득 납세자들에게 적용되는 자본소득세와 배당소득세를 대폭 삭감하며 추가 혜택을 안겨주었다. 이것들을 모두 합치면 2001년도에 단행될 감세 혜택의 3분의 1 이상이 소득 상위 1%의 차지가 된다. 그리고 이런 온갖 감세 정책이 실효된다면 매년 부유층은 가구당 3만 8500달러의 세금을 절감할 수 있었다. 반면 소득 분포도에서 하위 80%를 차지하는 일반 납세자들의 평균 감세 액수는 600달러 정도에 불과했다.[26]

이런 감세 조치는 극소수 계층에만 인기가 있었다. 여론조사 결과, 일반 유권자들은 그런 감세 혜택과 그것이 경제에 가져올 긍정적인 효과에 대해 의구심을 가졌고 감세 조치가 공평하지 않다는 데 동의하는 사람이 압도적으로 많았다. 한 여론조사에서 응답자들에게 감세, 일반 민생 사업, 재정 적자 감축 등 여러 사안들을 제시한 후 우선순위대로 나열해달라고 요청한 적이 있다. 그런데 거기에서 감세의 순위는 최하위권이었다. 겉으로 표현하지는 않았지만 부시 정부도 재무부 내부 문건을 통해 "국민들이 감세보다 의료 서비스나 교육 부문에 대한 정부의 지출을 더 선호한다"는 사실을 잘 알고 있었다.[27]

하지만 아무것도 없는 것보다 조금이라도 있는 쪽을 택하는 것이 인간의 자연스러운 심리이다. 유권자들에게 "세금 감면을 원하는가?"라고 물으면 대부분 "그렇다"라고 대답한다. 결국 이것은 감세가 다른 사안들과 경쟁을 벌이지 않도록 공화당이 계속 대화의 주도권을 장악해야 한다는 것을 의미했다. 다행히 의회 내에서 공화당의 결속력이 점점 강해지고 공화당 지도부의 영향력 역시 어느 때보다 강력한 상황이었기 때문에 이런 정책들을 계속 밀고 나가는 데는 별 문제가 없었다. 언제나 그렇듯이 공화당의 입에서 나오는 질문은 간단했다. "감세, 할 거요 말거요?" 이것이다.

감세 조치의 이면에 숨은 속임수

재정 적자 문제를 둘러싼 논쟁이 장기전으로 치달으면서 공화당과 그 동맹 세력들은 중요한 두 번째 교훈을 얻는다. 감세 법안을 꼼꼼히 잘 매만지면 감세 조치로 부유층이 얻게 되는 혜택을 실제보다 적고 공평한 것처럼 보이게 할 수 있다는 것이다. 관련 지식이 부족한 유권자들을 쉽게 오도할 수 있을 만큼 세금 정책에 허점이 많다는 얘기다. 그들은 단계적 도입(특정 법 조항을 점진적으로 시행하는 것)과 소멸시효(그 가능성이 아주 희박함에도 특정 법 조항이 미래의 어느 순간에 소멸된다고 선언하는 것) 같은 편법을 사용해서 자신들이 제안한 세법이 생각보다 비용이 많이 들지 않는다고 홍보했다. 일반 국민에게 돌아가는 혜택을 전면에 내세우고 부유층이 누릴 혜택은 뒤에 감춤으로써 새로운 세법 규정들에 들어있는 승자 독식적인 측면을 교묘히 위장했던 것이다. 예를 하나 들어보자. 2001년도에 단행된 대규모 감세 조치로 대다수 미국인들이 받은 가장 큰 혜택은 300달러 정도의 일회성 세금 환급이 전부였다. 그런데도 해당 법안이 통과된 지 얼마 되지도 않은 시점에서 의회와 대통령은 국민들 앞으로 그런 내용이 명시된 서한을 보내는 친절함을 보이기까지 했다. 그 법이 시행된 첫 해, 소득 상위 1%에게 돌아간 감세 혜택은 7% 정도였다. 하지만 10년 후에 전면적인 시행 단계에 이르자 이들 1%는 무려 51%에 달하는 엄청난 감세 혜택을 누리게 되었다.[28]

이런 새로운 세법의 특징은 초기에는 별로 가시화되지 않고 중간 중간에 새로운 감세 조치를 추가할 수 있다는 것이다. 정신을 멍하게 만들 정도로 추잡한 이런 세법 조치의 대표적인 예가 바로 대체최소세금법(Alternative Minimum Tax)이다. 원래 이 법은 1960년대 후반, 고소득 납세자들의 소득세 회피를 막기 위해 단행된 세제 개혁에서 출발했었다. 1967년, 소득 20만 달러(오늘날 화폐 가치로 환산하면 약 120만 달러)가 넘는 납세자 155명이 소득세를 납부하지 않은 사실이 드러나자 당시 의회가 마비될 정도로 전국 각지에서 항의 서한이 몰려들었다. 1969년에 이 사건과 관련하여 의회에 접수된 항의서한이 베트남 전쟁 관련 서한보다도 많았을 정도다.[29] 그 명칭에서도 알 수 있듯이 대체최소세금법은 일반 세법에서 정한 여러 가지 공제 혜택으로 고소득 납세자가 납부해야 할 세금이 크게 줄어들더라도 최소한의 세금은 납부하게 해야 한다는 취지로 만들어진 법이다. 하지만 이 법이 오랫동안 잠자고 있다가 다시 주목을 받게 된 것은 이 법의 원래 타깃이었던 납세계층의 소득이 인플레이션과 연동되지 않았다는 것 때문이다. 세월이 흐르면서 1970년대의 과세계급 상향 현상(Bracket Creep)이 재현되었고 그 결과로 소득 분포도에서 상위계층 아래 단계의 사람들까지 이 법을 적용받게 되었다. 사실 이 법으로 가장 심한 타격을 입은 사람들은 여러 가지 공제 혜택을 신청한 상위 중산층 가구였다. 주택 가격이 비싼 지역에 거주하면서 자신들의 모기지 이자를 공제받았던 그런 사람들이었다.

부시가 대통령에 취임할 당시 국민들 사이에서는 정부가 이 문제에 대해 대응책을 마련해야 한다는 공감대가 폭넓게 형성되어 있었다. 공화당도 국민들의 이런 요구에 응하긴 했다. 그런데 놀랍게도 그들은 2001년도 감세 법안에 대체최소세금법을 더욱 악화시킬 수 있는 시한폭탄을 집어넣었다. 이 법이 시행될 경우, 2007년도에 직접적으로 타격을 입게 될 국민들이 1000만 명에서 2300만 명으로 두 배 이상 늘어나게 된다. 이런 시한폭탄은 고소득 납세자들에게 적용되는 평균 소득세율을 낮춘 데서 비롯된 것임에도 공화당은 법을 바꾸려고 하지 않았다. 법을 개정할 경우, 그런 사실이 적나라하게 드러나기 때문이었다. 상원 재무위원회 의장인 찰스 그래슬리(Charles Grassley)는 이 법규와 관련하여 공화당에 허심탄회하게 자신의 소회를 밝혔다. 사실 이런 경우는 극히 드문 일이었다. "부시 대통령의 이 계획으로 대체최소세금법을 적용받게 될 사람이 수백만 명이나 더 늘어날 것이다."[30]

그렇다면 이를 해결하는 데 2004년까지 8000억 달러의 추가 경비가 소요될 수 있다면서 공화당이 이 문제를 의도적으로 부풀린 이유는 무엇이었을까? 간단하다. 이 법의 적용 대상이 확대되면 그만큼 많은 세입이 발생한다. 그들은 그렇게 발생한 세입을 추가 감세 조치의 재원으로 사용할 생각이었다. 이 법으로 더 많은 미국인들이 고통을 겪게 되는데도 그들은 또 다른 감세 준비에만 골몰했던 것이다. 그리곤 손을 쓸 수 없을 정도로 문제가 이렇게 심각해질 줄 몰랐다며 뻔뻔스럽게 변명을 늘어놓았다. 2007년, 그래슬리 상원의원이 했던 말을 한번 떠올려보라. "단번에 모아지지 않는 세입에 너무 의존해서는 안 된다. 대체최소세금법처럼 의도하지 않았던 심각한 결과가 일어난 법을 무효화하기 위해 세금을 인상한다는 것은 공정하지 못한 조치다."[31] 중요한 것은 공화당이 부유층에 대한 감세 혜택의 재원을 마련하기 위해, 그리고 더 많은 감세를 단행할 수 있는 환경을 만들기 위해 미국의 수많은 중산층을 고통 속으로 몰아넣었다는 사실이다. 공화당이 교묘하게 추진한 대체최소세금법 적용 대상 확대로 상위 20%에 속하는 수백만 명의 중산층은 엄청난 타격을 입은 반면에 이 법의 원래 타깃이었던 소득 상위 1%는 아무런 타격도 입지 않았다. 그리고 중산층이 입은 타격은 부시 정부의 감세 조치로 발생한 혜택을 상쇄하고도 남을 정도였다.

  하지만 2001년도의 대규모 감세 조치는 그저 시작에 불과했다. 공급자 중심의 경제를 옹호하는 단체들의 힘이 점점 막강해지고 공화당이 더욱더 급진 보수주의 노선을 걸으면서 감세는 정책 우선순위에서 항상 맨 윗자리를 차지했다. 그 때문에 정부 재정이 악화되든 말든 그들은 전혀 개의치 않았다. 조지 부시 1세와 밥 돌 같은 공화당 중도파,

심지어 레이건 대통령의 충동까지 억눌렀던 회계 보수주의의 족쇄를 거침없이 벗어던진 공화당은 이제 아무것도 거리낄 것이 없었다. 하지만 1981년도와 2001년도의 결과는 아주 판이했다. 1981년도의 경우, 의회 내 공화당 의원들은 레이건의 감세 정책을 열렬히 환영했다. 하지만 대규모 재정 적자가 발생하자 상당수 의원들이 자발적으로 기존 입장을 철회했다. 그러나 20년 후에 똑같은 상황이 재현되었을 때는 그 대응 양상이 사뭇 달랐다. 공화당 의원들은 감세에 대한 강경 노선을 철회하기는커녕 더욱더 확고한 태도를 취했다. 정부의 재정 적자가 흘러넘치기 시작했어도 그들은 감세 압박을 멈추지 않고 더 맹렬히 부르짖었다.

2001년 이후 단행한 세법 개정 중에서도 가장 규모가 컸던 2003년도 세제 개혁은 아주 획기적인 조치였다. 부유층에 대한 편향 정도는 2001년도와 비슷했지만 그로 인해 향후 10년간 발생할 감면 예상 금액이 무려 1조 달러가 넘었다. 당시 재무부 장관이었던 폴 오닐(Paul O'Neil)에 따르면 소시 부시 2세 대봉령조차도 너무 많지 않으냐고 반문했을 정도라고 한다. "우리는 이미 부유층에 상당한 혜택을 안겨주지 않았는가?" 하지만 사석에서 딕 체니는 부시 대통령의 그런 의구심에 찬물을 끼얹으며 이렇게 응수했다. "레이건 대통령은 그런 적자가 아무 문제 되지 않는다는 것을 입증했다. 우리는 중간선거에서 승리를 거두었고 이것은 우리가 당연히 받아야 할 돈이다."[32] 2004년에도 또다시 상당한 액수의 감세 조치가 단행되었다. 몇 명 남지 않은 공화당 중도파 의원들 사이에서 나직한 우려의 목소리가 나왔지만 철저히 무시되었다.

무엇보다도 충격적인 사실은 공화당의 이런 감세 혜택의 수혜자가 극소수의 부유층에 국한되어 있다는 것이다. 우리는 앞에서 공화당이 대체최소세금법을 부유층에 대한 감세 재원으로 사용했다는 사실을 언급한 바 있다. 그것도 소득 수준이 10만~20만 달러 정도에 불과한 사람들의 간접세를 슬그머니 올리는 방법으로 말이다. 그러나 이런 활동도 2001년 의회에서 통과된 기상천외한 상속세에 비하면 그나마 양호한 편에 속한다. 예일 대학의 마이클 그레이츠(Michael Graetz) 교수와 이안 샤피로(Ian Shapiro) 교수의 주장에 따르면 이 법을 발의한 의원들은 상속세를 영구적으로 폐지하자는 협상안을 거부했다고 한다. 만약 이 협상안이 받아들여졌다면 이미 줄어들 대로 줄어든 95%의 미국 가구의 소득이 조금이라도 개선되었을 것이다. 사실 여기 95%에 해당하는 미국 가구들은 상속세 납부를 국민의 당연한 의무로 여기는 사람들이었다.[33] 하지만 공화당은 다른 식으로 홈런을 날릴 궁리를 하고 있었다. 그들의 계획은 상속세를 '0'달러로 줄이는 것이다. 그러나 거기에는 '1년 동안만'이라는 전제 조건이 붙었다. 그 1년이 지나면 상속세는 원래의 상태, 즉 2001년 이전의 수준으로 되돌아간다. 이런 기괴한 세금 구조는 이상하다고밖에 말할 수 없는 유인 효과를 창출했다. 그 1년 동안은 막대한 재산을 상속해도 정부에 단 한 푼의 상속세도 낼 필요가 없는 것이다.

공화당 지도부는 내심 이 전략이 상속세를 영원히 폐지할 수 있는 기회를 만들어줄 것이라고 기대했던 것이 분명하다. 그리고 그렇게 상속세가 한번 폐지되고 나면 영원히 되돌릴 수 없을 것이라고 확신했을 것이다. 세금 문제에서 드러난 조직력의 심각한 불균형을 감안했을 때 이것은 결코 미친 도박이 아니었다. 2001년, 세금 관련 논의가 진행되고 있을 때 좀 더 유리한 조건을 만들기 위해서 로비스트들은 마구 의회로 몰려들었다. 그러나 부유층 감세에 맞서 싸우는 산업별노조총연맹의 로비스트는 단 한 명에 불과했고 활동 시간도 재계 로비스트들과는 비교가 안 될 정도로 적었다. 중요한 것은 그것이 누구를 위한 도박인지를 꿰뚫어보는 것이다. 상속세의 한시적 폐지로 무려 100억 달러를 절감한 월튼(Walton) 가족처럼 거대한 유산을 물려받게 될 사람들에게 이것은 시도해볼 만한 가치가 있는 모험이다. 그들에게 필요한 것은 홈런이었다. 거대 유산에 대한 상속세 조항이 그대로 남아 있는 법안은 자신들의 재산을 안전하게 지켜주는 피난처가 될 수 없었다. 이것이 맞는 표현인지는 모르겠지만 '평범한 부자'들은 자신들이 부당한 취급을 받고 있다고 생각했다. 하지만 공화당은 자신들이 지정한 타깃에 정확히 현금 뭉치를 안겨주는 경제 스마트 폭탄을 개발해냈다. 그리고 그것은 공화당 지도부가 생각하는 정책의 우선순위를 그대로 반영하는 것이었다.

최고경영자들의 천국 만들기

공화당의 감세 정책이 승자 독식 경제의 승자들에게 재산을 늘려준 유일한 수단은 아니다. 승자 독식 경제의 최대 수혜자 집단인 기업 경영자들을 방어해주는 데도 적극적으로 나섰던 공화당은 경영자들에 대한 감독의 필요성에 대해서도 가차없는 공격을 했다. 조직력을 갖춘 대항 세력을 통해 경영자들의 활동을 견제하고 감시해야 한다는 주장에 대해 그들은 일고의 가치도 없다며 일축했다.

사실 경영자에 대한 견제가 가능한 세력은 노조다. 하지만 공화당은 그런 노조를 계속 열외 취급할 수 있을 만큼 세력이 막강해졌다.[34] 의회를 장악한 공화당이 가장 먼저 착수한 일은 경영자를 견제할 수 있는 또 다른 세력인 민간 집단의 소송을 억누르는 것이었다. 민주당의 선거 캠페인에서 중요한 자금원 역할을 했던 민간 소송 변호사들에게 공화당의 그런 활동은 거부할 수 없는 반액 할인권과 같았다. 1995년에 민주, 공화 양당은 초당적인 연합을 통해 클린턴 대통령의 거부권을 누르고 증권민사소송개혁법(Private Securities Litigation Reform Act, 이하 PSLRA)을 통과시켰다. 이것은 잘못된 정보를 유포하는 기업과 보험사를 상대로 주주들이 집단 소송을 벌이지 못하게 하는 법이다.[35] 이 법의 초안을 작성했던 공화당의 크리스 콕스(Chris Cox) 의원은 10년 후에 부시 행정부에서 미증권거래위원회 위원장에 오른다. 그가 증권거래위원회의 수장으로 활동하는 동안 법률 위반 기업들에 대한 벌금이 대폭 인하되었고 증권거래위원회의 법 집행 활동 역시 크게 줄어들었다.[36] 1998년에도 이와 유사한 양당 합동 작전이 벌어졌고 중대한 의미를 갖는 PSLRA 개정안이 통과되었다. 이 개정안은 증권사기 관련 소송을 모두 연방 법원에서만 진행할 수 있도록 규정함으로써 집단 소송을 더욱 어렵게 만들었다.

이보다 더 충격적인 사실은 경영자에 대한 효과적인 견제 활동을 위해 주주들의 권한과 이사진의 독립성을 확대하자는 법안을 공화당이 거부했다는 것이다. 부시 대통령은 1기 정부의 증권거래위원회 위원장에 하비 피트(Harvey Pitt)를 임명했다. 1970년대 동 위원회에서 법률 자문위원으로 일하다가 변호사로 활동 무대를 옮긴 그는 금융 비리로 고소된 유명 인사들을 변론해준 대가로 두둑한 수임료와 화려한 명성이라는 두 마리 토끼를 잡은 인물이다. 2001년, 증권거래위원회 위원장에 오르면서 피트는 "좀 더 친절하고 좀 더 부드러운 기관으로 거듭나겠다"고 공언했다. 그러나 회계업계와의 밀접한 관계, 그리고 그런 회계업계를 보호하려던 그의 서투른 노력은 IT 거품 붕괴와 더불어 일련의 충격적인 스캔들이 터지면서 정치적 부담으로 작용하기 시작했다.

2001년도 엔론의 붕괴가 가장 유명한 사건이지만 사실 그것은 추잡한 기업 스캔들 중 하나에 불과하다. 당시 타이코(Tyco), 아델피아(Adelphia), 헬스사우스(HealthSouth), 월드콤(WorldCom) 등등 이름만 바뀐 기업 스캔들이 날마다 신문 1면을 도배하다시피 했다. 그러나 그 내용은 언제나 똑같았다. 이해상충과 공금 유용이 만연한 기업 시스템 아래서 수수료를 챙길 수 있는 일이면 무엇이든 수락하는 순종적인 회계사와 은행의 도움을 받아 경영자들은 회사에서 부당 이득을 챙겼다. 그런 일이 일어나는 동안 경영자에게 고분고분하고 회사 상황에 무관심한 이사진은 다른 쪽으로 눈을 돌리거나 모른 척하고 있었다. 당시 여러 기업들이 무너졌고 거기에서 근무하던 수많은 근로자들이 하루아침에 직장을 잃었다. 그리고 이보다 더 안타까운 사실은 그들이 그때껏 열심히 부었던 연금이 수백 달러도 아니고 수천 달러씩 증발하는 것을 지켜보아야 했다는 것이다. 뮤추얼 펀드나 연금에 가입한 수백만 명의 일반 투자자들 역시 크나큰 손실을 입었다.[37] 소수의 경영자들은 그런 부정행위에 대해 유죄 판결을 받았지만 그보다 더 많은 대다수 경영자들은 편안히 은퇴 생활을 즐기며 자신들이 저지른 참혹한 결과를 조용히 관망할 뿐이었다.

느슨한 규정은 여우에게 닭장을 맡기는 것과 같다는 것을 보여주는 증거가 여기저기 넘쳐났다. 견제 조직이 없는 상황에서도 이런 일련의 대기업 붕괴와 스캔들은 미국의 기업 지배구조를 개혁하라고 의회를 압박하는 효과를 거두었다. 물론 의회는 별로 내켜하지 않았다. 하지만 국민들이 들고 일어나면서 문제가 걷잡을 수 없을 정도로 심각해지자 의회도 행동에 나서지 않을 수 없었다. 2002년도의 사베인스—옥슬리법은 그렇게 해서 탄생했다. 그러나 기업의 월권행위를 규제하는 의회의 이런 활동은 아주 예외적인 경우에 해당한다. 그것은 워싱턴 정가의 정책 입안이 경제 내부자들 쪽으로 심하게 기울어져 있다는 방증이기도 하다. 정치인들에게 조직적이고 지속적으로 압박을 가할 수 없는 상황에서 분노만으로 근본적인 변화를 일으키는 것은 불가능하다.

사실 공화당이 대놓고 개혁 반대를 펼치지 않았던 것은 국민들의 거센 분노 때문이었다. 공화당이 잘 나갈 때는 공격 기회가 없다는 것을 잘 아는 민주당 의원들은 이 틈을 타 공화당을 압박하기 시작했다. 게다가 버몬트(Vermont) 주 공화당 상원의원인 짐 제퍼즈(Jim Jeffords)가 독자적으로 민주당 의원들과 간부회의를 개최한 2001년 6월 이후, 상원에서 근소한 차로 다수당을 차지하고 있던 민주당이 다소 영향력을 발휘할 수 있었다. 그러나 대다수 애널리스트들은 2002년 선거를 얼마 남겨두지 않은 시점에서 미국 정보통신업계의 공룡 기업이던 월드컴 스캔들이 터지지 않았다면 아마 사베인스—옥슬리법은 태어나지 못했을 것이라고 입을 모은다.[38] 그 전까지 공화당 지도부는 어떤 스캔들 앞에서도 눈 하나 깜짝 하지 않을 정도로 단호했다. 사실 공화당은 스칼렛 오하라식 변명을 되풀이하고 계속 지연작전을 펼치면서 국민들의 분노가 가라앉을 때까지 기다릴 작정이었다. 하지만 그들의 그런 계획은 월드컴 스캔들로 물거품이 되었다. 그리고 이것은 사베인스-옥슬리법의 탄생으로 이어졌다.

이렇게 중대한 의미를 갖는 법안이었음에도 불구하고 그 얼마 전까지만 해도 기업 개혁법의 입법 추진은 상상할 수도 없는 상황이었다. 하지만 이 일이 터지고 나자 정치인들은 막대한 돈이 걸린 경제 사안에서 일반 유권자들의 눈치를 살피지 않을 수 없었다. 그러나 정치인들은 유권자들이 그들의 활동을 심판하고 응징할 수 있을 때에만 눈치를 봤다. 그리고 그렇게 눈치를 보고 두려워해도 결과는 아주 냉정할 수 있다는 것을 공화당은 잘 알고 있었다. 하지만 기업의 월권행위를 비난하는 세력들에게는 조직적 싸움을 전개할 역량이 부족하다는 사실을 꿰뚫고 있던 공화당 지도부는 다른 나라처럼 경영자의 권한을 크게 제한하는 고강도 개혁을 얼마든지 거부할 수 있었다.[39]

사베인스-옥슬리법을 제정하는 과정에서도 공화당은 맹렬히 저항했다. 하지만 사실 그 법은 그다지 위협적인 법은 아니었다. 그 법의 초점은 명분이 허약한 주장이 아니라 그런 허약한 명분을 펼치는 사람에게 맞춰져 있었기 때문이다. 즉, 문제가 많은 거래를 모른 척 눈감아준 회계사와 증권 애널리스트에게 초점이 맞춰져 있었다. 기업의 가장 근본적인 문제점은 경영자의 지시를 고분고분 잘 따르는 기업보상위원회가 교묘한 방법으로 최고경영자의 연봉을 계속 올려주고 있다는 것이다. 하지만 이 법으로는 그런 문제점을 조금도 해결할 수 없었다. 실제로 하비 피트의 뒤를 이어 증권거래위원회 위원장에 오른 윌리엄 도널드슨(William Donaldson)이 2003년, 사베인스–옥슬리법에 명시된 내용을 바탕으로 주주의 권한을 확대하고 사외이사에 대한 임명 규칙을 변경하려고 시도한 적이 있었다. 그러자 재계가 발칵 들고 일어났고 이 일로 증권거래위원회는 1년 넘게 곤욕을 치러야 했다. 당시 증권거래위원회에는 이런 시도와 관련하여 1만 3000통이 넘는 서한이 몰려들었다. 그런 교착상태는 "비효율적이고 그릇된 주장을 고수하면서 특별히 하는 일도 없이 연봉만 많이 받는 최고경영자들"에게는 아주 반가운 소식이 아닐 수 없었다. 임기가 거의 끝나가는 증권거래위원회의 한 위원은 이렇게 말하며 분개를 감추지 못했다. "최고경영자 집단이 가진 아주 추악한 능력들이 활개를 치고 있다." 당시 재선에 성공한 부시 대통령은 이 위원이 물러나자 그 자리에 좀 더 기업친화적인 인물을 앉혔다.[40]

"여러분은 나의 정치적 기반입니다"

1990년대 내내 공화당은 필 그램이 말했던 "투자자들의 피로 물든 선홍색" 노선을 철저히 고수했다. 월가를 비롯한 여타 업계들은 공화당에 무한한 신뢰를 보냈다. 미국 보수주의의 대표적 인물인 윌리엄 버클리 주니어(William Buckley Jr.)의 말처럼 공화당이 "역사를 가로막고 '멈춰'를 외칠 수 있는" 정당임을 의심치 않았던 것이다. 유일한 예외가 있다면 그것은 공화당이 역사를 가로막고 서서 "최고 속도로 전진"이라고 외칠 때뿐이었다. 21세기가 시작되는 10년간 승자 독식 경제가 거침없이 내달리고 있을 때 공화당은 그런 경제 시스템이 더욱 발전할 수 있도록 착실히 그 토대를 닦고 있었다. 막대한 감세, 추가 금융 규제 철폐, 당국의 느슨한 감독 등. 공화당은 승자 독식 경제에 도움이 되는 정책은 무엇이든 전부 강하게 밀어붙였다.

그리고 그런 정책을 추진하려는 의지를 더 이상 숨기지 않고 공공연히 드러냈다. 초박빙의 혼전을 거듭하던 2000년도 대선이 채 한 달도 남지 않은 시점에서 조지 부시 2세는 뉴욕에서 열린 엘 시미스(Al Smith) 자선 모임에 참석한다. 1인당 식사비가 무려 800달러에 달하는 이 호화 정찬 연설에서 부시와 엘 고어는 승자 독식 경제의 최대 수혜 집단인 미국 최고의 부자들 앞에서 차례로 자기 자신을 낮추는 농담을 한 마디씩 했다. 머지않아 승리의 주인공이 될 부시는 윙크로 화답이 돌아올 것이 빤한 이런 농담을 던졌다. "제 앞에 계신 여러분은 모두 대단한 분들입니다. 부유층, 아니 그보다 더 높은 부유층이십니다. 누군가는 여러분을 가리켜 엘리트라고 부르지만 저는 여러분을 제 정치적 기반이라고 부릅니다."[41]

제9장
민주당의 편승

    엘 고어와 조지 부시 2세가 나란히 뉴욕 엘 스미스 정찬 연설에 참석하기 몇 달 전이었던 2000년 5월, 민주당 의원들은 거액의 자비를 들여 대규모 행사를 개최했다. 그들은 고어의 대선 경쟁자가 아주 막강한 자금 동원 능력을 갖고 있음을 잘 알고 있었다. 당시 고어는 클린턴 정부 시절의 경제 호황 덕분에 초반에 상승세를 탔지만 클린턴의 개인적 치부가 만천하에 드러나면서 상당한 고전을 겪고 있었다. 한편, 민주당보다 한 달 앞서 후원 모임을 가졌던 공화당은 단일 행사 모금 액수로는 최고인 2100만 달러를 거둬들였다. 당시 민주당 전국위원회를 이끌고 있었던 테리 맥올리프(Terry McAuliffe)는 이런 공화당에 맞서 중산층을 대상으로 한 모금 행사를 개최했다. 민주당 행사장이었던 워싱턴의 MCI 센터는 1만 4000명의 손님으로 발 디딜 틈이 없었다. 최상급 갈비로 유명한 리틀 록(Little Rock)과 멤피스

(Memphis)에서 직접 공수해온 고기로 바비큐 파티가 열렸다. 청바지 등 가벼운 옷차림을 한 참석자들은 일회용 접시를 들고 다니며 맛있게 저녁 식사를 즐겼다. 행사장에서 맥올리프가 공화당의 모금 행사에 사용된 초호화 메뉴를 읽어 내려가자 여기저기서 박장대소와 휘파람이 터져 나왔다. "카르누트(Karnut)와 밀알을 섞은 콜루서리(Colusuri) 라이스, 이게 뭐야?… 우리 엄마는 한 번도 이런 음식을 만들어 준 적이 없는데…."

자신의 회고록인《멋진 민주당!(What a Party!)》에서 맥올리프는 중산층 대상의 민주당 후원 행사가 공화당보다 훨씬 인기가 많았고 모금 액수 면에서도 2600만 달러라는 신기록을 세웠다며 당시 상황을 소개했다. 그러나 여기서 우리가 유의할 것은 그 속에 숨은 셈법이다. 그의 말처럼 당시 바비큐 파티에 참석한 1만 4000명이 모두 50달러씩 냈다고 가정할 경우 그들이 모금한 액수는 전부 합쳐도 100만 달러가 안 된다. 최상급 갈비를 항공 편으로 공수해온 비용을 제하고 나면 얼마 남지 않았을 돈이다. 그렇다면 결국 나머지 돈은 맥올리피가 몇 페이지 전에 언급했던 엄선 집단에서 나왔다는 얘기가 된다. 거기에서 그는 고어와 함께 유명 로비스트 등 이른바 정치 헌금 큰손들의 모임에 참석했던 이야기를 들려준다. 두 사람은 그 행사에서 참석자들로부터 각각 50만 달러의 기부 약속을 받아냈다고 한다. 결국 바비큐, 청바지, 중산층 등 이런 것들은 모두 선전 도구에 불과했던 것이다.[1]

1990년대 후반 민주당이 채택한 새로운 경제 노선을 요리에 비유한다면 바비큐가 아니라 로버트 쿠트너(Robert Kuttner)라는 저널리스트가 소개한 '말과 토끼 고기 스튜'에 가깝다. 이 가공의 요리는 말 한 마리와 토끼 한 마리가 적절히 균형을 이룬 것이다. 여기에서 토끼는 진퇴양난의 상황에서 클린턴 정부가 통과시킨 몇 안 되는 사회 투자 정책을 의미한다. 그리고 말은 거의 모두 채택된 월가의 경제 어젠다, 즉 머지않아 미국 경제를 벼랑 끝으로 몰고 갈 금융 산업의 급진적인 재편과 대규모 긴축 예산을 의미했다.

그렇다면 도대체 민주당에 무슨 일이 벌어졌던 것일까? 1990년대를 거치면서 민주당은 처음에는 승자 독식 경제에 소극적으로 협조하다가 결국 적극적으로 수용한다. 그리고 그들이 내세웠던 포퓰리스트 전통은 통치의 근간이 아니라 점점 더 무대 의상으로 변해가고 있었다. 선거 캠페인 때만 꺼내 입는 그런 의상 말이다. 민주당은 경제 권력의 집중을 견제하는 정책들을 더 이상 지지하지 않았다. 소속 의원 대부분이 경제 사안에서 중도 우파 쪽으로 기울면서 민주당은 민생 사안과 직결된 법률들을 더 이상 통과시킬 수 없게 되었다. 그리고 월가의 대규모 확대와 관련한 힘겨루기에서도 민주당 지도부는 새로운 경제 질서를 적극 지지하는 쪽으로 입장을 선회했다.

모든 것을 월가에 긍정적인 방향으로

우리는 승자 독식 경제의 열렬한 옹호자로 변해가는 공화당의 변화상을 그대로 구현하고 그런 활동을 진두지휘하고 그 속에서 막대한 이익을 챙겼던 필 그램의 이야기로 8장을 시작했었다. 그리고 지금부터는 민주당의 '필 그램' 이야기를 시작해볼까 한다. 정치인으로

서 그가 거친 성공 과정은 민주당의 변화 과정 그 자체였고, 그가 추진한 활동은 곧 경제 권력의 새로운 균형에 아주 독특한 방식으로, 그리고 공화당만큼이나 기여한 민주당의 활동이었기 때문이다. 조 리버먼(Joe Lieberman), 다이앤 페인스테인(Dianne Feinstein), 로버트 루빈(Robert Rubin), 빌 클린턴(Bill Clinton) 대통령……. 모두 위에서 말한 내용에 해당되는 후보들이다. 그러나 새로운 경제의 진원지가 필 그램의 '성지'인 월가였던 만큼 뉴욕 주 상원의원인 찰스 슈머(Charles Schumer)에 초점을 맞추는 것이 가장 적절할 것 같다.

금융과 무관한 사안의 경우에 슈머는 민주당 내에서 강경 진보주의자로 통한다. 한 예로, 오바마 대통령의 의료 개혁 논쟁에서도 그는 민간 의료 서비스 부문과 경쟁을 펼칠 수 있는 새로운 공공 보험제도 도입에 적극 찬성하는 입장이다. 2007년에 당내 지도부에서 중책을 맡았던 그는 《진짜 미국인: 한 번에 한 가족씩 미국 중산층의 마음 되돌리기(Positively American: Winning Back the Middle-Class Majority One Family at a Time)》라는 저서를 집필했다. 베일리(Baileys)라는 가공의 가족을 중심으로 전개되는 이 이야기에서 슈머는 롱아일랜드에 거주하는 연 소득 7만 5000달러의 베일리 가족을 민주당이 끌어안아야 할 중산층 유권자의 전형으로 그렸다. 이 책의 출간 기념 파티에서 슈머는 "열정과 확신", "우리 미국과 우리 민주당에 보다 나은 길을 제시하고 싶은 간절한 바람"으로 이 책을 집필하게 되었다고 밝혔다. 그리고 "우리는 가끔 그 길을 잃고 방황한다. 정부는 국민들과 더 많은 연결 고리를 만들어야 한다"고 강조했다.[2]

슈머의 출간 기념 파티가 열렸던 뉴욕 메트로폴리탄 박물관 건너

편에는 5번 가(街)(Fifth Avenue, 뉴욕시의 번화가) 아파트가 서 있었다. 그리고 거기에는 정가에 그런 연결 고리를 가진 사람들이 많이 살고 있다. 이 고급 아파트의 공동 소유주인 금융업자 스티븐 래트너(Steven Rattner)와 전직 민주당 전국위원회의 재무위원장을 지낸 머린 화이트(Maureen White)는 슈머의 출간 파티를 마련한 인물이다. 이 두 사람은 뉴욕 주 상원의원이었던 힐러리 클린턴(Hillary Clinton)의 대선 캠페인 초기에 기금 모금 활동으로 두각을 나타낸 바 있다. 그날 슈머의 출간 파티에는 힐러리와 함께 뉴욕 시장인 마이클 블룸버그(Michael Bloomberg)도 참석했다. 블룸버그가 누구인가? 월가에 각종 금융 정보를 계량 분석해주는 블룸버그 통신으로 수십억 달러를 벌어들인 인물이 아닌가? 그런 금융 분석 정보는 월가가 거대한 금융 제국으로 새롭게 탄생하는 데 강력한 터보엔진 역할을 했다.

이런 유명 인사들이 대거 참석했다는 것은 슈머의 정치적 입지가 그만큼 높고 미국의 부가 집중되어 있는 최고 부유층과 그가 오랜 세월 친밀한 관계를 유지해왔음을 의미하는 것이다. 1981년에 의회에 입성한 그 순간부터 슈머는 월가와 긴밀한 공조 관계를 구축하기 시작했다. 그가 가장 먼저 착수한 작업은 하원 금융위원회에 들어갈 방안을 강구하는 것이었다. 야심만만한 뉴욕 정치인에게 그것은 충분히 이해할 수 있는 행보였다. 의원들이 지역구의 강력한 이익집단의 관심사에 부합하는 전문 분야로 눈을 돌리는 것은 자연스러운 현상이고 일반적인 관행이다. 그리고 거대한 야심을 키울 수 있는 절호의 기회이기도 하다. 한편, 월가의 영향력이 급증하면서 슈머의 영향력도 급상승했다.

슈머는 타고난 재능을 마음껏 발휘하며 유능한 자금 모금가로 명성을 날리기 시작했다. 기억할지 모르겠지만 앞서 7장에서 슈머의 이름이 잠깐 언급된 적이 있다. 1982년도 총선에서 공화당에 맞서 출마한 민주당 입후보자들은 극심한 자금난을 겪었다. 급기야 민주당 지도부가 나서서 현역 의원들에게 자금 지원을 호소해야 할 정도였다. 그때 유일하게 두 명의 하원의원이 동조를 했는데 그 중 한 사람이 바로 슈머였다. 하원에서 실세로 떠오른 슈머는 민주당과 금융업계가 관계를 돈독히 하는 데 중요한 다리 역할을 했다. 〈뉴욕타임스〉에 소개된 슈머 관련 기사를 그대로 옮기면 다음과 같다. "슈머는 현재 JP 모건 체이스(JP Morgan Chase)의 최고경영자 제이미 디몬(Jamie Dimon), 모건 스탠리(Morgan Stanley)의 최고경영자 존 맥(John Mack), 시티그룹(Citigroup)의 전직 최고경영자 찰스 프린스 3세(Charles Prince III) 같은 금융계 경영자들로부터 선거 자금을 거두는 데 달인이 되었다." 그리고 정치 헌금의 증액을 요구할 때도 그는 거리낌이 없었다. 기부자들도 슈머의 태도가 일반 정치인들과는 달리 아주 공격적이라고 입을 모았다.[3]

분명 그랬다. 1989~1990년 선거부터 1997~1998년 선거까지 다섯 차례의 선거를 치르는 동안 슈머는 투자회사들로부터 250만 달러에 달하는 거액을 모금했다. 그것은 하원에서 슈머 다음으로 기부금을 많이 모금한 공화당의 딕 지머(Dick Zimmer) 의원보다 무려 세 배가 많은 금액이다. 1999년에 막대한 자금력을 앞세워 효과적으로 선거 캠페인 활동을 펼친 슈머는 상원으로 자리를 옮기는 데 성공했다. 그리고 거기에서도 월가와 관련된 주요 사안에 계속 초점을 맞췄다. 그는 강력한 영향력을 지닌 상원의 은행 및 재무위원회(Banking and

Finance Committee)에 들어갔다. 그의 비범한 자금 모금 기술을 연마하는 데 더할 나위 없이 완벽한 자리였다. 1999~2000년 선거부터 2005~2006년 선거 때까지 슈머가 증권회사, 투자회사로부터 모금한 액수(370만 달러)를 뛰어넘은 의원은 존 케리(John Kerry) 한 사람뿐이었다. 당시 존 케리가 슈머보다 좀 더 많은 기부금을 모금할 수 있었던 것은 대선 출마자라는 이점이 작용했기 때문이다.

그런데 놀라운 사실은 이렇게 케리와 슈머가 각각 1위, 2위를 차지할 당시 3위, 4위, 5위도 모두 민주당 의원들이었다는 점이다. 조 리버먼, 힐러리 클린턴, 크리스 도드(Chris Dodd)가 그 주인공이다. 슈머의 성공적 활동은 민주당의 재정 발전에 큰 기여를 했을 뿐 아니라 민주당이 월가의 지지를 얻는 데도 중요한 견인차 역할을 했다. 이제 금융업계는 특히 선거 캠페인 초기에 민주당이 의지할 수 있는 거대한 자금원이 되었다. 선거 초기에 얼마나 기부금을 모금하느냐에 따라 입후보자의 성패가 결정되기 때문에 이런 자금은 더욱더 중요한 의미를 지닐 수밖에 없다.[4]

이처럼 금융업계의 기부금에 대한 민주당의 의존도가 높아졌다는 것은 역으로 월가의 경제적, 정치적 영향력이 그만큼 커졌다는 의미이기도 하다.[5] 워싱턴에서 활동하는 시민 단체인 책임정치센터(Center for Responsive Politics)에 따르면 기부금 제공 상위 65개 기업 가운데 25개가 금융 서비스 업체라고 한다. 1989년 이후, 금융 서비스 분야의 개인 및 정치활동위원회가 연방 선거 캠페인에 쏟아부은 정치 자금은 20억 달러에 이른다. 그리고 1989년 이후 기부금 제공 상위 100대 기업의 기부 현황을 자세히 들여다보면 금융업계가 제공한 총액이 에너지, 의료 서비스, 방위, 통신 업계의 기부금을 전부 합친 것보다 더 많다는 것을 알 수 있다.[6] 금융업계와 관련된 부유한 개인 기부자들 역시 선거 초기의 주요 자금원으로 통할 만큼 대표적인 기부금 큰손이다. 한편, 헤지 펀드업체가 점점 각광을 받으면서 민주당에 제공하는 기부금 액수도 덩달아 증가했다. 민주당이 의회를 장악했던 지난 몇 년 동안 은행 구제금융 감독 업무를 주관하는 상하원 위원회 위원장들이 받은 기부금 가운데 3분의 1은 이런 금융 서비스 업계에서 나온 것이다.[7]

민주당과 월가의 돈독한 관계를 가운데서 중개하는 데 사실 슈머만큼 완벽한 인물도 없을 것이다. 2004년도 선거에서 실망스러운 결과를 거둔 민주당은 슈머를 민주당 상원선거캠페인위원회 위원장으로 임명했다. 그 후 이어진 두 차례의 선거에서 그는 민주당이 화려하게 재기할 수 있도록 앞에서 진두지휘했다. 그 과정에서 당선이 유망한 후보자들에게 지금이야말로 공화당과 맞대결을 펼칠 수 있는 적기라는 확신을 심어주는 등 선거 출마자 모집 활동에서도 두각을 드러냈다. 그러나 그가 자신의 재능을 가장 유감없이 발휘한 분야는 뭐니 뭐니 해도 자금 모금 활동이다. 민주당 상원선거캠페인위원회 위원장으로 활동하며 두 차례 선거를 치르는 동안 그가 거둬들인 기부금은 총 2억4000만 달러에 달했다. 그것은 전례를 찾아볼 수 없을 만큼 천문학적인 액수였다. 월가 기부금이 50% 가까이 늘어나면서 민주당 상원선거캠페인위원회는 2007~2008년 선거에서 공화당 상원선거캠페인위원회보다 무려 네 배가 많은 금액을 월가로부터 거둬들인다. 선거자금 모금 루트를 다변화했음에도 불구하고 민주당 상원선거캠페인위원회의 전체 기부금 가운데 월가의 기부금이 차지하는 비율은 10년

사이에 세 배나 증가했다.[8]

　로비스트들은 물론이고 은행 및 금융 분야의 논평가들도 의회와 관련해서 슈머에게 정기적으로 조언을 구했다. 필 그램과 마찬가지로 슈머도 의회 내의 해결사로 통했다. 대부분의 사안에서 슈머와 필 그램의 찬반 표결 기록은 아주 대조적이다. 하지만 월가와 관련된 사안에서는 팀을 이뤄 행동할 때가 많았다. 슈머는 글래스-스티걸법의 최종 폐지를 몰고 온 그램-리치-블라일리법(Gramm-Leach-Bliley)을 적극 지지했다. 또한 2001년에 월가가 연방 정부에 지불하는 금융 규제 활동 비용을 대폭 삭감하는 활동에도 초당적으로 협력하여 성공을 거두었다. 그것은 향후 10년간 금융업계의 절감 예상 액수가 무려 140억 달러에 달하는 엄청난 조치였다. 그들이 그런 성공을 거둘 수 있었던 것은 증권거래위원회 등 관련 정부 기관들이 속도, 복잡성, 규모 면에서 급속히 확대되는 월가의 활동을 쫓아가지 못해 허덕대고 있다는 것을 날카롭게 꿰뚫어 보았기 때문이다. 실제로도 정부가 그런 월가의 활동을 쫓아갈 수 없다는 것이 얼마 가지 않아 분명하게 드러났다. 월가의 관행에 대해 여기저기서 우려의 목소리가 나왔지만 슈머는 월가에 대한 규제를 제한하거나 다른 방향으로 돌릴 수 있는 아주 완벽한 자리에 위치해 있었다. 한 예로 2006년에는 신용평가 기관에 대한 증권거래위원회의 감독을 제한하는 법안을 적극 지지함으로써 법안 통과에 힘을 실어주기도 했다.

　금융 규제를 제한하는 활동에서 그램과 슈머가 맡은 역할은 1990년 이후 월가가 거둔 거대한 성공을 계속 이어가기 위해 민주, 공화 양당에 부여한 소임과도 잘 들어맞았다. 공화당 소속의 그램은 주로 돌격대장 역할을 맡았다. 그는 방어 활동에도 능했지만 경제 엘리트 계층이 원하는 법안이 통과될 수 있도록 보수 성향의 의원들을 앞에서 끌고 나가는 데 사실 그만한 적임자가 없었다. 반대로 슈머는 표류를 유도하는 역할을 맡을 때가 많았다. 민주당이 월가에 대한 감독을 요구하지 않고 금융계 거물들의 이해관계에 계속 우호적 입장을 취하도록 유도하는 것이었다.

비공개기업 투자 펀드나 헤지 펀드 매니저들에게 유리한 세법을 계속 유지하기 위해 펼쳤던 슈머의 활동에서 그런 그의 역할을 분명히 읽을 수 있다. 승자 독식 경제의 수혜자 집단 중에서도 헤지 펀드 매니저들은 가장 윗부분을 차지하는 그룹이다. 2007년의 상위 20위에 속하는 헤지 펀드 매니저들의 평균 수입은 9억 달러에 육박했다.[9] 경외감이 느껴지는 이런 엄청난 수입에도 불구하고 그들이 연방 정부에 납부한 세금은 15%에 불과했다. 그렇다, 15%! 그들은 헤지 펀드라는 금융 상품이 태어나기 전부터 존재하던 세법의 허점을 교묘히 이용했다. '성과보수(Carried Interest)' 관련 규정을 이용하여 펀드 매니저들은 투자자들이 자신들에게 지불하는 어마어마한 수수료 중 일부를 자본소득세로 처리했다. 원래 이것은 자신의 돈을 위험성이 높은 곳에 투자하는 사람들을 위해 마련한 조항이었다. 워렌 버핏(Warren Buffett)은 자신과 자신의 비서에게 동일한 세율이 적용된다는 것은 도저히 있을 수 없는 일이라고 분개하기도 했다. 이처럼 성과보수의 허점을 악용하여 이익을 챙기는 사람들은 어쩌면 워렌 버핏에게 더 큰 한 방을 먹이게 될지도 모른다. 왜냐하면 그들은 자신들 밑에서 일하는 비서보다 훨씬 낮은 세율을 적용받고 있기 때문이다.

이런 허점만큼이나 어처구니없는 것은 슈머 같은 월가 옹호자들의 방어 작전으로 그런 허점들이 계속 유지되고 있다는 것이다. 그들은 "나도 개혁을 지지한다. 다만 개혁이 올바른 방향으로 추진되길 바랄 뿐"이라며 스칼렛 오하라식 변명을 또 다시 늘어놓았다. 자신들이 원하는 것은 지금 당장 일어나는 개혁이 아니라 언제가 될지 아무도 모르는 '내일' 일어나는 개혁이라고 말이다. 슈머는 공평성을 걸고넘어지며 개혁이 에너지, 벤처 캐피털, 부동산업계에도 똑같이 적용되어야 한다고 주장했다. 공교롭게도 이것은 금융업계를 위해 열심히 뛰어다니는 로비스트들의 주장과 정확히 일치했다. 그는 이것이 의정 활동을 가로막는 독약이 될 수도 있다는 것을 잘 알고 있었다. 사실이 그랬다. 2007년도에 민주당이 하원을 새로 장악하면서 슈머의 요구에 부합하지 않는 개혁 법안이 통과된 적이 있었다. 하지만 결국 상원에 가서 부결되었다. 우리가 이 책을 집필하고 있는 지금도 민주당이 의회를 장악한 지 4년하고도 반년이 지났지만 헤지 펀드 과세 규정은 더할 나위 없이 느슨한 상태로 조금도 변하지 않고 계속 유지되고 있다.

월가의 관행을 훤히 꿰뚫어보고 있던 경제 논평가들 사이에서 슈머의 이런 역할과 그의 화려한 자금 모금 활동에 대해 신랄한 비난이 쏟아졌다. 뱅가드그룹(Vangard Goup)의 설립자이자 일반 주주의 적극적인 옹호자인 존 보글(John Bogle)은 슈머가 "국민의 이익이 아니라 극소수의 금융계 거물, 은행가, 투자은행가, 펀드 매니저, 사모펀드업체의 편협한 이해관계를 위해 일한다. 그의 그런 행동으로 가장 직접적으로 피해를 보는 사람은 다름 아닌 선량한 일반 투자자와 납세자들"이라며 매서운 비판을 날리기도 했다.[10]

그러나 한편으로는 슈머 역시 미국의 오랜 정치 관행을 따르는 인물일 뿐이라고 주장하는 사람도 있을 수 있다. 슈머가 워싱턴 정가에 입문할 당시 하원을 이끌던 팁 오닐의 말처럼 "모든 정치는 지방에서 이루어진다". 지역 대표 중심으로 이루어진 정치 시스템에서 의원들이 해당 지역구의 경제 거물들을 보호하는 데 앞장서는 것은 충분히 예상할 수 있는 일이다. 슈머가 워싱턴 정가에서 활동하는 동안 뉴욕 경제에서 금융업계가 차지하는 비율은 두 배 가까이 증가했다. 2007년까지 뉴욕 시 전체 임금의 3분의 1 이상이 모두 월가에서 나왔다. 1972년에 8분의 1에 불과하던 것이 그렇게 증가한 것이다.[11] 뉴욕 시의 입장에서는 그렇게 거대한 비중을 차지하는 업계의 이익을 보호하지 않는 것은 정치인의 소임을 방기하는 것이라고 주장할 수도 있다. 그러나 문제는 슈머 한 사람만 그런 것이 아니라는 것이다. 수많은 민주당 의원들이 승자 독식 경제를 거부하기는커녕 오히려 적극 감싸고 있는 것이다.

상습적 방조

슈머의 이야기는 드라마처럼 극적이다. 그러나 그 속을 좀 더 깊이 들여다보면 그것은 민주당의 변화를 적나라하게 드러낸 이야기라는 것을 알 수 있다. 경제 성장의 과실이 최상위 부유층에 집중되는 상황에서 민주당 역시 승자 독식 경제를 받아들이고 싶은 유혹이 점점 커졌을 것이다. 1990년 이후 우리가 7장에서 논의했던 사회 변화 추세들이 더욱 가속화되고 재계 단체의 영향력 역시 계속 확대되었다. 워싱턴 정가에서 어떤 일을 벌이기 위해서는 조직의 자금력이 절대적으로 필요했고 그 중요성은 갈수록 커져만 갔다. 조지 부시 2세의 재임 기간에 로비 활동비용이 급격히 상승한 것만 보더라도 이런 사실을 잘 알 수 있다. 결과적으로 민주당 역시 이런 새로운 경제의 승자들에게 호응을 해주고 싶은 마음이 커질 수밖에 없는 상황이었다. 그런데 이것 못지않게 중요한 사실이 있다. 그들에게 다른 방향의 활동을 펼치도록 압력을 넣을 수 있는 조직화된 세력이 더 이상 미국 사회에는 존재하지 않는다는 것이다.

천문학적인 비용이 소요되는 선거 캠페인 역시 이런 불가피한 상황을 더욱 부채질했다. 1980년대 민주당 하원선거캠페인위원회 위원장으로 활동하면서 민주당이 기업 정치 헌금으로 눈을 돌리게 했던 토니 코엘호(Tony Coelho) 같은 조직 활동가들의 노력에도 불구하고 민주당의 모금액수는 소프트 머니와 하드 머니를 합쳐 1억 4000만 달러에 불과했다. 반면 같은 기간에 공화당이 거둬들인 돈은 2억 4400만 달러에 달했다.[12] 이런 재정적 취약성은 민주당 의원들을 삼중고에 시달리게 했다. 우선 선거에서 불리한 위치에 설 수밖에 없다. 두 번째로는 거대 기부자들에게 호의적 태도를 취해야 한다는 압박이 가중된다. 마지막으로 민주당의 불안한 재정 상태는 민주당 소속 의원들이 계속 독자 행보를 하게 만든다. 즉, 자신에게 선거 자금을 제공하는 기부자들에게 유리한 정책을 추진하지 않을 수 없다는 것이다.

이런 경향은 1994년도 선거에서 민주당이 대패를 당한 이후 더욱 심해졌다. 그전까지 코엘호가 쥐고 있던 단 한 장의 조커가 한순간에 사라져버린 것이다. 그는 항상 재계를 상대로 "의회를 장악하고 있는 것은 민주당이다. 그러므로 우리와 거래를 해야 한다"고 큰 소리쳤었다. 공화당은 기부금 모금 활동에서 민주당이 감히 넘볼 수 없을 정도로 높은 우위를 점하고 있다. 그런 우위는 공화당의 조직적 역량 외에도 재계와 부유층의 이익을 중시하는 공화당의 정책에서 기인한 측면이 크다. 그런데 이제 공화당은 여기에 현직 의원이라는 강력한 이점까지 추가하게 된 것이다. 그리고 톰 드레이는 이런 우위를 바탕으로 재빨리 K 스트리트 프로젝트에 착수했다. 그것도 아주 대대적으로.

그 결과로 민주당 정치인들은 경제 사안에서 교차 압력을 받을 수밖에 없었고 시간이 흐를수록 그 강도가 더욱 거세졌다. 소득 재분배를 연상시키거나 경영자나 기업의 자율권을 침해할 수 있는 사안들이 등장할 때마다 민주당은 상충하는 정당의 정체성 사이에서 어정쩡한 태도를 취할 때가 많았다. 힘없는 중산층과 노조를 위한 정당, 그리고 재계의 든든한 파트너. 이 두 상반된 정체성 사이에서 민주당은 계속 갈팡질팡했다. 반면에 공화당의 연합 세력 중에는 재계가 원하는 경제 정책을 가로막는 집단이 전혀 없었다. 그런 점에서 보면 민주당은 아주 운이 없었다고 할 수 있다.

클린턴의 해결 방식

다른 여러 분야에서와 마찬가지로 이렇게 진퇴양난에 빠져 몸부림치는 민주당에 해결 방향을 제시해준 사람은 다름 아닌 클린턴 대통령이다. 사람들은 클린턴을 민주당 안에서 친기업적 정책으로의 노선 변화를 촉구했던 민주당리더십회의의 허수아비 정도로 여길 때가 많다. 하지만 클린턴은 삼각측량법의 달인이다. 선거 때마다 내뱉는 중도 포퓰리스트적인 수사와 재계에 별로 위협적이지 않은 정책들 사이에서 아주 절묘하게 균형을 유지했다. 1992년의 대선에서 승리를 거둔 후 자신의 대표적 공약 사업이었던 의료 서비스 개혁의 초안을 작성할 때조차 그는 재계의 이해관계를 고려하여 아주 신중하게 접근했다. 물론 자영업자연맹(NFIB)의 단호한 반대 속에서 마지막 날, 비즈니스 라운드테이블과 상공회의소도 결국 클린턴의 이 계획에 반대 입장으로 돌아서긴 했지만 말이다.[13]

1992년 대선이 끝난 후, 특히 1994년 중간선거 이후 클린턴은 기존의 포퓰리스트적인 이미지를 벗어던지고 중도적인 관리자로 이미지를 변신했다. 1993년에 클린턴 행정부가 적자 감축에 최우선순위를 두고 사회 투자 계획을 철회한 결정은 민주당의 경제 노선에 거대한 변화가 일어나게 한 중대 전환점이다.[14] 당시 클린턴은 로버트 루빈(당시 국가경제위원회(National Economic Council) 위원장을 맡고 있었다)과 앨런 그린스펀(연방준비제도이사회(FRB) 의장) 같은 경제 실세 관료들로부터 상당한 압박을 받고 있었다. 1992년과 1996년 선거에서 제3의 정당을 설립하여 놀라운 성공을 거둔 로스 페롯(Ross Perot) 역시 클린턴에게는 무시할 수 없는 정치적 위협이었다. 그리고 다음번 대선에서 민주당의 승리가 점쳐지는 상황에서 클린턴은 자신이 진보적인 정책을 추진해도 결국 민주당 중도파 의원들이 상원에서 저지할 것임을 잘 알고 있었다.

대규모 사회 투자 계획을 폐기처분해야 하는 상황에 몰리자 클린턴의 포퓰리스트적인 면모도 뒷걸음질 칠 수밖에 없었다. "민주당 의원들은 다 어디로 갔는가? 모두 아이젠하워 시대의 공화당 의원들이 된 것 같다.… 우리는 지금 적자 감축과 자유무역을 옹호하고 있다. 정말 훌륭하지 않은가?"[15] 그는 자신의 보좌관들에게 이런 말을 던졌다고 한다. 훌륭하고 안 하고를 떠나 클린턴은 그것이 자신이 가진 최고의 카드라는 결론에 도달한다. 그리고 1993년에 그의 전임자가 1990년에 서명했던 것과 아주 흡사한 예산안을 의회에 제출했다.

사실상 클린턴은 자신의 사회 투자 전략을 '이자율' 전략으로 대체한 것이다. 그러면서 재정 회복이 경제 성장을 촉진하는 메커니즘으로 작용하길 기대했다. 정말이지 아이젠하워 시대의 공화주의자들과 하나도 다를 것이 없었다. 시간이 흐르고 경제가 차츰 회복되자 클린턴은 '루비노믹스(Rubinomics)', 즉 루빈이 옹호한 경제 정책을 보다 적극적으로 추진하기 시작했다. 이 경제 정책을 떠받치는 두 기둥은 사회복지 예산을 대폭 삭감하는 긴축 예산과 한창 진행 중이던 월가의 재건과 대규모 확대에 대한 지속적인 지지였다. 한마디로 말과 노끼 고기 스튜였던 셈이다.

그러나 그런 활동을 통해 거둔 정치적 수확은 아주 미미했다. 클린턴이 이런 긴축 예산을 실시한 후 치러진 중간선거에서 민주당은 역사상 최악의 참패를 거두었다. 하지만 1996년에 접어들면서 경제 상황이 호전되자 클린턴의 재선 전망이 밝아지고 경제 운영 면에서 민주당의 위상이 크게 올라가기 시작했다. 이렇듯 민주당은 탁월한 경제 운용 능력을 갖춘 정당으로의 이미지 변신에는 성공했지만 대신 값비싼 대가를 치러야 했다. 대규모 긴축 예산안을 수용함으로써 중산층에 직접적 혜택을 안겨줄 수 있는 사업들은 포기해야 했던 것이다. 결국 교육, 의료 서비스, 에너지 자립 등 공공 인프라 개선과 사회복지에 투입될 예산이 희생양이 될 수밖에 없었다는 얘기다. 민주당은 그렇게 정부 긴축 운영을 약속했다.

그러나 민주당이 치러야 했던 대가는 그것이 끝이 아니었다. 자발적으로 재정 긴축을 부르짖으며 공화당의 산타클로스 놀이에 장단을 맞춰주는 민주당 의원들이 점점 늘어났다. 참으로 아이러니가 아닐 수 없다. 공화당이 "재정 문제로 스스로를 옭아매는 민주당을 잘 이용할 수 있을 것"이라는 어빙 크리스톨(Iring Kristol, 신보수주의의 대부)의 예언이 그대로 들어맞았던 것이다. 그는 신보수주의 저널인 〈퍼블릭 인터레스트(Public Interest)〉의 창립자이자 보수 성향의 저술가 빌 크리스톨(Bill Kristol)의 아버지다. 1980년 5월, 크리스톨은 '공급자 중심'의 감세가 재정 적자로 이어질 수 있다는 우려를 일축하며 그런 조치 속에 들어 있는 보다 높은 정치 논리를 다음과 같이 설명했다.

> 만약 전통적인 보수주의자들의 주장이 옳다면 그에 상응하는 지출 삭감이 없는 감세 또한 재정 문제를 일으키지 않겠는가? 신보수주의는 그런 문제들이 진보적 정치의 공백을 통해 스스로 대응 능력을 갖추게 하려는 것이다. 그는 미래를 설계하고 싶어 한다. 그리고 그 뒷정리는 반대 세력들에게 떠넘길 것이다.[16]

공화당이 2008년 대선에서 백악관을 내준 후 갑자기 재정 적자 문제로 요란을 떨었지만 과거 25년 동안의 기록을 보면 그들은 크리스톨의 충고를 가슴 깊이 새기고 있음을 분명히 알 수 있다. 레이건과 부시 2기 정부 때 재정 적자와 채무가 급상승했던 것도 그 이유는 비슷했다. 적절한 세입이 없는 상황에서 방위비 지출을 확대하고 그것도 모자라 부유층에 대규모 감세라는 선물까지 안겨주었기 때문이다. 그리고 그 '뒷정리'는 클린턴과 더 훗날 오바마에게 떠넘겨졌다. 그리고 양당의 이런 확실한 업무 분담은 이 두 정당의 경제적 명성에 오래도록 영향을 미쳤다.

겉만 번지르르하고 속은 텅 비었다

말콤 글래드웰(Malcom Gladwell)과 마이클 루이스(Michael Lewis)는 오늘날 미국에서 탁월한 저술가로 손꼽히는 사람들이다. 그런데 스포츠 분야에 존재하는 명성과 현실 간의 격차를 발견한 이 두 사람은 놀라움을 금지 못했다고 한다. 고도로 복잡해진 통계수치로 일부 스타플레이어의 명성이 해당 팀 내에서의 실제 가치보다 한참 부풀려져 있다는 것이다. 글래드웰이 눈여겨본 인물은 농구 선수 앨런 아이버슨(Allen Iverson)이다. 과거 MVP에까지 올랐던 아이버슨은 겉으로는 아주 훌륭한 선수처럼 보였지만 실제로는 그렇지 않았다.[17] 루이스는 자신이 관찰한 이런 내용들을 《머니볼(Moneyball)》이라는 소설 속에 그대로 형상화했다.[18] 그리고 직업 스포츠 세계에서 가장 중요한 것은 혁신적 조직이라는 것을 깨달았다. 선수 안에 숨어 있는 가치를 끌어내기 위해서는 기존의 평가 그 너머까지 꿰뚫어볼 수 있어야 한다는 것이다. 루이스의 영웅은 오클랜드 에틀레틱스(Oakland Athletics)의 단장 빌리 빈(Billy Beane)이다. 빈은 양키스(Yankees)처럼 부유한 팀들과 비교해도 전혀 손색이 없을 정도로 훌륭한 팀을 만들어냈다. 실제 실력에 비해 명성만 크게 부풀려진 선수들을 많이 보아왔던 그는 선수를 팀에 꼭 필요한 존재로 만드는 것은 그런 명성이 아니라 내면에 숨겨진 성격이라는 것을 깨달았다. 참을성 있게 기다렸다가 포볼을 유도해내는 따분한 성격도 그런 능력 가운데 하나였다.

글래드웰과 루이스는 사회의 광범위한 분야에서 일어나고 있는 현상을 스포츠 세계를 통해 재미있게 소개한 것이다. 사람들은 명성에 눈이 멀 때가 많다. 아무리 똑똑하고, 아무리 가까이에서 관찰해도 진짜 실력과 명성을 잘 구분해내지 못한다. 저명한 정치학자인 프린스턴 대학의 래리 바르텔스와 워싱턴 대학의 마크 스미스(Mark Smith)는 경제적 성과라는 측면에서 민주당과 공화당의 이런 허와 실에 대해 각각 연구를 실시했다.[19] 지난 몇 십 년간 실시된 경제 정책을 중심으로 살펴본 결과, 공화당은 앨런 아이버슨과 비슷한 것으로 나타났다. 조지 부시 2세의 화법을 빌리면 이런 식으로 표현할 수 있을 것이다. "카우보이 모자만 있고 소는 없다." 그리고 주요 경제 지표에 근거했을 때 민주당 대통령 재임 시절의 경제 성과가 공화당 대통령 재임 시절보다 훨씬 더 높았다. 그리고 스미스가 실시한 연구 결과에 따르면 단순하고 일관되게 감세만을 외치는 공화당이 경제 분야에서 일반적으로 더 유능한 정당이라는 명성을 누려왔다고 한다.

부정적인 결과가 가장 두드러진 부분은 뉴딜 연합에서 중요한 부분을 이루었던 백인 노동자 계층의 퇴보와 민주당의 정치적 운의 쇠락이다. 여기서 백인 노동자 계층이란 일반적으로 고졸 이하의 학력을 지닌 백인 유권자들을 말한다. 물론 애널리스트들은 이 개념을 이보다 훨씬 더 단순화할 때가 많다. 여론조사에서 자신을 노동자 계층이라고 답하는 사람들을 백인 유권자로 간주하는 것이다. 그 개념을 어떤 식으로 정의하건 간에 중요한 것은 민주당의 전통적인 지지 기반이 점점 민주당에서 멀어지며 공화당 쪽으로 향하고 있다는 사실이다. 이런 현상은 종교의 유무와 상관없이 남부와 그 외곽 지역에 거주하는 유권자들 사이에서 분명하게 나타난다. 미국 전체적으로 보더라도 한 세대 전과 비교했을 때 민주당을 지지한다고 답하는 백인 노동자 계층이 20%가량이나 줄어든 상태다.

심지어 버락 오바마가 2008년 대선 캠페인에서 "유권자들이 불만을 느끼고 그런 불만을 표출하기 위해 엽총이나 종교에 매달리는 것을 충분히 이해할 수 있는 일이다"라고 말했다가 공화당의 거센 비난을 받기 전부터 이런 민심 이반 현상은 민주당을 계속 걱정과 절망의 늪에 빠뜨렸다. 그리고 이에 대해 정치 전문가들 사이에서 정교한 분석들이 점점 더 많이 나오고 있다. 그런데 이런 분석들은 문화적 반발이라는 기존의 진단과는 상반되는 견해에 초점이 맞춰져 있다. 복음주의자들이 자신들의 문화적 기반을 민주당에서 공화당으로 옮긴 것은 사실이지만 백인 노동자 계층 전체가 그런 것은 아니라는 것이다. 또 민주당이 그들의 지지 기반이었던 백인 노동자 계층 유권자를 잃은 것도 사실이지만 그것 역시 경제적 문제 때문이 아니라 민주당 자체에 문제가 있었기 때문이라는 것이다. 〈뉴요커(New Yorker)〉의 작가 조지 패커(George Packer)는 이 문제에 대해 자신이 연구한 결과를 다음과 같이 요약했다. "민심 이반은 낙태, 총기, 종교, 심지어 남부 이외의 지역에서의 인종 차별 문제 같은 사회적 쟁점들과 아무 상관이 없다. 그 저변에는 오히려 지난 몇 십 년간 기업들이 공장을 해외로 이전하면서 일자리가 줄어들고 노조가 사라지고 노동자 계층의 소득이 제자리걸음을 걷고 있어도 민주당이 더 이상 노동자 계층을 대변해주지 않는다는 생각이 짙게 깔려 있다."[20]

민주당은 그런 변화로 경제 정책을 적극적으로 추진할 수 있는 힘만 상실한 것이 아니다. 경제 사안에서 그들의 지지 기반이었던 유권자들에게 가까이 다가갈 수 있는 능력도 상실했다. 민주당의 그런 내부 갈등은 기본적인 경제 사안에서 명확하고 일관된 태도를 취할 수 없게 만들었다. 중산층을 위해 자신들이 열심히 활동한다는 것을 분명하게 보여줄 수 있는 문제에서조차 민주당은 그런 혼란스러운 태도를 취했다.

국민들은 관심을 갖고 지켜본 사안들이 계속 교착상태에 빠지자 정부에 실망을 느끼고 정치에 더욱 냉소적인 태도를 취하게 되었다. 뿐만 아니라 민주당은 기존의 포퓰리스트 이미지에서 벗어나 부유층 유권자들과 재계의 이해관계에 부합하는 경제 노선으로 전환해야 한다는 압박에 직면해 있었다. 처음에는 먼데일이 그 다음에는 클린턴이 채택한 적자 감축 계획은 어쩔 수 없이 내놓은 절충안이다. 그리고 이런 양다리 작전은 시장, 세금 감면, 규제 철폐와 관련하여 분명하고 일관된 입장을 고수하는 공화당의 모습과 대조를 이룰 수밖에 없다. 공화당의 경제 정책의 효과가 제한적이었다 하더라도 정부에 대해 반대 입장을 분명히 밝히는 그들의 솔직한 태도는 국민들 사이에서 공감을 불러일으키기에 충분하다. 더군다나 공화당의 그런 입장은 국민들 눈앞에서 벌어지는 두 당의 극한 대립과도 잘 맞아떨어졌다.

민주당과 정치적 표류

오늘날 미국의 정당과 관련된 논의에서 논평가들은 민주, 공화 양당 모두 희망이 없다고 보는 견해와 한쪽에 근본적으로 문제가 있고 다른 한쪽은 아무 문제가 없다는 견해 사이에서 우왕좌왕할 때가 많다. 전자는 양당 모두 잘못하고 있다는 것이고 후자는 흑백 논리에 입각하여 양당을 바라보는 것이다.

그러나 공화당과 민주당의 이야기는 흑과 백이 아니라 흑색과 회색에 관한 이야기라고 보는 편이 더 타당하다. 공화당은 승자 독식 경제를 촉진하면서 자신들이 열광적인 옹호자라는 것을 입증해보였다. 레이건과 부시 정부의 감세에서부터 금융시장에 대한 규제 완화에 이르기까지 의회에서 부유층에 막대한 부를 안겨주는 법안들을 적극적으로 추진했다. 그리고 이를 추진하면서 공화당은 대부분 그것이 자신들의 작품이라고 당당하게 말할 수 있었다. 이와는 반대로 민주당은 우리가 '표류'라고 부르는 승자 독식 정치 분야에서 더 많은 활동을 했다. 불평등과 불안정을 막기 위해 고안된 공공정책들이 경제 변화로 심각하게 훼손되는 데도 워싱턴 정가는 두 손 놓은 채 아무 대응 활동도 펼치지 않았다. 민주당이 서 있는 자리는 곧 어떤 대응이 나올 것으로 기대하게 하는 자리이므로 민주당이 아무 활동도 펼치지 않는다는 것은 결국 민주당이 승자 독식 정치의 중심에 서 있다는 뜻이 된다. 공화당이 쓰고 있던 모자가 검정색이라면 민주당의 모자는 점점 회색에 가까워져 갔다.

민주당이 이처럼 정치 표류 활동에 적극 가담하게 된 것은 조직화된 재계 이익단체들의 영향력과 밀접한 관련이 있다. 기업들이 민주당 현직 의원들에게 정치 기부금을 제공한 것은 단순히 워싱턴 정가에 접근하기 위해서만이 아니다. 민주당이 겉으로 드러나지 않게 자신들의 정치적 보호막이 되어줄 수 있다는 판단도 크게 작용했다. 사실 표류만큼 국민들 눈에 띄지 않게 그들을 효과적으로 보호해주는 장치도 없다. 결국 표류는 정치학자들이 자주 사용하는 용어를 빌리자면 '무결정', 즉 아무것도 결정하지 않는 상태를 지속하고 어떠한 가시적인 법률도 채택하지 않음으로써 조용히 정책 변화를 일으켰던 것이다. 표류는 유권자들의 이목을 끄는 일이 거의 없다. 그리고 정치에 일시적, 산발적으로 관심을 갖는 유권자들 역시 정책에 대해 얻을 수 있는 정보가 극히 제한적이다. 그런 점에서 유권자와 이익집단의 이해관계의 팽팽한 대립으로 교차 압력을 받는 정치인들에게는 표류가 가장 쉽고 안전한 해결책일 때가 많다.

그리고 이것은 민주당이 정치적 저항을 최소화하고 싶을 때만 사용한 수단이 아니다. 그것은 민주당이 가진 유일한 수단이다. 갈수록 급진주의로 치닫는 공화당과 갈수록 높아지는 제도적 장애물은 개혁과 변화를 모색하려는 민주당의 시도 자체를 불가능하게 만들었다. 이런 장애물 가운데서도 가장 강력한 것이 상원의 의사진행방해다. 상원 내에서 공화당이 농촌 지역을 압도적으로 장악하고 있는 상황에서 51표

(예산 관련 법안), 60표(그 외의 기타 법률안)의 찬성표를 이끌어낸다는 것은 아주 힘든 일이다. 그 결과, 일반 국민들은 잘 인식하지 못했지만 상원에서 양당 간의 비대칭 구도가 점점 더 심각해져 갔다. 자신들의 정책을 승리로 이끄는 데 공화당은 그저 교착 상태만으로도 충분할 때가 많았다. 반면 민주당은 중산층에 헌신하는 정당으로 이미지를 변신하기 위해 여러 중대 사업들을 야심차게 추진해야 하는 상황이었다. 그러나 우리가 아는 것처럼 민주당은 항상 공화당의 격렬한 반대에 부딪혔다. 그리고 그것 못지않게 중요한 사실은 민주당 내부에서도 예상치 못한 저항에 직면할 때가 많았다는 것이다.

중도파라는 난관

민주당 내부에서 가장 먼저 저항의 목소리가 터져 나온 곳은 '중도파'였다. 민주당의 중도파는 어떤 특정한 이념적 성향을 가진 집단을 뜻하는 말이 아니다. 그저 법안의 가결을 위해 어느 쪽이든 먼저 차지하는 측이 승리를 거머쥐게 되는 일종의 '부동층' 의원 집단이다. 중대한 개혁을 추진할 때마다 민주당은 그런 활동을 가장 반기지 않는 의원부터 회유해야 하는 심각한 구조적 모순에 시달리고 있다. 그리고 무엇보다 민주당의 애를 가장 많이 태운 곳은 바로 상원이다.

이것은 소규모 주에 지나치게 편중되어 있는 상원의 구조를 반영하는 것이기도 했다. 미국 헌법이 제정되었을 당시만 해도 가장 인구가 많은 주와 가장 적은 주의 비율이 20 대 1 정도였다. 그런데 지금은

70 대 1로 늘어났다. 가끔은 이렇게 인구 격차가 심한 주 간의 의견 대립이 어느 쪽 정당에도 특별히 이롭지 않은 경우도 있었지만 지난 몇십 년을 거치면서 그런 대립은 공화당에 엄청난 이점으로 작용한다.[21] 그리고 이것은 인구가 거대한 주에 과도하게 집중된 소수 인종 및 민족들의 문제를 대변해주는 의원이 상원에는 아주 적었다는 뜻이기도 하다.

오늘날 미국의 정치 지형을 감안했을 때 인구가 적은 주에 대한 이런 편향은 한마디로 보수주의에 대한 편향이라고 할 수 있다. 한 예로, 2004년 선거에서 무려 100개나 되는 선거구에서 민주당이 훨씬 더 많은 득표를 했음에도 불구하고 상원 의석(100석)을 공화당(55석)이 더 많이 차지하는 아이러니한 상황이 벌어졌다.[22] 조지 부시가 감세 법안에 민주당의 지지를 호소할 때도 그가 주로 타깃으로 삼은 사람은 자신에게 압도적으로 표를 몰아준 이런 소규모 주의 상원의원들이었다. 하지만 1992년과 1996년도 선거가 끝난 후 클린턴은 공화당 의원들은 말할 것도 없고 심지어 자신의 소속당인 민주당 의원들에게조차 이런 식의 압박을 펼칠 수가 없었다.

그러나 이것은 단순히 상원에서의 표가 어떤 식으로 나뉘는지를 보여주는 것으로 끝나는 문제가 아니다. 중도파의 입장은 곧 영향력 확대의 발판이고 그런 영향력 확대는 정치판의 영악한 광대들의 관심을 사로잡을 수 있는 수단이다.

우리가 앞에서 이야기한 것처럼 법안의 가결 여부가 이런 중도파의 손에 달려 있기 때문에 이들은 막강한 영향력을 행사할 수 있는 것이다. 그리고 이들은 일부 중산층 유권자를 대변하는 이익단체들이 가장 열심히 구애의 손길을 내미는 대상이기도 하다.

그 대표적인 예로 상원 재무위원회의의 위원장이자 민주당 내에서 강력한 영향력을 행사하는 맥스 바커스(Max Baucus) 의원을 들 수 있다. 사람들 앞에 잘 나서지 않았던 이 몬타나(Montana) 주의 의원은 상원 재무위원회의 실세로 떠오른 2000년 전까지만 해도 워싱턴 정가에서 별로 주목 받지 못한 인물이었다. 이런 상황 변화를 재계 이익단체들이 간과하지 못했을 리 만무하다. 퍼블릭 시티즌(Public Citizen, 미국의 최대 소비자운동 단체-옮긴이)의 보고서에 따르면 1999년부터 2005년 사이 바커스는 오랫동안 상원에서 다수당 지위를 누렸던 공화당의 원내 대표인 빌 프리스트(Bill Frist) 다음으로 재계의 기부금을 가장 많이 받은 상원의원이었다고 한다. 그리고 재계의 정치활동위원회로부터 받은 정치 헌금 역시 상원의원 가운데 가장 많았다.[23]

바커스의 사무실은 이제 로비스트들에게 일종의 훈련 캠프와 같은 곳이 되었다. K 스트리트 프로젝트 전담 직원이 바커스보다 많은 상원의원은 세 명 정도에 불과했다. 그가 재무위원회 위원장 자리에 오르자 직원 수도 늘어났다. 미 의회 계간지인 〈콘그레셔널 쿼털리(Congressional Quarterly)〉에 따르면 "바커스 밑에서 K 스트리트 프로젝트 업무를 담당했던 전직 보좌관들은 자사의 사업에 미칠 피해를 최소화하기 위해 안간힘을 쓰는 기업들로부터 엄청난 구애를 받았다"고 한다.[24] 바커스가 2003년도에 노인의료보장처방약품 법안을 작성할 당시 핵심 역할을 했던 수석보좌관과 법률 보좌관은 나중에 미국제약협회(PhRMA, Pharmaceutical Research and Manufactures of America) 로비 팀에 스카우트되어 맹렬한 로비 활동을 펼쳤다. 이 법안이 통과된 후 재무위원회 업무를 담당했던 수석 직원은 거기에서 나와 따로 로비회사를 차렸을 정도다. 미국제약협회를 비롯하여 의료 및 제약업계의 수많은 회사들이 그의 고객 명단에 오른 것은 두말할 나위도 없었다.

상원 재무위원회에서 중차대한 역할을 맡게 된 바커스는 친기업적인 법률들에 지지를 표명할 때가 많았다. 상원에서 약간 손질만 거친 부시의 감세 법안을 지지했을 뿐 아니라 예산 규율에 대해 우려를 표하면서도 감세 확대를 옹호했다. 상속세 폐지 법안의 경우에도 후방 지원을 아끼지 않았고 노인의료보장처방약품 법안을 처리할 때도 공화당의 요구에 순순히 응했다. 해당 법안의 초안이 작성된 상하 양원 협의회장에 바커스가 민주당 중도파로 통하는 존 브로(John Breaux)와 함께 민주당 의원으로는 유일하게 참석할 수 있었던 것은 모두 그런 노력의 결과였다.

민주당 내의 중도파(역사에 길이 남을 존 브로의 표현에 따르면 표를 "빌려주는" 무리)들이 누리고 있는 이점은 이것만이 아니다. 브로의 정치 경력은 물론이고 좀 더 최근에는 에반 베이(Evan Bayh)나 조 리버먼의 경우에서도 보다시피 중도파를 고결한 신념의 소유자로 여기는 정치학자들 덕분에 그들은 뜻하지 않게 진정한 정치인으로까지 추앙받고 있는 상황이다. 협상에서도 항상 유리한 위치에 서는 이들은 다른 활동에 사용할 수 있는 칩도 계속 공급받고 있다. 언론의 찬사도 받고 동시에 물질적인 혜택도 누릴 수 있는 이런 정치적 태도의 이점을 일반 국민들은 잘 알지 못한다.

민주당 내 이런 중도파들의 마음을 붙잡기가 어려운 이유를 딱 한

가지로 못 박기는 힘들다. 그들이 특정 사안에 반대하는 이유가 어떤 확고한 정치적 신념 때문일 수도 있고, 보수적인 지역 유권자들의 압력 때문일 수도 있고, 영향력 확대나 사람들의 관심을 끌고 싶은 욕구 때문일 수도 있다. 아니면 로비스트의 부탁 때문일 수도 있다. 분명한 것은 민주당은 수시로 교착상태에 빠지는 상원에서 안건마다 입장을 바꾸고 중요한 길목을 가로막고 있는 이런 소수 부동층 의원들과 항상 거래를 해야 한다는 것이다. 그리고 이런 의원들 때문에 입법 연합이 점점 더 어려워지고 있다는 것도 사실이다.

하루만 공화당원

중요한 경제 사안이 대두될 때마다 재계의 이익단체들은 공화당의 강력한 차단막 외에 민주당의 중도파 의원들이 제공하는 보완막까지 기대할 수 있게 되었다. 이런 활동은 충분하다 못해 넘칠 정도다. 그런데도 혹시 생길지 모르는 공백을 메우겠다며 보수 연합을 확대한 또 다른 집단이 있다. 바로 하루만 공화당으로 돌아서는 사람들이다.

그런데 이런 사람들은 모두 민주당 의원들이다. 심지어 '자유의 투사'를 자처하는 척 슈머(Chuck Schumer)까지도 특정 경제 문제에서 지역구의 이해관계에 따라 당과 다른 입장을 취할 때가 많았다. 여기에는 미 의회의 지리적 토대가 중요한 역할을 했다. 의원들은 다양한 선거구민들 사이에서 균형을 유지해야 하지만 특정 경제 집단의 이해관계가 해당 지역에서 막강한 영향력을 발휘하기 때문에 더 특별한 관심을 기울일 수밖에 없다. 모든 주의 경제계에는 이처럼 그 뜻을 거스를 수 없는 거대한 고릴라들이 버티고 있다. 그런 주에서 당선된 민주당 의원들은 자신의 정치 생명을 지속하기 위해 그들의 이해관계를 따라야만 했다.

미시간(자동차)에서부터 델라웨어(기업지배구조), 오리건(목재), 펜실베이니아(석탄)에 이르기까지 이런 고릴라의 예는 수없이 많다. 이런 사실을 감안하다면 자신의 선거구에 월튼 가족(월마트 소유주, 〈포브스〉가 선정하는 미국의 10대 거부 중에 네 명이나 이름을 올린 유명한 가족)이 살고 있는 블랑시 링컨(Blanche Lincoln, 아칸소 주)이 상속세 폐지를 지지한 것이 그렇게 놀라운 일도 아니다. 경제 사안에서 소속 당과 동떨어진 입장을 취할 때가 많았던 다이앤 페인스테인(Dianne Feinstein)과 바버라 복서(Barbara Boxer) 역시 스톡옵션 규제에 불만이 많은 실리콘 밸리를 적극 옹호했다. 뉴욕, 코네티컷, 뉴저지 주의 민주당 의원들은 전반적으로 은행, 보험, 부동산 같은 금융업계에 광범위한 지지를 표명해왔다.

이렇게 얼마 안 되는 표를 잃는 것이 그렇게 큰 의미를 갖느냐고 묻는 사람도 있을 것이다. 그런데 이것은 아주 거대한 의미를 가졌다. 타성에 젖어 있는 미국의 정치 시스템에서 그런 몇 표가 활동과 무활동을 가르는 엄청난 차이를 만들 수 있기 때문이다. 게다가 '하루만 공화당원'이 되는 그런 의원들은 정확히 그런 사안에서 큰 영향력을 발휘했다. 지역구의 이해관계를 보호하기 위해 그들이 가장 적극적으로 나섰던 것이 바로 그런 사안들이기 때문이다. 그리고 그들은 지역구의 이익단체들이 원하는 위원회에 들어가기 위해 온갖 노력을 기울여야 했다. 그리고 궁극적으로는 해당 위원회의 위원장 자리에 오르는 것이 그들의 목표다.

이렇게 하루만 공화당 쪽으로 돌아서는 의원들의 표는 진짜 공화당 의원들의 성향 변화 때문에 그 중요성이 더욱 부각되었다. 경제 사안에서 공화당은 당의 노선에서 벗어나 독자적으로 행동하는 의원들이 점점 줄어들고 있다. 공화당 중도파 의원들이 몰락하면서 민주당 표를 대체할 공화당 표를 더 이상 기대할 수 없게 된 것이다. 그렇기 때문에 양당의 입장이 첨예하게 대립하는 경제 사안에서 그런 민주당 의원의 표 하나 하나가 중요한 의미를 지닐 수밖에 없다.

경제 사안의 경우에 사실상 공화당에 대적할 상대가 없다. 중대한 경제 개혁은 경제적 이해관계들을 한 곳으로 집중한다는 뜻일 때가 많다. 그리고 이런 경제적 이해관계의 집중은 그런 이해관계가 강력한 영향을 미치는 특정 지역의 반대를 유발한다. 복서나 슈머처럼 일시적으로 공화당 쪽에 붙는 활동이 효과를 발휘하는 것도 바로 이런 부분이다. 하지만 공화당은 규제 철폐와 부유층 감세를 강조하는 경제 의제 덕분에 지방의 강력한 이해관계를 따를 필요가 없다. 그들은 일반 국민들에게로 광범위하게 분산되어야 할 혜택을 자신들이 애정을 쏟는 특정 계층에만 집중적으로 제공했던 것이다.

승자 독식 정치의 다른 여러 측면들과 마찬가지로 지방 경제 세력이 양당에 미치는 영향력 역시 비대칭이 심했다는 얘기다. 그리고 그것은 민주당의 포퓰리스트적인 면모를 약화시키기까지 했다. 흥미로운 사실은 "모든 정치는 지방에서 이루어진다"라고 말했던 주인공이 민주당의 지도부이자 대변인인 팁 오닐이었다는 것이다. 그것은 의회 다수당이었던 공화당의 당수, 딕 아미(Dick Armey)가 했던 경구와는 상당한 차이가 있는 말이다. "자신의 지지 기반을 절대 화나게 해서는 안 된다."[25]

60표에 이를 때까지 기다리다

민주당의 중도파와 사안에 따라 공화당 쪽에 붙는 민주당 의원들의 영향력이 비대해진 것은 오늘날 상원에서 벌어지는 관행과 직접적인 관련이 있다. 그 속에는 양극화의 심화와 의사진행방해 카드의 남발이라는 아주 유해한 요소가 결합되어 있기 때문이다. 승자 독식 정치를 구축하는 데 이보다 더 완벽한 조합도 없을 것이다.

미 의회가 수시로 의사진행방해 활동을 펼치면서 오늘날 미국 정가에는 이것을 아주 당연시하는 풍조가 만연해있다. 심지어 준헌법적 특징으로까지 여길 정도다. 의사진행방해를 풀고 법안을 통과시키는 데 60표가 필요하다는 인식은 대통령의 거부권을 무효화하는 데 67표가 필요하다는 인식과 거의 동격 취급을 받고 있다. 그러나 후자는 헌법에 명시되어 있지만 전자는 그렇지 않다.

사실 얼마 전까지만 해도 의회의 의사진행방해 활동은 아주 드물게 꺼내는 카드였다. 저명한 법률학자인 데이비드 메이휴(David Mayhew)에 따르면 과거에는 일반적으로 의사진행방해가 특정 지역의 소수집단에 아주 중대한 의미를 갖는 문제에만 사용되고 그 외의 사안에서는 사용을 자제했다고 한다. 아주 악명 높았던 남부 지역의 흑인

차별 정책 옹호자들에게나 사용했다는 얘기다. 그리고 소수파의 의견이 너무 강하다는 신호를 보내거나 의회 회기 막바지에 시간을 벌기 위해 사용되는 정도였다. 그러나 전반적으로 거대한 논란을 불러일으킨 법안도 의사진행방해 없이 아주 근소한 차로 통과될 때가 많았다. 극심한 대립 양상을 보였던 관세 법안이 그 대표적인 예다. 이 법안은 19세기 후반부터 20세기 초반 사이 경제 관리 방식을 놓고 벌어진 가장 큰 정쟁으로 오늘날 세금 및 예산 관련 법안만큼이나 양당이 첨예하게 대립했었다.

하지만 메이휴가 소개한 사례 중 가장 눈길을 끄는 것은 1937년 프랭클린 루스벨트의 대법원 구성 계획이다. 당시 루스벨트는 자신의 계획에 반대하는 대법원을 견제하기 위해 대법원 규모를 확대하고 좀 더 유순한 인물들을 대법관에 앉히려고 시도했다. 이보다 더 거대한 논란을 일으킨 야심찬 법안이 있었을까 싶을 정도다. 하지만 이 계획은 상원에서 과반수 찬성을 얻지 못해 결국 실패로 끝나고 말았다. 그 시대의 의회 관행에 대한 이야기를 들어보면 통과될 가능성이 높은 법안인 경우 계표원은 그저 과반수인지만 확인했다고 한다. 의사진행방해를 법안 통과에 심각한 장애물로 여기지 않았다는 뜻이다.

오늘날 미 의회 시스템의 특징으로 굳어진 활동, 즉 미국의 전체 인구에서 겨우 10분의 1밖에 대표하지 않는 상원의원들이 입법 활동을 가로막기 위해 펼치는 활동은 근래에 들어 빈번하게 사용된 관행이다. 1970년대 들어 증가한 이런 의사진행방해 활동은 1990년대 초반부터는 사실상 '60표의 법칙'에 가까워지고 있다. 메이휴가 내린 결론처럼 "단단하고, 단호한 반다수결주의(Anti-Majoritarian) 장벽"을 당연시하는 오늘날의 상원은 미국 정치사에서 그 전례를 찾아볼 수 없을 만큼 문제가 심각한 상황이다.[26] UCLA 정치학과 바버라 싱클레어(Barbara Sinclair) 교수가 실시한 연구 결과에 따르면 1960년대에는 중요 법안 가운데 의사진행방해가 사용된 것은 8%에 불과했다고 한다. 그러나 21세기가 시작된 첫 10년 동안에는 그 수치가 무려 70%에 육박했다.[27]

그 사이에 무슨 일이 벌어졌던 것일까? 의사진행방해의 증가를 두고 의회 전문가들 사이에서도 활발한 논의가 벌어지고 있다. 이 문제에 대해서는 아주 간단히 설명하는 정도로 지나가도록 하겠다.[28] 그러한 변화의 첫 단계로 1970년대 중반, 서로 연관성을 갖는 두 사건이 벌어졌다. 하나는 의사진행방해를 끝내는 데 필요한 찬성표를 67표에서 60표로 줄인 것이다. 다른 하나는 '진짜' 의사진행방해를 펼치는 것이 아니라 토론 종결 반대에 대해 계속 논의할 의지가 있는지를 간단한 표결을 통해 알아보는 식으로 토론 종결 절차를 간소화한 것이다.

아이러니하게도 이런 조치는 대부분 의사진행방해가 의정 활동에 걸림돌이 되지 않게 하려는 의도에서 나온 것이다. 이런 규정 변화가 일어났던 1970년대 중반은 의회가 대규모 법률들을 빠른 속도로 처리하고 사회 전반적으로 진보주의가 한창 세력을 떨치던 시기였다. 의회의 업무와 활동이 마비될 정도로 법안을 둘러싼 공방이 끝없이 이어지고 그 때문에 피해가 커지자 의원들 사이에서 이를 계속 허용해서는 안 된다는 공감대가 자연스럽게 형성되었다. 거기에 선거 캠페인이라는 새로운 정치 풍조까지 가세하면서 그 피해가 두 배로 증가했다. 현대적인 운송수단의 발전과 자금 모금 방법은 의원들의 주당 근무 시간 단축이라는 결과를 가져왔다. 정치인들은 서둘러 업무를 끝마치고 교외로 나가고 싶어 했다. 진짜 의사진행방해가 오히려 방해가 된 것이다. 그런 점에서 토론 종결은 입법 활동이라는 톱니바퀴가 부드럽게 굴러가게 해주는 역할을 했다.

하지만 결과적으로 의사진행방해는 그런 바람직한 의도로 사용되지 않았다. 시간이 흐르면서 개혁 활동을 추진할 때마다 미국의 정치 무대에서는 의사진행방해가 더 빈번하게 사용되었고 그 비중도 점점 커져 갔다. 그리고 새로운 토론 종결 방식이 도입되면서 의사진행방해를 펼쳐도 입법 절차에는 그다지 큰 피해가 가지 않았다. 그것은 한편으로는 그런 싸움으로 양당이 입는 피해 역시 줄어들었다는 뜻이기도 했다. 그전까지 의사진행방해 카드를 사용하면 눈살을 찌푸리던 의회 내의 암묵적인 규범이 퇴조하기 시작한 것이다. 1980년대 내내 상원에서 이런 법안 뒤집기가 되풀이되면서 의사진행방해를 입법 과정에서 으레 있는 일로 여기는 의원들이 점점 늘어났고 그런 규범 퇴조 현상은 계속 이어졌다. 의사진행방해는 이제 특별한 활동이 아니라 일상적인 활동이 되었다.

사실 지금까지의 이야기는 우리가 이 책에서 정말 하고 싶었던 정치 이야기와는 별로 관련이 없다. 의도하지 않았지만 경각심을 불러일으킨 이야기 정도로 들어주었다면 우리는 그것으로 만족한다. 하지만 1990년대 초반에 이 모든 것이 바뀌게 된다. 민주, 공화 양당의 대립이 점점 극을 향해 치달으면서 소수당이었던 공화당의 입장에서는 입법 활동을 차단해야 할 유인이 더욱 커졌다.[29] 그 전환점이 된 것은 클린턴의 의료 서비스 계획을 둘러싼 논쟁이다. 그때부터 소규모 기업들의 로비가 증가하기 시작했다. 약삭빠른 저널리스트이자 한동안 공화당 상원의원 빌 브래들리(Bill Bradley) 밑에서 일하기도 했던 마크 슈미트(Mark Schmitt)는 당시 상황을 이렇게 회고했다. "상원 다수당 원내대표 시절, 밥 돌은 이런 말을 만들었다. '여기(의회)에서 무슨 일을 하려면 60표가 필요하다'." 사실 밥 돌은 이렇게 말했어야 맞다. "오늘날 여기(의회)에서 무슨 일을 하려면 60표가 필요하다." 슈미트에 따르면 상원에서 오래 활동했던 의원들은 공화당이 펼치는 온갖 '지저분한' 입법 방해 활동을 그때까지 한 번도 본 적이 없었다고 입을 모았다고 한다. 그는 테드 케네디가 34년 동안 상원의원으로 활동하면서 한 번도 경험한 적이 없는 그런 계략들을 어떻게 처단해야 할지 직원들에게 조언을 구하는 모습을 목격하기도 했었다고 한다.[30]

걸핏하면 의회에서 의사진행방해 카드를 꺼내드는 전략은 전례가 없었지만 효과는 있었다. 아니 그냥 효과가 있는 정도가 아니라 아주 엄청났다. 공화당은 의사진행방해로 개혁 법안만 차단한 것이 아니라 반대 세력에 정치적 타격까지 입힐 수 있었기 때문이다. 워싱턴 정가의 손발을 꽁꽁 묶어놓음으로써 다수당을 무능하게 보이도록 만들고 국민들의 정치 혐오증을 더욱 확대시킬 수 있었다. 이것은 소수당이었던 공화당에는 거대한 이점으로 작용했다. 싱클레어가 지적했듯이 클린턴의 계획을 차단했던 공화당 상원의원들은 "어떠한 희생도 치르지 않고 손쉽게 의회를 장악했다. 스스로를 유능하게 보이도록 만들기는 어려워도 상대방을 무능해 보이도록 만드는 것은 그리 어렵지 않다. 그리고 그것은 클린턴 1기 정부를 상대로 입법 방해 활동을 펼치던 공화당 의원들에게는 아주 효과적인 전략이었다. 공화당은 자신들만이 아니라 민주당도 그런 방법을 사용했다고 목청을 높였다."[31]

그러잖아도 교착상태를 조장하기 용이한 정치 시스템에서 이런 상황 전개가 갖는 의미는 실로 엄청난 것이다. 일부 예산 관련 문제는 차치하더라도 온갖 중요한 법안들이 통과되기 위해서는 상원에서 60표의 찬성표를 긁어모아야 하기 때문이다. 50표를 확보하는 것보다 60표를 확보하는 것이 훨씬 더 어려운 일임은 두말할 나위도 없다. 더구나 점점 극단으로 치닫는 반대당에 손을 내밀어야 하는 상황에서는 더욱더 그럴 수밖에 없다. 하지만 민주당 지도부에 공화당은 그저 문제의 시작에 불과했다. 뾰족한 승리의 묘책이 없는 승자 독식 정치에서 개혁안을 통과시키기 위해서는 과거보다 더 많은 찬성표를 확보해야 했지만 공화당에 그런 찬성표를 기대한다는 것은 거의 불가능에 가까웠다. 게다가 교차 압력을 가하는 민주당 지지자들조차 그럴 마음이 전혀 없어 보였다. 의회를 표류하게 만드는 데 이보다 더 완벽한 조합이 있을까 싶다. 공화당은 계속 급진주의를 향해 내달리면서 걸핏하면 의사진행방해를 사용했고 민주당 중도파 의원들의 오만함은 하늘을 찌를 정도였다. 일시적으로 공화당 쪽에 붙는 민주당 의원들도 점점 늘어났다. 이런 상황에서 클린턴이 거울에 비친 자신의 모습에서 아이젠하워 시대의 공화당 의원을 발견한 것은 어쩌면 당연한 일이었는지도 모른다.

감세를 가능하게 만든 것

민주당이 이런 교착 상태를 극복하기 위해 올라야 할 산은 그 어느 때보다 가팔랐다. 하지만 그들은 그런 도전을 감행해야 할 압박감을 별로 느끼지 못했다. 그렇다고 해서 민주당이 아무런 노력도 하지 않았다는 말은 아니다. 불행하게도 그들의 단결된 힘을 중산층을 위해서만 사용했던 것이 아니라는 뜻이다. 승자 독식 경제를 가능하게 한 주요 정책 추진 과정에서 민주당은 보조 역할을 했다. 때로는 아주 적극적으로 나서기도 했고 또 어떤 때는 그냥 방조하기도 했다. 그러나 어느 쪽이든 정부의 관심이 중산층에서 점점 멀어지게 하는 데 일조한 것은 사실이다.

그것을 가장 극명하게 보여준 예가 바로 감세 조치다. 적어도 이 조치에서 만큼은 공화당과 민주당의 차이가 아주 희미해진다. 공화당은 최상위 부유층에 대한 대규모 감세를 아주 적극적으로 밀어붙였다. 누진세율이 높을수록 공화당은 더 많이 깎으려고 몸부림쳤다. 민주당이 의회에서 다수당을 차지했을 때는 그런 감세 정책을 우선시 하지 않았다. 물론 그들도 감세 정책을 옹호하긴 했지만 정도 면에서 미약했고 초점도 중산층에 맞춰져 있었다. 더구나 민주당은 부유층에 대한 증세안(클린턴 정부)이나 부유층에 대한 감세 시한을 정하는 안(2006년 이후 의회, 2008년 이후 오바마 정부)을 적극 지지했다. 이런 핵심 사안에서 두 당의 입장 차이가 분명하게 드러났다.

그러나 실제로는 공화당의 공격적 감세안을 적극 지지하는 민주당 의원들이 많았다. 이것은 단순히 초당적인 지지의 문제가 아니다. 중요한 사안이 대두될 때마다 부유층을 위한 법안이 통과될 수 있었던 것은 민주당의 그런 지지가 있었기 때문에 가능했던 것이다. 조지 부시 대통령의 대규모 감세안이 통과될 때도 마찬가지였다. 공화당은 조정 절차를 사용해서 의사진행방해는 어떻게는 피한다 하더라도 민주당의 찬성표가 최소한 2표 정도는 더 필요했다. 조지아 주의 젤 밀러(Zell Miller) 의원이 이미 분명하게 지지를 표명한 상태였기 때문에 이제 민주당에서 한 표만 더 끌어오면 되는 상황이었다. 그러나 전혀 문제될 것이 없었다. 빈틈없는 공조 체계를 갖춘 백악관과 공화당 하원이 "국민 여러분은 감세를 원하십니까?"라는 식으로 여론 몰이를 했고 그들의 그런 시도는 상당한 효과를 거두었다. 감세가 의제에 오르자 다수의 민주당 의원들이 동참 의사를 밝혔다. 강력한 영향력을 지닌 재계 이익단체들이 해당 법안을 열렬히 지지하고 나서자 바커스, 브로, 랜드루(Landrieu), 링컨 같은 민주당 의원들이 재빨리 지지 의사를 표명했던 것이다. 중도파라는 그들의 고매한 명성은 그들이 그럴듯하게 포장한 예산의 적절성을 보호하고 감시하는 활동에 전적으로 달려 있었음에도 그런 행동을 했던 것이다. 무엇보다 놀라운 것은 민주당 텃밭으로 유명한 캘리포니아 주의 다이앤 페인스테인 같은 의원조차 똑같은 행동을 했다는 것이다.

　이런 것들은 결코 미미한 변절로 볼 수 없는 행동이다. 그들이 그때까지 보여준 진보적인 표결 활동 전력을 크게 훼손시킬 수 있는 행동이었다. 2001년도에 통과된 법안은 10년에 한 번뿐인, 정부 활동의 우선순위를 근본적으로 재수립할 수 있는 기회였다. 그렇기 때문에 이런 법안에 행사하는 한 표가 최소임금 법안에 행사하는 100표보다 중산층에 대한 헌신도를 더 분명하게 보여줄 수 있었다.

　여기서 가장 우리의 눈길을 사로잡는 것은 상속세와 관련하여 민주당 중도파 의원들이 보여준 행동이다. 단계적인 시행을 거쳐 2010년도에 최종 폐지되는 이 이상한 법안에 놀랄 정도로 많은 민주당 의원들이 서명을 했다. 그들은 또한 향후 10년간 연방 정부의 세입에 수천억 달러의 손실을 초래할 수 있는 상속세 영구 폐지와 '절충안' 관련 논의에 적극 가담하는 것도 모자라 찬성표까지 던졌다. 그런 세입 손실은 결국 국민들의 세금 부담 가중이나 사회복지 예산 삭감으로 이어질 것이 뻔했다. 공화당과 손을 잡은 이들 민주당 의원들은 그런 세제 변경으로 발생하는 엄청난 혜택이 모두 극소수 부유층의 차지가 된다는 것을 잘 알면서도 소규모 업체와 영세농에 대한 상속세 압박을 크게 부풀리는 식으로 자신들의 행동을 합리화했다.

최고경영자 보수 증가 옹호하기

또한 민주당 의원들은 1990년대에 경영자들의 연봉을 주제로 한 극적 드라마를 연출하는 데도 주연을 맡았다. 바로 스톡옵션 이야기다. 10년 전만 해도 스톡옵션이 경영자들의 보수에서 차지하는 비율은 25%도 되지 않았다. 하지만 주식 시장이 붕괴되기 직전인 2000년도에는 50%까지 치솟을 정도로 엄청난 인기를 끌었다. 거기에는 2000년도에 일시적으로 상승세가 멈추었지만 그 전까지 계속 호황을 이어온 주식 시장도 한몫 했다.[32] 경영자들 사이에서 연봉과 성과를 연계시키는 수단으로 크게 각광받았던 스톡옵션은 그 지급 관행이 조금 달랐을 뿐 대부분 겉으로 드러나지 않게 경영자들의 보수를 높이는 데 사용되었다. 중요한 것은 이런 허점이 미국의 대다수 기업들이 스톡옵션을 짜 넣은 특정 방식에서 기인했다는 것이다. 다른 나라의 기업들도 이런 스톡옵션 제도를 사용한다. 하지만 제한을 둔다. 동종 업계의 다른 업체보다 실적이 높을 때에만 성과급을 지급하는 식으로 연봉과 성과를 연계한다. 원칙적으로 미국에서도 이와 유사한 원칙을 채택하는 것을 반대하지는 않았다. 그러나 실제로는 최고경영자들과 그 옹호 세력들은 정부의 합리적인 규제에 맹공을 퍼부었다. 경영자의 입장에서 볼 때 거대한 보수 패키지에서 성과 없는 보수는 결함이 아니라 아주 훌륭한 장점이었다.

처음부터 그런 문제점을 정확히 인식하고 있던 재무회계기준위원회(Financial Accounting Standards Board, 민간 조직으로, 증권거래위원회의 재가를 받아 기업들의 회계 관행을 감독한다)는 그런 점에서 높은 평가를 받을 만하다. 경영자들에게 있어서 스톡옵션의 가장 큰 매력은 막대한 보수를 숨길 수 있다는 것이다. 고액의 보너스를 스톡옵션 발행 시점의 가격으로 계산해 비용을 최소화하는 식으로 회계 조작이 가능했기 때문이다. 1993년에 재무회계기준위원회는 스톡옵션을 비용 계정에 올리도록 의무화하는 계획을 발표했다. 스톡옵션을 발행한 시점에서 기업들이 이런 보수의 예상 비용을 예측할 것을 요구했던 것이다. 이런 식으로 스톡옵션을 비용 처리할 경우에 스톡옵션의 발행 비용이 대폭 증가하게 되기 때문에 스톡옵션의 급증을 막을 수 있다고 생각했던 것이다.[33]

그러나 그런 일은 결코 일어나지 않았다. 회사 경영자 집단, 특히 급성장하고 있던 IT 업계의 경영자들이 정치인들에게 압력을 넣었기 때문이다. 증권거래위원회 아서 레빗 위원장은 자신의 임기가 시작된 1993년 처음 몇 달 동안, "그 법안을 사장시키려고 안달하는 수많은 재계 인사들의 협박과 감언이설에 맞서" 자신의 업무 시간 3분의 1을 이 문제에만 매달렸다고 보고했다. 캘리포니아 주의 바버라 복서와 다이앤 페인스테인(이 두 사람의 선거구인 실리콘 밸리는 이런 스톡옵션 붐의 진원지다)의 지원을 받은 민주당의 조 리버먼(코네티컷 주) 상원 의원은 다수의 의원들과 함께 재빨리 개혁 차단 활동에 들어갔다. 결국 상원의 압도적인 지지 속에서 이 개혁안에 반대하는 결의안이 통과되었다. 재무회계기준위원회에서 제출한 이 법안이 통과되어 시행될 경우 자신들의 기득권을 잃게 될까봐 두려웠던 것이다. 그리고 이런 분위기에 동조한 증권거래위원회의 아서 레빗 위원장까지 재무회계기준위원회에 한 발 물러설 것을 권고했다. 훗날 레빗 위원장은 그 일이 자신의 재임 기간 중 저지른 가장 큰 실수였다고 후회했다. 이처럼 전방위 압박을 받은 재무회계기준위원회는 결국 후퇴할 수밖에 없었다.[34]

　우리는 여기에서 이런 것이 바로 정치 표류의 전형이라는 사실을 인식할 필요가 있다. 시장은 새로운 방향으로 질주하고 있지만 정부는 그것을 따라잡지 못했다. 이러한 정치 표류는 나태나 무지의 문제가 아니다. 규제 당국은 번거롭고 부담스러운 개입이 아니라 정직하고 투명한 회계 법률 집행이라는 간단한 방법을 통해 최고경영자들의 폭발적 임금 상승을 억제하려고 했다. 그러나 그런 시도는 반대 세력의 지속적이고 강력한 방해 작전으로 좌절되고 말았다. 그리고 그런 방해 작전을 지휘한 사람은 다름 아닌 민주당 의원들이었다. 입법 조치의 부재가 곧 정치의 부재를 의미하지는 않는다. 다른 경우와 마찬가지로 여기에서도 경제 현실의 변화에 대한 워싱턴 정가의 대응 부재는 부유층의 직간접적인 지원을 받은 체계적이고 조직적인 정치 활동에서 기인했음을 알 수 있다.

규제 철폐 옹호

승자 독식 경제를 촉진하는 데 공화당이 제1바이올린을 맡았다면 민주당의 역할은 제2바이올린이다. 그러나 민주당에는 공화당과 동일한 대접을 요구할 수 있는 타당한 근거가 한 가지 더 있다. 그것은 바로 월가의 획기적인 변화를 지지했다는 것이다. 일반적으로 이 분야에서는 필 그램을 능가할 사람이 없었다. 그러나 금융업계가 원하는 것은 그냥 정부가 계속 뒤로 물러나 있는 것임을 잘 알고 있었기 때문에 민주당도 공화당에 그렇게 많이 뒤처진 것은 아니었다.

1990년대, 민주당 지도부는 다수의 규제 철폐 법안에 지지를 표명했다. 물론 그런 법안을 지지하면서 그들 각각이 내세운 이유는 조금씩 달랐지만 말이다. 인류 역사는 그 반대로 전개되었는데도 불구하고 의원들은 시장을 보다 자유롭게 풀어주면 자체 감시 기능이 생길 것이라고 주장했다. 어떤 의원들은 월가와의 관계 구축을 정치적인 논리를 갖고 접근하기도 했다. 그들은 그 대항 위험, 즉 평범한 노동자들을 대변하는 정당으로서의 명성뿐 아니라 경제 그 자체에 가해질 위험을 인식하지 못했거나 아니면 그런 문제를 별로 걱정하지 않았던 것이 분명하다. 민주당 의원들은 공공연히 자신들은 그저 "공평한 경쟁의 장을 조성하려는 것뿐"이라고 주장했다. 규제 철폐 분위기가 확산되자 그때까지 계속 규제에 발목이 묶여 있던 일부 금융업체들이 경쟁회사에 제공한 것과 동일한 우호적인 조치를 요구했다. 하지만 짓궂게도 이런 경쟁 확대는 거기에 참여한 모두를 더 큰 위험, 규제가 더 헐거운 위험에 뛰어들도록 부채질했다. 보수적인 법학자인 리처드 포스너(Richard Posner)가 주장했던 것처럼 규제 철폐는 "그 자체만으로도 탄력"을 갖고 있었다.[35] 물론 새로운 규제는 공평한 경쟁의 장을 만들 수 있었지만 정책 결정이 로비 활동에 크게 좌우되는 상황에서 그런 규제안이 과반수의 찬성을 얻을 가능성은 아주 희박했다.

2008년에 금융 위기가 터지자 대다수의 민주당 의원들은 자신들은 그저 자유시장을 옹호하는 지식인들의 풍조를 따랐을 뿐이라고 항변했다. 그러나 자유시장주의가 맹위를 떨쳤던 것은 그 반대 주장이나 우려를 표명하는 세력이 없어서가 아니다. 민주당 내 반대 세력의 영향력이 크게 약화되었기 때문이다. 노조가 위축되고 일반 대중들을 기반으로 한 시민 단체들이 붕괴되고 유권자들의 조직화가 이루어지지 못하면서 규제 철폐 흐름을 거부하려는 유인이나 그로 인한 경제적 보상 역시 미약했다. 규제가 존재하지 않는 자유시장에 대해 말들이 많았지만 그럼에도 불구하고 민주당은 미심쩍은 구석이 많은 허점과 보조금을 더욱더 확대했다. 또한 로비스트들이 강하게 밀어붙이면 시장 내부 세력에 대한 은폐 활동도 서슴지 않았다.

사람들은 점점 도박판으로 변해가는 미국식 자본주의에 경악을 금치 못했다. 그리고 상황이 그런데도 민주당의 유력 정치인들이 냉담한 태도를 취한다는 사실을 깨달았다. 슈머를 비롯하여 그와 마음이 잘 맞았던 여타 민주당 의원들은 백악관에 강력한 동맹군을 갖고 있었다.

클린턴 행정부 시절 재무부 장관이었던 로버트 루빈과 재무부 차관 로렌스 서머스(Lawrence Summers)가 월가의 지지를 바탕으로 막강한 간부 모임을 이끌고 있었다. 백악관에 들어오기 전까지 월가에서 근무했던 루빈은 골드먼삭스에서 무려 26년간이나 최고위층으로 활동한 인물이다. 그리고 루빈의 후배이자 나중에 루빈에 이어 재무부 장관에 오른 서머스도 월가 근무 경력은 없지만 금융 철폐에 대한 루빈의 신념을 공유했던 아주 명석한 경제 전문가였다.

파생상품을 놓고 잠깐 벌어졌던 충돌은 백악관과 의회가 할 수 있는 일이 무엇인지를 아주 분명하게 보여주었다. 1990년대 후반에는 이런 새로운 금융 상품의 남용에 대해 우려의 목소리가 높아지기 시작했다. 다양한 금융 해악들이 한데 결합된 파생상품은 과도한 레버리지, 불투명성 외에도 수많은 기업들이 서로 물고 물리며 아주 복잡하게 얽혀 있다는 심각한 문제점을 안고 있다. 새롭게 탄생한 월가에 수많은 경고를 했던 워렌 버핏은 이런 파생상품을 가리켜 "대량 살상 무기"라고까지 부를 정도였다. 결국 1998년에 클린턴 행정부의 상품선물거래위원회(Commodity Futures Trading Commission) 위원장인 브룩슬리 본(Brooksley Born)이 특정 스와프와 파생상품에 대한 규제의 필요성을 제기한다. 그러자 깜짝 놀란 루빈과 서머스는 연방준비제도이사회의 앨런 그린스펀 의장과 힘을 합쳐 계속 본을 공격했고 결국 그녀를 사임하게 만들었다. 심지어 필 그램이 그런 위협을 영원히 제거할 수 있는 법안을 발의했는데도 안심이 되지 않았던 루빈은 상품선물거래위원회의 권한을 축소시킬 방안에 계속 골몰했다.

월가의 세력 확대에 민주당이 했던 역할을 가장 단적으로 보여주는 사건이 있다. 1998년, 은행업계의 공룡인 시티코프(Citicorp)와 금융 재벌 트레블러스(Trevelers) 간의 합병으로 시티그룹(Citigroup)이 탄생한 사건이다. 이것은 글래스–스티걸법을 공개적으로 위반한 행위였다. 이 두 회사 간의 합병을 발표하는 자리에서 시티코프의 존 리드(John Reed)에게 이런 위법성에 대해 누군가 질문을 던졌다. 그러자 그는 거래를 성사시킨 자신의 파트너 샌디 웨일(Sandy Weill)이 "그의 친구(클린턴 대통령)를 따로 만나 이야기를 나눌 것"이라고 대답했다. 리드와 웨일은 아주 자신만만해 보였다. 그들은 연방준비제도이사회에서 이 합병 건을 검토하는 2년 동안 뒤에서 그런 거래를 준비하고 있었다. 한편, 의회에서는 필 그램이 당국의 규제를 제거하는 데 총력을 기울였다. 그렇게 해서 탄생한 것이 그 유명한 그램–리치–블라일리법이다. 웨일은 훗날 "이 거래를 성사시키기 위해 우리는 다른 누군가에게 전혀 기대지 않았다"고 큰소리쳤다. 하지만 그는 클린턴이 그 획기적인 법안에 서명할 때 사용한 펜을 자신의 시티그룹 사무실에 보란 듯이 전시했었다.[36]

그 후 얼마 안 되어 글래스–스티걸법의 폐지를 줄기차게 외치던 로버트 루빈은 재무부 장관직을 사임한다. 새로 탄생한 거대 금융회사의 고위 자문역을 맡기 위해서다. 시티그룹으로 자리를 옮긴 루빈은 더 큰 도전을 감행했고 그때마다 위험 수위도 점점 높아졌다. 결국 650억 달러가 넘는 분기별 손실이 몇 차례 이어지면서 규제 철폐의 상징이었던 시티그룹은 구제금융을 신청하기에 이른다. 그리고 이에 책임을 느낀 루빈은 시티그룹에서 물러났다. 하지만 당시 루빈은 시티그룹에서 현금과 주식을 합쳐 1억 2600만 달러가 넘는 거금을 챙겼다.[37]

마크 한나와 민주당 의원들

승자 독식 경제가 세를 확장하는 동안 중산층의 경제 상황을 개선할 수 있는 민주당의 역량은 점점 줄어들었다. 하지만 민주당의 경제 상황은 점점 나아지고 있었다. 승자 독식이라는 새로운 현실에 맞춰 정당의 관행을 계속 변화시킨 결과, 공화당의 재정 수준에 조금씩 근접해가고 있었다.

그리고 1992년에는 공화당 정당 위원회들과의 재정 격차를 50% 아래로 낮출 수 있을 만큼 크나큰 발전을 거둔다. 톰 드레이의 K 스트리트 프로젝트와 조지 부시의 탁월한 모금 활동이라는 강력한 역풍을 맞아 잠깐 고전하기도 했지만 민주당 의원들은 꾸준히 공화당 의원들과의 격차를 줄여 나갔다. 물론 여기서도 빌 클린턴은 막강한 자금 조달원 역할을 했다. 2004년, 민주당 의원들은 하워드 딘(Howard Dean)을 따라 온라인 기금 모금 가능성을 타진하는 활동에 착수했고 그 후 놀라운 일이 벌어졌다. 물론 액수 면에서 큰 차이가 난 것은 아니지만 처음으로 민주당 전국위원회가 공화당 전국위원회를 앞지른 것이다. 다만 여러 위원회와의 합산 금액은 공화당이 한참 앞섰지만 말이다. 하지만 부시의 임기가 끝날 즈음에 이르러서는 민주당과의 재정 격차가 한창 잘 나가던 때처럼 세 배, 여섯 배 수준이 아니라 겨우 25% 정도밖에 나지 않았다.

민주당 전국위원회의 재정 승리는 인터넷을 통한 소액 기부자 확대에서 비롯된 것이다. 이런 소액 기부자들은 1970년대 후반부터 1980년대까지 공화당 전국위원회가 우편물 발송을 통해 효과적으로 공략했던 바로 그 계층이다. 그러나 민주당이 그 정도로 눈부신 재정 향상을 거둘 수 있었던 것은 고액 기부자에게 적극적으로 접근한 활동이 주효했기 때문이다. 물론 척 슈머의 엄청난 기부금 모금 기록 역시 민주당의 이런 재정 개선에 상당 부분 큰 역할을 했다. 그는 계속 월가에 초점을 맞추며 민주당 상원선거캠페인위원회가 공화당을 훨씬 앞지를 수 있도록 효과적으로 이끌어 나갔다. 그러나 민주당이 기금 모금 활동에 적극적으로 나서며 야심찬 행보를 시작했던 곳은 다름 아닌 하원이다.

1994년 선거 참패 이후 민주당 의원들은 하원을 다시 장악할 방안을 모색했다. 1994년 전까지는 공화당의 조직 우위도 민주당의 거대 다수당이라는 지위와는 경쟁이 안 되었다. 그러나 공화당이 하원 의석을 계속 늘려가면서 다수당의 지위를 손에 넣은 후부터 민주당의 존재는 아주 미미해지고 말았다. 2006년에 민주당이 하원 다수당의 지위를 되찾을 당시 야전사령관 역할을 했던 사람은 램 엠마누엘(Rahm Emanuel)이다. 낸시 펠로시(Nancy Pelosi)는 일리노이즈 주 재선 의원인 램 엠마누엘을 민주당 의회캠페인위원회 위원장으로 선택했을 때 이미 그런 결과를 내다보고 있었다. 대다수 의원들과는 달리 엠마누엘은 의회에 진출하기 전까지 유능한 정책 조직관으로 활동했다. 좀 더 구체적으로 말하면 선거 캠페인 전문가로 정계에 첫 발을 들여놓았던 것이다. 그는 처음에는 리처드 데일리(Richard Daley) 시카고 시장 선거 캠프에서, 그 다음은 야심만만한 대선 후보 윌리엄 제퍼슨 클린턴(William Jefferson Clinton, 빌 클린턴의 정식 이름)의 선거 캠프에서 활동했다. 2006년 선거 캠페인에서 민주당 의회선거위원회가 거둔 승리에 호의적이었던 한 전기 작가는 당시 엠마누엘이 펼친 활동에 대해 이렇게 설명했다.

> 엠마누엘은 다른 어떤 활동보다 선거 자금을 끌어오는 데 가장 많은 시간을 할애했다. 후보자가 아무리 매력적이고 그가 내세우는 공약이 아무리 호소력이 있어도 TV나 인쇄 매체에 홍보하거나 선거원을 동원할 자금이 없다면 아무 의미가 없었다. 2006년 선거 캠페인에서 엠마누엘과 그의 직원들은 얼마나 자금을 모금할 수 있느냐, 그 사실 하나만으로 입후보자를 판단했다. 입후보자가 탁월한 자금 모금 능력을 갖추었을 경우 민주당 의회캠페인위원회는 지지는 기본이고 홍보, 전략적 조언, 그 밖에 필요한 온갖 도움을 제공했다. 하지만 그런 능력이 없는 후보자에게는 철저히 등을 돌렸다. 엠마뉴엘이 자금 모금을 위해 만난 사람들은 대부분 돈 많은 변호사나 금융업자들이었다. 낸시 펠로시를 비롯한 여타 민주당 의원들에게 이미 엄청난 자금을 제공했음에도 그는 그들과 만난 자리에서 또 다시 기부금을 요청했다.[38]

클린턴 행정부에서 수석 보좌관으로 근무한 후 하원의원으로 선출되어 의정 활동을 하기 전까지 엠마누엘은 몇 년 동안 금융업계에 몸담으며 굉장히 많은 돈을 벌었다.[39] 여기에서도 그는 많은 것들을 배운다. 이후 의회에 진출했을 때에 그는 이미 정치에 대한 이해가 확고히 서 있는 상태였다. 그는 직원들에게 선거 캠페인을 이렇게 요약했다. "선거 캠페인에서 가장 중요한 세 가지는 첫째도 돈, 둘째도 돈, 셋째도 돈이다. 그 다음으로 중요한 세 가지는 첫째도 돈, 둘째도 돈, 셋째는 언론이다. 그리고 마지막으로 중요한 세 가지는 첫째는 표, 둘째는 언론, 그리고 마지막 한 가지는 또 돈이다."[40] 도금 시대, 훌륭한 정치 해결사였던 마크 한나(Mark Hanna)가 들었더라면 아주 흡족해했을 말이다.

　미국의 선거에서 표의 중요성이 1이라면 돈의 중요성은 6인 것이다.

제10장
대격돌

 대선 열기가 최고조에 달했던 2008년 가을, 미국은 승자 독식 경제 때문에 본격적인 금융 재앙에 직면한다. 도박처럼 고수익을 좇아 고위험 상품에 투자를 유도하던 금융 시스템은 주택 가격의 거품이 꺼지자 카드로 민든 집처럼 와르르 무너져 내렸다. 신용거래가 작동을 멈추고 연달아 주식 시장까지 붕괴되었다. 주택 압류가 급증하면서 소비자들은 지갑을 닫았고 실업률은 급증했다. 총체적인 붕괴를 막기 위해 뒤늦게 정책입안자들이 대책 마련에 부심했다. 그러나 미국 경제는 계속 벼랑 끝에 위태롭게 서 있었다.

 경기 침체는 맹렬한 기세로 타오르던 경제 성장의 발목을 잡았다. 물론 그것도 부유층에나 해당되는 말이겠지만 말이다. '부시 정부의 경제 호황'이 막바지에 접어들던 2007년은 별로 반갑지 않은 이정표를 세운 해로 미국 역사에 기록될 것이다. 미국의 소득 상위 0.1~0.2%

중에서도 1%에 해당되는 최상위 부유층 가구가 미국의 전체 소득에서 차지한 비율이 대공황 발발 전 상위 1%가 차지한 비율에 육박했다. 1928년 기록에 약간 못 미치긴 했지만 부유층은 이에 대해 조금도 불평을 할 수가 없었다. 2002년부터 2007년까지 경제가 급성장하던 시기에 이들의 세전 소득은 인플레이션을 고려해도 한 해 평균 10%가 넘는 증가세를 보였기 때문이다. 뿐만 아니라 2007년에는 미국의 전체 소득에서 이들 부유층 가구가 차지하는 비율이 25%에 달했고 연평균 소득은 무려 134만 달러나 됐다.[1] 반면 5만 2000달러가 조금 넘는 일반 가정의 소득은 이전의 경제 확장기 종반부였던 2000년도 수준에도 미치지 못했다. 그것마저도 2008년에는 5만 달러 아래로 떨어졌는데 이는 1997년 이후 가장 낮은 소득 수준이다.[2]

한편, 유명 정치인들의 명성과 그들이 옹호하던 경제적 신념에 입힌 타격 역시 이런 경제적 피해 못지않다. 이제 자유시장을 절대적 진리로 떠받드는 것이 심각한 문제로 인식되기 시작했다. 한때 여론 주도 계층의 영광스러운 훈장이 그런 비참한 신세로 전락한 것이다. 전직 연방준비제도이사회 의장이었던 앨런 그린스펀은 오랜 세월 미국 경제계의 대가로 독보적 지위를 누렸던 인물이다. 그런 그에게 주택 시장의 거품을 적극 조장하고 여러 분야에서 당국의 규제 활동이 제대로 이루어지지 않고 있었는데도 수수방관했다며 비난의 화살이 쏟아지기 시작했다. 사실 그전까지 그린스펀은 무엇이 최선인지는 시장이 가장 잘 알고 있고 규제 당국은 투자자와 기업들의 결정을 비판할 권리가 없다고 줄기차게 주장했었다. 이제는 아인 랜드(Ayn Rand)의 급진적인 자유주의에 대한 그린스펀의 관심을 그의 독특한 성격이라며 웃

어넘길 수 없게 되었다. 미국 경제 정책을 설계하는 데 그것이 심각한 문제로 작용했다는 것을 깨달았기 때문이다.

그린스펀의 명예 실추는 그 한 사람의 문제로만 끝나지 않았다. 재무부 장관에서 영광스럽게 퇴임한 후 시티그룹으로 자리를 옮겼던 루빈은 엄청난 연봉을 받는 성공인의 전형이었다. 금융 위기가 불어 닥치자 시티그룹의 재정을 망가뜨리고 구제금융을 받게 만든 원흉이 레버리지 확대라는 사실이 드러났다. 그런데 그런 전략을 강력하게 옹호했던 사람이 바로 루빈이다. 스위스 UBS 은행의 고위직으로 자리를 옮긴 필 그램 역시 불안하기는 마찬가지였다. 이런 금융 조작 활동에 적극적으로 참여했던 UBS는 엄청난 손실을 입었고 결국 스위스 정부에 거대한 구제금융을 요청하기에 이른다. 그리고 규제당국이 이 뒷수습을 하는 과정에서 경제 거품이 한창이던 시절 UBS의 수익 사업 중 하나가 미국 부유층들 사이에서 세금 회피 수단으로 사용되었다는 사실이 밝혀진다. 미 의회 증인으로 출석한 UBS 고위 경영자가 고객의 다이아몬드를 치약 튜브에 숨겨 몰래 반입하는 능 그간 벌인 불법적인 관행을 인정하면서 그런 사실이 드러났다.[3]

하지만 누구보다 정치적으로 가장 큰 타격을 받은 사람은 바로 조지 부시 2세다. 1970년 이래 최악의 경제 재앙이 전개되는 동안 부시 대통령은 불운한 방관자 역할을 했다. 아무도 흉내낼 수 없는 그만의 독특한 화법(시장에 돈이 풀리지 않으면 이 망할 것(this sucker)이 끝장나버릴지도 모른다)으로 국민들에게 솔직하게 상황을 설명할 수도 있었을 텐데 부시는 대중 앞에 서는 것을 불편해했다. 또 그런 연설 자체에도 소질이 없었다.[4] 어느 때보다 진중함이 요구되는 상황이었지만 부시에게 그런 진중함이 부족하다는 것을 잘 알고 있던 정부 인사들은 그가 국민들 앞에 나서는 것을 적극 만류했다. 경제 상황이 급속도로 악화되자 부시가 자랑스러워했던 양대 정책, 즉 부유층을 위한 감세와 규제 철폐도 아무 소용이 없었다.

양당 정치 체제가 항상 그러하듯 공화당이 허우적대는 상황은 역으로 민주당을 더욱 돋보이게 만든다. 시장 붕괴는 그러잖아도 끓고 있던 공화당에 대한 국민들의 반감에 기름을 붓는 격이었다. 한편, 민주당은 2006년과 2008년 선거에서 1930년대 이후 가장 눈부신 연승을 거두며 상하원 양쪽에서 다수당 지위를 되찾는다. 레이건 정부나 부시 정부에서 전성기를 누렸던 공화당보다 그 세력이 훨씬 막강해졌음은 두말할 필요도 없었다. 프랭클린 루스벨트나 린든 존슨 대통령 시절만큼 공화당과의 의석 격차가 크게 벌어지지는 않았다. 그러나 새롭게 다수당의 지위를 회복한 민주당에는 과거 지미 카터나 빌 클린턴이 대적해야 했던 남부 출신의 보수파 의원들이 많이 줄어든 상태였다. 그리고 이런 다수당의 지위에 항상 수반되게 마련인 변화를 약속하고 강력한 카리스마를 갖춘 새 대통령 역시 뒤에 버티고 있었다. 미국의 이런 정치 지형의 변화와 관련하여 의회 전문가인 바버라 싱클레어는 이런 결론을 내렸다. "1965년 이후 민주당이 효과적으로 입법 공조활동을 펼치는 데 이보다 더 완벽한 정치 환경이 갖춰진 적이 없었다."[5]

경사는 여기에서 끝나지 않았다. 과거 역사를 돌아봤을 때 미국 정치가 다시 기지개를 켠 시기는 다음과 같은 세 가지 조건을 갖추고 있었다. 이전 정권에 대한 국민의 반감과 강한 위기의식, 의회에서 큰 영향력을 발휘할 수 있는 민주당의 다수당 지위, 그리고 대대적인 변화의 필요성과 당위성을 국민들 앞에서 당당히 설명할 수 있는 대통령의 등장. 어느 매서운 겨울 아침, 워싱턴에서 버락 오바마 대통령의 취임식이 거행됨으로써 이제 이 세 가지 요소가 모두 갖춰지는 듯했다.

하지만 얼마 안 가 미국의 정치 회복은 승자 독식 정치라는 강력한 현실의 벽에 부딪힌다. 그 당시 정치의 회복에 가장 촉각을 곤두세우고 있던 사람은 오바마 대통령도, 민주당 의원들도, 그리고 그때까지 엄청난 타격을 입었던 미국의 중산층도 아니었다. 그 격동의 세월 속에서도 아무 탈 없이 잘 살아왔던 사람들이었다.

정치 회복 방안 모색

아프리카계의 젊은 정치인이 두 명의 정치 거물을 물리치고 대통령 자리에 오른 것은 그 자체만으로도 엄청난 화젯거리였다. 그가 첫 번째로 물리친 상대는 민주당 경선 과정에서 맞붙은 힐러리 클린턴이다. 사실 그녀는 아무도 이길 수 없을 것 같았던 막강한 경쟁자였다. 힐러리를 물리친 오바마는 그 여세를 이어 공화당의 존 매케인에게 낙승을 거둔다. 1988년 이후 현직 대통령이 아닌 대선 도전자가 국민투표에서 과반수를 득표하며 대통령에 당선된 것은 처음 있는 일이었다. 오바마는 경제 위기 상황 속에서도 흔들림 없이 이 모든 일을 성공적으로 해냈다. 취임식 날 오바마가 촉구한 긍정적 변화의 물결은 불안에 떠는 미국인들에게 변혁의 시대가 도래했음을 알려주는 신호였다.

비교적 짧은 정치 경력에도 불구하고(그의 정치 경력은 연방 상원의원 2년, 일리노이 주 상원의원 7년이 전부였다) 오바마는 자신이 맞닥뜨린 문제의 근본 원인을 잘 파악하고 있었고 그런 사실을 분명하게 보여주었다. 물론 훌륭한 정치가들은 모두 애매모호한 언사의 달인이라는 것을 우리도 잘 알고 있다. 그들의 진짜 속내를 누가 알겠는가? 그러나 오바마는 선거 캠페인 기간은 물론이고 그 후에도 인종 문제에서부터 중동 문제에 이르기까지 복잡하고 민감한 사안들에 대해 구체적이면서도 미묘한 뉘앙스를 풍기는 연설로 국민들의 마음을 사로잡았다. 가장 대표적인 예가 2008년 3월 7일 '미국 경제를 부활시키자'는 제목으로 뉴욕 쿠퍼 유니언(Cooper Union)에서 행했던 자신의 선거 연설이다.

　경제 위기가 점점 심화되는 상황에서 민주당의 예비선거 열기가 뜨겁게 달아오르던 어느 날, 오바마는 폴 볼커(Paul Volcker) 전직 중앙은행장, 블룸버그 뉴욕 시장, 윌리엄 도널드슨(William Donaldson) 전직 증권거래위원회 위원장, 그 외 수십 명의 월가 유명 인사들이 모인 자리에서 미국이 처한 현실을 아주 날카롭게 분석해 보았다. 그는 해밀턴과 제퍼슨이 미국을 건국한 이래 미국인들은 "자신의 이익과 공동체의 이익, 시장과 민주주의, 부와 권력의 집중과 투명성의 필요성, 만인의 균등한 기회" 사이에서 균형을 유지하기 위해 노력해왔음을 강조하며 연설을 시작했다. 그리고 정부가 규칙을 정해서 시장의 힘을 견제해야 한다고 주장했다. 그리고 미국이 직면한 주요 도전들이 전례를 찾아볼 수 없는 일들이 아니라는 사실을 상기시켰다. "경제 권력의 집중, 미국 경제와 소비자들을 심각한 월권행위로부터 지켜줄 정치 시스템의 작동 실패는 과거 역사의 산물이다. 그런 월권행위들 때문에 미국이 대공황이라는 불행을 겪어야 했던 1920년대가 그 대표적인 예다."

무엇보다 중요한 것은 그런 문제가 정치 시스템에서 비롯된 것임을 강조했다는 사실이다. 미국 경제의 최대 승리자들이 모인 자리에서 젊은 대선 후보가 우리가 이 책에서 계속 이야기하고 있는 승자 독식 정치의 근본 문제점들을 정확히 꼬집었던 것이다.

우리는 그런 공동 번영 의식을 상실했다. 오늘날 우리가 이것을 상실한 것은 결코 우연히 일어난 일이 아니다. 재계에서, 월가에서 그리고 워싱턴 정가에서 내린 결정들 때문에 일어난 것이다. 과거 공화당과 민주당 행정부는 생산적이고 건전한 사업 관행이 아닌 금융사기를 양산하는 관행들이 수없이 벌어지고 있어도 그런 것들을 몰아내지 못했다. 그 결과, 오늘날 특수 이익집단들이 미국의 경제 시스템을 쥐고 흔드는 상황이 벌어졌다. 미국 경제는 작동을 멈추지 않는다. 그런데 그런 지배 규칙 역시 가만히 멈춰 있는 것은 아니다. 불행하게도 미국은 21세기에 걸맞은 새로운 규제 정책의 틀을 수립하지 못했다. 그러기는커녕 입법부의 도움과 부정한 뒷거래를 통해 기존의 규제 틀까지 부숴버렸다. 그리고 그 과정에서 오고간 정치 자금이 정책을 수립, 감독하는 기관으로까지 흘러 들어갈 때가 많았다. 그런 식으로 승자 독식 환경이 조성되었고 그 모든 것들이 우리 경제에 파괴적 혼란을 몰고 왔다.[6]

이 연설을 했던 오바마 후보가 10개월 후 대통령 자리에 올랐을 때 그런 문제점들은 더욱더 확연하게 드러났다. 그리고 새 대통령은 그런 문제 해결에 매진할 태세를 취했다. 그가 제시한 야심찬 정책들은 승자 독식 경제에서 가장 심각하게 왜곡된 부분들을 바로잡으려는 조치였다. 대규모 경제 부양 계획, 정부 지출 우선순위의 근본적 변경, 보편적 의료 서비스, 금융 규제의 대대적 재정비, 기후 변화 관련 원대한 입법 계획 등등. 이런 목표들을 달성하기 위해서는 허약하기 그지없는 정가를 쇄신하는 것이 급선무였다. 그리고 자신을 환영해준 의회에서 민주당이 거대 다수당의 지위를 차지하는 것이 무엇보다 절실한 상황이었다.

정상을 탈환한 민주당

찰스 슐츠의 만화 '피너츠(Peanuts)'를 보면 찰리 브라운과 루시가 축구를 하는 내용이 나온다. 거기에서 루시는 찰리가 공을 찰 수 있도록 도와주겠다고 몇 번이나 약속해놓고 정작 결정적인 순간이 오면 공을 낚아채갔다. 그때마다 헛발질을 한 찰리는 자신의 어리석음을 후회하며 뒤로 고꾸라졌다. 이 이야기 속의 찰리처럼 민주당은 승리를 목전에 둔 상황에서 매번 공화당에 승리를 빼앗겼고 그런 상황에 점차 익숙해져 갔다. 그러나 2006년과 2008년도의 상황은 달랐다. 그들은 공화당에 승리를 빼앗기지 않았다. 조지 부시 대통령의 지지도가 급격히 추락하는 상황에서 대대적으로 조직 역량을 확충한 민주당은 공화당을 누르고 의회에서 다수당으로 부상한다. 현직 공화당 의원들에 대한 반감이 어느 때보다 높았던 2006년도 선거에서 대규모 '물갈이'가 일어났다. 그 결과로 민주당은 1982년에 달성했던 것보다 훨씬 화려한 성적을 거둘 수 있었다. 상원에서 60석을 차지하며 아주 근소한 차로 다수당의 지위를 탈환하는 데 성공했고 하원에서도 상당한 성과를 거두었다. 공화당은 하원에서 몇 석 차이에 불과한 다수당이긴 했지만 '게리맨더링'(Gerrymandering, 기형적이고 불공평한 선거구 획정을 지칭하는 용어-옮긴이), 현직 의원, 월등한 자금력을 앞세워 1994년부터 유지해온 자신들의 요새를 꿋꿋이 지키고 있었다. 하지만 2006년에는 드디어 그 요새가 무너지고 말았다. 30석을 추가 확보하는 데 성공한 민주당은 새로운 하원 대변인으로 낸시 펠로시를 임명했고 그로써 미국 의회 역사상 가장 높은 자리에 오른 여성 의원이 탄생한다.

미국 의회 정치에서 특정 당이 연속적으로 선거에서 승리를 거둔 경우는 극히 이례적이다. 선거에서 승리한 당은 상대 진영 깊숙이 쳐들어가지만 다음 선거에서 패하면서 자신들이 쳐들어간 것보다 더 많이 후퇴하게 마련이다. 그러나 경제 위기와 부시 정부에 대한 염증이 결합되면서 민주당은 2008년 선거에서도 2006년에 이어 압도적 승리를 계속 이어갔다. 2006년도 선거로 이미 우위를 점하고 있던 민주당은 특별 선거로 차지한 3석을 비롯하여 하원에서 추가로 21석을 더 얻는다. 코미디언이자 작가인 앨 프랑켄(Al Franken)이 공화당 현직 의원인 노엄 콜먼(Norm Coleman)을 힘겹게 누른 미네소타 주의 법정 공방이 해결되면서 민주당은 상원에서도 자그마치 8석을 추가했다. 여기에 펜실베이니아의 알렌 스펙터(Arlen Specter)가 선동적으로 변해가는 공화당을 탈당해 민주당으로 당적을 옮기면서 상원에서 양당 간의 격차는 9석으로 벌어졌다. 마침내 민주당의 의석이 상원의 매직 넘버인 60석에 도달했을 때 누구보다 놀란 사람은 바로 민주당 의원들 자신이었다.

새로운 조직적 역량을 보여준 것은 비단 의회 내 민주당원들만이 아니다. 대통령 자신도 힐러리(힐러리 클린턴이 아니라 힐러리 에드먼드)가 사용했던 방식을 통해 백악관을 차지할 수 있었다. 대선 승리를 목표로 기나긴 강행군이 펼쳐지는 동안 오바마 선거 캠프를 총괄했던 데이비드 플라프(David Plouffe)는 인터넷 기반 선거 캠프인 딘(Dean)과 케리(Kerry)를 완전히 새로운 차원으로 승화시켰다. 그 결과, 인터넷을 통한 오바마 캠프의 선거 자금 모금 활동은 갖가지 신기록을 세웠다. 역사상 처음으로 민주당 대선 후보가 공화당 후보를 자금력에서 앞서는 진기록이 벌어지기도 했다. 2008년 대선 캠페인에서 매케인보다 훨씬 많은 자금을 썼음에도 민주당 전국위원회에 상당한 흑자를 안겨줄 정도였다. 선거가 끝나면 항상 엄청난 빚더미에 나앉던 과거와는 양상이 사뭇 달라진 것이다.

그러나 오바마의 선거 조직 역량은 기금 모금 활동에만 국한되지 않았다. 지역 사회 조직 운동가에서 대통령의 자리에까지 오른 특이한 경력의 소유자답게 오바마는 인터넷이라는 도구를 활용하여 지지 세력을 결집하는 데도 대성공을 거두었다. 그러한 결과가 가장 먼저 가시화된 것은 주 전당대회였다. 열성 지지자들을 대규모로 동원해야 하는 이 토론회에서 오바마 진영은 힐러리 클린턴 캠프를 크게 압도했다. 클린턴 캠프는 이런 수적 열세를 한 번도 극복하지 못했다. 오바마 선거 캠프가 선거 전날까지 "미국을 구할 오바마"를 열렬히 외칠 수 있었던 것은 200만 명의 열성적인 자원봉사자, 400만 명에 달하는 기부자 기반, 자체 선별한 1300만 명의 지지자 이메일 목록 덕분이다. 저널리스트인 찰스 호먼스(Charles Homans)의 표현처럼 "플라프는 마우스를 클릭하기만 하면 일리노이 주의 전체 인구와 비슷한 수의 열성 지지자들과 곧바로 연결될 수 있었다".[7]

선거가 끝난 후 이런 인터넷 기반 풀뿌리 조직은 민주당 전국위원회 산하 '미국을 위한 조직(Organizing for America)'이라는 명칭으로 재탄생한다. 그전까지 대통령들은 자신의 선거에 동원되었던 단체들을 통치 수단으로 활용하려고 애썼지만 그런 시도는 대부분 실패로 끝났다. 그러나 규모와 정교함 면에서 여타 선거 조직을 앞섰던 오바마의 조직은 인터넷을 통한 새로운 동원 능력을 바탕으로 앞으로 벌어질 정치라는 조직 싸움에서 오바마 정부에 엄청난 레버리지를 제공해줄 것이라고 전문가들은 내다봤다.[8]

싸움 준비

처음부터 오바마는 정부 구성에서 민주당 전직 대통령이었던 빌 클린턴과는 완전히 다른 접근법을 취했다. 민주당 내 일부 세력과 계속 대립하며 자신의 아웃사이더 이미지를 유지했던 클린턴은 아칸소 주지사 시절 요직에 앉았던 인물과 자신의 오랜 추종자들로 새 정부를 꾸렸다. 어린 시절 단짝 친구였던 맥 맥라티(Mack McLarty)를 대통령 수석보좌관이라는 요직에 기용한 것은 전 미국인이 다 알 정도로 유명한 사건이다. 하지만 오바마의 방식은 클린턴과는 사뭇 달랐다. 사실 상원에서 백악관으로 직행한 경우는 미국 역사에서 반세기 가까이 없었던 일이다. 그 때문인지 오바마는 의회와의 효과적인 업무 공조를 누구보다 중요시했다. 조직화된 이익단체들이 포진해 있고 공격보다 방어 활동을 펼치기가 훨씬 수월한 양극화된 정치 시스템. 그런 상황에서 가장 필요한 기술은 어떤 식으로든 입법부와 동맹을 맺어 법안의 통과 가능성을 높이는 것임을 그는 잘 알고 있었다.

민주당 경선에서 자신에게 패한 힐러리 클린턴과 조 바이든(Joe Biden)−두 사람 모두 전직 상원의원이다−을 정부 요직에 앉힌 오바마의 행동에 대해 정치 분석가들은 자신의 정적을 내각에 기용했던 링컨의 리더십에 비유하며 높이 평가했다. 역사학자 도리스 컨스 굿윈(Doris Kearns Goodwin)은 자신의 저서 《권력의 조건(Team of rival)》에서 링컨의 이런 포용 정치를 아주 생생하게 소개하기도 했다.[9] 그러나 오바마 정부의 전략적 비전을 가장 구체적으로 보여준 것은 선거가 끝난 지 며칠 안 된 시점에서 람 엠마누엘을 자신의 수석보좌관으로 임명하겠다고 발표한 일이다. 의회의 생리를 누구보다 잘 아는 인물을 그렇게 중요한 자리에 앉힌다는 것은 그 속에 엄청난 의미가 함축된 결정이었다.[10] 낸시 펠로시가 '우리는 한가족'이라고까지 말했던 엠마누엘은 초단기간에 하원 대변인 자리에까지 오르며 당시 출세 가도를 달리고 있었다. 그리고 이렇게 야심만만한 엠마누엘이 그런 자리를 수락한 것 역시 많은 의미가 내포되어 있다. 사실 어떤 사람들은 하원 대변인에서 대통령 수석보좌관으로의 이동을 정치적 강등이라고까지 말할 정도였다. 하지만 오바마 대통령과 신임 수석보좌관은 미국의 통치 체제를 개혁할 수 있는 절호의 기회가 왔음을 분명하게 인식하고 그런 활동에 의회가 중추적인 역할을 해야 한다는 것에 서로 공감하고 있었다.

하지만 엠마누엘의 임명은 그저 시작에 불과했다. 저널리스트 매트 배이(Matt Bai)가 날카롭게 지적했던 것처럼 오바마 대통령은 거기에서부터 '미국 현대사에서 가장 의회 중심적인 정부'를 구축하기 시작했다.[11] 엠마누엘 바로 아래의 수석부보좌관 자리에는 상원 재무위원회의 맥스 바커스(Max Baucus) 위원장의 전직 수석보좌관인 짐 메시나(Jim Messina)를 기용했다. 핵심 요직으로 꼽히는 입법 담당관은 하원 에너지상업위원회(Energy and Commerce Committee) 위원장이었던 실세 헨리 왁스먼(Henry Waxman)의 전임 보좌관 필 쉴리로(Phil Schiliro)에게 돌아갔다. 한편, 쉴리로는 민주당 내 중도파의 실세인 켄트 콘래드(Kent Conrad)의 직원이던 리사 콘윈스키(Lisa Konwinski)를 자신의 부담당관으로 선택했다. 주요 정책 관련 업무를 담당할 백악관 예산국장 자리에는 의회 예산국(Congressional Budget Office)의 피터 오스자그(Peter Orszag)를 불러들였다. 오바마 정부의 임명 활동은 이런 식으로 끝없이 이어졌다. 엠마누엘 자신이 배이에게 말한 것처럼 "그것은 일종의 전략이었다.… 상원과 하원 양쪽에 아주 광범위한 인맥을 갖고 있는 훌륭한 인재들을 확보하여 그런 이점을 최대한 활용할" 생각이었던 것이다.

이런 '의회 중심적' 정부 구성은 정치판의 조직 싸움에 대한 이해를 그대로 반영한 것이다. 통치 제도를 실질적으로 변화시킨다는 것은 이익집단들이 의회 깊숙이 포진해 있는 현실에 정면으로 맞선다는 것을 의미했다.[12] 오바마가 자신의 경제팀을 이런 사람들로 구성한 것은 조직 싸움이라는 정치 현실에 대한 일종의 굴복이었다. 즉, 승자 독식 경제처럼 민감한 문제는 자체적인 합의가 필요하다는 인식이 저변에 깔려 있다는 뜻이다. 오바마 정부의 또 다른 핵심 요직 두 자리는 클린턴 정부에서 활동했던 두 베테랑 관료에게 돌아갔다. 팀 가이드너(Tim Geithner)와 래리 서머스(Larry Summers)가 그 주인공이다. 클린턴 행정부에서 재무부 장관을 지낸 서머스(우리가 9장에서 살펴본 것처럼 그는 금융 규제 철폐를 강력하게 추진했던 인물이다)가 가이드너보다 정치 경험이 좀 더 많긴 했지만 어느 쪽도 의회에 그다지 우호적인 인물이라고는 할 수 없었다. 오히려 그들은 월가와 강력한 유대 관계를 맺고 있는 민주당 내 경제 실세들 사이에서 인기가 높았다.

　월가와의 유대 관계 면에서는 가이드너가 한 수 위였다. 한때 시티그룹의 고위직을 제안 받기도 했던 그는 "수락하고 싶은 마음이 간절했지만" 결국 거절한다.[13] 또 2008년, 뉴욕 연방준비은행 총재로 재직할 당시 거대 보험회사인 AIG에 대해 1820억 달러의 구제금융을 지원하기도 했다. 당시 연방준비은행은 비밀 유지를 유일한 지원 조건으로 내거는 등 월가의 대형 금융회사들에 지나치게 관대한 입장을 취했다. 그 일로 나중에 가이드너는 자신의 전임자였던 재무부 장관 헨리 폴슨과 함께 의회에 출석해 그런 활동에 대한 자신들의 입장을 변호해야 했다. 그러나 가이드너와 서머스가 지녔던 '시장 진정' 능력은 그들의 명성이 결코 허명이 아님을 보여주었다. 물론 그런 임명이 오바마가 선거 기간 중 보였던 포퓰리스트 이미지 강화에는 별로 도움이 되지 않았다. 그러나 월가, 경제 정책을 결정하는 고위 관료, 민주당의 중도파 실세들을 안심시키는 데에는 아주 효과적이었다. 특히 풍부한 자금과 엄청난 연줄을 확보하고 있는 월가와 공조를 취하거나 월가에 맞설 때 민주당의 중도파 실세들을 대통령 편으로 끌어들이기 위해서는 어떻게든 그들을 안심시켜야 했다. 하지만 이것은 오바마 행정부가 앞으로 계속 직면하게 될 모순을 보여주는 것이기도 했다. 오바마 정부는 미국 경제를 벼랑으로 몰고 간 세력들이 영향력을 발휘하지 못하도록 억누르는 한편 허약해질 대로 허약해진 미국 경제를 되살려야 하는 모순적 상황에 갇혀 있었다. 한마디로 새 행정부는 바다 위에서 배를 수리할 방법만 모색한 것이 아니라 그 배를 새로 개조할 방법까지 찾고 있었던 것이다.

오바마 경제팀은 그런 엄청난 도전들을 해결하기 위해 구성되었다. 그것은 수십 년 동안의 정치 표류에서 비롯된 심각하고 즉각적인 위기이자 국민의 누적된 요구였다. 그리고 그런 정치 표류는 결국 정치 쇠약으로 이어졌다. 금융 시장 규제에서 기후 변화 관련 입법, 의료 서비스 개혁에 이르기까지 오바마 정부의 야심찬 계획들은 승자 독식 경제의 최대 수혜자들에게 상당한 위협이었다. 그러므로 새 대통령이 조직 싸움에 대비해 자신의 전위 부대를 꾸린 것은 결코 놀라운 일이 아니다. 하지만 문제는 오바마 대통령만 그런 임전 태세를 갖추고 있었던 것이 아니라는 데 있다.

"내용을 보지도 말고 무조건 반대하라"

클린턴 대통령과 마찬가지로 오바마 대통령도 당파 정치 종식에 대한 자신의 바람을 강조하는 것으로 임기를 시작했다. 하지만 전임 대통령과는 달리 오바마는 대부분 상징적인 것들이었지만 몇 가지 구체적인 조치들을 포함시켜 그 후속 작업에 착수했다. 로버트 게이츠(Robert Gates)를 국방장관에 유임시키고 공화당의 레이 라후드(Ray LaHood)에게는 교통부 장관을, 뉴햄프셔 상원의원인 저드 그렉(Judd Gregg)에게는 상무부 장관을 제안했다. 그러나 그렉은 오바마의 제안을 거절했다. 심지어 공화당 지도부도 이전 대통령들과는 달리 취임 초기부터 적극적으로 대화에 나서려는 오바마의 노력을 인정하지 않을 수 없었다. 가장 급했던 경기부양 관련 법안들만 봐도 오바마 정부가 초기에 제안했던 조치들과는 상당히 거리가 멀다는 것을 알 수 있다. 공화당의 지지를 유도하기 위해 아주 거대한 규모의 감세 조치가 들어 있었던 것이다.

하지만 민주당은 얼마 안 가 자신들이 직면한 가장 거대한 장애물은 맹렬하고 확고하고 일치단결한 공화당의 반대라는 것을 분명히 알게 된다. 사실 민주, 공화 양당의 현격한 이념 격차를 감안하면 그리 놀라운 일도 아니다. 그러나 한덩어리로 똘똘 뭉친 공화당의 반대는 단순한 정책 이견 정도가 아니었다. 그 이상이었다. 공화당 의원들의 그런 절대적인 반대 뒤에 숨어 있는 정치 논리는 이미 그 효과가 입증된 아주 강력한 것이다. 1993년, 보수주의 전략가인 윌리엄 크리스톨은 공화당 의원들에게 다음과 같은 유명한 전략을 제시한 바 있다. "클린턴 대통령이 제시하는 의료 서비스 개혁 협상안은 내용을 보지도 말고 무조건 반대하라." 민주당이 법안을 통과시키지 못하면 비난을 듣게 되는 것은 공화당이 아니라 민주당이라고 그는 주장했다. 당시 공화당 하원을 이끌고 있던 뉴트 깅리치도 같은 생각이었다. 어떤 식으로든 워싱턴 정가의 손발을 묶어놓고 사소한 논쟁을 자꾸 부각시키는 것이 소수 야당에 더 유리하다는 것이다.[14] 유권자들은 의회에서 의사진행방해 활동을 펼치는 소수당보다 정치를 교착상태에 빠지게 한 다수당을 비난할 가능성이 더 높다는 이유에서다. 2009년 당시 의회 내에서 약세를 면치 못했던 공화당의 지위와 오바마의 야심찬 의제를 감안한다면 그런 깅리치의 전략을 반복하는 것은 공화당에는 두 번 생각할 필요도 없이 당연한 결정이었다.

그러나 여전히 풀리지 않은 문제가 남아 있다. 의회 내에서 공화당 중도파 의원들과의 원만한 협상이나 공조가 왜 이뤄지지 않았느냐는 것이다. 가장 큰 이유는 의원들의 지역구 사정이 제각각 달랐기 때문이다. 그리고 정당의 뜻에 따르는 것이 개별 정치인에게 항상 이로웠던 것은 아니기 때문이다. 과거 역사를 보더라도 당파를 초월한 공조활동의 성공은 이런 입장 차이를 잘 비집고 들어간 결과였다. 실제로 교차 압력을 받는 반대당 의원들에게 어떤 식으로 접근하고 호소하느냐에 따라 과반수 득표의 성패가 갈리는 것을 우리는 심심치 않게 발견할 수 있다. 대규모 감세 조치를 단행하면서 부시 정부가 취한 전략도 바로 이런 것이었다.

오바마 행정부의 가장 확실한 타깃은 '메인(Maine) 주 의원들'이었다. 올림피아 스노우(Olympia Snowe)와 수전 콜린스(Susan Collins), 이 두 사람은 오바마가 2008년 대선에서 무려 18% 차이로 대승을 거둔 메인 주의 고참, 신참 상원의원이다. 그러나 민주당은 콜린스나 스노우, 다른 공화당 상원의원들을 소속 당과 떼어놓는다는 것이 거의 불가능하다는 것을 곧 깨닫는다. 법안 하나하나에 공화당의 반대는 거의 완벽에 가까울 정도로 완강했다. 수적 열세에도 불구하고 공화당이 이렇게 일치단결하는 모습을 보여줄 수 있었던 것은 공화당 상원 원내 대표였던 미치 맥코넬(Mitch McConnell)의 공이 컸다. 그는 당의 노선을 따르지 않고 공화당 의원들이 개별 행동을 하는 것은 민주당이 제시하는 정책의 타당성을 국민들 앞에서 입증해주는 것이나 마찬가지라고 설득하면서 철저히 집안 단속을 했다. 2010년 초, 한 공화당 상원의원이 말했던 것처럼 "맥코넬은 단순히 금융 규제 법안만이 아니라 앞으로 등장할 다른 모든 법안에서 공화당이 똘똘 뭉치지 않으면 지리멸렬하게 된다는 점을 누누이 강조했다".[15] 그리고 앞서 8장에서도 이야기했지만 막강한 조직력을 갖춘 공화당의 토대 역시 오바마 행정부에는 위협적인 존재였다. 당내 예비선거에서 보수 성향의 도전자를 앞세워 알렌 스펙터를 몰아낼 정도로 엄청난 영향력을 행사한 그들은 그런 극단적인 방법을 사용하여 온건주의자들에게 계속 경고를 보내고 있었다.

여전히 진행 중인 공화당의 보수 우경화

하지만 가장 근본적인 문제는 오바마가 구애의 손길을 내밀 만한 공화당 중도파가 많지 않았다는 것이다. 이 책에서, 그리고 좀 더 과거로 거슬러 올라가서 우리가 2005년도에 저술했던 《중심에서 벗어나》에서 기술한 것처럼 1970년대 이후 의회에서 공화당이 보여준 변화는 오랜 세월에 걸쳐 이루어진 우경화의 결과였다.[16] 아주 서서히 녹아내리는 빙하처럼 공화당 내에서 중도파의 우위가 점점 사라지더니 강경 보수주의자들이 당을 완전히 장악하게 된다. 조금도 물러섬이 없이 아주 완고하고 단호하게 반대 입장을 고수하는 이런 공화당 의원들을 상대로 민주당은 고통스러운 정면충돌을 계속 반복해야 했다.

그렇다면 공화당이 어느 정도 우경화되었는지 확인할 수 있는 방법은 없을까? 공화당 의원들의 표결 경향을 보면 잘 알 수 있다. 다수의 정치학자들이 의원들의 진보 성향 및 보수 성향의 상대적 정도를 파악하기 위해 여러 해에 걸쳐 호명 투표 결과를 분석했다. 그 결과, 민주당과 공화당 의원들 모두 당을 중심으로 결속력이 점점 강해지고 이념 성향도 점점 뚜렷해진 것으로 나타났다. 가장 눈길을 끈 것은 갈수록 보수화의 색깔이 짙어지는 공화당의 장기 변화였다. 그런 변화는 레이건이나 깅리치 시대에만 국한된 이야기가 아니다. 심지어 조지 부시 2세 정부 때도 끝나지 않고 계속 이어졌다.

호명 투표 분석에서 드러난 것처럼 그러잖아도 우경화 현상이 심했던 공화당의 변화는 지난 두 번의 선거를 거치면서 더욱 심화되었다.[17] 말도 안 되는 소리처럼 들릴지도 모른다. 선거에서 패한 정당은 기존의 주장에서 후퇴하는 것이 일반적인 현상이기 때문이다. 그러나 또 어떤 점에서 보면 이해가 되기도 한다. 공화당을 지지하는 지역 가운데 중도적인 성향이 강한 곳은 일반적으로 좀 더 입장을 분명히 밝힐 필요가 있는 지역이다. 그리고 이런 곳은 공화당의 세력이 약화되면 의석을 잃을 가능성이 가장 높은 곳이기도 하다.[18]

과거 민주당의 남부 출신 보수파 의원들이 깅리치의 보수 혁명으로 고전을 면치 못했던 것처럼 지난 두 차례의 선거는 공화당의 중도파

의원들에게 아주 힘든 시기였다. 2006년 전까지만 해도 공화당 하원에서 중도적 성향이 강한 의원들은 25명 정도였다. 하지만 2008년 선거를 치르면서 살아남은 사람은 10명에 불과했다.[19] 전체적으로 2006년까지 공화당 중도파가 하원에서 차지한 의석은 94석 정도였는데 2008년 선거가 끝나자 하원에서는 기존 중도파보다 훨씬 더 중도 성향이 강한 공화당 의원들을 더 이상 찾아볼 수 없게 되었다. 2008년 선거에서 의원직을 상실했거나 은퇴를 선언한 의원들과 2006년 선거를 통해 새로 공화당에 들어온 강성 보수주의자들 간의 이념 격차는 어느 때보다 크게 벌어졌다.[20] 2006년 전부터 공화당의 하원 지도부는 이미 강경 보수주의로 돌아선 상태였고 그 후에도 그런 보수적 색채는 점점 더 짙어졌다.

 경제 위기가 정점을 향해 치닫던 2008년에 공화당 하원의원들이 자신들의 보수적 색깔을 적나라하게 드러낸 사건이 있다. 셰익스피어의 소설에 비견될 만큼 극적이었던 1990년도의 보수주의 혁명이 재현되면서 또 다른 공화당 제왕의 몰락이 초읽기에 들어갔다. 이번의 희생양은 기력이 쇠할 대로 쇠한 타협주의자 조지 부시 1세가 아니라 몇 년 전까지만 해도 보수주의의 선봉장이었던 조지 부시 2세다. 경제 붕괴 사태를 막기 위해 부실자산 구제 프로그램(Troubled Asset Relief Program)에 지지를 호소하며 필사적으로 매달린 부시 대통령에 대한 공화당 하원의 태도는 신세대와 구세대로 확연히 나뉘었다. 그 해 은퇴를 앞두고 있던 하원의원 82%가 정부의 제안에 찬성표를 던진 반면에 공화당의 초선 의원들은 한 사람도 찬성표를 던지지 않았다. 전체 공화당 하원의원의 3분의 2 이상이 반대표를 행사하는 바람에 그 법안은 결국 통과되지 못했다. 이 소식이 보도되자 그날 다우존스지수는 단일 낙폭으로는 최고치인 777.68포인트가 하락하면서 7%나 급락했다. 이에 당황한 의회는 4일 후 수정 법안을 제출해 표결에 부쳤고 민주당 의원 33명과 공화당 의원 24명이 찬성으로 돌아서면서 가까스로 법안을 통과시킬 수 있었다. 하지만 공화당 하원 지도부는 여전히 절반 이상이나 반대표를 던졌다.[21]

공화당은 상원에서도 완강한 보수주의적인 면모를 유감없이 드러냈다. 2006년도 중간선거 결과는 약간 복합적인 양상을 띠었다. 로드 아일랜드 주의 링컨 차피(Lincoln Chafee) 같은 중도파 의원들만이 아니라 릭 샌토럼(Rick Santorum) 같은 강경 보수주의자들 역시 의원직을 상실하면서 어느 정도 균형을 이루었던 것이다. 하지만 공화당 지도부는 여전히 보수 쪽으로 기울어져 있었다. 그리고 2008년도 선거가 끝나자 이전보다 더 심하게 보수 쪽으로 기울어졌다. 2008년도 선거 결과, 8개의 공화당 의석이 민주당으로 대체되었는데 그 중에는 중도 성향 3위의 스미스(Smith), 4위의 콜먼(Coleman), 9위의 스디븐스(Stevens), 10위의 워너(Warner), 11위의 도미니치(Domenici) 등이 포함되어 있다. 중도 성향 5위였던 스펙터는 2009년 초 당적을 민주당으로 바꾼다.[22] 공화당의 상원 중도파가 갑자기 절반으로 줄어들면서 당내 대표적 중도파였던 수전 콜린스와 올림피아 스노우 같은 의원들이 기댈 언덕 역시 크게 줄어들 수밖에 없었다.

이렇게 극심한 공화당의 보수주의 쏠림 현상에 대해 윌리엄 브록은 다음과 같이 개탄했다. 그는 2004년, 공화당의 부활을 이끈 주역이자 전직 공화당 전국위원회 위원장으로 활동했던 인물이다. "정치적 이념의 쏠림 현상이 아주 위험스러운 수준이다. 정치라는 역기에서 모든 무게가 한쪽 끝에 쏠리면서 가운데 부분은 영향력을 발휘할 수 있는 목소리나 기회를 완전히 잃고 말았다."[23] 물론 브룩의 이런 개탄은 미국 정치라는 역기에서 가장 분명하게 드러나고 있는 쏠림 현상을 호도하려는 제스처였다. 그 역기에서 공화당이 차지하고 있는 한쪽 끝이 너무 무거워져버린 현실을 그런 식으로 가리고 싶었던 것이다.[24] 이런 쏠림 현상은 특히 하원에서 두드러졌다. 2005년부터 2009년 사이에 세력을 확장한 민주당 하원 역시 진보가 아닌 보수 쪽으로 좀 더 이동했다. 그러나 두 당의 양극화는 계속되었다. 공화당 하원의원들이 보수 쪽으로 이동하는 속도가 훨씬 더 빨랐기 때문이다. 이런 상황에서 반대쪽으로 손을 내미는 것은 점점 더 무익한 행동이 될 수밖에 없다. 아무리 긴 막대를 사용해도 반대쪽 끝에 있는 공화당에 닿을 수 없을 것 같았다.

공화당의 우편향 현상을 보여주는 단적인 예로 우리는 사우스 캘리포니아 상원의원인 짐 드민트(Jim DeMint)를 들 수 있다. 드민트는 당시 위축되어 있던 공화당 지도부 내에서 보수주의의 버팀목 역할을 했다. 오바마 정부 초기에는 경제 분야에서 가끔 이치에 안 맞는 주장을 펼칠 때도 있었지만 어쨌거나 상당한 두각을 드러냈던 것이 사실이다. 2009년 1월의 헤리티지 재단에서 행한 연설에서 드민트는 오바마 행정부의 경기부양 계획에 맞설 공화당의 대안을 제시했다.[25] 그 자리에서 그는 역사적인 관점에서 봤을 때 오바마의 법안은 "지난 100년 동안 의회에서 검토한 경제 법률 가운데 가장 형편없는 작품"이라고 독설을 내뿜었다. 그러면서 자신이 생각하는 최고의 악법으로 연방 소득세 도입의 기틀을 다진 1909년도 16차 수정헌법을 꼽았다.

  드민트가 모든 것이 잘못 굴러가기 시작한 해로 1909년도를 꼽았다는 것은 그가 추구하는 것이 무엇인지를 이해하는 데 아주 중요한 단서가 된다. 사실 드민트가 제시한 대안은 경제 상황이 완전 딴판이었을 때 도입했던 부시 대통령의 2001년, 2003년도 감세 조치를 두 배나 확대한 것이다. 그는 부유층을 위한 부시의 온갖 감세 조치를 영구적인 것으로 만들 생각이었다. 진보 진영의 미국진보정책연구소(Center for American Progress)에서 드민트의 이 계획에 소요될 예산을 추정한 결과, 10년 동안 3조 1000억 달러가 들어가는 것으로 나왔다. 오바마의 경기부양 조치의 예상 비용보다 세 배나 많은 금액이다. 그리고 이보다 더 큰 문제는 오바마의 계획과는 달리 드민트의 계획은 그 때문에 발생하게 될 거대한 적자가 일시적인 것이 아니라 영구적이라는 데 있다.[26]

"노(NO)"만 외치는 정당

  열성적으로 활동하지 않는 공화당 의원들에게 비난을 퍼붓고 오바마 정부를 "2차 세계대전 발발 직전의 독일"에 비유하는 등 막말을 서슴지 않았던 드민트는 반대 세력에 항상 비난의 표적이 되었다.[27] 하지만 의회의 찬반 투표장에서 드민트가 제시한 대안은 네 명을 제외한 모든 공화당 상원의원들이 찬성표를 던질 만큼 압도적인 지지를 받았다. 그리고 결정적 순간이 왔을 때 공화당 하원은 오바마의 경기부양 법안에 모두 반대 입장을 표했다. 부시 대통령이 임명한 벤 버냉키(Ben Bernanke) 연방준비제도이사회 의장과 상공회의소 톰 도너휴(Tom Donohue) 회장이 지지한 법안이었음에도 공화당은 그렇게 철저히 외면했다. 상원에서는 오로지 세 사람, 콜린스, 스노우 그리고 얼마 안 되어 민주당으로 당적을 옮기는 스펙터만이 지지를 표명했다. 이것은 앞으로 민주당이 상정할 모든 법안에 그런 식으로 치명타를 안기겠다는 신호였고 공화당 의원들은 한 가지 전략을 중심으로 똘똘 뭉쳐 있었다. 그것은 바로 "노(No)" 전략이다.

정가 바깥에 있던 공화당의 일부 유명 인사들 사이에서도 실망과 우려의 목소리가 나오기 시작했다. 잭 켐프(Jack Kemp)가 맨 처음 선보였던 공급자 측면 감세 정책을 수정 제안했다. 또 레이건과 조지 부시 1세 정부에서 정책 조언을 담당했던 브루스 바틀렛(Bruce Bartlett)은 공화당의 예산 철학에 대해 이런 우려를 표했다. "솔직히 (공화당 의원들의) 머리가 좀 이상해진 것이 아닌가 싶을 정도로 기형적으로 변해가고 있다. 감세 확대로 모든 경제 문제를 해결할 수 있고, 그런 감세 혜택이 모든 사람들에게 골고루 돌아가고 세입을 증가시켜줄 것이라는 생각은 아주 위험한 발상이 아닐 수 없다."[28] 경기부양 법안에 공화당 의원들이 거의 만장일치로 반대표를 던진 것을 비난하면서 바틀렛은 공화당이 "로널드 레이건 정부 때처럼 강력하지도 않고 중도파를 비롯해서 어느 쪽에도 속하지 않는 의원들을 괴롭히는 극단주의 세력의 수중으로 떨어졌다"며 독설을 퍼부었다.[29]

그로부터 1년 후 경기부양 법안이 상정될 때마다 당적에 따라 찬반 표가 극명하게 갈리던 의회에 잠깐 동안 초당적인 협력 분위기가 감도는 듯했다. 정부의 구원의 손길을 애타게 기다리는 국민들에게 직접적으로 엄청난 혜택을 안겨줄 수 있는 경기부양 계획은 초당적인 지지를 이끌어 낼 가능성이 아주 높은 법안이었다. 하지만 의료 서비스 계획 같이 경제적 보상이 확실하지 않거나 희생이 요구되는 사안에서는 공화당은 똘똘 뭉쳐 반대의 목소리를 냈다. 상원 재무위원회 위원장인 맥스 바커스는 의료 서비스 협상안에 대해 타당성은 없어 보이지만 기꺼이 논의할 의사가 있음을 밝힌 공화당 의원들과 장기 협상에 들어갔다. 몇 달 동안 협상이 계속 이어졌고 결국 찰스 그래슬리(Charles Grassley), 마이크 엔지(Mike Enzi) 등 완고한 경제 보수주의자들은 협상 테이블을 박차고 나가버렸다. 그렇게 오랜 시간 협상을 벌였지만 전혀 진척될 기미가 보이지 않자 그들은 그때부터 맹공을 퍼붓기 시작했다. 그런 식으로 의료 서비스 법안과 입법 절차에 대해 국민들의 실망을 유도하려 했던 것이다. 그래슬리는 '죽음 위원회(Death Panels)' 라는 자극적인 표현을 사용하는 것도 주저하지 않았다. 원래 이 표현은 2008년 공화당의 부통령 후보로 나선 세라 페일린(Sarah Palin)이 사용했던 것으로 의료개혁이 이뤄질 경우 정부가 모든 환자를 상대로 의료보험 적용 여부를 결정하는 위원회를 가동할 것이라는 주장에서 나온 말이다. 와이오밍 상공회의소 점심 만찬에 참석한 엔지는 자신이 지연 전술을 펼쳤다고 자랑하면서 이렇게 으스댔다. "만약 내가 그 논의에 참여하지 않았다면 여러분들은 그 시답잖은 보편적 의료 서비스를 받는 신세가 되었을 것이다."[30]

결국 공화당의 상원의원은 한 명도 오바마의 의료 서비스 법안을 지지하지 않았다.[31] 바커스가 최종 협상 결렬을 선언할 때까지 끝까지 협상 테이블을 지켰던 유일한 공화당 의원인 올림피아 스노우마저 결국 반대표를 던졌다. 1년 가까이 질질 끌어왔던 논의가 결렬된 후 스노우가 했던 말은 스칼렛 오하라의 변명을 떠올리게 했다. 정부가 쓸데없이 협상을 서두르는 바람에 의료 서비스 법안을 지지할 수 없었다는 것이 그녀가 내세운 반대 이유다. 사실 그런 결렬은 협상이 조금이라도 성사될 기미가 보이면 득달같이 달려들어 방해 공작을 펼친 공화당의 민첩함이 낳은 결과다. 민주당이 테드 케네디의 사망으로 공석이 된 매사추세츠 주 상원 자리를 공화당에 빼앗기고 한 달 정도 지나자 이제 의료 서비스 법안 통과는 완전히 물 건너간 것처럼 보였다. 공화당의 방해 활동과 지연 전략이 효과를 거두었던 것이다.

결국 민주당 의원들은 법안을 안전하게 통과시키기 위해 조정 절차라는 입법 전략에 의지하는 수밖에 없었다. 이 방법을 사용하면 공화당의 의사진행방해를 피하고 공화당의 찬성표 없이도 법안 처리를 진행시킬 수 있다. 그러나 이 방법은 민주당의 입법 의제에 사용할 수 없을 때가 더 많았다. 그리고 오바마 행정부는 자신들이 거둔 입법 승리를 자랑할 수 있게 되었지만 그 대신 값비싼 대가를 치러야 했다. 교착 상태가 계속 이어지면서 개혁 세력들은 1년이라는 시간을 허비해야 했고 그러는 동안 국민의 관심이 싸늘하게 식어버린 것이다.

그렇다면 민주당은 초당적 합의라는 헛된 기대를 품으며 왜 그렇게 오랜 시간을 허비했던 것일까? 민주당은 아주 거대한 다수당이었다. 최근 30년 동안 그렇게 거대했던 다수당을 찾아볼 수 없을 정도다. 그리고 공화당 역시 자신들에 대한 지지율이 밑바닥이라는 것을 잘 알고 있었다. 사안이 하나씩 대두될 때마다 민주당의 지지도는 계속 급상승했다. 사실 유권자들은 초당적 합의를 원했다. 하지만 민주당이 의회를 주도하고 있었으므로 좀 더 합리적인 협상 조건을 제시할 수도 있지 않았을까? 우리는 이것이 너무 순진한 질문이라는 것을 잘 알고 있다. 지난 몇 십 년 동안 워싱턴 정가에서 무슨 일들이 벌어졌는지 알기 때문이다. 그리고 이것은 승자 독식 정치에서 점점 더 중요해지고 있는 성채로 눈을 돌리게 만들었다.

얼어붙은 커피

한 세대 전만 해도 이것은 절대 순진한 질문이 아니었다. 탐구심 강한 한 예일대 재학생이 얼마 전 중요한 정치 문서 하나를 발견했다.[32] 텍사스 주 오스틴(Austin)에서 노인의료보장제도와 정치 활동을 주제로 논문을 준비하던 데이비드 브룩먼(David Broockman)이라는 이 학생은 린든 존슨 대통령 시절의 공문서를 하나하나 살펴보았다. 그러던 중 린든 존슨이 1964년 재선에서 압승을 거둔 지 얼마 안 된 시점에 작성된 편지 하나를 발견한다. 그 편지는 존슨의 상원 연락 담당자인 마이크 매너토스(Mike Manatos)가 존슨 대통령 재선 캠프를 총괄했던 래리 오브라이언(Larry O'Brien)에게 보낸 것이다. 매너토스는 그 전부터 계속 시도했던 중요한 입법 전쟁을 준비하고 있었다. 예상 투표수를 집계하고 있었던 것이다. 그 편지에서 그는 노인의료보장제도의 표결 결과가 낙관적일 것 같다고 전했다. 그 전년도에 아슬아슬한 차이로 법안 통과가 좌절된 일을 언급하며 글은 시작된다. 그는 지난해에 투표에 불참했던 지지 의원 세 명이 출석하고 여기에 선거를 통해 추가 확보한 세 의석을 언급하며 "우리 법안을 지지하는 의원들이 모두 의회에 출석해 투표를 할 경우 55 대 45로 승리할 것"이라며 만족감을 표시했다.

노인의료보장제도가 얼마나 중대한 사안이었는지 생각해보라. 민주당은 오랫동안 이 법안을 추진하기 위해 몸부림쳤고 대다수 공화당 의원들은 기를 쓰고 반대했다. 오늘날 의료 서비스 개혁만큼이나 대립이 극심했던 법안이었다. 실제로 대다수 보수주의자들은 노인의료보장제도가 자유를 박살낼 것이라고 주장한 로널드 레이건의 연설을 지금까지도 경외시하고 있다. 그것은 이제는 대중화된 제도이지만 당시 보수주의자들이 오늘날 의료 서비스 개혁에 느끼는 것과 같은 두려움을 갖고 있었음을 보여주는 연설이었다. 그러나 그 후 워싱턴 정가에는 근본적인 변화가 일어났다. 그리고 그것은 아주 중대한 변화였다.

만약 오늘날 어떤 보좌관이 램 엠마누엘 수석보좌관에게 이와 비슷한 메모를 작성하다면 한 단어만 살짝 바꾸면 된다. "우리 법안을 지지하는 의원들이 모두 의회에 출석해 투표를 할 경우 55 대 45로 질 것"이라고 말이다. 아주 서서히 그리고 알아차리지 못하게, 물론 대국민 성명도 없이 워싱턴 정가는 상원에서 법안이 통과되는 데 필요한 찬성표를 51표에서 60표로 바꿔버렸다. 그러잖아도 교착 상태에 빠지기 쉬운 정치 시스템에서 새로운 법안의 탄생을 가로막고 있던 빗장이 갑작스럽게 높아진 것이다. 새로운 '60표의 규칙'은 합의 도출 전망이 과거 어느 때보다 낮은 상황에서 법안 통과에 필요한 합의를 더욱더 어렵게 만들었다. 예전에는 높이뛰기로도 가능했던 일이 이제는 장대

높이뛰기를 해야만 가능해진 것이다. 그리고 장대도 없이 장대높이뛰기를 해야 할 때가 대부분이었다.

물론 상원은 예전부터 법률 제정 활동에 자주 제동을 걸었던 것으로 유명하다. 출처가 불분명하지만 제퍼슨(Jefferson)이 제2 의회 신설을 승인한 워싱턴(Washington)에게 불만을 터뜨린 일화가 있다. 제퍼슨의 책망에 워싱턴은 이렇게 물었다고 한다. "얼마 전 커피를 받침 접시에 따라 붓던데 왜 그런 거죠?" 제퍼슨은 이렇게 대답했다. "그거야 식히려고 그랬죠." 그러자 워싱턴은 이렇게 말했다. "바로 그겁니다. 뜨거운 법안을 상원이라는 받침 접시에 부어서 식히자는 거예요."

참으로 좋은 말이 아닐 수 없다. 그러나 안타깝게도 오늘날의 상황에는 들어맞지 않는 말이다. 사회는 점점 더 역동적으로 변하는데 상원은 점점 더 경직되고 있다. 심각한 수준에 이른 의원 정수 불균형도 모자라 모든 법안이 실질적으로 60표의 찬성을 얻어야만 통과될 수 있도록 장벽을 더 높여버렸다. 이것은 전체 미국인 가운데 극히 일부분만을 대변하는 상원이 미국 의회의 손발을 꽁꽁 묶어놓을 수 있음을 의미한다. 소속 정당을 중심으로 똘똘 뭉쳐 서로 치고받으며 싸우는 정치판에서는 아무리 신망을 잃고 사면초가에 몰린 지도부라도 당원들만 잘 결집시키면 엄청난 영향력을 발휘할 수 있다. 당파 싸움을 무척이나 혐오했던 미국의 건립자들은 오늘날의 이런 정치권의 모습을 꿈에도 상상하지 못했을 것이다. 그리고 합의 도출에 실패할 경우 그 비난이 모두 다수당에 쏟아진다는 것을 잘 아는 지도부는 당원들을 하나로 결집시키기 위해 다양한 유인책을 사용한다. 정당 간의 양극화가 극심한 미국의 정치 시스템에서 상원은 커피를 식히는 것이 아니라 아예 얼어붙게 만든다. 그리고 그 비법은 바로 '60표의 규칙'이다.

여기서 잠깐, 미국이 다른 선진국들처럼 양원이 아닌 단원제 의회였다면 어땠을지 한번 가정해보자. 만약 하원 통과만으로 입법을 추진할 수 있다면 오바마는 20세기에 일어났던 거대 개혁의 물결에 비견될 첫해를 보냈을 것이다. 엄격한 금융 규제의 부활, 기후 변화 관련 입법, 의료 서비스 개혁 등등. 이런 법안들이 모두 통과되었을 것이다. 그리고 미국이 맞닥뜨린 심각한 경제 도전에 걸맞은 경기부양 조치가 단행되었을 것이다. 이것뿐만이 아니다. 노동자자유선택법안(Employee Free Choice Act, 노동조합 결성권과 단체교섭권을 획기적으로 확대 개선한 법률안) 역시 2007년도에 쉽게 통과되었을 것이다. 사실 이것은 민주당 지도부가 상원이 선례를 따를 기미를 보일 때까지 보류하기로 결정한 법안이다.

그러나 미국의 실제 정치 시스템은 법안 하나가 통과될 때마다 엄청난 산고를 치러야 한다. 어쩌다 개혁 법안이 등장하기라도 하면 그런 법안 앞에는 어김없이 아주 가파른 오르막길이 기다리고 있고, 의회에서 강력한 영향력을 발휘하는 재계 이익단체에 많은 부분을 양보해야 한다. 또 개혁을 위해 가능성이 희박해도 공화당 의원들에게 애걸을 해야 한다. 경제 사안에서 과거보다 더 현격한 입장 차이를 보이고 협상을 거부하게 만드는 갖가지 정치적 유인책을 갖고 있는 공화당 의원들을 상대로 말이다. 아니면 적어도 상원에서 60석에 도달했던, 중대한 의미를 지닌 그 몇 달 동안만이라도 민주당은 자당 소속 상원의원들이 모두 받아들일 수 있는 해법을 마련해야 했다.

60표의 규칙과 극심한 양극화라는 최악의 결합을 이룬 오늘날 미국의 상원은 17~18세기에 악명을 떨친 폴란드 의회를 닮아가고 있다. 당시 폴란드 의회는 전통적으로 만장일치가 결의의 원칙이었던 리베룸 베토(Liberum Veto, '자유를 허락하지 않는다'는 뜻의 라틴어에서 유래한 말로 폴란드 의회 대표자들에게 부여한 거부권을 말함—옮긴이)를 남용하여 정치를 완전히 마비시켰다. 급기야 강력한 영향력을 지닌 기득권 세력(다른 나라에 있는 사람들까지 포함)이 왕까지 매수하는 상황이 벌어졌다. 어떤 활동도 펼칠 수 없게 된 폴란드는 계속 외국의 침략을 받았고 결국 강력한 주변국들에 무너지고 말았다. 미국식 리베룸 베토에 직면한 오바마 행정부와 의회 지도자들은 한 표라도 더 끌어 모으기 위해 사력을 다해야 한다는 것을 잘 알고 있다. 공화당 의원들이 전혀 도와주지 않는 상황에서 민주당은 자당 소속 의원 전원의 표가 절실히 필요했다. 하지만 지역구의 상황이 달랐기 때문에 그들의 입장도 모두 제각각일 수밖에 없다. 끝까지 고집을 피우는 의원도 있었고 마구 비난을 쏟아내는 의원도 있었다. 특혜를 요구하는 의원도 있었고 로비스트들의 구애에 흔들리는 의원도 있었다. 그리고 이것은 조직 간 싸움의 정치를 불러들였다.

조직은 여전히 중요하다

2006년과 2008년의 선거를 거치면서 미국의 선거 풍토는 극적인 변모를 겪었을지 모르지만 조직 풍토는 여전히 그대로였다. 그리고 미국의 중산층은 백악관에 보다 강력한 옹호자를 지속적으로 들여보냈다. 하지만 월가에는 승자 독식 경제의 강력한 옹호자들이 여전히 넘쳐났다.

부시 행정부의 지지도가 내리막을 걸을 때도 로비스트들은 계속 워싱턴 정가에서 영향력을 확대했고 그들이 쏟아붓는 로비 자금도 계속 상승했다. 하지만 공화당의 입지가 취약해지자 재계는 거기에 맞춰 정치 자금의 제공 패턴을 수정했다. 한 예로, 2001년부터 2005년까지 제약업계의 기부금은 3분의 2가 공화당으로 향했다. 하지만 2006년부터는 공화당보다 민주당으로 더 많은 기부금이 흘러 들어갔다. 우리가 앞에서 이야기했던 기부금 '주력' 분야(보험, 부동산업계를 포함한 금융업계를 포괄적으로 지칭한 개념)의 경우를 보더라도 1990년대 중반부터 2000년대 중반까지 공화당에 대한 편중이 훨씬 심했다. 하지만 2007~2008년 선거 캠페인 때부터는 민주당 의원들에 대한 비중이 조금씩 늘어나더니 2009년 초에 이르자 그 무게 중심이 완전히 민주당 쪽으로 기울었다.[33]

그들의 이러한 정치 자금 포트폴리오 수정은 선거 자금에만 국한된 것이 아니다. '해머'라는 별명으로 유명한 톰 드레이는 공화당이 전성기를 누리던 시절에 하원 원내대표로 활동하면서 로비스트들을 자신의 사무실로 불러 민주당 인사 대신 공화당 인사를 채용하라고 대놓고 압박했다. 이런 전략은 효과를 거두었지만 대부분의 로비회사들은 좀 더 유연한 채용 구조를 갖추고 있다. 그들은 공화당 팀과 민주당 팀을 나누어 양쪽 모두와 계속 돈독한 유대 관계를 유지했다.[34] 정치권에 언제 물갈이 바람이 불어닥칠지 모르기 때문에 그런 식으로 양당 사이에서 적절히 균형을 유지할 필요가 있기 때문이다. 그리고 워싱턴 정가의 노련한 실세들이 은퇴를 하거나 의원직을 상실하는 경우에 그들은 민주, 공화 가리지 않고 막대한 수입을 거둘 수 있는 프리랜서 로비스트 직을 제의했다.

1990년대 중반 상황과 마찬가지로 2006년 선거가 끝난 후 의회 권력이 민주당으로 넘어가자 로비스트들은 새로운 다수당의 내부 인사들에게로 손을 뻗었다. 로비업체의 주된 포섭 대상은 그들의 입장을 옹호하고 대변할 수 있는 민주당 직원과 은퇴를 앞둔 의원들이다. 예를 들면 한때 모든 공화당 의원들을 대상으로 전방위 로비를 펼쳤던 BGR의 경우는 존 케리 밑에서 근무한 마이클 미한(Michael Meehan)과 가장 먼저 계약을 체결했다.[35] 그런 다음 화려한 경력의 소유자인 데이비드 디마티노(David DiMartino)를 전격 채용했다. 디마티노는 상원의원이자 케리 대선 캠프에서 대변인을 맡았던 벤 넬슨(Ben Nelson)의 수석부보좌관, 민주당 상원캠페인위원회 홍보차장 등을 거친 인물이다.

2008년 봄에 JP 모건 체이스는 민주당의 피터 셰르(Peter Scher)를 정부 국제 업무 담당 부사장으로 임명했다. 원래 그 자리는 전직 하원의원이자 상원 입후보자인 릭 라지오(Rick Lazio)가 맡고 있었다. 하지만 라지오가 가진 공화당과의 연줄이 더 이상 영향력을 발휘할 수 없게 되자 그 자리를 셰르로 대체한 것이다. 셰르는 클린턴 행정부에서 미 무역대표부 특별무역 협상관과 상무부 수석보좌관으로 활동했었다. 특히 상무부에서는 훗날 상무부 장관에 오르고 2000년도에는 앨 고어 대선 캠프를 지휘한 윌리엄 댈리(William Daley)와 함께 근무하기도 했다. JP 모건으로 자리를 옮긴 셰르는 집행위원회 업무를 맡으면서 댈리와 재회한다.

그러나 셰르의 가장 중요한 이력은 이런 영향력 있는 자리도, 거기에서 형성된 폭넓은 인맥도 아니라는 주장이 제기되었다. 그보다는 좀 더 예전에 머물렀던 자리, 즉 맥스 바커스의 수석보좌관 자리가 훨씬 더 중요한 의미를 가졌다는 것이다. 2006년 선거가 끝나자 워싱턴 정가에서는 몬태나 주 상원의원, 즉 바커스와 연줄이 닿는 사람들의 인기가 치솟기 시작했다. 개혁에 필요한 선행 조건들의 조율 작업이 시작되자 노련한 정치인들은 바커스가 중추적 역할을 맡게 될 것임을 재빨리 간파했다. 그가 이끄는 상원 재무위원회에서 관련 업무들을 대부분 처리하기 때문이다. 오바마의 개혁은 상원 본회의장은 제쳐두고라도 재무위원회에서부터 난관에 부딪힐 것이 불 보듯 뻔했다.

그러므로 로비업체에는 그들의 새로운 흠모 대상인 바커스에게 접근할 수 있느냐의 여부가 아주 중요했다. 공화당의 세력은 기울었지만 드레이의 전직 보좌관들의 인기는 꾸준히 상승했다. 왜냐하면 하원에서는 강경 보수주의를 표방한 공화당 지도부가 계속 질주하고 있었기 때문이다. 이제 로비업체에는 상원의 강력한 중도파인 바커스에게 접근하는 것이 아주 절실한 문제로 떠올랐다. 그가 위원장으로 있는 상원 재무위원회에서 공화당의 그런 질주에 제동을 걸 수 있다는 점 때문이다. 부유층 중심의 기존 정책 방향을 변화시킬 수 있는 정부의 사업들은 대부분 바커스가 이끄는 재무위원회를 거쳐 갈 것이 분명했다. 그렇기 때문에 그들은 어떻게 해서든 바커스에게 줄을 대야만 했다.

로비업계의 경제 호전

정치판에서 조직 싸움이 본격적으로 시작되자 오바마 행정부와 로비업체들은 놀이터의 두 골목대장처럼 유능한 선수들을 서로 자기편으로 끌어들이기 위한 설득 작업에 나섰다. 하지만 그것은 처음부터 공평한 경쟁이 불가능한 싸움이었다. 재계의 이익집단이 가진 강점은 거액의 수표만이 아니었기 때문이다. 그들은 정부보다 훨씬 기민하게 움직이며 선수를 쳤다. 엠마누엘이 팀 구성 작업에 착수할 때쯤에는 이미 아칸소 주의 블랜치 링컨(Blanche Lincoln) 같은 중도파 실세는 말할 것도 없고 바커스에게 연줄이 닿는 인물들은 대부분 로비업체들의 수중으로 넘어간 상태였다.[36]

셰르 외에도 과거 바커스 밑에서 근무했던 두 명의 수석보좌관, 전직 입법 담당 보좌관 한 명, 그 외 전직 직원 두 명이 로비업체로 자리를 옮겨 의료 서비스 개혁 관련 로비 활동을 펼쳤다. 또 바커스의 전직 수석보좌관 네 명은 역시 바커스 밑에서 일했던 여덟 명의 직원과 함께 정부의 기후 변화 법안에 밀접한 이해관계를 가진 조직에서 로비스트로 활동 중이었다. 미국석유협회(American Petroleum Institute) 같은 대형 고객을 거느린 유명 로비회사 메흘먼 보젤 카스타그네티(Mehlman Vogel Castagnetti)는 바커스와 링컨 두 사람의 전직 수석보좌관을 스카우트하는 데 성공했다.

지금까지 간략히 살펴본 이런 사례들은 빙산의 일각에 불과하다. 대다수 미국인들에게 2009년은 매서운 경제 한파가 몰아닥친 해다. 그러나 월가와 로비업체들에게는 그들이 가지고 있던 마법의 힘이 되살아난 해였다. 로비스트들의 지출 경비 역시 35억 달러에 육박하며 기존 기록을 경신했다.[37] 물론 이런 공식적인 수치는 의회를 흔들기 위해 그들이 퍼부은 실제 금액과는 상당히 차이가 있다. 왜냐하면 언론 매수는 물론이고 대규모 민중 동원 및 가짜 시민운동 단체에 사용한 비용은 여기에 포함되지 않기 때문이다. 아메리칸 대학(American University) 의회 및 대통령 연구센터(Center for Congressional and Presidential Studies) 소장인 제임스 서버(James Thurber)에 따르면 지난 몇 년간은 "1973년 이후 가장 왕성한 로비 활동이 펼쳐진 시기였다"고 한다.[38]

금융 규제와 의료 서비스 개혁을 놓고 벌어진 2009년도의 대규모 입법 싸움을 예로 들어보자. 이 두 법안 모두 중산층의 경제적 안정과 존립에 직결된 아주 중요한 사안이다. 금융 규제의 경우 일반 서민들의 주머니를 짜내 월가의 배를 불려준 고위험 금융 상품 판매를 제한할 수 있다. 의료 서비스 개혁은 미국의 중산층과 노동자 계층에 훨씬 더 안정적으로 의료 서비스를 제공하고 천정부지로 치솟는 의료비용을 대폭 낮출 수 있는 법안이다.

언제나 그렇듯이 월가는 부끄러움이라는 것을 몰랐다. 물론 연방 정부로부터 구제금융을 받은 일부 은행들의 경우는 드러내놓고 로비 활동을 펼칠 수 없었다. "모 은행이 국민들의 혈세로 상원의원 Y씨에게 정치자금을 제공했다"라는 기사가 일간지에 대문짝만하게 실리면 곤란하기 때문이다. 하지만 2009년도에 금융업계는 다른 경제 분야 못지않게 활발한 로비 활동을 펼쳤다.

퍼블릭 시티즌(Public Citizen) 발표에 따르면 은행, 보험, 부동산,

투자 회사들이 과거 연방 정부에서 근무했던 관리들을 940명이나 로비스트로 채용했고 금융업계에서 활동하는 로비스트 중 전직 의원이 70여 명에 이른다고 한다. 비자(Visa), 골드먼삭스(Goldman Sachs), 사모펀드협회(Private Equity Council), 프루덴셜 파이낸셜(Prudential Financial) 같은 업체들에도 30명이 넘는 전직 연방 공무원들이 로비 팀에서 활동하고 있다.[39]

금융 사안에서 이들 업체가 펼친 로비 활동은 거의 일방적이었다. 월가의 붕괴는 엄격한 금융 규제를 외치는 새로운 조직의 탄생으로 이어졌다. 노동자, 소비자, 인권 단체들이 연합하여 직원 일곱 명, 지부 14개, 200만 달러의 예산으로 '금융개혁을 원하는 미국인(Americans for Financial Reform)'이라는 조직을 결성했다. 하나같이 아주 인상적인 말들이다. 금융업계의 이익단체들이 조직 싸움을 위해 준비한 무기를 살펴보기 전까지는 말이다. 상업 은행들은 2009년 한 해에만 자체 로비 활동에 5000만 달러라는 거금을 쏟아부었다. 금융 기관들이 제공한 선거 자금 역시 증가했다.[40] 전국구 후보들과 정당 위원회에 긴넨 7820만 달러의 후원금까지 합치면 금융업계는 2009년도에 선거 자금을 가장 많이 제공한 산업 분야라는 결론이 나온다.

그리고 2010년 초까지 월가는 오바마 정부에 대한 불만을 노골적으로 드러냈다. 그리고 거기에 맞춰 정치 헌금도 증액했다. 〈월스트리트 저널〉은 월가에서 기부금을 모금했던 한 민주당 실세가 "오바마를 위해 모금 활동을 했던 일부 인사들이 실망하고 있다"라는 말을 전하면서 다음과 같이 인용했다. "그들은 오바마를 위해 회사의 희생도 마다하지 않고 자발적으로 모금 활동에 나섰다. 그런데 지금 그들의 모습은 어떤가? 완전히 뒤통수를 맞은 것이다." 모건 체이스(Morgan Chase)의 제이미 다이먼(Jamie Dimon)은 공화당의 하원 리더인 존 베이너(John Boehner)와 회동을 가진 사실을 크게 떠들면서 그런 분위기를 주도했다. 그 자리에서 베이너는 민주당의 개혁 법안을 만장일치로 반대한 공화당 하원이야말로 월가의 가장 든든한 동지라는 점을 강조했다.[41]

의료 서비스 개혁과 관련된 조직 활동 역시 그에 못지않다. 공식 보도된 것만 대충 어림잡아도 2009년도에 의료 서비스 개혁 반대 활동에 들어간 로비 자금은 5억 달러가 넘었다. 엄청난 돈이 걸린 이 초대형 사안에 보험 및 제약 분야의 이익단체들은 월가가 했던 고도의 전략을 구사했다. 그들의 목표는 의료 서비스 개혁이 자신들의 경제적 이해관계에 부합하도록 유도하거나 아니면 개혁 자체를 아예 차단하는 것이었다.

보험업계와 거래 관계에 있던 미국 의사협회(America's Health Insurance Plans)는 공개적으로는 의료 서비스 개혁을 지지한다고 발표했지만 뒤에서는 법안의 세부 내용들을 약화시키기 위해 온갖 방법을 동원했다. 한편, 의사협회 회원들은 개별적으로 보험에 가입하는 방법 등으로 수천만 달러의 자금이 상공회의소에 흘러들어가도록 했다. 이 자금은 대부분 의료 서비스 개혁에 반대하는 홍보 활동에 사용되었다.[42] 막강한 영향력의 대규모 로비 조직인 상공회의소는 오바마의 개혁 사업에 반대 목소리를 내는 가장 강력한 외부 조직으로 빠르게 변해갔다. 또한 재계가 유도한 승자 독식 정치 시스템을 수호하는 일에도 적극 앞장섰다.

내 영역에 발 들여놓지 마!

상공회의소의 이런 맹렬한 공격을 앞에서 이끌었던 인물은 토머스 도너휴(Thomas Donohue)다. 그는 목표물이 정해지면 절대 뒤를 돌아보는 법이 없이 앞으로만 돌진하는 아주 거친 성격의 소유자다. 그의 이런 공격 스타일은 과거 미국 트럭협회(American Trucking Association) 회장이라는 직함에서도 충분히 짐작할 수 있다. 13년 동안 상공회의소의 실권을 장악했던 도너휴는 대기업들에 다시 접근하는 데 활동의 초점을 맞추었다. 첫 4년 동안 그가 거둬들인 연간 기부금은 두 배 넘게 증가하며 1억 달러를 경신했다. 그리고 12년 동안 상공회의소의 수입은 무려 세 배가 넘는 증가세를 기록했다. 2000년도에는 일반관리비용을 3500만 달러로 증액하며 조직의 핵심 역량을 대대적으로 확충했다. 300만 달러에 불과하던 4년 전과 비교하면 엄청난 규모의 증액이다. 이런 거대한 자금력을 바탕으로 그는 정책 전문가들을 대거 채용하여 상공회의소 내에 대규모 팀을 만들고 공화당과 돈독한 유대 관계를 지닌 로비스트들도 다수 확보했다.[43]

도너휴는 정면 대결도 마다하지 않았다. 한번은 공개석상에서 당시 산업별노조총연맹 위원장이던 존 스위니(John Sweeney)의 '아가리'에 누가 펀치를 날려주었으면 좋겠다는 거친 언사를 사용하기도 했다. 상공회의소 의장직에 취임할 당시 그는 상공회의소를 '잠들어 있는 거인'에 비유하면서 조직을 잠에서 깨워 다시 일으키는 데 전념하겠다고 약속했다. 그는 기부금 모금 활동 외에도 기업들이 상공회의소를 통해 워싱턴 정가에 은밀히 로비 활동을 펼칠 수 있도록 새로운 전략을 개발하는 데도 적극 매달렸다. 상공회의소가 부시 행정부와 훌륭한 업무 공조 관계를 유지한 것은 그들의 관심사가 비슷했다는 사실을 감안하면 그리 놀랄 일도 아니다.

하지만 오바마 정부에 맞서는 것은 이전과는 완전히 다른 형태의 도전이었다. 상공회의소는 앞에서는 오바마 정부의 경기부양 패키지를 지지했지만 뒤로는 친기업적 감세 조치를 추진하고 경기부양 법안을 적당히 손보도록 민주당과 공화당 중도파들을 열심히 매수했다. 그러나 오바마 대통령의 또 다른 개혁 사업에는 그들도 충격을 금치 못했다. 1970년대 재계 총수들이 그랬던 것처럼 상공회의소 역시 그것을 통치의 균형을 깨뜨리는 아주 위협적인 활동으로 여겼다. "정부의 개입을 점점 확대하려는 행정부가 들어섰다. 최고경영자들은 정부만 보면 불안에 떤다"라고 상공회의소의 수석 로비스트인 브루스 조스텐(Bruce Josten)은 주장했다.[44] 도너휴는 모든 것을 예전 그대로 가만히 놔두길 원했다. 하지만 싸움을 즐겼던 그는 정부와의 갈등이 고조되는 상황에서 한 기자에게 이런 말을 건넸다. "우리가 가꾼 멋진 잔디밭에 누군가 발을 들여놓는다면 우리는 당장 스프링클러를 돌릴 것이다."[45]

그렇게 2009년이 흐르는 동안 상공회의소는 정부의 개혁에 대항하는 가장 거대하고 공격적인 반대 세력으로 떠올랐다. 정부와 민주당은 금융업체의 비양심적인 대부 관행과 기만적인 영업 활동으로부터 소비자를 보호할 전담 기구 설치를 제안한다. 그러나 여기에 대해 대대적인 반대 캠페인을 벌이며 '소규모 정육점 주인'조차 규제 대상이 된다고 국민들을 오도했다. 상공회의소는 그 해 로비 활동 경비를 전년도보다 60%나 증액했는데 공식적으로 발표한 액수만도 무려 1억

4450만 달러에 달했다. 이런 자금은 모두 의료 서비스 개혁, 금융 개혁, 기후 변화 입법, 대통령 예산안, 부유층 감세 조치의 단계적 폐지 같은 오바마 정부의 주요 개혁 사업을 무너뜨리는 데 사용했다. 2009년 가을에 의회에서 민주당이 이런 정책들을 강하게 밀어붙이자 상공회의소는 이 단일 분기에만 총 7920만 달러의 거금을 쏟아부었다. 단일 조직이 그렇게 짧은 기간에 그렇게 많은 액수를 로비 활동에 투입한 전례는 발견하기 힘들 정도다.

한편, 2010년 1월에 오바마 대통령이 자신의 연두 교서를 준비할 즈음 도너휴는 자칭 '미국 재계 연두교서'라는 것을 발표했다. 이 연두교서에서 도너휴는 상공회의소의 활동 초점을 의회를 넘어 다가올 선거로까지 확대하겠다고 약속했다. 또 "상공회의소 100년 역사상 가장 거대하고 가장 적극적인 유권자 교육과 정책 광고 활동을 실시하겠다"는 약속도 덧붙였다. 백악관과 민주당 의원들이 개혁 정책을 거세게 밀어붙이자 상공회의소는 백악관과 의회 바깥에서 스프링클러를 돌리기 시작했다. 한편, 백악관과 의회 안에서는 개혁 반대 세력이 자신들이 가꾼 잔디밭을 지키기 위해 전투 준비에 박차를 가하고 있었다.

"당신은 절대 천재가 아니다!"

1981년에 할리우드가 괜찮은 네오 느와르(Neo-Noir) 영화 한 편을 선보였다. 윌리엄 허트(William Hurt)가 주연을 맡은 '보디 히트(Body Heat)'라는 영화다. 여기에서 허트는 별로 명석하지 않은 변호사로 나오는데 내연 관계에 있는 여인이 계속 자기의 남편을 살해해달라고 조른다. 그러자 허트는 밑바닥 생활을 전전하는 자신의 의뢰인에게 도움을 요청한다. 이 의뢰인 역을 맡은 배우는 미키 루크(Mickey Rourke)였는데 당시 영화에서 이런 밑바닥 인생 역은 대부분 미키 루크 차지였던 것 같다. 이런 요청을 받은 루크는 언젠가 허트가 자신에게 들려준 충고를 그대로 옮기며 이렇게 말한다. "그럭저럭 괜찮은 범죄를 한 건 저지르려고 할 때 그런 시도를 개판으로 만들 수 있는 방법이 50가지 정도 있다. 그 중에서 25가지만 생각해내도 당신은 천재다. 그런데 아무래도 당신은 천재가 아닌 것 같다."

오바마 정부 출범 초기에 승자 독식 정치에 맞서 경제 개혁을 추진하던 사람들은 이런 난처함에 직면할 때가 많았다. 오바마의 개혁 정책에 반대하는 세력이 가진 우위는 자유롭게 사용할 수 있는 거대한 무기 창고만이 아니었다. 미국의 정치 제도가 그들의 방어 활동에 아주 유리한 구조로 되어 있다는 점 역시 그들에게는 엄청난 이점으로 작용했다. 중요한 온갖 법안들이 통과되기 위해서는 여러 단계를 거쳐야 하고 각각의 단계에는 상이하고 다양한 문제점들이 도사리고 있다. 일반적으로 반대 세력은 이 중 한 단계에서만 성공해도 충분히 승리를 거둘 수 있다. 뿐만 아니라 그들은 다양한 성공 루트를 갖고 있다. 오바마 행정부에 가장 중요한 시기였던 출범 첫 해에 그들의 승자 독식 연장통 안에는 온갖 도구들이 갖춰져 있었다.

때로는 압도적 우위에 서 있던 반대 세력이 상원에서 법안 저지에 필요한 반대표까지 충분히 확보하면서 아예 개혁안 통과 시도 자체가 불가능했던 적도 있다. 중대한 의미를 지녔던 노사관계 개혁 법안이 그런 경우다. 2009년은 노조에 아주 끔찍한 한 해였다. 경제 위기로 민간 부문의 노조원 수가 그 해에만 무려 10%나 급감하고, 처음으로 공공 부문의 노조원 수가 민간 부문을 앞지르는 비참한 상황이 벌어졌다.

선거 캠페인 당시 오바마는 노조의 영향력 쇠퇴로 경제적 불평등과 승자 독식 정치가 더 심화되었다면서 노조의 영향력 부활을 위해 노동자자유선택법(Employee Free Choice)을 보강하겠다고 약속했다. 하지만 민주당이 의회를 장악하고 있었음에도 불구하고 노조에는 이런 최우선 과제를 강력하게 추진할 수 있는 근력이 부족했다. 공화당 텃밭에서 선출된 민주당 의원들을 상대로 맹공을 펼치던 상공회의소의 도너휴는 노조에 이런 모욕적인 말을 던지기까지 했다. "어떤 사람들은 타협안에 대해 계속 이야기한다. 하지만 타협안이라는 것 자체가 만들어질 수가 없다. 왜냐하면 그런 타협안에 찬성표를 던질 사람이 아무도 없기 때문이다."[46] 결국 이 법안은 막후에서 조용히 사장되었다. 하지만 그러한 사장 속에는 여러 가지 의미가 내포되어 있다. 워싱턴 정가의 조직력의 불균형을 바로잡음으로써 광범위한 분야에서 정치 회복을 시도할 수 있었을 몇 안 되는 개혁 사업 하나가 제대로 시작도 못해보고 그렇게 묻혔다는 것이다.

경영자 보수와 기업 지배구조 관련 법안들 역시 대부분 비슷한 운명을 맞았다. 사실 이런 것들이야말로 승자 독식 경제의 핵심 요소이자 월가의 위기를 촉발한 직접적 원인이다. 2002년 사베인스-옥슬리법안을 놓고 벌어졌던 논쟁과 마찬가지로 회사는 비틀거려도 경영자들은 막대한 보수를 챙길 수 있게 해주는 근본적인 문제점은 처음부터 아예 논의 대상에서 제외되었다. 경영자 보수 관련 개혁 법안들은 대부분 상징적으로 잠깐 언급하고 지나가는 정도였다. 논의의 초점은 주로 구제금융을 미상환한 기업들에 맞춰졌다. 그리고 이런 기업들에 대한 기사가 주요 일간지의 1면을 장식했지만 승자 독식 경제에 타격을 입히기는커녕 흠집 하나도 제대로 내지 못했다.

다른 나머지 사안들의 경우에도 의회 실세들이 양다리 작전을 펼치는 바람에 선택의 폭이 다음 두 가지로 좁혀지고 말았다. 기존 상태를 계속 유지하거나 문제 해결에 필수적인 조항들을 포기하고 이익집단들의 요구를 수용하는, 이른바 껍데기뿐인 개혁안을 통과시키는 것이다. 이런 싸움이 벌어진 것은 대부분 복잡하고 고도의 전문 지식이 요구되는 중대한 문제들이기 때문이다. 좀 더 정확히 말하면 로비스트와 이익집단이 훨씬 더 유능함을 발휘할 수 있는 그런 분야였기 때문이다. 그리고 소위 정치 전문가라는 사람들은 TV나 신문지상에 어떤 정치인, 어떤 정당이 이기고 졌는지에만 초점을 맞춰 결과를 내보낸다. 그들은 정책에서 정말 중요한 의미를 갖는 세부 사항들은 모두 무시한다. 그렇기 때문에 그들은 강력한 이익집단들이 어떤 식으로 승리를 거두고 로비스트들이 어떤 식으로 로비 활동을 전개했는지 제대로 파악하지 못했다.

현상 유지를 원하는 사람들은 아주 주도면밀하게 움직였다. 개혁 세력의 영향력이 압도적으로 강했던 하원에서는 피해 정도를 최소화하는 데 조직력의 초점을 맞췄다. 그런 전략을 날카롭게 꿰뚫어 보았던 저널리스트 노엄 슈이버(Noam Scheiber)의 말처럼 하원을 무대로 활동하는 로비스트들은 "하우스머니로 도박을 하고 있었다".(도박을 해서 돈을 따면 본전은 한쪽 주머니에 넣고 딴 돈으로 베팅을 하는 것을 말함-옮긴이)[47] 하원에서 자신들에게 걸림돌이 되는 부분을 제거하는 데 성공하면 상원에서 그 문제가 다시 제기될 가능성은 사라진다. 하지만 실패한다 해도 다음 단계에서 차단하면 그만이다. 기회는 얼마든지 있다. 한마디로 하원에서의 로비 활동은 전혀 손해볼 것이 없는 활동이라는 얘기다. 기후 변화 관련 입법이 그런 경우이다. 하원에서 기세등등하게 통과되었지만 상원에 도착하자마자 그 기세가 급속도로 꺾였다. 상원에는 항상 그렇듯이 의사진행방해라는 위협적인 장애물이 버티고 있고 석유, 석탄 같은 에너지 집약적인 기업식 농업의 이익집단들이 막강한 영향력을 발휘하기 때문이다. 그래서 조금이라도 살아남을 기미가 보이는 법안은 모두 무참히 싹을 잘라버렸다. 상원에서 협상안을 도출하려고 노력했던 초당파 트리오는 부시 정부 당시 에너지 관련 법안을 탄생시켰던 강력한 이익단체와 포괄적으로 협상을 벌였다. 하지만 이 트리오 중 한 사람이었던 공화당의 린지 그레엄(Lindsey Graham) 상원의원은 자신이 협상에 참여하는 것은 '기업 친화적인' 법안을 도출하기 위해서라고 주장했다.

이런 사실을 잘 알고 있었던 오바마 행정부는 처음부터 엄청난 양보를 하며 시작할 때가 많았다. 그 중에서도 가장 치명적이었던 양보는 1조 2000억 달러 규모의 경기부양 패키지를 대폭 축소한 것이다. 사실 1조 2000억 달러도 자신의 경제 보좌관이 가장 최소화하여 잡은 금액이다. 언론에서 이런 사실을 눈치챌 리 만무했지만 매케인 선거 캠프에서 자문관으로 활동했던 마크 잰디(Mark Zandi) 등 다수의 경제 전문가들은 경기부양 패키지 규모가 너무 작다고 우려의 목소리를 냈다.[48] 미국 보수 언론의 문제점을 연구 비판하는 미국 미디어문제연구소(Media Matters for America)의 조사에 따르면 각종 TV 채널의 심야 뉴스에서 내보낸 59개의 보도 내용 가운데 이 문제를 언급한 것은 단지 세 개에 불과했다고 한다.

　오바마의 그런 결정은 미국의 정치 현실을 그대로 반영해준다. 의회 지도부는 60표의 찬성표를 확보해야 하는 상원의 현실을 감안했을 때 오바마의 거대 개혁안들이 통과될 가능성은 아주 희박하다는 신호를 진즉부터 보내고 있었다.[49] 그런 상황에서 자꾸 흔들리는 민주당 중도파 의원들은 물론이고 중요한 역할을 할 콜린스, 스노우, 스펙터의 지지를 얻기 위해 민주당 지도부는 경기부양 예산을 더 삭감할 수밖에 없었다. 감세 규모를 늘리고 고용에 직접적인 효과를 발휘할 수 있는 일부 조항을 삭제함으로써 이미 줄어들 대로 줄어든 9000억 달러를 또 다시 8000억 달러대로 축소했다. 그런 삭제 조항에는 학교 건설 비용과 심각한 재정난을 겪고 있던 주정부 지원금 등이 포함되어 있었다. 결국 7870억 달러에 최종 타결된 협상안은 하원에 제출했던 원안(8280억 달러)이나 상원에 제출한 안(8380억 달러)보다도 규모가 줄어들었다. 그리고 여기에는 대체최소세금으로 타격을 입는 가구들에 대한 예방대책용으로 정기 편성된 700억 달러가 포함되어 있었다. 때문에 그것을 제외하고 나면 실질적인 예산 규모는 그보다 훨씬 더 작을 수밖에 없었다.

　이런 양보들은 오바마 대통령이 당초 계획한 법안의 효과를 심하게 훼손시키는 결과를 가져왔다. 그리고 의회에서 도출된 이런 협상안 때문에 민주당은 경제와 정치 양쪽에서 이중의 고통을 겪어야 했다. 경기부양 규모를 줄인다는 것은 실업률의 상승을 의미한다. 실업률이 상승하자 새 정부에 대한 국민의 지지율은 점점 떨어지고 반감은 점점 높아졌다. 그러면서 자연스럽게 보수 세력과 공화당이 다시 영향력을 발휘할 수 있는 환경이 조성된 것이다.

사실 오바마 정부의 가장 대표적인 사업이었던 의료 서비스 개혁만큼 반대 세력을 많이 결집시킨 법안도 없을 것이다. 정부가 처음부터 강력한 이익단체들−특히 제약회사, 병원, 보험업체−에 그렇게 많은 양보를 하며 협상에 매달린 것도 결국은 이 사안에 그들의 협조를 얻어내기 위해서였다. 정부는 의료 서비스 및 보험업계에 막대한 보조금 제공이라는 당근을 제시했다. 이것이 받아들여지면서 비용 억제 조치의 포함 여부가 논쟁의 핵심으로 떠올랐다. 그런 조치가 포함될 경우 정부, 기업, 가계를 심하고 짓누르던 높은 의료비 부담을 점점 낮출 수 있기 때문이다. 이런 조치들은 개혁안에서 해당 조항을 삭제하거나 흐지부지 만들거나 아니면 아예 개혁 시도 자체를 차단하기 위해 사력을 다하던 관련 이익단체들을 계속 괴롭혔다.

상원은 야심찬 개혁들이 모두 사장되는 곳이다. 상원에서는 민주당의 중도파와 공화당의 메인(Maine) 주 지도부가 엄청난 협상 우위를 점하고 있었다. 아칸소 주의 링컨, 루이지애나 주의 랜드루(Landrieu), 네브래스카 주의 넬슨(Nelson)처럼 전통적으로 공화당이 강세인 지역에서 당선(아주 드문 경우에 해당됨)된 이들 민주당 상원의원은 지역구의 민심 동향에 항상 세심한 주의를 기울였다. 그러나 의료 서비스 개혁 법안의 경우 표결에 가장 결정적인 영향을 미쳤던 인물은 코네티컷 주의 조 리버먼이다. 왜냐하면 코네티컷 주의 민심은 이 법안과는 아주 다른 방향으로 향해 있었기 때문이다. 코네티컷 주에서 막강한 영향력을 행사하는 보험업계의 압력이 아니었다는 얘기다.

보험업계 최고경영자들이 아니라 코네티컷 주민들의 뜻에 따라 리버먼이 의료 서비스 개혁에 반대 목소리를 내면서 논의의 분위기가 완전히 바뀌고 말았다. 저렴한 비용으로 더 많은 의료 혜택을 받게 해줄 가장 대중적인 조항들, 즉 민간 보험회사와 경쟁을 벌이게 될 공공 의료보험이나 노인의료보험 확대 관련 조항들이 하나둘 삭제되기 시작했다. 대다수 국민들의 우려에도 불구하고 보험 가입 요구나 제약업체 수익 불간섭 등의 이익단체가 선호하는 수정 조항이 받아들여질 가능성이 점점 높아졌다. 다른 사안들과 마찬가지로 의료 서비스 개혁 역시 부동층 상원의원들의 마음은 대부분 유권자가 아니라 조직화된 이익집단들을 향해 있었다. 상황이 그렇다 보니 정부는 승자 독식 경제, 승자 독식 정치와의 정면 대결이 아니라 협상을 벌어야 할 때가 더 많았다.

오바마 정부의 주요 개혁 가운데 정치 역학 관계에서 다소 차이를 보였던 것은 금융 규제 법안뿐이다. 다른 모든 사안들과 마찬가지로 이 법안에서도 민주당 의원들은 상원에서 공화당의 지지를 얻기 위해 몸부림쳐야 했다. 에드워드 케네디의 사망으로 실시된 보궐선거에서 공화당의 스콧 브라운(Scott Brown)이 당선되면서 민주당의 의석수가 59석으로 줄어든 후부터 민주당은 더욱더 절박한 심정으로 공화당 측 지지자를 찾아나서야 했다. 물론 이것은 당시 상원 민주당을 이끌던 크리스토퍼 도드(Christopher Dodd)가 처음부터 정해놓은 목표이기도 했지만 말이다. 협상 과정에서 은행업계에 많은 양보를 해주었음에도 논의는 전혀 진척될 기미를 보이지 않았다. 토드 의원은 상원 은행 위원회에서 함께 활동하는 공화당 리처드 셸비(Richard Shelby)와 머리를 맞대고 몇 달간 합의안 도출에 매달렸다. 그러나 결국 단념하고 공화당의 밥 코커(Bob Corker) 의원과 원점에서부터 다시 협상을 벌였다. 그러나 공화당 상원의원 전체가 해당 법안의 상원 표결에 반대한다는 공개 성명을 발표하자 코커도 결국 반대로 돌아설 수밖에 없었다.

하지만 민주당 의원들은 다른 법안은 몰라도 이 법안만은 유권자들의 반향을 충분히 불러일으킬 수 있는 싸움이라고 생각했다. 공화당이 사베인스-옥슬리 법안을 수용하지 않을 수 없었던 2002년도의 정치 상황과 마찬가지로 양당 의원들은 선거가 얼마 남지 않은 시점에서 승자 독식 경제를 너무 옹호했다가 받게 될 유권자의 응징을 걱정하지 않을 수 없었다. 그리고 당시 월가는 10년 전의 세상을 떠들썩하게 했던 부도덕한 기업들보다 훨씬 더 많은 욕을 먹고 있었다. 이런 상황에서도 공화당 지도부는 뻔뻔하게도 포퓰리스트적인 수사와 엘리트적인 행동을 결합한 양다리 작전을 펼쳤다. 겉으로는 자신들이 월가의 총수들을 막아낼 수 있다고 큰소리쳤다. 그러나 뒤로는 공화당 스핀 닥터(Spin Doctor, 정부 각료나 정가 실세의 인터뷰를 비롯해 대 언론 활동의 수위와 방향을 막후에서 조종하고 조율하는 정치 홍보 전문가-옮긴이)로 통하는 프랭크 런츠(Frank Luntz)의 충고를 그대로 따랐다. 런츠는 정부의 법안은 월가 경영인들에게 구제금융 제공을 제도화하려는 것이므로 공화당은 그저 그것이 법제화되는 것을 막으려 했을 뿐이라는 식으로 유권자들을 설득하라고 했다. 하지만 이 전략이 실패하자 공화당

의원들도 뒤로 물러나지 않을 수 없었다. 덕분에 민주당 의원들은 상원에서 법안 통과에 필요한 몇 표를 더 확보할 수 있었다. 그렇게 가까스로 법안은 통과되었다. 하지만 온갖 양보로 법안은 이미 누더기 상태가 되어 있었다. 〈뉴욕타임스〉의 기자는 월가 경영자들을 "(그 법안에) 금융업계의 사업 관행을 근본적으로 뜯어고칠 수 있는 조치들이 모두 빠져 있었기 때문에 속으로 안도의 한숨을 내쉬었다"는 기사를 내보냈다.[50]

방해, 대응, 혼란

방해 작전의 경우 가장 단순한 형태인 지연 전술이 가장 큰 효과를 거둔다. 시간은 정부의 편이 아니다. 프랭클린 루스벨트, 린든 존슨, 레이건 모두 재임 초기에 자신들의 대표적인 정책들의 돌파구를 마련했다. 재임 초기의 그런 정치적 밀월 관계가 끝나고 나면 대통령의 입지가 점점 줄어들면서 자연스럽게 새로운 대통령에 대한 기대 심리가 싹트게 되기 때문이다. 특히 높은 실업률이 지속되는 상황에서는 더욱 그럴 수밖에 없다.

시간의 흐름은 대통령의 지지율만 떨어뜨리는 것이 아니다. 개혁 자체에 대한 매력도 반감시킨다. 합의점을 찾지 못한 채 한 달 두 달 계속 지지부진한 논쟁이 이어지고 여기에 반대 세력들이 날마다 내보내는 부정적인 광고가 더해진다. 그리고 공화당 지도부의 반정부적인 정치 수사가 더해지면서 국민들의 지지와 정부 옹호자들의 사기가 떨어지기 시작한다. 한편, 다시 기력을 회복한 공화당 지도부는 과거 깅리치 때와 마찬가지로 워싱턴 정가의 협상에 국민들이 염증을 느끼도록 교묘히 유도했다. 그런 전략에 대해 공화당 상원 지도부인 존 튠(John Thune)이 간단히 요약했던 것처럼 "수류탄을 잡는 것보다 던지는 것이 훨씬 간단"했던 것이다.[51] 아이러니하게도 승자 독식을 옹호한 세력들은 승자 독식 정치에 환멸을 느끼는 대중의 심리를 그런 식으로 정확히 건드리고 있었다.

급기야 보수주의 활동가, 조직, 유권자들이 들고 일어나는 사태가 벌어지는데 이것이 그 유명한 '티파티 운동'(Tea Party Movement, 정부의 재정지출과 증세를 반대하는 보수주의 정치운동)이다. 이 티파티 운동은 2009년 여름, 의료 서비스 개혁 관련 의회 타운홀 미팅(Town Hall Meeting, 정책 결정권자 또는 선거 입후보자가 지역 주민들을 초대하여 정책이나 주요 이슈에 대하여 설명하고 의견을 듣는 비공식 공개회의. 미국 참여민주주의의 토대로 평가받고 있다–옮긴이)에 흥분한 반대 세력들이 대거 집결하면서 혜성처럼 등장한 조직이다. 한편, 워싱턴의 내셔널 몰(National Mall)에서는 수만 명의 활동가들이 모여 미국이 사회주의로 치닫고 있다며 항의 집회를 열기도 했다. 집회 주최 측은 참가 인원이 100만 명이 넘었다고 주장했지만 워싱턴 D.C. 소방국의 비공식 집계에 따르면 6만에서 7만 정도의 인파가 모인 것으로 추산된다.[52]

워싱턴에서 열린 이 집회는 과거 깅리치 일파의 2인자였던 딕 아미가 이끄는 보수 성향의 로비 단체인 프리덤 워크스(Freedom Works)의 지원이 큰 역할을 했다. 그런데 이런 티파티 운동의 열기를 고조시킨 것은 프리덤 워크스만이 아니었다. 억만장자인 데이비드 코치(David

Koch), 찰스 코치(Charles Koch)(이들의 아버지 프레드 코치(Fred Koch)는 존 버치 소사이어티(John Birch Society)라는 보수 단체를 설립한 바 있다) 같은 부유층 보수주의자들이 막대한 기부금을 제공했다. 이를 통해 그저 느슨한 연대에 불과했던 이 조직은 오바마 정부에 맞서는 막강한 조직으로 탈바꿈했다. 프리덤 워크스 외에도 티파티 운동과 손잡은 보수주의 단체들은 수없이 많다. 공화당 상원의원 톰 코번(Tom Coburn)이 창설한 유한 정부를 지지하는 미국인 모임(Americans for Limited Government), 글렌 벡스(Glenn Beck)가 이끄는 912프로젝트(The 912Project), 데이비드 코치가 회장으로 있는 번영을 지지하는 미국인 모임(Americans for Prosperity) 등이 그 대표적인 예다. 그로버 노르퀴스트(Grover Norquist)가 이끄는 조세개혁을 지지하는 미국인 모임(Americans for Tax Reform) 등 오랜 역사를 지닌 다수의 보수주의 단체들 역시 여기에 이름을 올렸다.

 티파티의 항의 집회가 오바마 정부와 민주당이 제시한 정책들을 겨냥했던 것은 사실이지만 그들이 그런 운동을 펼치도록 직접적인 압박을 가한 것은 공화당 내 보수 세력이다. 공화당만큼이나 우경화 정도가 심했던 티파티 운동 지도부는 감세, 지출 삭감, 재계에 대한 규제 철폐를 단행하지 않을 경우 보수 진영의 심각한 도전에 직면하게 될 것이라고 정부를 위협했다. 그러나 한편으로 그들은 실용주의 노선을 고집하는 조직이기도 했다. 티파티 운동을 조직했던 핵심 인물들은 매사추세츠 주 상원의원에 입후보한 스콧 브라운을 지지하며 그의 선거 캠페인을 적극 도왔다. 브라운이 의료 서비스 법안을 저지하는 데 앞장설 것이라는 입장을 분명히 밝히자 전통적으로 민주당의 텃밭인 매사추세츠 주에서 중도 성향의 공화당원인 브라운을 전격적으로 지원한 것이다.

전문가들은 매사추세츠 주에서 실시된 보궐선거 결과가 국민의 불안과 분노를 반영하는 것이라고 주장했다. 그리고 실제로 국민들은 그런 불안과 분노를 느끼고 있었다. 그러나 그 이면에 숨은 진실은 그렇게 말쑥하지 않다. 2010년 초까지만 해도 티파티 운동을 강하게 지지하는 유권자는 7명 중 1명꼴이었고 어느 정도 동조하는 유권자는 5명 중 1명꼴이었다. 그러나 티파티 내부에서 직접 활동하는 사람들은 그리 많지 않다.

2010년 2월 실시된 설문조사에서 티파티 행사나 모임에 참석한다고 답한 응답자를 기준으로 했을 때 5% 정도에 불과했다.[53] 그러나 이들은 대부분 경기 침체로 직접적인 타격을 입은 유권자 계층이 아니다. 4명 중 3명이 대학에 입학했거나 졸업한 사람들이다. 2010년도 설문조사에 참여한 전체 응답자 중 대학에 입학했거나 졸업한 사람의 비율은 54%이다. 이런 사실을 감안하면 상당히 학력 수준이 높다는 것을 알 수 있다. 그리고 가구 소득도 5만 달러 이상인 사람이 3명 중 2명꼴이다. 이는 전체 응답자 중 가구 소득이 5만 달러 이상이라고 답한 사람이 42%에 불과했다는 사실과 비교하면 경제 소득도 상당히 높은 편에 속함을 알 수 있다. 하지만 10명 중 9명이 지난 하원 선거에서 공화당 후보를 지지했고 77%가 자신을 '보수주의자'라고 밝혔다. 여기서 알 수 있듯이 중요한 것은 이들 티파티 활동가 대부분이 공화당원이고 보수주의자들이었다는 사실이다.

티파티 운동은 정치 스펙트럼에서 보수 진영의 이념적 강도와 조직력이 얼마나 강한지를 보여주는 것이다. 하지만 그 반대 진영의 이념적 강도와 조직력은 그렇지 못했다. 오바마의 선거운동 단체였던 미국을 위한 조직(Organizing for America, 이하 OFA)은 오바마 당선 후 통치 활동에 강력한 영향력을 행사하는 시민 단체로 거듭나는 데 실패했다. 물론 진보주의 단체들이 특정 사안에 대한 국민들의 관심을 계속 유지시키는 데 큰 역할을 한 것은 사실이다. 가장 대표적인 단체로 의료 서비스 개혁 분야에서는 '미국을 위한 의료보험, 지금 시작하자!(Health Care for America Now!)'들, 금융 시장 규제와 관련해서는 '금융 개혁을 지지하는 미국인 모임(Americans for Financial Reform)'을 꼽을 수 있다. 그러나 OFA와 마찬가지로 이런 단체들 역시 2008년 선거 당시 아주 열성적으로 활동했던 사람들조차 동원하기가 힘들다는 사실을 깨닫는다. 이런 어려움은 정부의 개혁 활동이 의회 중심으로 진행된 탓도 없지 않다. 누구보다도 오바마 대통령 자신이 그래야 한다고 믿고 있었다.

워싱턴 정가에서 민생 관련 개혁이 추진되는 모습을 지켜보는 것만으로 국민들의 지지가 계속 타오르길 기대할 수는 없다. 또 법안이 아무리 중요한 의미를 지녔다 하더라도 시민 단체의 활동가들은 복잡한 세부 조항에 대한 전문 지식이 없기 때문에 어떠한 영향력도 발휘할 수 없다. 단순히 특정 후보나 법안 자체를 지지하거나 반대하는 것처럼 그렇게 간단치가 않은 것이다. 미래의 개혁 세력들이 승자 독식 정치라는 유사(流砂, 바다 기슭이나 강기슭을 따라 움직이는 모래. 그 위를 걷는 사람과 짐승을 모두 빨아들임-옮긴이) 속으로 서서히 걸어 들어가는 상황, 그러면서도 계속 타협을 하지 않을 수 없게 만드는 상황은 민주당에서 가장 활기찬 요소인 이런 조직들마저도 의기소침하고 낙담하게 만들었다.

하지만 선거에 더 큰 영향을 미치는 환경은 불안과 혼란이다. 티파티 운동은 대다수 유권자들이 잘 알지 못하는 정치 드라마의 극히 일부분에 불과했다. 또한 국민들은 아수라장이 된 정치판에 염증을 느끼고 고통스러울 정도로 더딘 경제 회복 속도에 계속 실망했다. 하지만 워싱턴 정가에서 실제로 벌어지고 있는 일에 대한 지식은 아주 제한적이다. 1월에 정부의 의료 서비스 법안이 공화당의 일련의 의사진행방해를 극복한 직후 여론조사 기관인 퓨리서치센터(Pew Research Center)에서 이 법안을 지지한 공화당 상원의원 수를 국민들이 얼마나 알고 있는지 설문조사를 벌였다.[54] 물론 정답은 '0'이었다. 그런데 이것을 제대로 알아맞힌 사람은 3명 중 1명에 불과했다. 법안에 지지한 공화당 의원 수를 5~20 사이로 대답한 사람이 3명 중 1명꼴이었고, "모르겠다"고 답한 사람은 10명 중 4명꼴이었다. 의사진행방해를 끝내는 데 필요한 찬성표가 얼마냐는 질문에 "모른다"라고 답한 사람들 역시 위와 비슷한 비율로 나왔다. 정답을 제대로 말한 사람은 26%에 불과했다. 이 정도면 양호한 것 아니냐고 반문하는 사람이 있을지도 모르겠다. 물론 이 질문이 주관식이 아니라 객관식이었고 51표라고 답한 비율과 정답을 알아맞힌 비율이 거의 비슷하다는 사실을 알기 전까지는 그렇게 생각할 수도 있을 것이다.

정책에 대한 혼란 역시 입법 절차에 대한 혼란과 대체로 비슷한 양상을 보였다. 의료 서비스 개혁 법안에 대해 몇 차례에 걸쳐 설문조사를 실시한 결과, 미국인 대다수가 법안에 반대하는 것으로 나타났다. 그런데 우리가 여기서 주목해야 할 것은 그런 반대의 이유로 "의료 서비스 내용이 충분치 않아서"라고 답한 사람이 적지 않았다는 사실이다.[55] 이보다 더 중요한 사실은 의료 서비스 법안에 반대한다고 답한 사람들도 실제로는 법안의 핵심 조항들에 대해 대부분 긍정적으로 평가했다는 것이다. 하원과 상원에 올라온 법안들의 주요 특징에 대한 순긍정평가(지지자 비율에서 반대자 비율을 뺀 것) 비율도 22%에 달했다. 하지만 이런 법안에 찬성표를 던진 민주당 의원들에게는 참으로 불행한 일이지만 관련 조항들에 대한 국민들의 이해도는 간신히 50%를 넘는 수준이었다.[56] 즉, 거의 절반 정도의 유권자들이 그런 법안들에 대해 잘 모르고 있었다는 얘기다.

  이해도가 낮을수록 분노는 더 커지게 마련이다. 그리고 빌 클린턴 재임 시절에 윌리엄 크리스톨이 정확히 예언한 것처럼 공화당의 방해 활동이 아무리 심했다 하더라도 분노의 화살은 모두 법안 처리를 주도한 정당에 쏟아질 수밖에 없다. 여론조사 결과를 보면, 2010년 초까지 민주당의 지지도가 공화당보다 조금 더 높았다는 것을 알 수 있다. 그러나 그런 조사 결과에서 우리가 좀 더 눈여겨 볼 부분은 유권자들이 양당 모두에, 경제 상황에, 그리고 정치권에 질렸다고 답했다는 사실이다. 스타인벡의 소설 《분노의 포도》에 등장하는 농부처럼 유권자들의 머릿속에는 계속 이런 물음이 맴돌았을 것이다. "누구에게 분노의 화살을 돌려야 할 것인가?" 미국의 최근 선거 역사를 보면 임기 중간에 국민들의 분노가 최고조에 달하면서 민심이 소수당 쪽으로 기울었다는 것을 알 수 있다. 그렇다면 그런 분노의 화살은 결국 민주당으로 향할 가능성이 높다.

재난

대통령 취임 후 1년이 지나 오바마가 다시 기자들 앞에 섰을 때 그는 자신의 입법 의제에 엄청난 타격을 입힌 '재난' 앞에서 고통스럽게 몸부림치고 있었다. 며칠 전, 1년간의 노력이 완전히 수포로 돌아가려고 하는 상황이 벌어졌을 때 오바마와 그의 동지들은 그저 지켜보는 것밖에 아무것도 할 수가 없었다. 정치 세계에서의 1년은 그 무엇과도 바꿀 수 없을 만큼 중요한 의미를 갖는 시간이다. 그 1년이라는 시간 동안 민주당은 테드 케네디 의원 사망으로 공석이 된 매사추세츠 주 상원 의석을 공화당에 빼앗겼다. 이 결과로 매직 넘버, 즉 60석의 수적 우위를 상실했고 그 때문에 의료 서비스 법안은 물론이고 정부의 개혁 의제 전체가 위험에 빠지고 말았다.

하지만 오바마 정부와 의회 개혁 세력들은 다시 심기일전했고 그로부터 몇 달 후 놀라운 승리를 거둔다. 그러나 매사추세츠 주 보궐선거에서 공화당의 브라운이 승리를 거둔 후 그러잖아도 헉헉 대야 했던 상원의 오르막길은 더욱더 가팔라졌다. 두 자릿수에 육박하는 높은 실업률이 아니더라도 여러 가지 정치 상황을 감안했을 때 중간선거에서 민주당이 상당수 의석을 잃을 것이 거의 확실시 되었다. 그리고 그렇게 의석을 잃고 나면 의회라는 오르막길은 훨씬 더 급경사를 이룰 수밖에 없었다. 11월에 개혁이라는 창문이 '쿵' 하고 닫히는 소리가 벌써부터 들리는 것 같았다.

개인주의 성향이 강한 미국의 정치 문화를 고려했을 때 전문가들이 즉각 반응에 나설 것이 뻔했다. 즉, 각자가 좋아하는 화제에 초점을 맞춰 비난받아야 할 대상과 결정을 찾는 데 혈안이 될 것이라는 얘기다. "오바마 정부는 좀 더 온건한 태도를 취했어야 했다", 또는 "좀 더 초당적으로 접근했어야 했다"거나 "좀 더 거세게 몰아붙여야 했다"라는 식의 비난이 쏟아질 것이다. 그리고 클린턴 행정부가 선거에서 참패를 당할 때마다 따라다니던 비난들이 또 한바탕 이어질 것이다. 또 일이 터지고 나면 뒤에서 이러쿵저러쿵 떠들어대기 좋아하는 사람들은 자신의 충고를 따르지 않아 그렇게 된 것이라며 목소리를 높일 것이 분명했다.

하지만 정치가 조직 싸움이라는 것을 기억한다면 이것을 좀 더 다른 시각에서 바라볼 수 있다. 소위 전문가라고 하는 사람들의 확신에 찬 공표가 아닌 영화 '보디 히트'에 나오는 밑바닥 인생의 충고에 더 가까운 그런 시각을 갖게 된다는 뜻이다.

오바마 정부와 개혁 세력이 실수를 저지른 것은 분명하다. 그리고 그들은 자신들이 세운 목표에 근접하는 결과를 얻은 대신 그로 인해 값비싼 대가를 치러야 할 때도 많았다. 하지만 사람들은 그런 잘못된 결정이나 특정 개인의 무능함만을 비난할 뿐 더 깊숙한 곳에 위치한 진실은 보지 못한다. 수십 년간, 승자 독식 정치가 중산층을 위해 정책을 펼치려는 정부의 야심찬 계획을 가로막았고 그런 상황이 점점 심각해지고 있다는 사실은 잘 모르는 것이다. 심지어 정치 상황이 정부에 아주 유리하게 돌아갈 때조차 그런 장벽은 조금도 낮아질 기미를 보이지 않았다는 사실을 말이다.

'보디 히트'에서 미키 루크가 들려준 날카로운 분석은 승자 독식 정치의 냉혹한 계산법과 오바마 행정부의 초기 활동에 대해 보다 정확하고 균형 잡힌 평가를 내릴 수 있게 해준다. 뿐만 아니라 미국의 정치 시스템에 대해서도 보다 냉정한 평가를 내릴 수 있게 한다. 정부가 시장을 효과적으로 견제해야 한다는 생각 자체를 거부하는 공화당과 여기에 맞서는 민주당의 양극화. 유권자들은 이런 정치권의 모습에 환멸을 느끼며 정치에 등을 돌렸고 그 때문에 유권자들의 조직적인 대응은 갈수록 더 어려워졌다. 그것만이 아니다. 의원 정수 불균형이 심각한 상원은 걸핏하면 의사진행방해 카드를 꺼내 들고 워싱턴 정가에는 막강한 자금력을 앞세워 집요하게 로비 활동을 펼치는 로비스트들이 넘쳐난다. 이 외에도 개혁 세력의 활동을 가로막는 장애물은 셀 수 없을 정도로 많다. 그러나 비록 미완이긴 하지만 개혁 세력이 중산층을 위해 역사에 길이 남을 정책 승리를 거둔 것만큼은 인정해야 한다. 2008년 선거는 정치 판도를 바꿔 놓은 대사건이다. 그러나 그런 승리를 거두기까지 값비싼 대가를 치러야 했던 미국의 정치 현실은 승자 독식이라는 해악을 뿌리 뽑기 위해서는 선거 그 이상의 것이 필요하다는 것을 보여준다.

결론
승자 독식 몰아내기

　미국은 현재 여러 가지 거대한 도전에 직면해 있다. 정치인들이 지난 수십 년간 중산층의 고통은 무시한 채 경제 승자들 편에 서서 맹렬히 활동을 펼친 결과다. 그러나 미국의 민주주의와 공동 번영을 회복하기 위한 활동을 지속적으로 펼치려고 해도 엄청난 장애물들이 그 앞을 가로막고 있다. 우리가 지금까지 들려준 30년간의 싸움이 그렇게 높다란 정치적인 장애물들을 만든 것이다. 그리고 그런 장애물은 오늘날 미국의 정치 부활을 위해 애쓰는 사람들 앞에 완강히 버티고 있다. 미국의 망가진 정치 시스템을 바로잡기 위해서는 그렇게 망가진 정치 시스템에 정면으로 부딪치는 길밖에 없다. 이것이 오늘날 미국이 처한 승자 독식 정치의 딜레마다.
　물론 그것 자체가 길잡이가 되는 것은 사실이다. 오늘날 경제 논평의 대부분은 민주적인 통제 범위를 벗어난 글로벌 경제 세력에 초점을 맞추고 있다. 이런 시각에서 본다면 국가는 다양한 분야에서 밀려드는 이런 경제 조류를 막기 위해 제방을 더 높이 쌓아올려야 한다. 하지만 비용은 엄청나게 드는 데 반해 그 효과는 미미하다.

또한 우리는 무역과 자본의 흐름이 활발해지면서 고숙련 엘리트 계층에만 혜택이 돌아가고 대다수의 일반 노동자들은 수십만 명의 저임금 노동자들과 일자리 경쟁을 벌여야 하는 상황에 빠졌다는 이야기를 자주 듣는다. 이런 이야기 속에 담긴 메시지는 지극히 운명론적이다. 그리고 이런 새로운 경제 환경에서 선진 부국이 희망을 걸 수 있는 가장 확실한 방법은 뒤처지는 사람들을 최소화하고, 인적 자원에 더 활발히 투자함으로써 고숙련 노동자를 많이 배출하는 것밖에 없다고 전문가들은 목소리를 높이고 있다. 그런 그들의 목소리는 강한 확신에 차 있기까지 하다.

하지만 승자 독식 정치에서 드러난 진실은 정반대 방향을 가리킨다. 그리고 우리가 수집한 단서들 역시 학력 수준에 근거한 숙련도 차이가 그런 결과를 가져온 것이 아님을 말하고 있다. 오늘날 미국을 고학력자들이 포함된 압도적인 다수와 경제 성장의 과실을 거의 독차지한 극소수의 사람들로 갈라놓은 진짜 주범은 경제력이다. 미국인의 소득과 관련된 DNA 증거에서 우리가 발견했던 엄청난 사실들을 기억하는가? 1979년부터 2006년까지 미국 경제에서 발생한 전체 소득 증가분 가운데 상위 1%가 차지한 비율이 36%이다. 그보다 경제 수준이 더 높은 상위 0.1%, 즉 1000가구 중 1가구에 해당되는 계층이 차지한 비율은 20%라는 사실을 말이다. 각종 연방 세금과 정부 및 민간 부문의 각종 복지에 들어가는 지출을 모두 제했음에도 그 정도다. 전체 미국인

가운데 극소수에 불과한 이들 최상위계층만이 승자 독식 경제의 저 높은 꼭대기로 올라갈 수 있는 '골든 티켓'을 갖고 있는 것이다.

영화 '찰리와 초콜릿 공장(Charlie and the Chocolate Factory)'을 보면 골든 티켓을 얻지 못해 실망하는 아이들의 모습이 나온다. 그런 아이들은 자신이 별로 운이 없고 그것이 전적으로 우연의 산물이라는 사실을 잘 알고 있다. 하지만 그런 골든 티켓이 없는 현실 속의 미국인들에게는 그런 사실이 전혀 위안이 되지 않는다.[1] 그리고 그런 티켓 없이도 경제적으로 아무 어려움 없이 잘 살 수 있는 것도 아니다. 그들은 그런 승자 독식 게임이 자신들에게 점점 불리해지고 그 때문에 자신들의 경제적 지위가 점점 불안해지고 있음을 안다. 그리고 경제적인 신분 상승 가능성이 점점 희박해지는 것을 그저 지켜봐야 한다. 승자 독식 경제에는 승자와 패자가 분명히 존재한다. 그리고 시간이 흐를수록 패자들은 점점 더 많이 늘어날 것이다.

첨단 기술의 변화, 세계화 같은 요인은 이런 이분화 현상과 그리 연관성이 높지 않은 것으로 밝혀졌다. 미국이 2차 세계대전 이후 몇 십 년간 누린 공동 번영의 브로드랜드에서 경제 성장의 보상이 극소수 부유층에 집중되는 리치스탄으로 변화된 과정을 그런 요인들로는 제대로 설명할 수 없기 때문이다. 물론 그런 요인들도 무시할 수는 없다. 그러나 그보다 더 중요한 것은 지난 30년간의 싸움을 거치면서 정부의 활동과 무활동에 생긴 거대한 변화들이 그런 것들을 어떤 방향으로 몰아갔느냐는 것이다.

사회적 통념을 그대로 받아들여 "그런 것이 바로 경제"라고 말하는 사람도 있을 것이다. 그리고 또 여기에서도 "그런 것이 바로 정치"라고 말할 것이다. 중요한 것은 이것이 세계 경제가 아니라 미국의 국내 정치와 관련된 문제라는 것이다. 그렇기 때문에 우리 힘으로 미래를 바꾸는 것이 얼마든지 가능하다. 이것이 우리가 이 책에서 들려줄 수 있는 가장 긍정적인 소식이다. 승자 독식 정치를 변화시키는 것은 아주 힘든 도전이 될 것이다. 하지만 오늘날 미국의 위기를 촉발한 승자 독식 경제는 첨단 기술의 필연성이 아니라 정치적인 선택의 결과였다는 것을 우리는 기억해야 한다.

계속되는 조직 싸움

승자 독식 정치는 오늘날 미국의 정치에서 가장 심각한 문제인 조직 싸움에서도 그대로 드러난다. 개혁 활동을 지속하는 데 있어 가장 큰 장애물은 현 경제 체제의 최대 수혜 계층과 중산층 민주주의를 추구하는 개혁 세력 사이에 존재하는 거대한 자금력의 불균형이다. 승자 녹식 경제를 옹호하면서 강력한 영향력을 행사하는 집단들(재계 연합 세력, 월가 로비스트, 의료업계 관계자들)은 이것이 엄청난 돈이 걸린 문제라는 사실을 잘 알고 있다. 그리고 오랜 훈련을 통해 언제든지 싸움에 돌입할 수 있는 만반의 준비를 갖추고 있다. 그런 문제를 차단하거나 다른 방향으로 돌리는 데 능숙하고 항상 경계 태세를 늦추지 않는 이런 조직화된 세력들, 이들은 조직화되어 있지 않은 반대 세력들보다 훨씬 유리한 입장에 서 있다. 드물긴 하지만 가끔 활기 넘치는 새로운 정치 개혁 세력이 등장하기도 한다. 하지만 이런 개혁 세력이 기세를 잡거나 사람들의 이목을 끌기 시작하면 뒤로 물러나 있던 이런 조직 세력들이 즉시 반격에 나서면서 승리를 가로챘다.

하지만 오바마 정부의 의료 서비스 개혁만큼은 예외였다. 2010년의 보편적인 의료 서비스 개혁안의 통과는 개혁 세력이 거둔 가장 눈부신 성과다. 그러나 그런 중대한 개혁안이 법제화되기까지 정부와 민주당은 관련 이익집단에 수많은 양보를 해야 했다. 심지어 입법 절차에 들어가기도 전에 의사, 병원, 제약회사 등 이익집단들은 자신들의 주된 우려 사항들이 모두 해결된 것을 확인할 수 있을 정도였다. 이들을 달래기 위해 의료비용을 억제하고 중산층에 안정적이고 저렴한 가격으로 의료 서비스를 제공할 수 있는 주요 조항들을 처음부터 삭제했던 것이다. 공공 의료보험, 의약품 가격의 대대적 인하 같은 조항들은 꺼내보지도 못하고 그렇게 사장되었다. 오바마 정부나 개혁 세력을 비난하기 위해 이런 말을 꺼내는 것은 결코 아니다. 이런 양보가 이루어지지 않았다면 아마 의료 서비스 개혁은 통과되지도 못했을 것이다. 다만 우리가 지적하고 싶은 것은 거기에 필요한 양보의 규모가 조직 싸움에 계속 영향을 미쳤다는 사실이다.

그리고 의료 서비스 개혁은 가장 유리한 조건으로 합의를 이끌어낸 개혁 사업이자 민주당이 오랜 세월, 무려 한 세기 가까이 추구해온 목표였다는 사실에는 변함이 없다. 그것은 실질적이고 지속 가능한 개혁을 외칠 수 있게 한 그런 목표였다. 우리는 승자 독식 경제의 핵심에 다가갈수록 그런 경제 체제를 비판하는 세력과 옹호하는 세력 간에 조직력의 격차가 더욱더 심해지는 것을 발견할 수 있다. 그리고 금융 개혁만큼 이것이 분명하게 드러난 분야도 없을 것이다. 그것은 미국 중산층의 경제적인 이해관계와 직결된 사안이기도 했다. 온갖 파렴치한 방법으로 막대한 수익을 거두었던 금융업계는 75년 만의 최악의 경제 위기가 발발한 지 몇 달 되지도 않은 시점에서 또다시 돈 잔치를 벌이기 시작했다. 그것도 국민의 혈세로 말이다. 사실 그들은 알게 모르게 연방 정부로부터 엄청난 자금을 지원받고 있었다. 결국 경기 침체는 이래저래 속고 사는 일반 국민들의 이야기이지 은행가들과는 전혀 상관없는 이야기인 것이다.

  월가에 대한 국민들의 분노는 마구 끓어오르고 있지만 그런 분노를 정책 개혁으로 이어지게 할 조직적인 활동은 좀체 끓어오를 기미를 보이지 않는다. 관련 사안들은 지루할 정도로 복잡하고 은행은 조직화되어 있는 반면에 그들의 고객은 전혀 그렇지 않은 것이다. 미국은행가 협회 모임에 참석한 하원 공화당 원내대표 존 베이너(John Boehner)는 의회 안에서 금융 규제안을 만들고 있는 '조무래기들'에게 당당하게 맞서라고 월가의 엘리트들을 격려해줄 슬로건이라도 만들어주고 싶었을지 모른다.[2] 그러나 금융업계는 그런 격려가 조금도 필요치 않았다. 그들은 막강한 자금력을 앞세워 반대 세력의 평범한 조직력을 무기력하게 만들었다. 대부분이 자체의 로비 부서를 갖춰 활발한 로비 활동을 펼쳤기 때문이다. 단적인 예로 금융 개혁을 지지하는 단체 가운데 가장 규모가 컸던 '금융 개혁을 지지하는 미국인 모임'의 전체 예산(약 200만 달러)은 월가에서 중간 수준 업체의 고위 경영자 한 사람이 받는 연간 보너스 정도에 불과하다.

  그런 점에서 보면 금융 재앙은 개혁이 실제로 일어날 수 있게 한 기폭제였다고 할 수 있다. 그러나 미국은 2008년도의 악몽이 재현되는 것을 막기 위해 계속 몸부림을 쳐야 했다. 경제 위기의 발발 책임이 가장 컸던 금융업계는 상황이 좋을 때는 마음껏 돈을 뜯어내며 자신들의 활동을 합리화한다. 그러나 상황이 좋지 않을 때는 납세자들에게 그 부담을 전가한다. 은행가들은 민주, 공화 양당에 엄청난 인맥을 갖고 있다. 그런 인맥들은 개혁을 차단하거나 개혁이 단행되더라도 미미한 수준에 그치게 할 수 있는 적재적소에 포진해 있다. 그리고 유권자의 분노에 대해 본능적인 두려움을 갖고 있던 이들 정치인은 미미한 수준에서 개혁의 물꼬를 터준다. 하지만 약 10년 전의 사베인스-옥슬리법으로 이어졌던 경제 내부 세력들과의 싸움에서와 마찬가지로 싸움에서 이기는 것이 곧 싸움에서 지는 것일 수도 있다.

그리고 우리가 그런 사실을 망각하지 않도록 승자 독식 경제의 다른 요새들은 아주 튼튼한 방비를 갖추고 있다. 다른 민주주의 부국에서는 고위 경영자들의 영향력이 대항 세력의 견제를 받지만 미국에서는 아주 완벽한 보호를 받고 있다. 독립 사외이사제도나 주주들에 대한 자율권 부여 같은 견제와 균형 활동이 전혀 이루어지지 않고 있기 때문이다. 심지어 민주당이 정부와 의회를 장악한 상황에서도 노조에 좀 더 안정적인 발판(노동자들이 원하는 것으로 혼합 경제를 표방하는 다른 여러 나라에서는 일반적인 관행이다)을 마련해주려는 소박한 시도조차 차단당할 정도다.

조직력의 불균형이 이렇게 엄청난 상황에서 대법원이 2010년 시티즌스 유나이티드(Citizens United)라는 경제인 단체에 대해 내린 판결은 우리를 더욱더 놀라게 만든다. 과반수의 대법관이 기업 자금의 무제한적인 투입을 '표현의 자유'를 극대화시키는 활동으로 여겼기 때문이다. 그리고 그들은 공공권(公共圈, 사람들이 모두 관심을 가지고 있는 사항에 대해서 의견을 교환하고 정치적 의사를 형성하는 언론 공간-옮긴이)에 모두 똑같이 접근할 수 있는 민주주의 사회에서 이런 활동은 아무런 문제가 되지 않는다고 판결했다. 그러나 시티즌스 유나이티드에 대한 대법원의 이런 결정은 이미 열려 있던 문을 좀 더 활짝 열어젖혀준 것에 불과하다. 우리가 지금까지 설명한 승자 독식 정치에서 알 수 있는 것처럼 거대한 경제력을 갖춘 사람들은 정치에서도 자신들이 가진 그런 강력한 우위를 활용할 기회가 아주 많기 때문이다.

두 정당 이야기

1970년대 후반부터 확대된 이런 우위는 미국의 정치 지형은 물론이고 양대 정당에까지 변화를 몰고 왔다. 중산층 민주주의의 버팀목이었던 노조의 몰락은 민주당과 공화당에 '적응 아니면 쇠락', 둘 중 하나를 선택하게 만든다. 그리고 이것은 정부의 개혁 활동에 두 번째로 거대한 장애물로 작용한다.

공화당의 변화는 아주 눈부시다. 레이건 정부는 닉슨 정부보다 더 보수적이었고, 깅리치가 이끈 공화당은 레이건 재임 때의 공화당보다 더 보수적이었다. 그리고 조지 부시 2세 때의 공화당은 깅리치가 이끌었던 공화당보다 훨씬 더 보수적이었다. 하지만 공화당의 이런 변화는 집권 정당으로서 저지른 명백한 실정과 맞물리면서 2006년과 2008년 선거에서 국민의 호된 심판을 받는다. 그런데 놀랍게도 이것이 오히려 공화당을 더 보수 쪽으로 기울게 했다. 선거 참패도, 금융 규제 철폐로 야기된 경제 재앙도, 민주당의 의료 서비스 법안 통과도 도금 시대로의 회귀에 열을 올리는 공화당을 흔들지 못했다. 오히려 공화당은 조지 부시 2세의 실수는 중도파였던 자신의 아버지를 저버린 일이 아니라 워싱턴 정가의 내부 세력들과 뒤늦게 타협을 시도한 것이었다고 큰소리쳤다. 실제로 공화당 하원의원인 루이 고메르트(Louie Gohmert)는 의료 개혁 법안 통과에 대해 국민과의 소통 단절이라고 주장하면서 국민투표로 상원의원을 선출하도록 명시한 17차 수정헌법의 폐지를 제안했다. 이것은 논리적으로 전혀 앞뒤가 맞지 않는 대응이다.[3]

미국이 심각한 도전에 직면한 상황에서도 공화당 의원들은 주요 개혁안의 입법을 전혀 지지하지 않았다. 정책 표류로 피해가 눈덩이처럼 불어남에도 불구하고 그들은 이전보다 더 자주 의사진행방해 카드를 꺼내 들었다. 수단과 방법을 가리지 않고 온갖 방해 활동을 펼쳤다. 타협 활동이 가져올 거대한 파급 효과를 아랑곳하지 않는 정치 전문가들 역시 초당적 협력의 필요성을 알리는 경고음을 계속 무시했다. 공화당의 우경화가 점점 더 심해지는 상황에서도 언론에서 소위 '중도주의자'라고 부르는 사람들은 양당 사이에서 삼각 구도를 만들기 일쑤였다. 중도파는 "우리 좀 더 잘 지낼 수 없을까요?"라고 묻는다. 하지만 공화당의 대답은 항상 똑같다. 의료 서비스 개혁을 맹렬한 비난했던 공화당 하원 의장 존 베이너의 말 속에서 우리는 그 대답을 들을 수 있다. "꿈도 꾸지 마! 그런 일은 절대 없을 거라고."[4]

이것은 개인적인 예의범절의 문제가 아니라 근본적인 정치 전략의 문제다. 그들은 그런 식으로 더욱더 반대 심리를 자극하고 키운 것이다. 단순히 공화당 지도부만 그런 것이 아니다. 대다수 공화당 의원들이 점점 강경 보수주의로 치달았다. 타협을 해봤자 자신들에게 전혀 득이 될 것 없다고 공화당 지도부가 계속 세뇌를 시킨 결과다. 공화당 상원 원내대표 미치 맥코넬(Mitch McConnell)은 의료 서비스 법안에 대한 공화당의 거부 전략을 이렇게 설명했다. "가장 중요한 것은 공화당의 일치단결이다. 법안 제안자들이 초당적인 협력이라고 말할 수 있는 빌미를 제공해서는 안 된다. 그러면 국민들이 그것을 '썩 괜찮은 법'으로 받아들일 수 있기 때문이다."⁵ 그들의 정치 선배인 깅리치가 그랬던 것처럼 오늘날의 공화당 지도부는 폭언과 막말이 오가는 현재의 정치 상황을 계속 유지하는 것이 자신들에게 더 유리하다고 생각한다.

물론 얼마 되지 않는 공화당 중도파 의원들은 고개를 갸우뚱거렸을지도 모른다. 그러나 티파티 운동의 등장과 미디어계에서 영향력을 발휘하는 보수 세력의 부추김은 공화당의 토대가 중앙으로 이동하는 것을 차단하면서 점점 더 오른쪽으로 기울게 만든다. '폭스 뉴스(Fox News)'의 글렌 벡(Glenn Beck), 션 해니티(Sean Hannity), 강경 보수주의자이자 유명 토크쇼 진행자인 러시 림바우(Rush Limbaugh) 등이 그 대표적인 인물이다.

항상 국민들의 불만이 들끓는 나라에서 즉각적인 정치 조류가 줄기차게 "노"만 외쳐대는 공화당 편에 서는 것은 어쩌면 당연한 일인지도 모른다. 높은 실업률과 심각한 정치 파행 속에서 치러지게 될 중간선거는 소수당이 다시 세력을 회복하는 기회가 될 수도 있다. 하지만 알력, 교착 상태, 밀실 야합 등 워싱턴 정가가 욕을 먹는 악행들이 대부분 공화당의 부당한 방해 활동에서 비롯된 것임을 감안한다면 이번 중간선거가 오히려 공화당에 불리하게 작용할 수도 있을 것이다.

그러나 공화당은 과거에도 정부를 맹비난하는 전략으로 여러 번 선거에서 승리를 거두었다. 그들의 무차별적인 방해 활동이 선거에 부정적인 영향을 미쳤다는 증거는 어디에서도 찾아볼 수 없다. 의사진행방해의 위력이 얼마나 큰지 정확히 인식하는 사람들이 드물기 때문이다. 심지어 그 빈도가 과거와는 비교할 수 없을 정도로 크게 늘어났다는 것을 아는 사람은 더더욱 드물다. 그리고 개혁의 진짜 성패가 달려 있는 복잡한 세부 사항을 이해할 수 있는 국민들 역시 극소수에 불과하다.

국민들이 이렇게 복잡한 세부 사항을 이해할 수 있도록 도와줄 조직이 미약하거나 아예 부재한 상황에서는 조직 싸움의 정치와 선거 경쟁의 정치가 완전히 별개가 될 수 있다. 민주당 의원들이 심각한 금융 위기에 맞서 대응 방안 마련에 부심하는 동안 개혁을 반대하는 세력들은 이중 작전을 펼치고 있었다. 한편에서는 공화당 지도부가 금융 개혁에 반대 목소리를 높이면서 은행가들에게 노골적으로 자금 지원을 호소했다. 그리고 또 다른 한편에서는 보수 단체와 공화당의 전략가들이 머리를 맞대고 대국민 광고와 슬로건을 만들었던 것이다. 물론 이런 광고나 슬로건은 대부분 민주당의 개혁 법안이 일반 납세자들의 혈세로 무책임한 기업들에 계속 구제금융을 제공하려는 것이라며 국민들을 오도하는 내용이다. 정치판에서 '꿩 먹고 알 먹고'란 바로 이런 상황을 두고 하는 말일 것이다. 의회에 나가서는 월가를 대변하고 국민들을 향해서는 월가를 채찍질하는 시늉을 하니 말이다. 공화당은 그런 치졸한 전략을 사용하여 정치적인 우위를 차지하려 했다. 그것이 미국 정치판에서 선거의 영향력을 극소화할 수 있는 가장 확실한 방법이라고 믿기 때문이다.

물론 공화당 의원들이 앞으로 알을 먹게 될지는 두고 볼 일이다. 금융 위기의 규모와 그런 위기를 초래한 악행들이 점점 드러나면서 국민들의 분노가 크게 격화되고 있기 때문이다. 승자 독식 경제와 관련해서 국민들의 분노가 이렇게까지 들끓었던 적은 지금까지 한 번도 없다. 엔론(Enron)과 월드컴(WordlCom)이 파산한 2000년대 초에도 개혁 세력들은 금융 규제 법안을 다시 추진할 수 있는 아주 드문 기회와 상승세를 맞았었다. 그러나 공화당의 거센 반대와 월가의 지속적인 압력은 개혁 활동을 '책임'이라는 그럴 듯한 말로 차단했다. 그리고 개혁 세력은 월가가 특혜를 유지할 수 있는 미세한 허점들을 제공함으로써 스스로 위험을 자초하고 말았다. 그리고 그런 허점들이 결국 미국 경제를 이 지경으로 만들었다.

민주당 의원들은 승자 독식 경제와 관련된 문제에서는 항상 예수처럼 아주 온화한 태도를 취했다. 2008년 이후 민주당이 지난 30년간 지속된 정치 질서에 맞서 심각한 정치적 도전을 극복해 나아가면서도 경제 사안에서는 계속 모순된 모습을 보여준 것은 사실 그렇게 놀라운 일도 아니다. 우리가 앞에서 설명했던 것처럼 다양한 곳에서 계속 교차 압력이 가해지는 상황에서 중산층 민주주의의 회복에 대한 의원들의 헌신 정도가 다 똑같을 수는 없다. 게다가 의원 정수 불균형이 심각하고 보수 세력과 그들이 고안한 압도적 다수결의 규칙이 버티고 있는 상원의 경우 민주당의 보수파가 특정 사안에서 당의 정책 방향을 주도할 때가 많았다. 그리고 일시적으로 공화당 쪽에 붙는 소위 '중도파' 의원들까지 점점 더 늘어나고 있는 상황이다.

의료 서비스 개혁 법안이 통과되기까지 거쳐야 했던 고통스러운 과정만 보더라도 그런 사실을 잘 알 수 있다. 민주당 내 보수파 의원들의 영향력은 지도부의 개혁 추진 의지를 약화시키거나 제거하는 데 주로 사용되었다. 고용주에게 보험 제공이나 보험 재원 마련을 의무화하는 규정이나 공공 의료보험제도 등 정부 예산을 절감할 수 있는 조항들이 모두 이런 의원들의 반대로 폐기되었다. 다른 분야의 상황은 더 심각하다. 세금 정책, 경기 부양 계획, 기후 변화, 노동법 개혁 법안 등도 결정권을 쥐고 있던 민주당 상원의원들이 지연 전술과 방해 활동을 펼치는 바람에 통과에 실패했던 것이다. 또 하원에서 올라온 개혁안의 규모를 대폭 축소하거나 아예 법안 자체를 차단해버릴 때도 많았다.

중산층의 이익을 위해 정부의 권한을 강화하려는 경제 진보 세력과 재계 이익단체와의 유대 관계를 중시하는 경제 보수 세력 간의 이런 갈등은 오랜 세월 민주당의 발목을 잡아온 고질적인 문제다. 오늘날 미국의 정치 경제 회복은 단순히 민주당의 정치적 운만이 아니라 이런 내부 세력들 간의 균형에 달려 있다고 해도 과언이 아니다. 그런 균형은 결국 민주당이 선거에서 거둔 승리뿐만 아니라 최근 몇 십 년간 형성된 미국 정치 제도의 특이한 구조를 반영하는 것이다. 그리고 이것은 중산층 민주주의의 회복을 가로막고 있는 마지막 걸림돌이기도 하다.

민주당 통치 활동의 교정

워싱턴 정가가 벌인 지난 30년간의 싸움은 미국 민주주의에서 정기적으로 되풀이되는 패턴 중에서도 가장 불유쾌한 부분에 해당한다. 몇 차례의 회복기가 등장하면서 잠깐 잠깐 멈추었던 정치 표류기는 역동적으로 돌아가는 시장 경제, 점점 더 복잡해지고 급변하는 사회, 교착 상태와 기득권 보호에 편향된 정치 시스템이 혼재되어 나타날 때가 많다.

물론 이런 교착 상태가 미국의 건립자들이 의도했던 바와 정확히 맞아떨어진다고 주장하는 사람들도 있을 것이다. 그러나 미국의 건립자들은 헌법을 제정할 때 다음과 같은 상황을 모두 고려했다. 한쪽에서 그들은 전제군주의 폭정을 보았다. 그리고 단호히 거부했다. 또 그 반대쪽에서 그들은 헌법에 의거해 권력을 부여받았지만 거부권에 시달리고 항상 티격태격 싸우는 정치 파벌들을 보았다. 미국의 건립자들은 폭정과 무능이라는 쌍둥이 위험 사이에서 균형을 유지하려고 애썼다. 헌법을 제정하던 당시 그들이 함께 모여 논의를 할 수 있는 시간과 장소는 아주 제한적이었다. 그렇기 때문에 그들이 떠올릴 수 있는 민주적인 절차들 역시 제한적일 수밖에 없었을 것이다. 뿐만 아니라 노예 소유자들에서부터 정부 활동으로 자신들의 직업이 커다란 위험에 빠질 것이라고 생각하는 사람들에 이르기까지 다양한 사람들로부터 엄청난 교차 압력을 받았다. 그리고 중요한 것은 우리들과 마찬가지로 그들 역시 미래를 내다볼 수 없었다는 것이다. 그렇지만 오늘날 미국 헌법의 주요 특징들이 오랜 세월 계속 유지되고 있다는 것은 그들의 그런 노력이 성공을 거두었음을 말해주는 것이다.

모든 것이 그들이 계획했던 대로 이루어지지 않았다고 해서 이런 성과까지 비난해서는 안 된다. 우리 역시 그럴 생각은 조금도 없다. 사실 통치 활동의 표류가 사회 구석구석으로 스며들면서 엄청난 결과를 몰고 온 것은 미국 사회가 그만큼 심원한 발전을 거두었다는 방증이기도 하다. 다른 분야의 상황도 비슷하겠지만 미국 건립자들의 선견지명이 가장 아쉬웠던 부분은 아주 역동적으로 발전한 자본주의의 부상을 내다보지 못한 것이다. 그리고 자본주의가 시장뿐 아니라 사회까지 근본적으로 변화시킬 수 있다는 것을 그들은 전혀 예상하지 못했다. 물론 자본주의가 사회를 좀 더 바람직한 방향으로 변화시킬 때도 많다. 하지만 그것이 저절로 이루어진 것은 아니다. 진보주의 시대에 개혁 세력들이 오늘날 우리가 직면한 것과 비슷한 문제를 해결하기 위해 몸부림을 치고 있을 당시 미국 건립자들이 품었던 경제 비전은 사람들의 기억 속에서 아주 빠른 속도로 사라지고 있었다. 미국의 건립자들은 그때만 해도 가장 중요한 자원이었던 토지를 대규모로 분배함으로써 경제가 안정적으로 작동할 것이라고 믿었던 것이다.

20세기 초에 들어서면서 미국 건립자들이 생각했던 시골 농장주 중심의 정치경제학은 미국인의 실생활과는 점점 더 동떨어진 이야기가 되었다. 그렇게 몇 십 년이 흐르는 동안 미국은 점점 정부의 역량을 확대해 나갔고 자본주의의 역동성이 특정 방향으로 향하도록 유도했다. 그리고 필요할 경우 거기에 맞서는 것도 마다하지 않았다. 정부는 효과적인 통치 활동을 통해 국민들이 생활하는 데 기본적으로 필요한 경제 안정, 위생적인 환경, 기업들의 약탈 행위에 대한 법적 보호 장치를 제공했다. 그리고 기회 확대의 토대가 되는 도로, 학교 건설 등 필수적인 사회 투자 활동도 이루어졌다. 정부의 이런 온갖 활동을 통해 국민의 삶은 크게 개선되었고 새로 등장한 경제 귀족 세력이 정치를 장악할 위험도 크게 줄어들었다. 사실 미국의 건립자들이 생명의 위협까지 불사하며 격퇴하려고 했던 것이 바로 그런 위험이었다.

진보주의 시대 이후 집단 통치의 필요성은 계속 증대되었다. 그러나 지난 30년을 거치면서 그런 집단 통치 능력은 점점 감소했다. 의회 소수파의 방해 활동으로 정치는 교착 상태에 빠졌고, 이런 교착 상태를 옹호하는 사람들은 의사진행방해 같은 다양한 입법 장벽들이 미국식 민주주의의 핵심 원리라고 선전했다.[6] 하지만 미국 건립자들이 생각했던 정치 비전은 그런 것이 아니다. 그들이 헌법을 제정할 당시 가장 큰 비중을 두었던 것은 견제와 균형이다. 그러나 특수한 상황이 발생했을 때를 대비해 압도적인 다수결의 원칙을 남겨두었다. 외국과의 조약 체결이나 헌법 수정안의 통과, 대통령의 거부권 행사 남용 방지 같은 것이 그런 특수한 경우에 해당한다.

미국 건립자들은 소수파의 방해 활동이 초래할 위험 역시 날카롭게 내다보았다. 필라델피아에서 자신들이 직접 그것을 경험했기 때문이다. 압도적 다수가 지지했음에도 불구하고 소수파의 반대로 '연합규약(Articles Of Confederation)'이 통과되지 못했던 것이다. 〈연방주의자 논집(Federalist Papers)〉의 호응을 간절히 원했던 보수주의자들은 이 논집 22호에 실린 해밀턴의 다음과 같은 글에서 힌트를 얻었을지도 모른다.

처음에는 그것이 해결책처럼 보일지 몰라도 실제로는 독이나 다름없다. 소수파에 다수의 의견을 거부할 수 있는 권리를 주는 것은 훨씬 더 많은 사람들이 그런 소수에게 휘둘리게 하는 것이다. 어떠한 결정을 내리는 데 다수가 아니라 그 이상의 찬성을 필요로 할 때가 그런 경우에 해당된다. 소수파가 주장을 굽히지 않고 버티면서 다수의 의견에 제동을 걸고 또 다수는 가장 바람직한 형태의 실행 방법을 추구할 경우 다수는 합의 도출을 위해 결국 소수파의 의견을 따를 수밖에 없다. 그렇게 되면 소수의 의견이 다수의 의견을 지배하게 되고 정부의 모든 활동에 그런 인상을 심어주게 된다. 그리고 끈질긴 지연 전술, 계속되는 협상과 술책, 공공의 이익을 무시한 협상 활동이 펼쳐질 것이다. 그러나 그런 시스템에서 합의라도 도출할 수 있다면 그나마 다행이다. 왜냐하면 어떤 경우에는 합의 자체가 받아들여지지 않을 때도 많기 때문이다. 그러면 정부는 더 이상 아무 조치도 취할 수 없게 된다. 정부의 입장에서 봤을 때 이것만큼 치명적인 타격도 없다. 필요한 수의 찬성표를 얻지 못할 경우 아무 대책도 취할 수 없는 상태가 지속되기 때문이다. 그리고 그런 상황이 지속되면 서서히 약점이 드러나고 그러면서 점점 무정부 상태에 빠지게 되는 것이다.[7]

물론 미국의 건립자 가운데 해밀턴은 강력한 통치 역량을 키우는 데 가장 적극적인 인물이었다. 하지만 매디슨(Madison)도 여기에 대해서는 이런 식으로 동의했다. 〈연방주의자 논집〉 58호에서 그는 압도적인 다수의 원칙이 "성급하고 불완전한 대책이 나오는 것을 막을 수 있는 장치"임을 인정하면서도 다음과 같은 점을 우려했다. "이런 것들을 고려하게 만드는 것은 상대편에게 상당한 불편함을 안겨줄 것이다. 그리고 정의나 공익을 위해 새로운 법을 통과시켜야 하거나 적극적인 대책을 마련해야 하는 상황에서 자유 정부의 근본 원칙이 뒤집어질 수 있다. 그러면 더 이상 다수에 의한 지배가 이루어질 수 없게 된다. 권력이 소수에게 넘어가기 때문이다."[8]

오늘날 미국은 건립자들이 전혀 예상하지 못한 방법들 때문에 위에서 매디슨이 말한 '자유 정부의 근본 원칙'이 위협 받고 있는 상황이다. 미국의 정치 시스템이 강력한 집단의 도전에 맞서 정부가 대응 활동을 펼치는 것을 어렵게 만드는 온갖 특징을 두루 갖추었기 때문이다. 그리고 정말 기후 변화가 과학자들이 주장하는 것처럼 그렇게 심각한 문제라면 미국의 이런 특징들 때문에 우리가 살고 있는 지구라는 행성까지 위험에 빠질지 모른다. 그 어느 때보다 역동적인 시장 경제, 그 주위에 포진해 있는 재계의 이익단체, 양극화된 정당, 새로운 정책을 차단하는 소수당의 교묘한 방해 활동 등등. 이런 온갖 요소들이 완벽하게 갖춰져 있기 때문이다.

이런 극심한 양극화, 강력한 영향력을 휘두르는 이익집단, 압도적 다수결의 원칙이라는 완벽한 환경에서 소수의 급진 보수주의자들이 마음껏 방해 활동을 펼치고 있는 곳이 있다. 눈부신 햇살이 반짝이고 더할 나위 없이 평화스러워 보이는 미국의 서부지역이다. 사실 통치 활동에 이보다 더 유독하고 치명적인 결합도 없을 것이다. 그리고 문제는 그들이 자신들의 그런 행동에 어떠한 책임도 느끼지 않는다는 것이다. 오늘날 캘리포니아 주 정부의 상황은 "경제 재앙과 정치 마비에 포위 당했다"는 말로밖에 표현할 길이 없다. 캘리포니아 주의 경제 붕괴는 경기 침체로 더 악화된 측면이 없지 않지만 그 근본 원인은 결국 예산 및 세입과 관련한 압도적 다수결의 원칙에 있다. 이런 다수결의 원칙은 심각한 정당 양극화의 상황 속에서 일관성과 합리성을 갖춘 정책 수립을 점점 더 어렵게 만든다.[9] 그렇지만 미국 전체를 놓고 봤을 때 그렇게까지 극단적인 상황은 아니다. 예산안 같은 주요 법안들이 소수당의 방해 활동에 100% 취약한 것은 아니기 때문이다. 그러나 캘리포니아 주 정부의 위기는 승자 독식 정치의 근본 원인을 해결하지 않고 방치했을 때 어떤 상황이 벌어질 수 있는지를 적나라하게 보여준 사건이다.

정치 표류에서 정치 회복으로

베테랑 저널리스트인 제임스 팰로스(James Fallows)는 미국이 처한 난관을 다음과 같이 날카롭게 포착했다. "아주 너그럽게 말해서 미국 정부는 스스로가 거둔 성공의 피해자라고 할 수 있다. 미국 정부는 200년이 넘는 세월을 거치며 거의 알아볼 수 있는 형태로 살아남았다. 200년은 미국이 처한 상황과 어울리지 않을 정도로 긴 시간이다." 그 결과 "미국 정부는 변화에 제대로 적응하지 못하고 있다. 직접적인 관련이 없는 뉴스나 사안에 관심을 계속 유지하지 못하고 진짜 도전과 기회, 관심, 자원, 최선의 노력 간의 격차가 점점 벌어지고 있다." 팰로스가 내린 결론은 이것이다. "유일한 선택은 어떻게든 이런 난관을 뚫고 나가는 것밖에 없다."[10] 정치 회복을 가로막는 장애물이 그 정도로 높다는 뜻이다.

어떤 마법의 특효약이나 단일한 해결책이 기다리고 있는 것은 아니다. 그러나 실현 가능한 개혁의 윤곽을 잡는 것은 그렇게 어려운 일이 아니다. 진짜 문제는 우리가 이 책에서 계속 주장하는 것처럼 정치에 있다. 과거와 마찬가지로 정치 회복의 길은 활처럼 둥글고 길게 펼쳐져 있다. 그리고 그것은 선거라는 정치 쇼에서, 조직 싸움이 벌어지는 곳에서, 언제든지 작동할 수 있다. 조직력을 갖춘 동맹군이 하나도 없는 개혁 세력은 엄청난 자금력과 확고한 임전 태세를 갖춘 적들과 지금도 대치 중이다. 이런 상황에서 국민들의 관심과 개혁 세력의 활력이 사그라지면 조직화된 반대 세력은 자신들의 우위를 주장하게 되고 그러면 개혁 세력이 거둔 명백한 승리마저 퇴색할 것이다.[11] 영화 '내일을 향해 쏴라'에서 로버트 레드퍼드와 폴 뉴먼이 이끄는 갱 조직이 월등한 자금력과 조직력을 갖춘 적들 앞에서 맥없이 밀려나던 장면을 기억하는가? 그것만 보더라도 현상 유지를 강하게 부르짖는 세력과의 대결에는 운이나 허세, 대담한 행동 그 이상의 무언가가 필요하다는 것을 분명히 알 수 있다. 또 현명함과 카리스마를 갖춘 리더십만으로도 부족하다. 개혁 세력에 필요한 그 이상의 무언가는 바로 조직이다.

전후 오랜 세월 누렸던 미국의 번영, 즉 우리가 '중산층 민주주의'라고 부르는 것은 경제와 정치의 상호 보완 작용 속에서 이루어진 것이다. 중산층 민주주의를 회복하는 것 역시 마찬가지다. 사실 장기적인 관점에서 봤을 때 광범위한 계층이 공유하는 번영은 경제와 정치의 균형을 회복할 수 있는 지속적인 활동이 뒷받침되지 않으면 달성이 불가능하다. 산업 현장에서 노동자들을 대표할 수 있는 강력한 조직을 갖는 것은 경제 성장의 과실과 정치권력을 광범위한 계층에 재분배하는 것이다. 정부가 중산층의 목소리에 귀를 기울이도록 만드는 것은 단순히 정치적 성과로만 끝나는 문제가 아니다. 그런 활동이 결국 경제까지 탈바꿈시키는 것이다.

정부의 활동과 무활동이 경제를 어떤 식으로 변화시키는지 분명히 이해하지 못하는 상태에서는 아무리 효과적으로 개혁 활동을 전개해도 제대로 인식하지 못할 것이다. 금융업계는 지금까지 신용 디폴트 스와프(Credit Default Swap), 국적 불명의 비우량 대출(Subprime Loans), 주택저당증권(Mortgage-Backed Securities) 등 시장을 뒤흔들 정도로 엄청난 파괴력을 지닌 상품들을 개발하고 무차별적으로 판매해 왔다. 이런 금융업계에 대해 규제 완화를 지속하는 것은 이미 엄청난 재산을 축적한 사람들을 더욱 부자로 만드는 감세 조치와 맞먹을 정도로 많은 의미를 내포한 정치적 선택이다. 활력과 역동성이 넘치는 자본주의는 마찬가지로 활력과 역동성 넘치는 민주주의가 올바른 방향으로 이끌어야 한다.

2006년과 2008년 선거를 통해 민주당이 백악관을 장악하고 의회에서 거대 다수당을 차지하고 정치 회복에 착수할 수 있는 보기 드문 기회를 맞았던 것은 미국의 통치 활동이 지금까지는 그런 안내자 역할을 제대로 수행하지 못했다는 방증이다. 그리고 민주당은 그런 진귀한 기회를 이용하여 중요한 개혁 사업들을 추진했다. 수렁에 빠진 미국 경제를 구원할 경기 부양책, 정부의 사업 추진 우선순위를 대폭 수정하고 누진세율을 적절히 확대한 예산안이 그것이다. 또 교육 기회를 확대하고 민간 대출 기관에 노골적으로 퍼주던 보조금(수익 보장은 물론이고 학자금 대출 전액에 대해 정부가 지급 보증까지 섰다)에 철퇴를 가한 학자금 대출 개혁안, 기존 건강보험의 심각한 문제점을 전부는 아니어도 일부분 개선한 건강보험 개혁 법안 등이 그 대표적인 예다.

  이것은 아주 놀라운 성과다. 그리고 승자 독식 경제의 가장자리에 커다란 피해를 입힐 수 있는 성과다. 그러나 과거 역사를 봤을 때 오바마 대통령이 이런 국내 정치 의제들을 앞으로 더 야심차게 추진할 것으로 기대하기는 힘들다. 만약 중대한 개혁 과제들이 앞으로 나아가지 않고 계속 그 자리에 머물러 있다면 그런 과제들을 추진하기가 그만큼 힘들다는 뜻으로 해석해야 한다. 현상 유지를 옹호하는 세력들이 기를 쓰고 방어에 나서기 때문에 국민들의 개혁 열망을 계속 유지하는 것 역시 쉽지 않을 것이다. 또 집권당의 선거 패배가 확실시되고 경제가 계속 국민들의 어깨를 짓누르는 상황에서 개혁 사업의 앞날은 더욱더 험난할 수밖에 없다. 그리고 승자 독식 정치의 가장 심각한 해악인 적자 예산은 강력한 영향력을 지닌 이익집단에게는 정치 회복을 차단할 수 있는 아주 편리한 핑곗거리가 될 것이다.

  장기적으로 봤을 때 건강보험의 확대 실시는 미국 정부에 심각한 예산난을 안겨줄 수 있다. 그리고 지금까지 제대로 수행하지 못했던 정부의 다양한 지원 활동을 재개하기 위해서는 상당한 증세가 불가피하다. 그러나 짐 드민트(Jim DeMint)가 주장한 '미국식 옵션'과 좀 더 진보적인 폴 라이언(Paul Ryan, 위스콘신 주 공화당 하원의원)의 '미국의 미래를 위한 로드맵'을 바탕으로 유추해봤을 때 공화당은 앞으로도 사회보장연금제도와 노인의료보험제도 같이 서민의 생활과 직결된 사업들을 대폭 축소하며 계속 비현실적인 처방을 내놓을 것이 분명하다.[12] 무책임하기 이를 데 없는 양당의 이런 정치 싸움을 언론에서는 재정 건전성의 균형을 잡기 위한 활동으로 그리고 있다. 또 피트 피터슨(Pete Peterson, 닉슨 정부에서 상무부 장관을 역임함)처럼 재정 적자를 옹호하는 보수 부유층은 일반 국민과 엘리트 계층의 여론이 자신들 쪽으로 기울어지게 하려고 수억 달러를 쏟아붓고 있다. 결국 정부 재정 적자에 대한 책임은 민주당 혼자 떠안게 될 것이다. 이렇게 불안한 정국에서 정부가 건강보험 실시에 필요한 재원을 제대로 마련하지 못할 경우 재정 적자가 미국 경제에 악영향을 미치면서 상황은 재계와 이익집단이 의도한 방향으로 흘러가게 된다. 그럴 경우, 민주당은 장기적으로 미국의 정치, 경제에 거대한 활력소가 될 중요한 사회 투자를 하나둘 축소하면서 '뒷정리'를 하게 될 가능성이 높다. 즉 또다시 어빙 크리스톨의 각본대로 되는 것이다.

최상위 부유층에 과도하게 흘러들어가는 부의 흐름을 바꿔놓기 위해서는 정부 부처가 합심하여 지속적으로 중산층 중심의 경제 활동을 펼치는 것만으로는 부족하다. 그 이상의 무언가가 필요하다. 그것은 바로 특권층이 누리고 있는 이익을 줄이는 데 초점을 맞춘 정치 개혁이다. 그리고 거기에는 다음과 같은 세 가지 활동이 병행되어야 한다. 개혁 차단 및 방해 활동을 펼치는 경제 엘리트의 세력을 약화시키고, 와해된 시민 조직들의 폭넓은 정치 참여를 촉진해야 한다. 그리고 그런 조직들이 중산층 유권자를 동원하고, 정부 및 정치권에 대한 감독에 필요한 조직력을 갖출 수 있도록 적절한 환경을 조성하는 것이다.

이 중에서도 가장 중요한 것은 세 번째 활동이다. 그리고 가장 달성하기 어려운 활동이기도 하다. 사실 우리는 어떻게 하면 투표율을 올릴 수 있는지 잘 알고 있다. 별로 놀랄 것도 없는 사실이지만 워싱턴 정치인들로부터 별로 호응을 얻지 못했던 비교적 간단한 개혁 활동만으로도 충분히 가능하다. 그리고 어떻게 하면 의사진행방해와 여타 입법 방해 활동을 몰아낼 수 있는지도 알고 있다. 1975년도에 그랬던 것처럼 다음 의회가 시작될 때 다수당이 단호한 태도로 의사진행방해의 싹을 처음부터 잘라버리는 것이다. 하지만 다른 분야와 마찬가지로 중요한 것은 그런 방법을 찾는 것이 아니라 그것을 실행할 수 있는 힘을 갖추는 것이다. 프랭클린 루스벨트가 했던 말을 기억하는가? "나를 설득시켰으니, 이제 내가 행동에 옮기도록 만들어보라." 결국 개혁의 성패는 워싱턴 정가가 국민들의 목소리에 더 귀를 기울이고 국민들의 정치 참여 통로를 더 확대하도록 입법부에 조직적이고 지속적인 압력을 가할 수 있느냐의 여부에 달려 있다.

우리는 앞에서 중산층 민주주의의 버팀목 역할을 했던 조직들의 몰락을 살펴보았다. 그 대표적인 예가 노조의 쇠락이다. 노조의 역할이 확대되면 미국 사회에 엄청난 변화가 일어날 것이다. 이웃 나라인 캐나다의 경우만 보더라도 일부에서 주장하는 것처럼 그것이 그렇게 경제적인 타당성이 없는 활동이 아니라는 것을 알 수 있다. 그러나 최근의 정치 상황을 감안했을 때 새로 태어난 중산층 민주주의의 초기 단계에서 노조의 촉매 작용을 기대하기는 힘들 것 같다. 똘똘 뭉친 재계의 반대 활동이 아주 완강하고 민주당 의원들이 받는 교차 압력 역시 상당하기 때문이다. 중산층을 위한 노조의 역할이 확대되기 위해서는 무엇보다 이런 장애물들이 어느 정도 제거되어야 한다.

하지만 다른 분야와 마찬가지로 낙관적으로 생각할 수 있는 근거도

적지 않다. 1970년대 TV의 등장에서부터 우편물 발송과 같은 혁신적인 방법들이 조직의 활동에 변화를 몰고 왔던 것처럼 오늘날에는 IT 혁명이 광범위한 분야에서 건설적인 변화와 효과를 일으키고 있기 때문이다. 인터넷은 정보 전달 비용만 낮춘 것이 아니다. 공통의 이해관계와 관심사를 갖고 있지만 서로 접촉할 기회가 없던 개인들을 서로 연결해주는 네트워크 비용도 크게 낮추었다.

아직 경제 분야에서 만큼 그렇게 가시적인 효과가 나타난 것은 아니지만 이런 IT 혁명은 미국의 정치 지형도 조금씩 변화시키고 있다. 가장 효과가 두드러진 곳이 선거 자금 모금 분야다. 과거 2004년에 부시 대통령과 공화당이 부유층 기부자들로부터 막대한 선거 자금을 거둬들이고 있을 때 존 케리는 인터넷 기반의 모금 활동을 통해 대선 캠페인에서 부시와 동등한 경쟁을 펼칠 수 있었다. 이보다 더 놀라운 사실은 2008년 대선에서 버락 오바마가 공화당 후보인 존 매케인보다 자금력에서 훨씬 더 앞섰다는 사실이다. 물론 케리와 오바마도 부유층 기부자들로부터 막대한 정치 헌금을 받았고 거액 기부자 네트워크를 조직해주는 '선거 자금 전문 모금책'에게 상당히 의존했던 것도 사실이다. 하지만 인터넷을 통해 소액 기부자들로부터 그렇게 엄청난 자금을 모금했다는 것은 분명 놀라운 발전이다. 그리고 그런 발전은 지금도 진행 중이다.

그러나 조직 싸움과 선거 경쟁 사이에는 기다란 다리 하나가 버티고 있다. 재계가 선거 캠페인보다 로비 활동에 훨씬 더 많은 돈을 투입하고 있다는 사실을 기억하는가? 그런 사실을 감안한다면 중산층 민주주의 회복을 목표로 뛰는 조직들은 선거 후에도 워싱턴 정가에서 계속 자신들의 세를 지속할 수 있어야 한다. 문제는 새로운 첨단 기술이 선거 모금 활동만이 아니라 통치 활동 혁신에도 도움을 줄 수 있느냐 하는 것이다. 정치인들의 활동을 감시하고 정책 결정에 필요한 정보를 수집하고 필요할 경우 국민들에게 정치 참여를 촉구하고 국민들을 동원하는 데 이런 기술들을 효과적으로 활용할 수 있느냐가 관건이라는 얘기다.

하지만 2008년 대선에서 오바마 캠프의 정치 전략가들이 탄생시킨 거대 이메일 네트워크인 '미국을 위한 조직'(Organizing for America, 이하 OFA)만 보더라도 이것이 얼마나 어려운 일인지를 잘 알 수 있다. OFA는 공식 집계된 회원 수가 1300만 명에 달하는, 선거 운동 역사상 가장 거대한 규모의 조직이었다. 그러나 선거가 끝나자 아주 열성적인 회원들조차도 복잡한 정책 토론에 계속 관심을 기울이고 그것을 정치 활동의 자극제로 삼기가 힘들다는 것을 깨닫게 되었다. 그리고 조직 싸움 준비에 여념이 없었던 백악관 역시 오바마의 당선에 큰 힘을 실어준 이런 활동가들을 동원하는 일에 무관심할 때가 많았다. 전직 의회 직원이 〈네이션(Nation)〉에 토로한 불만에서도 그런 백악관의 분위기를 감지할 수 있다.

내가 보기에 램 엠마누엘을 비롯해 백악관의 어떤 사람도 이 이메일 네트워크에 관심을 기울이지 않는 것 같았다. 별로 유용하지 않다고 생각했던 것이다. 그들은 정치 흥정, 밀실 야합, 1 대 1 로비 같이 좀 더 미묘한 방법을 선호했다. 백악관 비서실 차장인 짐 메시나(Jim Messina)가 관련 인사들과 직접 전화 통화를 하는 것이 훨씬 효과적이라고 여겼던 것이다.

그들이 문제를 처리하는 방법은 전화를 거는 것이다. 그들은 '거대한 풀뿌리 조직을 마구 풀어놓는 것은 오히려 역효과를 가져온다'고 생각했다.[13]

만약 이것이 엠마누엘의 생각이라면 그는 정확히 짚은 것이다. 상원의 표결을 결정하는 것은 민주당의 중도파 실세와 표결 당일 공화당 쪽으로 돌아설 수 있는 의원들이다. 그리고 이런 현상은 앞으로 더욱 더 심해질 것이다. 승자 독식 정치의 딜레마가 현실로 나타난 것이다. 의료보험 개혁 논쟁에서 그랬던 것처럼 반대 세력의 허점을 공격하기 위해서는 다른 무엇보다도 조직 싸움에 우선순위를 두어야 한다.

그러나 장기적으로 봤을 때 정치 회복은 엘리트 계층의 리더십과 일반 국민들의 정치 참여 없이는 불가능하다. 그리고 미국의 정치 무대를 개선하는 것 역시 중요한 선결 과제다. 물론 이것은 국민들의 관심과 열망이 입법 절차 및 제도 개혁으로 향하게 하는 것만큼이나 힘든 일이 될 것이다. 여기에는 조용히, 지속적으로 개선 작업을 추진해 나아갈 수 있는 용기가 필요하다. 개혁 세력은 선거에서의 승리만으로는 큰 효과를 거둘 수 없다는 사실을 명확히 인식하고 장기적인 대중 동원 활동에 나서야 한다. 뿐만 아니라 선거에서의 승리를 실질적이고 지속가능한 승리로 전환함으로써 중산층 민주주의를 공고히 할 수 있는 조직력을 키워야 할 것이다.

단순히 '뚫고 나가는 것' 이상의 그 무언가를 기대한다면 3장에서 들려준 회복에 관한 이야기 속에서 그런 희망을 찾을 수도 있다. 1900년대 초부터 뉴딜 시대까지 미국의 지도자들은 계속 개혁 활동에 매달렸다. 물론 모든 지도자들이 그런 노력을 기울였던 것은 아니다. 그리고 그런 활동이 항상 가시적인 결과를 가져오거나 곧바로 효과가 나타났던 것도 아니다. 하지만 경제 무대 뒤에서 정치권이 진흙탕 싸움을 벌이고 있을 때에도 앞을 내다보는 혜안을 가진 사람들은 "민주주의가 스스로의 힘으로 일어서야 한다"는 현명한 충고를 충실히 따랐다. 정말 고통스러운 충고였을 텐데도 말이다.

그리고 민주주의는 결국 스스로의 힘으로 일어섰다. 정치 회복에 중요한 환경들은 1930년대에 위기가 발발하기 전까지는 그 모습을 드러내지 않았다. 그러나 위기가 닥치고 중산층 민주주의를 위한 정치와 정책이 수립되자 개혁 세력들은 몇 십 년 동안 지속적이고 조직적으로 다져온 토대 위에서 개혁 활동에 착수할 수 있었다. 그런 토대가 확립되었던 운명적인 시기에 거대한 개혁 운동 하나가 여러 주(州)로 번지면서 관련 논의가 꼬리에 꼬리를 물고 이어졌다. 그리고 그것은 여러 가지 변화를 몰고 왔고 차츰 그 중요성이 분명하게 드러나기 시작했다. 백악관을 비롯해서 주 의회, 민주적으로 새롭게 탈바꿈한 상원의 진보적 개혁 세력들은 그런 개혁이라는 냄비가 계속 끓어오를 수 있도록 다양한 활동을 펼쳤다. 특히 위스콘신 주의 로버트 라 폴레트(Robert La Follette), 뉴욕의 로버트 와그너(Robert Wagner) 같은 의원들이 그런 활동에 적극적으로 앞장섰다. 시간이 흐르면서 직접선거를 통한 상원의원 선출, 소득세 도입, 여성 선거권 확대, 경제 안정을 위한 미국 최초의 공공 프로그램 도입 등 중대한 전환점들이 하나둘 쌓이기 시작했다. 그러나 그런 거대한 전환점과 승리 저 아래 깊숙한 곳에서 흐르던 변화의 물결은 30년간의 싸움으로 사라지고 말았다.

프랭클린 루스벨트가 정치적 평등을 "경제적 불평등 앞에서는 무의미하다"고 말하기 15년 전에 벌써 그의 먼 친척이었던 테디 루스벨트(Teddy Roosevelt)는 "우리 시대에 가장 큰 정치 과제는 공직 세계에서 특수한 이익집단들을 몰아내는 것"이라고 선언했다.[14] 그들은 은유법을 사용했던 것이 아니다. 물론 정치적인 평등은 추상적인 개념이다. 그러나 경제와 정치권력의 집중이 몰고 오는 위협은 결코 추상적이지 않다. 진보주의 운동이 가진 온갖 모순에도 불구하고 한 세기 전의 개혁 세력들은 미국 건립자들이 품었던 확신을 공유하고 있었다. 민주주의는 특정인이나 소수의 행운아에게 모든 권력이 집중되는 것이 아니라 다수에 의한 통치라는 것을 굳게 믿었던 것이다. 그리고 그런 시대는 꼭 돌아와야 한다.

감사의 글

우리가 사람들에게 진 빚을 일일이 열거하면 책 한 권으로도 부족할 정도다. 그 정도로 이 책을 쓰면서 우리는 많은 동료와 친구들의 도움을 받았다. 그들의 뛰어난 지도와 조언이 없었다면 우리는 광대하고 복잡한 미국의 정치 지형을 제대로 가로지르지 못했을 것이다. 물론 그 과정에서 내디딘 발걸음 중에는 분명 잘못된 것도 있을 것이다. 하지만 그런 시도와 그런 시도를 통해 도달한 결론과 관련하여 우리를 도와준 사람들에게는 어떠한 잘못이나 책임도 묻지 않길 바란다. 오히려 그들 덕분에 우리는 우리 힘만으로는 닿을 수 없던 부분들을 보다 넓고 깊게 들여다볼 수 있었다.

그 중에서도 우리가 가장 큰 빚을 진 사람은 우리의 주장이 담긴 초안에 관심을 기울이고 귀중한 제안을 아끼지 않았던 국내외 여러 대학의 전문 연구가들이다. 그리고 캘리포니아 주 토머리스 베이(Tomales

Bay)에서 관련 세미나를 개최할 수 있도록 준비해준 프레드 블록(Fred Block)에게 특별히 감사 인사를 전하고 싶다. 우리는 이 세미나에서 안드레아 캠벨(Andrea Campbell), 닐 플리그스테인(Neil Fligstein), 래리 제이콥스(Larry Jacobs), 데이비드 캐롤(David Karol), 레인 켄워시(Lane Kenworthy), 밥 쿠트너(Bob Kuttner), 수전 메틀러(Suzanne Mettler) 등의 훌륭한 학자들을 많이 만날 수 있었다. 그리고 그들과 미국의 불평등에 대해 보다 자세히 이해하고 싶은 열망을 공유할 수 있었다. 그리고 그들에게서 다양한 자극을 받을 수 있는 기회이기도 했다. 그들은 우리의 사고를 더 예리하게 다듬어주고 우리가 다양한 오류에 빠지지 않도록 길잡이 역할을 해주었다. 또한 아름다운 곳에서 우리가 좋아하는 사람들과 마음껏 시간을 보내는 기쁨을 만끽할 수 있었다.

이 세미나에 참석하지는 않았지만 래리 바르텔스(Larry Bartels), 토머스 에드샐(Thomas Edsall), 폴 크루그먼(Paul Krugman), 놀란 맥카티(Nolan McCarty), 키스 풀(Keith Poole), 하워드 로젠탈(Howard Rosenthal), 필립 렘(Philip Rehm), 마틴 길렌스(Martin Gilens) 같은 학자들 역시 우리에게 중요한 통찰력을 제공해주었다. 이들 중 일부는 자신들이 거둔 선구적인 연구 성과를 통해 우리를 도왔다. 바르텔스, 길렌스, 맥카티, 렘 같은 학자들은 우리의 요구에 직접 응하는 친절함을 베풀었다. 또 테다 스콕폴(Theda Skocpol)과 미국정치학회(American Political Science Association Task Force) 불평등 및 미국 민주주의 관련 특별팀(Task Force on Inequality and American Democracy) 연구원들에게도 큰 빚을 졌다. 우리의 생각을 널리 소개하는 데 앞장서는 학자들의 모임이 성장하는 데 이들의 격려와 지원은 큰 힘이 되었다.

그리고 이 광대한 주제를 파헤친 수백 명의 학자와 저널리스트(어느 때보다 오늘날 그 중요성과 다양성이 부각되고 있는 직업)의 집중적인 조사 활동이 없었다면 우리는 결코 이 책을 저술하지 못했을 것이다. 책 말미에 지면으로나마 그들에게 큰 빚을 졌다는 사실을 이렇게 언급함으로써 조금이라도 감사의 마음을 표하고 싶다. 어떻게 보면 이런 책을 쓴다는 것은 지극히 개인적인 활동이라고 할 수 있다. 그러나 우리의 이런 개인적 활동이 거대하고, 때로는 잘 드러나지 않는 공동체의 노력에 기초한 것임을 우리는 날마다 깨닫지 않을 수 없었다.

이렇게 잘 드러나지 않은 공동체의 도움만 받았던 것은 아니다. 아주 분명하게 드러나는 공동체의 도움도 많이 받았다. 바로 버클리 대학과 예일 대학의 연구 팀이 그런 공동체이다. 데빈 코그헤이(Devin Caughey), 리 드러트먼(Lee Drutman), 클로 서스턴(Chloe Thurston), 소피 래스먼(Sophie Raseman)은 찾기 어려운 용의자를 추적하는 데만 적극적으로 활동한 것이 아니다. 그들은 어떤 문제에 대한 우리의 주장과 이해를 구축하는 데 아주 중요한 역할을 했다. 명석한 두뇌의 소유자이자 예일대 법대 재학생인 엘리자베스 켈리(Elizabeth Kelly)는 우리가 이 책을 쓰는 데 필요한 역사 자료들을 준비해줬다. 또한 그녀의 유능한 동료인 조시 로스마린(Josh Rosmarin)과 함께 사실 관계를 체계적으로 확인할 수 있는 절차를 수립했다. 토리 빌스키(Tory Bilski)는 논리적 문제건 문법적 문제건 가리지 않고 예일대 팀의 작업이 순조롭게 진행될 수 있도록 효율적이고 자발적인 활동을 했다.

우리가 깊은 감사를 표해야 할 팀이 또 하나 있다. 제대로 다듬어지지 않았던 우리의 초기 생각이 이렇게 번듯한 책으로 탄생할 수 있도록 도와준 전문가 팀이다. 우리의 출판 대리인인 시델 크래머(Sydell Kramer)는 온갖 문제들을 해결하고 통찰력을 제공하는 등 우리가 이 책을 저술하는 긴 시간 동안 언제나 든든한 안내자 역할을 했다. 그 과정에서 우리는 그녀의 조언이 항상 최선의 방법이라는 것을 깨달았다. 이 책을 사이먼 앤드 슈스터(Simon & Schuster)에서 출판하기로 한 결정 역시 여기에 포함된다. 사이먼 앤드 슈스터에서 우리는 유능하고 헌신적인 사람들과 함께 작업하는 행운을 누렸다. 데디 펠드먼(Dedi Feldman)은 프로젝트 초기부터 잠재 가능성을 간파하고 우리의 작업에 활기를 불어넣었다. 최종 결과물에 그녀가 흐뭇해했으면 좋겠다. 지칠 줄 모르는 열정의 소유자였던 편집자 로저 래브리(Roger Labrie)는 이 책이 보다 완성도 높은 책으로 거듭날 수 있도록 공감과 촉구를 적절히 섞어가며 우리를 계속 채찍질했다. 교열 담당자와 제작 편집자인 자넷 진골드(Jeanette Gingold)와 조너선 에반스(Jonathan Evans) 역시 우리의 책이 좀 더 술술 읽히고 우리가 최종 목적지에 무사히 도달할 수 있도록 끝까지 도움을 아끼지 않았다. 우리를 이끈 그들의 뛰어난 능력과 투철한 직업 정신에 진심으로 감사한다. 책 한 권을 만드는 작업은 처음부터 끝까지 여러 사람의 합심된 노력을 필요로 하는 팀 프로젝트다.

마지막으로 우리 두 사람의 부인인 우너(Oona)와 트레이시(Tracey)에게 감사 인사를 전한다. 사실 이 두 사람에 대한 인사는 이런 지면만으로는 턱없이 부족하다. 이들에게는 훨씬 더 많은 감사 인사가 필요하다. 이들은 항상 우리 두 사람에게 지적, 개인적 지지와 응원을 보냈다. 또한 더 깊이 파헤치고 싶은 욕심에 정해놓은 작업 마감 기한을 몇 번씩이나 어긴 우리에게 무한한 인내심과 공감을 표하기까지 했다. 여기에서는 이 정도로밖에 감사의 마음을 표현하지 못하는 것이 그저 아쉬울 뿐이다. 하지만 이 속에 담긴 우리의 애정과 감사의 마음을 진심으로 이해하리라 믿어 의심치 않는다.

제이콥 해커 & 폴 피어슨

주

서문_30년간의 싸움

1. Graham Bowley & Zachary Kouwe, "Rivals Await Blankfein's Bonus at Goldman Sachs", New York Times, February 3, 2010. Stephen Grocer & Aaron Lucchetti, "Traders Beat Wall Street CEOs in Pay", Wall Street Journal, April 6, 2010.
2. Louise Story & Eric Dash, "Banks Prepare for Big Bonuses, and Public Wrath", New York Times, January 9, 2010; "Goldman Sachs 2009 pay up as profit soars: Bank posts $4.79 billion 4Q profit; 2009 bonuses, pay up 47%", MSNBC.com, January 21, 2010, http://www.msnbc.msn.com/id/34972351/.
3. Bloomberg, "John Paulson Tops Alpha Hedge Fund Pay List", Telegraph, April 16, 2008.
4. Story & Dash, "Banks Prepare for Big Bonuses".
5. John Arlidge, I'm Doing 'God's Work'. Meet Mr. Goldman Sachs", Sunday Times, November 8, 2009.
6. Christian E. Weller & Jessica Lynch, Household Wealth in Freefall: Americans' Private Safety Net in Tatters (Washington, D.C.: Center for American Progress, April 2009), 7.
7. Peter S. Goodman, "U.S. Job Seekers Exceed Openings by Record Ratio", New York Times, September 26, 2009.
8. 미 의회예산국(Congressional Budget Office, 이하 CBO)의 다음 두 자료를 바탕으로 계산한 것이다. CBO, Historical Effective Tax Rates, 1979~2006 (Washington, D.C: CBO, April 2009), CBO, Historical Effective Tax Rates, 1979 to 2005: Supplement with Additional Data on Sources of Income and High-Income Households, Dec. 23, 2008. 위 두 자료는 CBO 홈페이지에서도 볼 수 있다. www.cbo.gov/ftpdocs/100xx/doc10068/effective_tax_rates_2006.pdf (관련 데이터는 www.cbo.gov/publications/collections/tax/2009/average_after-tax_income.xls 참조), www.cbo.gov/ftpdocs/98xx/doc9884/12_23-EffectiveTaxRates_Letter.pdf(관련 데이터는 www.cbo.gov/doc.cfm?index=9884&type=2 참조). 1장에서 이야기한 것처럼 CBO는 인구통계국 소득 데이터(중산층의 소득을 파악하는 데 유용함)와 소득세 데이터(부유층의 소득을 파악하는 데 유용함)를 사용하고 있다. CBO는 아주 포괄적으로 소득을 측정하고 있다. 임금, 연봉, 사업 소득, 임대료, 과세 및 비과세 이자, 배당금, 실현된 자본소득, 현금이전 지출, 현금성 은퇴 수당은 물론이고 노인의료보험, 저소득층 의료보험, 고용주 부담 의료보험 같은 각종 복지 수당, 식권, 학교 아침 및 점심 급식, 주택 마련 보조금, 전기세 보조금 등이 모두 소득에 포함되었다. 단, 연방세는 소득에서 제외되었다. 이런 연방세에는 가구 및 개인에게 직접적으로 부과되는 소득세와 급여세 외에도 기업들에 부과하는 세금(법인세, 사회보장연금, 저소득층 의료보험, 연방 실업보험세)이 포함된다. CBO는 고용주들이 지불하는 실업보험세의 경우 임금에서 삭감하는 식으로 그 부담을 근로자들에게 전가한다. 법인세의 경우 이자, 배당금, 자본 소득, 임대 수입에 비례해서 기업가가 소유한 자본으로 부담할 것으로 가정했다.

9. Jodie T. Allen & Michael Dimock, "A Nation of 'Haves' and 'Have-Nots'", Pew Research Center for the People and for the Press, September 13, 2007, http://pewresearch.org/pubs/593/haves-have-nots.
10. 개인들이 신고한 소득세를 사용하여 존 보키자(Jon Bokija)와 브래들리 하임(Bradley T. Heim)은 "경영자, 관리자, 임원, 금융업계 종사자들이 최근 몇 년간 소득 수준 0.01%의 최상위층이 60%를 차지한다는 사실을 발견했다. 그리고 1979년부터 2005년까지 미국의 전체 소득 증가분 가운데 70%가 소득 최상위층 0.1%로 향했다는 사실도 확인할 수 있었다." 이와 같은 내용은 보키자와 하임이 저술한 "Jobs and Income Growth of Top Earners and the Causes of Changing Income Inequality: Evidence from U.S. Tax Return Data" 2009년 3월 17일, 윌리엄스 컬리지(Williams College), 세금 분석 연구소(Office of Tax Analysis) 조사 보고서에 자세히 소개되어 있다.

제1장_범죄는 증거를 남긴다

1. 미국에서 소득세 데이터를 수집하기 시작한 1913년부터 모든 통계치를 확보할 수 있었다. 피케티와 사에즈가 제시한 수치는 2007년 데이터이다. 따라서 그와 유사한 다른 증거보다 훨씬 더 오랜 기간의 데이터를 바탕으로 조사가 이루어졌다는 얘기가 된다. 여기에 소개된 모든 데이터는 엑셀 문서 형태로 엠마누엘 사에즈의 웹사이트(http://elsa.berkeley.edu/~saez/TabFig2007.xls)에 올라와 있다.
2. Robert Frank, Richistan: A Journey Through the American Wealth Boom and the Lives of the New Rich (New York: Crown Publishers, 2007).
3. Jon Bokija & Bradley T. Heim, "Jobs and Income Growth of Top Earners and the Causes of Changing Income Inequality: Evidence from U.S. Tax Return Data", working paper, Williams College, Office of Tax Analysis (March 17, 2009).
4. 한 예로 경제학자 리처드 버크하우서(Richard Burkhauser)와 그의 동료들이 2009년도에 실시한 연구에 따르면, 이런 패턴은 이른바 연방 인구통계국의 '현재 인구조사'(Current Population Survey, 이하 CPS)의 내부 데이터에도 그대로 나타나 있다고 한다. '현재 인구조사'의 원래 응답은 외부 연구자들에게 제공하는 공식 결과처럼 고소득 계층에서 심하게 줄어들지 않았다. Richard V. Burkhauser, Shuaizhang Feng, Stephen P. Jenkins, Jeff Larrimore, "Recent Trends in Top Income Shares in the USA: Reconciling Estimates from March CPS and IRS Tax Return Data", Institute for the Study of Labor Discussion Paper No. 4426 (September 2009).
5. 당파별 역할에 대한 보다 체계적인 연구는 Lane Kenworthy, "How Much Do Presidents Influence Income Inequality?"(October 7, 2009)를 참조하기 바란다. 이 내용은 조만간 http://www.u.arizona.edu/~lkenwor/challenge2010.pdf를 통해서도 확인할 수 있다. 여기서 켄워시는 이렇게 결론내리고 있다. "만약 소득 상위 1%가 포함되어 있는 데이터를 살펴본다면 1970년대 이후 대통령의 소속 정당과 소득 불평등의 변화 간에 상관관계가 미약하다는 사실을 알게 될 것이다."
6. CBO 데이터를 통해 드러난 진귀한 사실들은 http://www.cbo.gov/publications/collections/taxdistribution.cfm에서 확인할 수 있다.
7. Jared Bernstein & Karen Kornbluh, "Running Faster to Stay in Place: The Growth of Family Work Hours and Incomes", New America Foundation Work and Family Program research paper (June 2005), 5.
8. 이 OECD 데이터는 http://stats.oced.org에서 확인할 수 있다. EU 15개국은 오스트리아, 벨기에, 덴마크, 핀란드, 프랑스, 독일, 그리스, 아일랜드, 이탈리아, 룩셈부르크, 네덜란드, 포르투갈, 스페인, 스웨덴, 영국으로 이루어져 있다. 여기에 사용된 방법은 인플레이션과 구매력을 감안한 1인당 GDP(지출 접근법)다.
9. "전체 인구에서 차지하는 총 노동력 백분율" 관련 OECD 데이터는 2005년과 2006년의 미국 관련

데이터를 구할 수 없었다.
10. 이에 대한 논의 역시 OECD 데이터를 기초로 이루어진 것으로 "노동자 1인당 연간 평균 실제 노동 시간"에 관한 데이터가 사용되었다. 노동 시간당 생산성은 Conference Board Total Economy Database(2010년 1월, http://www.conferenceboard.org/economics.database.cfm에서 확인할 수 있다)를 사용하여 미국 및 EU 15개 국(데이터를 구할 수 없는 독일은 제외됨)의 수치를 계산했다.
11. Paul Krugman, "The Big Zero", New York, Times, December 27, 2009.
12. Ron Scherer, "Number of Long-Term Unemployed Hits Highest Rate Since 1948", Christian Science Monitor, January 8, 2010.
13. U.S. Census Bureau, "Census Bureau Reports on Residential Vacancies and Home Ownership", Washington E.C.: U.S. Department of the Commerce, April 27, 2009. http://www.census.gov/hhes/www/housing/hvs/qtr109/files/q109press.pdf 참조.
14. Robert Greenstein, Sharon Parrot, Arloc Sherman, "Poverty and Share of Americans Without Health Insurance Were Higher in 2007-And Median Income for Working-Age Households Was Lower-Than at the Bottom of Last Recession", Center on Budget and Policy Priorities, 2008년 8월 26일. http://www.cbpp.org/cms/?fa=view&id=621 참조.
15. Emmanuel Saez, "Striking It Richer: The Evolution of Top Incomes in the United States (Update with 2007 Estimates)", University of California, Berkeley, August 5, 2009. http://elsa.berkeley.edu/~saez/saez-Ustopincomes-2007.pdf 참조.
16. 최근 미국 사회의 이동성에 관한 연구들은 다음과 같은 문헌에 자세히 요약되어 있다. Katharine Bradbury & Jane Katz, "Federal Reserve", Bank of Boston Working paper No. 09-7 (August 20, 2009); Thomas Hungerford, "Income Inequality, Income Mobility, and Economic Policy: U.S. Trends in the 1980s and 1990s", Congressional Research Service Report for Congress (April 4, 2008); Isabel Sawhill and John E. Morton, "Economic Mobility: Is the American Dream Alive and Well?" Economic Mobility Initiative: An Initiative of the Pew Charitable Trusts (February 2008).
17. Wojciech Kopczuk, Emmanuel Saez, Jae Song, "Uncovering the American Dream: Inequality and Mobility in Social Security Earnings Data Since 1937", National Bureau of Economic Research (NBER) Working Paper No. 13345(August 2007), 14, 40.
18. Miles Corak, "Chasing the Same Dream, Climbing Different Ladders: Economic Mobility in the United States and Canada", Economic Mobility Initiative: An Initiative of the Pew Charitable Trusts (January 2009), 7.
19. Lawrence Mishel, Jared Bernstein, Heidi Shierholz, "The State of Working America 2008/2009" (Cornell University Press, 2008) 중 표 3.13: Change in Private Sector Employer-Provided Pension Coverage 참조.
20. Jack VanDerhei, Sarah Holden, Luis Alonso, "401(k) Plan Asset Allocation, Account Balances and Loan Activity in 2008", Employee Benefit Research Institute No. 335 (October 2009): 16.
21. Alicia Munnell, Anthony Webb, Francesca Golub-Sass, "The National Retirement Risk Index: After the Crash", Center for Retirement Research at Boston College Brief No. 9-22 (October 2009).
22. David Himmelstein, Deborah Thorne, Elizabeth Warren, Steffie Woolhandler, "Medical Bankruptcy in the United States, 2007: Results of a National Study", American Journal of Medicine 122:8 (2007): 741~746.
23. Organization for Economic Cooperation and Development, OECD Health Data 2009-Frequently Requested Data (November 2009), http://www.irdes.fr/EcoSante/DownLoad/OECDHealthData_FrequentlyRequestedData.xls.
24. Jacob S. Hacker, "The New Push for American Health Security", in Health at Risk: America's Ailing Health System-and How to Heal It, Jacob S. Hacker, ed. (New York: Columbia University Press, 2008), 120; Ellen

Nolte & C. Martin McKee, "Measuring the Health of Nations: Updating an Earlier Analysis", Health Affairs 27, no. 1 (2008): 58~71.
25. Katherine Swartz, "Uninsured in America: New Realities, New Risks", in Health at Risk: America's Ailing Health System-and How to Heal It, Jacob S. Hacker, ed. (New York: Columbia University Press, 2008), 32~65.
26. 사람들의 지출 상황을 묻는 가장 주된 조사인 소비자 지출조사(Consumer Expenditure Survey)는 1990년대의 경우 별로 신뢰할 수 있는 결과를 내놓지 못했다. 특히 전체 소비자 지출 가운데 거대한 부분을 차지하는 것이 빠져 있기 때문이다. 2000년도의 비내구재 관련 전체 소비의 거의 절반이 누락되어 있다. 이보다 더 중요한 것은 그렇게 누락된 부분이 전체에서 차지하는 비율이 시간이 흐를수록 더 빠르게 증가하고 있다는 사실이다. (예를 들면 소비자 지출조사에서 1990년대 경기가 일시적으로 호황기를 누렸을 당시 소비자 지출이 급락한 것으로 나타났다) Orazio Attanasio, Erich Battistin, Hidehiko Ichimura, "What Really Happened to Consumption Inequality in the U.S.?" NBER Working Paper No. 10338 (March 2004); Ian Dew-Becker & R.J. Gordon, "Unresolved Issues in the Rise of American Inequality", Brookings Papers on Economic Activity 38, no. 2 (Fall 2007).
27. Christian Broda & John Romalis, "Inequality and Prices Does China Benefit the Poor in America?" (March 26, 2008). 이 주장과 관련하여 얼마나 뜨거운 논란이 일어났는지 궁금하다면 다음 자료를 참조하기 바란다. Steven D. Levitt, "Shattering the Conventional Wisdom on Growing Inequality", Freakonomics Blog, May 19, 2008, http://freakonomics.blogs.nythimes.com/2008/05/19/shattering-the-conventional-wisdom-on-growing-inequality/.
28. E.N. Wolff, "Recent Trends in Household Wealth in the United States: Rising Debt and the Middle-Class Squeeze", Levy Institute Working Paper No. 502 (June 2007), 15; Conchita D'Ambrosio & Edward N. Wolff, "The Distribution of Wealth and the Polarization of Income in the United States from 1983 to 2004: Inequality and Polarization", paper prepared for the workshop "Income Polarization: Measurement, Determinants and Implications", Israel (May 26~28, 2008).
29. Matthew Miller & Duncan Greenberg, eds., "Special Report: The Forbes 400", Forbes, September 17, 2008; Nina Munlk, "Money Trails. Don't Blink. You'll Miss the 258th-Richest American", New York Times, September 25, 2005.
30. Wolff, "Recent Trends in Household Wealth"; D'Ambrosio & Wolff, "The Distribution of Wealth".
31. N. Gregory Mankiw, "The Wealth Trajectory: Rewards for the Few", New York Times, April 20, 2008.
32. Ben S. Bernanke, "The Level and Distribution of Economic Well-Being", speech before the Greater Omaha Chamber of Commerce, February 6, 2007, http://www.federalreserve.gov/newsevents/speech/Bernanke20070206l.htm.
33. Michael Abramowitz & Lori Montgomery, "Bush Addresses Income Inequality", Washington Post, February 1, 2007.
34. David H. Autor, Richard J. Murname, Frank Levy, "The Skill Content of Recent Technological Change: An Empirical Exploration", Quarterly Journal of Economics 118 (November 2003): 1279~1334; David H. Autor, Lawrence F. Katz, Melissa S. Kearney, "Trends in U.S. Wage Inequality: Reassessing the Revisionists", NBER Working Paper No. 11627 (2005); David H. Autor, Lawrence F. Katz, Melissa S. Kearney, "The Polarization of the U.S. Labor Market", American Economic Review Papers and Proceedings 96 (May 2006): 189~194; Claudia Goldin & Lawrence F. Katz, "Narrowing, Widening, Polarizing: The Changing Nature of U.S. Wage Inequality", paper presented at Brookings Panel on Economic Activity, Washington, D.C. (September 7, 2007).

35. Claudia Goldin & Lawrence F. Katz, "The Race Between Education and Technology" (Cambridge, MA: Belknap Press, 2008).
36. National Center for Educational Statistics, "Economic Outcomes-Table 20-1. Median Annual Earnings of Full-Time, Full-Year Wage and Salary Workers Ages 25~34, by Educational Attainment, Sex, and Race/Ethinicity: Selected Years, 1980~2006", U.S. Department of Education, Institute of Education Sciences, http://nces.ed.gov/programs/coe/2008/sections2/table.asp?tableID=894.
37. Liana Fox & Elise Gould, "Employer-Provided Health Coverage Declining for College Grads in Entry-Level Jobs", Economic Snapshots, Economic Policy Institute (July 18, 2007), http://www.epi.org/economic_snapshots/entry/webfeatures_snapshots_20070718/.
38. Leslie McCall, "Expanding Levels of Within-Group Wage Inequality in U.S. Labor Markets", Demography 37, no. 4 (2000): 415~430; Thomas Lemieux, "Increasing Residual Wage Inequality: Composition Effects, Noisy Data, or Rising Demand for Skill?", American Economic Review 96, no. 3 (June 2006): 461~498.
39. Richard B. Freeman, America Works: Critical Thoughts on the Exceptional U.S. Labor Market (New York: Russell Sage Foundation, 2007), 44.
40. 상기 문헌 46.
41. Andrew Leigh, "How Closely Do Income Shares Track Other Measures of Inequality?", Economic Journal 117 (November 2007): 589~603. 해당 데이터는 http://people.anu.edu.au/andrew.leigh/pdf/TopIncomesPanel.xls.에서도 확인할 수 있다.
42. 미국, 캐나다 관련 내용은 다음과 같은 문헌들을 참조하기 바란다. Emmanuel Saez & Michael R. Veall, "The Evolution of High Incomes in Northern America: Lessons from Canadian Evidence", American Economic Review 95 no. 3 (June 2005): 831~849; Sami Mahroum, "Highly Skilled Globetrotters: The International Migration of Human Capital", Organization for Economic Co-operation and Development, http://www.oecd.org/dataoecd/35/6/2100652.pdf.

제2장_위장막에 가려진 용의자

1. Henry Paulson, Remakrs Prepared for Delivery by Treasury Secretary Henry M. Paulson at Columbia University, August 1, 2006, http://www.treasury.gov/press/releases/hp41.htm.
2. Paul Krugman, The Conscience of a Liberal (New York: Norton, 2007), Ch. 7.
3. N. Gregory Mankiw, "The Wealth Trajectory: Rewards for the Few", New York Times, April 20, 2008.
4. J. Bradford DeLong, "The Primacy of Politics for Income Distribution?", Grasping Reality with All Six Feet, blog entry, August 20, 2006, http://delong.typepad.com/sdj/2006/08/the_primacy_of_.html.
5. Ian Dew-Becker & R.J. Gordon, "Selected Issues in the Rise of American Inequality", Brookings Papers on Economic Activity 38, no. 2 (Fall 2007): 176~181.
6. Sherwin Rosen, "The Economics of Superstars", American Economic Review, 71, no. 5 (1981): 845~858; Robert H. Frank & Philip J. Cook, The Winner-Take-All-Society: Why the Few at the Top Get So Much More Than the Rest of Us (New York: Penguin Books, 1995).
7. Alan Murray, "Paul Volcker: Think More Boldly", Wall Street Journal, December 14, 2009.
8. Thomas Piketty & Emmanuel Saez, "How Progressive Is the U.S. Federal Tax System? A Historical and International Perspective", Journal of Economic Perspectives 21, no. 1 (Winter 2007): 3~24. 토머스 피케티(Thomas Piketty)와 엠마누엘 사에즈(Emmanuel Saez)가 Journal of Economic Perspectives에 소개한 별도의 결과는 http://elsa.berkeley.edu/~saez/jep-results-standalone.xls를 참조.
9. 피케티와 사에즈의 "How Progressive Is the U.S. Federal Tax System?"(15)을 바탕으로 계산한 것이다.

4.5%라는 수치는 소득 상위 0.1%의 세전 대비 세후 소득 비율이 1970년대 수준에서 그대로 유지되었을 경우 세후 소득 비율이 어떻게 되었을지 간단히 보여주는 것이다.

10. Benjamin I Page & Lawrence R. Jacobs, Class War: What Americans Really Think About Economic Inequality (Chicago: University of Chicago Press, 2009): 85~87.
11. Max B. Sawicky, "Do-It-Yourself Tax Cuts: The Crisis in U.S. Tax Enforcement", Economic Policy Institute Briefing Paper 160 (2005).
12. David Cay Johnston, Perfectly Legal: The Covert Campaign to Rig Our Tax System to Benefit the Super Rich-and Cheat Everybody Else (New York: Penguin Group, 2005) 참조.
13. Jenny Anderson & Julie Creswell, "Top Hedge Fund Managers Earn Over $240 Million", New York Times, April 24, 2007.
14. Vincent A. Mahler & David K. Jesuit, "Fiscal Redistribution in the Developed Countries: New Insights from the Luxembourg Income Study", Socio-Economic Review 4, no.3 (2006): 483~511; Luxembourg Income Study Project, Fiscal Redistribution Dataset, Version 2(David K. Jesuit & Vincent A. Mahler 편찬, 2008년 2월, www.lisproject.org/publications/fiscalredistdata/fiscred.htm.
15. Thomas L. Hungerford, "Income Inequality, Income Mobility, and Economic Policy", CRS Report for Congress, April 4. 2008. Panel Study of Income Dynamics에서 작성한 재분배 관련 기초 데이터를 제공해주신 헝거포드 박사에게 감사드린다. 덕분에 이런 수치들을 계산할 수 있었다. 여기서 다시 한번 강조하는 바이지만 우리는 여기에서도 이런 통계치만큼이나 놀라운 사실을 발견할 수 있다. 그것은 바로 불평등 증가에 공공정책이 미치는 영향을 크게 과소평가하고 있다는 사실이다. 첫째, 그들은 부유층의 소득 추세가 빠져 있는 소득 조사를 바탕으로 연구를 실시했다. 둘째, 동일한 이유에서 그들은 부유층의 소득에 영향을 미치는 과세 제도의 변화에 대해 거의 언급하지 않고 있다. 조금 전에 본 것처럼 정부의 세금 정책은 부유층의 소득에 많은 영향을 미치고 있다. 그리고 마지막으로 그들은 시장에서 발생하는 소득의 불평등을 조절하는 정부의 역할을 세금과 복지 수당이라는 형태로만 한정하여 거기에만 초점을 맞추고 있다. 그 결과 처음부터 시장에서의 소득이 결정되는 데 공공정책이 미치는 영향을 완전히 배제해버린 것이다.
16. 표류와 관련하여 보다 자세한 내용은 Jacob S. Hacker, "Privatizing Risk Without Privatizing the Welfare State: The Hidden Politics of Social Policy Retrenchment in the United States", American Political Science Review 98, no. 2 (2004): 243~260을 참조하기 바란다.
17. David S. Lee, "Wage Inequality in the United States During the 1980s: Rising Dispersion or Falling Minimum Wage?" Quarterly Journal of Economics 114, no. 3 (1999): 977~1023; David Card & John E DiNardo, "Skill-Biased Technological Change and Rising Wage Inequality: Some Problems and Puzzles", Journal of Labor Economics 20, no. 4 (2002): 733~783. 심지어 월마트의 CEO도 최저임금이 "오늘날의 경제 실정과 맞지 않을 정도로 구시대적이다. 우리는 월마트를 이용하는 수많은 고객들이 적은 임금에 맞춰 생계를 어렵게 꾸려가는 것을 직접 목격할 수 있었다. 한마디로 다음 월급날이 돌아올 때까지 기본적인 생활필수품들을 구입할 돈이 없는 사람들이 많았다"라는 말을 공개적으로 했을 정도다. Richard B. Freeman, America Works: Critical Thoughts on the Exceptional U.S. Labor Market (New York: Russell Sage Foundation, 2007), 50에서 인용했다.
18. 알래스카가 원하는 주의 지위에 관해서는 Gary Richardson, "The Truth About Redistribution: Republicans Received, Democrats Disburse", Economists' Voice 6, issue 10, article 3 (2009)을 참조하기 바란다.
19. Karl Polanyi, The Great Transformation: The Political and Economic Origins of Our Time (Boston: Beacon Press: 1944).

20. Jelle Visser, "Union Membership Statistics in 24 Countries", Monthly Labor Review, January 2006; Kris Maher, "Union Membership Drops", Wall Street Journal, January 23, 2010.
21. David Card, "Effect of Unions on Wage Inequality in the U.S. Labor Market", Industrial & Labor Relations Review 54, no. 2 (January 2010): 296~315; Freeman, America Works, 50.
22. 사회민주주의 정당들과의 긴밀한 연계를 통해 노조가 정부의 불평등 축소 활동에 미칠 수 있는 영향력 관련 증거는 David Bradley et al., "Distribution and Redistribution in Postindustrial Democracies", World Politics 55, no. 2 (January 2003): 193~228을 참조하기 바란다.
23. Visser, "Union Membership Statistics".
24. Freeman, America Works, 82~84.
25. Alex Bryson & Richard B. Freeman, "Worker Needs and Voice in the U.S. and the U.K.", NBER Working Paper No. 12310 (June 2006).
26. 1970년대 초, 산업별 노조총연맹 의장 조지 미니(George Meany)는 이런 말을 할 정도로 상황 파악에 둔감했다. "중요한 것은 현재 노조에 가입해 있는 조직원이다.… 조직화를 원치 않아 보이는 사람들의 조직화까지 왜 우리가 걱정해야 하는가?… 예전에는 노조원의 규모에 대해 걱정을 했다.… 그러나 이제는 더 이상 그런 걱정을 하지 않는다. 왜냐하면 특별한 차이가 없어 보이기 때문이다." Freeman, America Works, 77.
27. 관련 이야기는 David Vogel, Fluctuating Fortunes: The Political Power of Business in America (New York: Basic Books, 1988): 150~159를 참조하기 바란다.
28. Frank S. Levy & Peter Temin, "Inequality and Institutions in 20th Century America", NBER Working Paper No. 13106 (May 2007), 33.
29. John Logan, "The Union Avoidance Industry in the United States", British Journal of Industrial Relations 44, no. 4 (December 2006): 654.
30. Robert J. Flanagan, "Has Management Strangled U.S. Unions?" Journal of Labor Research 26, no. 1 (December 2005): 48~49.
31. Henry S. Farber & Bruce Western, "Ronald Reagan and Politics of Declining Union Organization", British Journal of Industrial Relations 40 (2002): 385~401.
32. Kate Bronfenbrenner, "No Holds Barred: The Intensification of Employer Opposition to Organizing", Economic Policy Institute Briefing Paper No. 235 (May 30, 2009), 13.
33. 상기 문헌 9.
34. Jacob S. Hacker, The Divided Welfare State: The Battle over Public and Private Social Benefits in the United States (New York: Cambridge University Press, 2002); Jacob S. Hacker, The Great Risk Shift: The New Economic Insecurity and the Decline of the American Dream, (New York: Oxford University Press, 2006).
35. W. Craig Riddell, "Unionization in Canada and the United States: A Tale of Two Countries", in Small Differences That Matter: Labor Markets and Income Maintenance in Canada and the United States, David Card & Richard Freeman, eds. (Chicago: University of Chicago Press and National Bureau of Economic Research, 1993): 109~148.
36. John Godard, "Do Labor Law Matter? The Density Decline and Convergence Thesis Revisited", Industrial Relations 42, no. 3 (2003): 458~492.
37. Mark Clothier, "Home Depot's Nardelli Ousted After Six-Year Tenure", Bloomberg, January 3, 2007, http://www.bloomberg.com/apps/news?pid=20601087&sid=aLphvT.qlqZI&refer=home.
38. Jon Bakija & Bradley T. Heim, "Jobs and Income Growth of Top Earners and the Causes of Change

Income Inequality: Evidence from U.S. Tax Return Data", working paper, Williams College, Office of Tax Analysis (March 17, 2009).
39. 세금 정책에 대한 이전 논의와 경영자 보수에 대한 현재의 논의 사이에는 하나의 연결고리가 존재한다. 최상위 부유층에 대한 실제 세율의 급락이 어쩌면 경영자 보수의 상승을 자극했을지도 모른다는 것이다. 왜냐하면 보수의 어떤 상승보다도 그런 낮은 세율은 훨씬 더 많은 이득을 볼 수 있기 때문이다. 캐롤라 프리드먼(Carola Frydman)과 레이븐 삭스(Raven Saks)는 이런 예측을 내놓았다. "만약 전체 표본 조사 기간의 세율이 2000년 수준이었다면 경영자들의 보수는 1950년대와 1960년대보다 35% 정도 높게 나왔을 것이다." Carola Frydman & Raven Saks, "Historical Trends in Executive Compensation", Sloan School of Management, MIT, working paper (2005), 31.
40. Carola Frydman & Raven Saks, "Executive Compensation: A New View from a Long-Term Perspective", FEDS Working Paper No. 2007-35 (July 6, 2007).
41. Figure 3AE, Table 3.41 in Lawrence Mishel, Jared Bernstein, Heidi Shierholz, The State of Working America 2008/2009 (Cornell: Cornell University Press, 2008), 221 참조.
42. 상기 문헌 Table 3.42 참조.
43. Hay Group, 2006 Top Executive Compensation Study (Philadelphia: Hay Group 2007).
44. Kevin J. Murphy, "Politics, Economics, and Executive Compensation", University of Cincinnati Law Review 63 (1995): 714~746.
45. Peter A. Gourevitch & James Shinn, Political Power and Corporate Control: The New Global Politics of Corporate Governance (Princeton University Press, 2005).
46. John C. Bogle, "A Crisis of Ethic Proportions", Wall Street Journal, April 21, 2009; John C. Bogle, The Battle for the Soul of Capitalism: How the Financial System Undermined Social Ideals, Damaged Trust in the Markets, Robbed Investors of Trillions-And What to Do About It (New Haven: Yale University Press, 2005).
47. Lucian Bebchuk & Jesse Fried, Pay Without Performance: The Unfulfilled Promise of Executive Compensation (Cambridge, MA: Harvard University Press, 2004).
48. 상기 문헌 100.
49. 상기 문헌 102, 105.
50. Ellen E. Schultz & Tom McGinty, "Executives Enjoy 'Sure Thing' Retirement Plans", Wall Street Journal, December 16, 2009.
51. Gourevitch & Shinn, Political Power and Corporate Control.
52. Arthur Levitt, Take on the Street: How to Fight for Your Financial Future (New York: Vintage, 2002).
53. 10년 이상 질질 끌어오다 스톡옵션과 관련된 일련의 스캔들의 파고가 한 차례 휩쓸고 지나간 후에야 FASB는 2004년에 마침내 스톡옵션을 비용으로 신고하는 제도를 도입했다. 심지어 그때에도 의회 내에서 양당의 반대가 아주 격렬했다.
54. John W. Cioffi, "Building Finance Capitalism: The Regulatory Politics of Corporate Governance Reform in the United States and Germany", in Jonah Levy, ed. The State After Statism: New State Activities in the Age of Liberalization(Oxford: Oxford University Press, 2006).
55. Levitt, "Take on the Street, 250; Brian J. Hall & Kevin Murphy :The Trouble with Stock Options", Journal of Economic Perspectives, 17, no. 3 (2003): 51.
56. Thomas Philippon & Ariell Reshef, "Wages and Human Capital in the U.S. Financial Industry: 1909-2006", NBER Working Paper No. 14644 (January 2008).
57. Justin Lahart, "Has the Financial Industry's Heyday Come and Gone?" Wall Street Journal, April 28, 2008.

58. Martin Wolf, "Regulators Should Intervene in Banker's Pay", Financial Times, January 16, 2008.
59. Jenny Anderson, "Top Hedge Funds, Richest of the Rich Get Even More So", New York Times, May 26, 2006; Jenny Anderson & Julie Creswell, "Top Hedge Fund Managers Earn Over 240 Million", New York Times, April 24, 2007; Jenny Anderson "Wall Street Winners Get Billion-Dollar Paydays", New York Times, April 16, 2008.
60. Christine Harper, "Wall Street Bonuses Hit Record $39 Billion for 2007", Bloomberg, January 17, 2008, http://www.bloomberg.com/apps/news?pid=newsarchive&sid=aHPBhz66H9eo.
61. Robert Kuttner, The squandering of America (New York: Knopf, 2007)
62. David Moss, "An Ounce of Prevention: Financial Regulation, Moral Hazard, and the End of 'Too Big to Fail'", Harvard Magazine, September-October 2009, 24~29.
63. Robert J. Gordon & Ian Dew-Becker, "Controversies About the Rise of American Inequality: A Survey", NBER Working Paper No. 13982 (May 2008), 25.
64. Philippon & Reshef, "Wages and Human Capital in the U.S. Financial Industry: 1909~2006".
65. Kuttner, squandering of America, 77.
66. Philippon & Reshef, "Wages and Human Capital", 30.
67. Lucian A. Bebchuk, Alma Cohen, Holger Spamann, "The Wages of Failure: Executive Compensation at Bear Sterns and Lehman 2000-2008", Harvard Law and Economics Discussion Paper No. 657 (December 2009).
68. Andy Serwer & Allan Sloan, "How Financial Madness Overtook Wall Street", Time, September 18, 2008.
69. Louis Uchitelle, "The Richest of the Rich, Proud of a New Golden Age", New York Times, July 15, 2007.
70. Daniel Gross, Bull Run: Wall Street, The Democrats, and the New Politics of Personal Finance (New York: Public Affairs, 2000), 14.

제3장_사라진 신대륙의 꿈

1. 두 인용구는 Michael Thompson, The Politics of Inequality: A Political History of the Idea of Economic Inequality (New York: Columbia University Press, 2007), 25, 45에서 발췌한 것이다. 또한 Sean Wilentz, "America's Lost Egalitarian Tradition", Daedalus, 131, no. 1 (Winter 2002): 66~80도 참조하기 바란다.
2. Thompson, The Politics of Inequality, 27, 45, 47~48.
3. James Madison, "Federalist #10: The Utility of the Union as a Safeguard Against Domestic Faction and Insurrection", in The Federalist Papers, http://www.constitution.org/fed/federa10.htm, 원래는 Daily Advertiser, November 22, 1787에 게재되었던 글이다.
4. James Madison, "Federalist #39: Conformity of the Plan to Republican Principles", in The Federalist Papers, http://www.constitution.org/fed/federa39.htm, 원래는 Independent Journal, January 16, 1788에 게재되었던 글이다.
5. Akhil Reed Amar, America's Constitution: A Biography (New York: Random House, 2005), 17.
6. John Adams, "Defence of the Constitutions of Government of the United States", in the The Founders' Constitution, vol. 1, Philip B. Kurland & Ralph Lerner, eds. (Chicago: University of Chicago Press, 1986).
7. Alexis de Tocqueville, Democracy in America, trans. and ed. by Harvey C. Mansfiled & Delba Winthrop (Chicago: University of Chicago Press), 201.
8. 상기 문헌.
9. Allen H. Meltzer & Scott F. Richards, "A Rational Theory of the Size of Government", Journal of Political Economy 89, no. 5 (1981): 814~927을 표준 모델로 삼은 것이다. 보다 세부적인 검토는 Jo Thori Lind,

"Why Is There So Little Redistribution?" Nordic Journal of Political Economy 31 (2005): 111~125를 참조하기 바란다.
10. Steve Fraser, Wall Street: A Cultural History (London: Faber and Faber, 2005), 158에서 인용한 것이다.
11. Michael Waldman, ed. My Fellow Americans: The Most Important Speeches of America's Presidents, from George Washington to George W. Bush (Naperville, IL: Sourcebooks, 2003), 72~73.
12. Melvin I. Urofsky, Louis D. Brandeis: A Life (New York: Patheon Books, 2009), 326.
13. 상기 문헌 320에서 인용한 것이다.
14. Cass Sunstein, The Second Bill of Rights: FDR's Unfinished Revolution and Why We Need It More Than Ever (New York: Basic Books, 2004): 20~25.
15. Adam Smith, An Inquiry Into the Nature and Causes of the Wealth of Nations(Edinburgh: Thomas Nelson and Peter Brown, 1827), 277, 279.
16. Walter Lippmann, Drift and Mastery: An Attempt to Diagnose the Current Unrest (New York: Mitchell Kennerley, 1914), 36~37.
17. 상기 문헌 100.
18. Frances E. Lee & Bruce I. Oppenheimer, Sizing Up the Senate: The Unequal Consequences of Equal Representation (Chicago: University of Chicago Press, 1999); John D. Griffin, "Senate Apportionment as a Source of Political Inequality", Legislative Studies Quarterly 31, no. 3 (2006).
19. Robert Dahl, How Democratic Is the American Constitution? (New Haven: Yale University Press, 2001).
20. Lee & Oppenheimer, Sizing Up the Senate, 10~11.
21. David Samuels & Richard Snyder, "The Value of a Vote: Malapportionment in Comparative Perspective", British Journal of Political Science 31 (2002): 651~671.
22. Michael Schudson, The Good Citizen: A History of American Civic Life (New York: Martin Kessler Books, 1998), 182.
23. David Brian Robertson, "The Bias of American Federalism: Political Structure and the Development of America's Exceptional Welfare State in the Progress Era", Journal of Policy History 1 (1989): 261~291.
24. Waldman, My Fellow Americans, 106.
25. Kevin Philips, The Politics of Rich and Poor (New York: Random House, 1990), 106에서 인용한 것이다.
26. William E. Leuchtenburg, Franklin D. Roosevelt and the New Deal (New York: Harper & Row, 1963), 21.
27. Rick Santelli, CNBC News, February 19, 2009 at 1 p.m. ET, http://www.youtube.com/watch?v=bEZB4taSEoA&feature=player_embedded#.
28. Frances Perkins, "Basic Idea Behind Social Security Program", New York Times, January 27, 1935.29. Bruce A. Ackerman, We the People, vol. 1 (Cambridge, MA: Belknap Press, 1991).
30. Leuchtenburg, Franklin D. Roosevelt and the New Deal, 333.

제4장_겉으로 드러나지 않은 1970년대의 변혁

1. Allen J. Matusow, The Unraveling of America: A History of Liberalism in the 1960s (New York: Harper & Row, 1984); Rick Perlstein, Nixonland: The Rise of a President and the Fracturing of America (New York: Scribner, 2008). Allen J. Matusow, Nixon's Economy: Booms, Busts, Dollars, and Votes (Lawrence, KS: University Press of Kensas, 1998)도 참조하기 바란다.
2. Kevin P. Philips, The Emerging Republican Majority (New Rochelle, NY: Arlington House, 1969).
3. Philips, The Emerging Republican Majority, 37, 464.
4. Robert D. McFadden, "Edmund hillary, First on Everest, Dies at 88", New York Times, January 10, 2008.

5. Ted Koppel 인터뷰, Larry King Live, CNN, October 4, 2000.
6. Michael Calderone, "Health Care Talk Sinks Obama Press Conference Ratings", Politico, July 27, 2009, http://www.politico.com/news/stories/0709/25385.html.
7. Jeffrey H. Birnbaum & Alan S. Murray, Showdown at Gucci Gulch: Lawmakers, Lobbyists, and the Unlikely Triumph of Tax Reform (New York: Random House, 1987).
8. John Steinbeck, The Grapes of Wrath (New York: Penguin Classics, 2006), 38.
9. Jacob S. Hacker and Paul Pierson, Off Center: The Republican Revolution and the Erosion of American Democracy (New Haven: Yale University Press, 2005), 164.
10. Pew Research Center for the People & the Press, "Senate Legislative Process a Mystery to Many", Pew Research Center survey report, January 8, 2010, http://people-press.org/report/586/.
11. Hacker & Pierson, Off Center, 164.
12. 보다 포괄적인 논의는 Paul Pierson, "The Prospects for Democratic Control in an Age of Big Government", in Politics at the Turn of the Century, Arthur M. Melzer, Jerry Weinberger, M. Richard Zinman, eds. (Lanham, MD: Rowman & Littlefield, 2001), 140~161을 참조하기 바란다.
13. National Election Studies: http://www.electionsudies.org 데이터를 바탕으로 계산한 것이다.
14. Larry M. Bartels, Unequal Democracy: The Political Economy of the New Gilded Age (New York: Russell Sage Foundation, 2008); Martin Gilens, "Inequality and Democratic Responsiveness", Public Opinion Quarterly (69, no. 5 (2005): 778~796.
15. Gilens, "Inequality and Democratic Responsiveness", 794.

제5장_조직 싸움의 정치

1. National Journal, 1974, 14.
2. David Vogel, Fluctuating Fortunes: The Political Power of Business in America (New York: Basic Books, 1989), 59; R. Shep Melnick, "From Tax-and-Spend to Mandate-and-Sue: Liberalism After the Great Society", in The Great Society and the High Tide of Liberalism, Sidney Milkis & Jerome Mileur, eds. (Amherst, MA: University of Massachusetts Press, 2005).
3. Lewis Powell, "Confidential Memorandum: Attack on the Free Enterprise System", August 23, 1971, quoted in Kim Phelps-Fein, Invisible Hands: The Making of the Conservative Movement from the New Deal to Reagan (New York: Norton, 2009), 158, 160.
4. Thomas Byrne Edsall, The New Politics of Inequality (New York: Norton, 1984), 114.
5. Vogel, Fluctuating Fortunes, ch. 8.
6. http://www.bea.gov/national/xls/gdplev.xls를 바탕으로 계산한 것이다.
7. 상기 문헌 198.
8. Vogel, Fluctuating Fortunes, 198; John Judis, The Paradox of American Democracy: Elites, Special Interests, and the Betrayal of Public Trust (New York, Pantheon, 2000), 121.
9. Sidney Blumenthal, The Rise of the Counter-Establishment: From Conservative Ideology to Political Power (New York: Times Books, 1986), 80에서 인용한 것이다.
10. Leonard Silk & David Vogel, Ethics and Profits: The Crisis of Confidence in American Business (New York: Simon & Schuster, 1976), 65.
11. Blumenthal, Rise of the Counter-Establishment, 78.
12. Taylor E. Dark, The Unions and the Democrats: An Enduring Alliance (Ithaca, NY: Cornell University Press, 1999), 149.

13. Vogel, Fluctuating Fortunes, 209~210.
14. 상기 문헌, 208.
15. Andrew Rich, "War of Ideas: Why Mainstream and Liberal Foundations and the Think Tanks They Support Are Losing in the War of Ideas in American Politics", Stanford Social Innovation Review (Spring 2005): 24. 이 문단과 이전 문단은 리치(Rich)의 조사에 많이 의존했다. 또한 Andrew Rich, Think Tanks, Public Policy and the Politics of Expertise (New York: Cambridge University Press, 2004)를 참조하기 바란다.
16. Judis, The Paradox of American Democracy, 135.
17. Blumenthal, Rise of the Counter-Establishment, 80.
18. "Carter Dealt Major Defeat on Consumer Bills", Congressional Quarterly Weekly Report, February 11, 1978.
19. Edsall, New Politics of Inequality, 152.
20. "House Rejects Labor-Backed Picketing Bill", CQ Almanac 1977 (Washington: Congressional Quarterly, 1978).
21. 상기 문헌.
22. 상기 문헌.
23. Richard B. Freeman & James L. Medoff, What Do Unions Do? (New York: Basic Books, 1985), 203.
24. "Filibuster Kills Labor Law 'Reform' Bill", CQ Almanac 1978 (Washington: Congressional Quarterly, 1979).
25. Freeman & Medoff, What Do Unions Do?, 203.
26. "Filibuster Kills Labor Law 'Reform' Bill", CQ Almanac 1978.
27. Edsall, New Politics of Inequality, 125.
28. Howard Zinn & Anthony Arnove, Voices of a People's History of the United States, 2nd ed. (New York: Seven Stories Press, 2009), 530~533.
29. Frank Levy & Peter Temin, "Inequality and Institutions in Twentieth Century America", NBER Working Paper No. 13106 (May 2007).
30. Thomas Ferguson & Joel Rogers, Right Turn: The Decline of the Democrats and the Future of American Politics (New York: Hill and Wang, 1986), 109.
31. Blumenthal, Rise of the Counter-Establishment, 81.
32. David O. Sears & Jack Citrin, Tax Revolt: Something for Nothing in California (Cambridge, MA: Harvard University Press), 233.
33. Mark Blyth, Great Transformations: Economic Ideas and Institutional Change in the Twentieth Century (New York: Cambridge University Press, 2002), 175~176.
34. William A. Greider, "The Education of David Stockman", Atlantic Monthly, December 1981.

제6장_사라진 중산층

1. Suzanne Mettler, Soldiers to Citizens: The GI Bill and the Making of the Greatest Generation (New York: Oxford University Press, 2005); Theda Skocpol, Diminished Democracy: From Membership to Management in American Civic Life (Norman, OK: University of Oklahoma Press, 2003).
2. Mettler, Soldiers to Citizens, 19.
3. Taylor E. Dark, The Unions and the Democrats: An Enduring Alliance (Ithaca, NY: Cornell University Press, 1999), 57.
4. Peter L. Francia, The Future of Organized Labor in American Politics (New York: Columbia University

Press, 2006), 1.
5. 상기 문헌 1.
6. Jacob S. Hacker, The Divided Welfare State: The Battle over Public and Private Social Benefits in the United States (New York: Cambridge University Press, 2002).
7. "Statement of George Meany, President, American Federation of Labor, Social Security Amendments of 1954", Committee on Finance, U.S. Senate, June 1954.
8. Sanford M. Jacoby, Modern Manors: Welfare Capitalism Since the New Deal (Princeton, NJ: Princeton University Press, 1997).
9. Derek C. Bok & John T. Dunlop, Labor and the American Community (New York: Simon & Schuster, 1970), 393.
10. Harry Mo. Scoble, "Organized Labor in Electoral Politics: Some Questions for the Discipline", Political Research Quarterly 16, no. 3 (1963): 666.
11. Bok & Dunlop, Labor and the American Community.
12. 상기 문헌 423.
13. Richard B. Freeman, "What Do Unions Do to Voting?", NBER Working Paper No. 9992 (September 2003); Benjamin Radcliff, "Organized Labor and Electoral Participation in American National Elections", Journal of Labor Research 22, no. 2 (2001): 405~414. 또한 Patrick Flavin & Benjamin Radcliff, "Labor Union Membership and Voter Turnout Across Nations", Midwest Political Science Association (Chicago, IL, April 2-5, 2009) 연례 회의에 제출된 논문도 참조하기 바란다.
14. Martin Gilens, "Interest Groups and Inequality in Democratic Responsiveness in the U.S.", Social Science Research Network working paper (August 31, 2009).
15. Skocpol, Diminished Democracy, 153~156.
16. 상기 문헌 124.
17. Robert Putnam, "Bowling Alone: America's Declining Social Capital", Journal of Democracy 6, no. 1 (1995), and Bowling Alone: The Collapse and Revival of American Community (New York: Simon & Schuster, 2000).
18. Gabriel A. Almond & Sidney Verba, The Civic Culture: Political Attitudes and Democracy in Five Nations (California: Sage Publications, 1989).
19. Alex Kaplun, "'Energy Citizens' Take Aim at Climate Legislation", New York Times, August 12, 2009.
20. Margaret Weir & Marshall Ganz, "Reconnecting People and Politics" in The New Majority: Toward a Popular Progressive Politics, Stanley B. Greenberg & Theda Skocpol, eds. (New Haven: Yale University Press, 1997), 160.
21. Jeffrey M. Berry, The New Liberalism: The Rising Power of Citizen Groups (Washington D.C.: Brookings, 1999).
22. EMILY's List, Homepage, http://emilyslist.org/about/.
23. Berry, The New Liberalism, 57.
24. Frank R. Baumgartner et al. Lobbying and Policy Change: Who Wins, Who Loses and Why (Chicago: University of Chicago Press, 2009), 258.
25. Elmer E. Schattschneider, The Semisovereign People: A Realist's View of Democracy in America (New York: Holt, Rinehart and Winston, 1960), 35.
26. Skocpol, Diminished Democracy, 1571.
27. Andrew Gelman, Red State, Blue State, Rich State, Poor State: Why Americans Vote the Way They Do

(Princeton, NJ: Princeton University Press, 2008), 3에서 인용한 것이다.
28. Nolan McCarty, Keith T. Poole, Howard Rosenthal, Ploarized America: The Dance of Ideology and Unequal Riches (Cambridge, MA: MIT Press, 2006), 96.
29. Gelman, Red State, Blue State, 102~104.
30. Mark A. Smith, The Right Talk: How Conservatives Transformed the Great Society into the Economic Society (Princeton, NJ: Princeton University Press, 2007); Larry M. Bartels, Unequal Democracy: The Political Economy of the New Gilded Age (New York: Russell Sage Foundation, 2008).
31. Smith, The Right Talk, 65.
32. 보다 자세한 검토는 Bartels, Unequal Democracy; Gelman, Red State, Blue State를 참조하기 바란다.
33. McCarty, Poole, Rosenthal, Ploarized America: 99.
34. James L. Guth et al, "Religious Influences in the 2004 Presidential Election", Presidential Studies Quarterly 36, no. 2 (2006).
35. Ross Douthat & Reihan Salam, Grand New Party: How Republicans Can Win the Working Class and Save the American Dream (New York: Doubleday, 2008); Jacob Felson & Heather Kindell, "The Elusive Link Between Conservative Protestantism and Conservative Economics", Social Science Research 36, no. 2 (2007): 673~687.
36. American Political Science Association Task Force on Inequality and American Democracy, "American Democracy in an Age of Rising Inequality", Perspectives on Politics 2 (2004): 651.
37. Joe Soss & Lawrence R. Jacobs, "The Place of Inequality: Non-participation in the American Polity", Political Science Quarterly 124, no. 1 (2009): 95~125.
38. Andrea Louise Campbell, "Parties, Electoral Participation, and Shifting Voting Blocs", in The Transformation of American Politics: Activist Government and Rise of Conservatism, Paul Pierson & Theda Skocpol, eds. (Princeton, NJ: Princeton University Press, 2007), 85~87.
39. Martin Gilens, "Preference Gaps and Inequality in Representation", PS: Political Science & Politics 42 (2009): 335~341; David W. Brady & Daniel P. Kessler, "Who Supports Health Reform?", PS: Political Science & Politics 43 (2010). 1 6.
40. Bartels, Unequal Democracy, 295.
41. 상기 문헌 287.
42. Benjamin I. Page & Lawrence R. Jacobs, Class War?: What Americans Really Think About Economic Inequality (Chicago: University of Chicago, 2009), 24, 96.
43. 이 연구조사와 관련하여 보다 자세한 검토와 사례는 다음 문헌들을 참조하기 바란다. Benjamin Page & Robert Shapiro, The Rational Public: Fifty Years of Trends in Americans' Policy Preferences (Chicago: University of Chicago, 1992); Morris P. Fiorina, Samuel J. Abrams, Jeremy C. Pose, What Culture War? The Myth of a Polarized America (New York: Pearson, Longman, 2004); Page and Jacobs, Class War?; James A. Stimson, Public Opinion in America: Moods, Cycles, and Swings, 2nd ed. (Boulder: Westview, 1999); and Paul DiMaggio, John Evans, Bethany Bryson, "Have Americans' Social Attitudes Become More Polarized?" The American Journal of Sociology, 102. No. 3 (1996): 690~755.
44. 이것은 American National Election Studies에서 발견한 내용이다. 이 내용은 http://www.electionstudies.org/nesguide/toptable/tab3_1.htm에서도 확인할 수 있다.
45. 이와 관련된 내용은 2005년도에 출간된 우리의 저서 Off Center: The Republican Revolution and the Erosion of American Democracy (New Haven: Yale University Press, 2005)에 보다 자세히 소개되어 있다.

46. Jodie T. Allen & Michael Dimock, "A Nation of 'Haves' and 'Have-Nots'", Pew Research Center for the People & the Press, September 13, 2007, http://pewresearch.org/pubs/593/haves-have-nots; Lydia Saad, "More Americans Say U.S. a Nation of Haves and Have-Nots", Gallup News, July 11, 2008, http://www.gallup.com/poll/108769/more-americans-say-us-nation-haves-havenots.aspx.
47. Page & Jacobs, Class War?, 121.
48. Lane Kenworthy & Leslie McCall, "Inequality, Public Opinion and Redistribution", Socio-Economic Review (2007): 1~34.
49. Andrew Eggers, "Not So Deluded After All", personal web site, May 12, 2005, http://www.people.fas.harvard.edu/~aeggers/notsooptimistic.pdf.
50. 다음과 같은 질문을 던졌다. "앞으로 당신이 부자가 될 가능성은 어느 정도일 것 같은가? 아주 높다, 꽤 높다, 그렇게 높지 않다, 전혀 높지 않다." 2003년 1월 20~22일까지 1006통의 전화 인터뷰를 통해 조사를 실시했다. 표본 조사 대상: 전국 성인. [USGALLUP.03JNY20.R04]; 방법: 갤럽이 1990년 5월 17~20일까지 1225통의 전화 인터뷰를 통해 설문조사를 실시했다. 표본 조사 대상: 전국 성인. [USGALLUP.070190.R07].
51. Lars Osberg & Timothy Smeeding, "'Fair' Inequality? Attitudes Toward Pay Differentials: The United States in Comparative Perspective", American Sociological Review 71 (2006): 450~473.
52. Page & Jacobs, Class War?, 43.
53. Osberg & Smeeding, "'Fair' Inequality?"
54. 2008년도 질문은 다음 두 가지 방법으로 물어 보았다. 하나는 응답자들에게 소득 상위 5% 가구의 소득이 하위 5% 가구 소득보다 얼마나 더 많을지 물어보았다. 그리고 다른 하나는 소득 상위 및 하위 20% 가구의 소득에 대해 물어보았다. 이 두 질문에 대한 반응은 거의 차이가 없었다. 소득 불평등과 관련하여 일반 국민들의 인식을 알아보는 데 가장 일관성 있는 조사가 이루어진 것은 종합사회조사(General Social Survey)다. 이 조사는 1978년부터 "정부가 소득 격차를 줄여야 한다"고 생각하는지 응답자들에게 계속 똑같은 질문을 던졌다.
55. Leonard Downie Jr. & Robert G. Kaiser, The News About the News: American Journalism in Peril (New York: Knopf, 2002), 8.
56. 상기 문헌 138.
57. Markus Prior, Post-Broadcast Democracy: How Media Choice Increases Inequality in Political Involvement and Polarizes Elections (New York: Cambridge University Press, 2007).
58. Hacker & Pierson, Off Center, 177.
59. Matthew Hindman, The Myth of Digital Democracy (Princeton, NJ: Princeton University Press, 2009).
60. McCarty, Poole, Rosenthal, Polarized America, 1.
61. Fiorina, What Culture War?; Matthew Levundusky, The Partisan Sort: How Liberals Became Democrats and Conservatives Became Republicans (Chicago: University of Chicago Press, 2009); Sean M. Theriault, Party Polarization in Congress (New York: Cambridge University Press, 2008).
62. 호명 투표로 의원들의 이념적 성향을 측정한 기록 표결 점수(DW-Nominate scores)를 근거로 한 것이다. 자세한 기록 표결 점수는 http://www.voteview.com/에서 확인할 수 있다.
63. Hacker & Pierson, Off Center, 7; McCarty, Poole, Rosenthal, Polarized America, 11.
64. 자아상과 관련해서는 다음 문헌을 참조하기 바란다. Morris P. Fiorina & Samuel J. Abrahams, "Political Polarization in the American Public", Annual Review of Political Science 11 (2008): 563~588. 가장 눈에 띄는 것은 제임스 스팀슨(James Stimson)의 '국민 정서' 시리즈에서 소개된 진보주의자들의 증가다. 그는 일반 미국인들의 진보주의 또는 보수주의를 추적하기 위해 똑같은 단어를 반복적으로 사

용하여 다양한 질문을 던졌다. 스팀슨의 데이터에 따르면 2004년도 미국인들의 일반적인 정서는 1961년 이후 어느 때보다 진보적 성향이 강한 것으로 드러났다고 한다. 스팀슨의 Public Opinion in America, http://www.unc.edu/~istison/time.html의 내용을 업데이트한 것이다.

제7장_두 정당 이야기

1. Gary C. Jacobson, "Party Organization and Distribution of Campaign Resources: Republicans and Democrats in 1982", Political Science Quarterly, vol. 100, no. 4 (Winter, 1985-1986): 613.
2. Jacobson, "Party Organization and Distribution of Campaign Resources", 616에서 인용한 것이다.
3. 상기 문헌 613.
4. 상기 문헌 618.
5. 상기 문헌 621.
6. Robert Kuttner, The Life of the Party (New York: Viking, 1987), 86.
7. Larry Bartels, Unequal Democracy: The Political Economy of the New Gilded Age (Princeton: Princeton University Press, 2008), 122.
8. 여기서 우리는 정치학자들의 정당에 대한 기존 사고방식을 재고하게 만드는 최근의 몇몇 저술에 많이 의존했다. Marty Cohen, David Karol, Hans Noel, John Zaller, The Party Decides: Presidential Nominations Before and After Reform (Chicago: University of Chicago Press, 2008); David Karol, Party Position Change in American Politics (Cambridge, U.K.: Cambridge University Press, 2009).
9. Paul Krugman, The Conscience of a Liberal (New York: Norton, 2007), 23. 크루거먼은 지출 도표에 1975년도 통계를 그대로 인용했다.
10. Campaign Finance Institute, www.cfinst.org/pdf/VitalStats_t2.pdf를 바탕으로 계산한 것이다.
11. Campaign Finance Institute, www.cfinst.org/pdf/vital/VitalStats_t9.pdf; www.cfinst.org/pdf/vital/Vital_t10.pdf; www.cfinst.org/pdf/vital/Vital_t11.pdf를 바탕으로 계산한 것이다.
12. Philip A. Klinkner, The Losing Parties: Out-Party National Committees, 1956-1993 (New Haven: Yale University Press, 1994), 133.
13. 상기 문헌 139.
14. Paul S. Herrnson, "National Party Organizations at the Dawn of the Twenty-First Century"; Sandy Maisel, The Parties Respond: Changes in American Parties and Campaigns 4th ed. (Boulder: Westview Press, 2002), table 3.1, 55에 소개된 연방 선거위원회 데이터다.
15. Gary C. Jacobson, "The Republican Advantage in Campaign Finance", in John E. Chubb & Paul E. Peerson, eds. The New Direction in American Politics (Washington, D.C.; The Brookings Institution Press, 1985), 154.
16. Kuttner, The Life of the Party, 83.
17. Herrnson, "National Party Organizations", 55; Campaign Finance Institute, table 3-10.
18. Klinkner, The Losing Parties, 64~77.
19. Herrnson, "National Party Organizations", table 3.1, 55.
20. Klinkner, The Losing Parties, 143.
21. 상기 문헌 157.
22. 상기 문헌 159.
23. 상기 문헌 164.
24. Herrnson, "National Party Organizations", 55.
25. David Vogel, Fluctuating Fortunes: The Political Power of Business in America (New York: Basic Books,

1989), 245.
26. Kuttner, The Life of the Party, 62, 63.
27. 상기 문헌 71.
28. Klinkner, The Losing Parties, 181~182.
29. Karol, Party Position Change, 67.
30. 다음 세 문단은 민주당리더십회의(DLC)의 역사에 대해 호의적으로 기술한 케네스 베어(Kenneth S. Baer)의 저서 Reinventing Democrats: The Politics of Liberalism from Reagan to Clinton (Lawrence: University Press of Kansas, 2000)에 상당히 의존했다.
31. Baer의 저서 Reinventing Democrats, 73~74.
32. DLC, "New Orleans Declaration: A Democratic Agenda for the 1990s", 1990년 3월 1일 DLC 4차 연례회의에서 발표한 성명서다.
33. Jonathan Chait, The Big Con: The True Story of How Washington Got Hoodwinked and Hijacked by Crackpot Economics (Boston: Houghton Mifflin, 2007), 223.
34. David A. Stockman, The Triumph of Politics: The Inside Story of the Reagan Revolution (Avon: New York, 1986), 241. 브로가 자신의 브랜드로 성공시킨 '초당파 스타일'에 관해서는 Chait, The Big Con, 225~228을 참조하기 바란다.
35. Kuttner, Life of the Party, 53.
36. 좀 더 자세한 논의를 원한다면 Mark Smith, The Right Talk: How Conservatives Transformed the Great Society into the Economic Society (Princeton: Princeton University Press, 2007), Chapter 7을 참조하기 바란다.
37. Paul Barrett, "What Brought Down Wall Street?" MSNBC.com, September 19, 2008, http://www.msnbc.msn.com/id/26793500.에서 인용한 것이다.
38. Barbara Rudolph, Gisela Bolte, Richard Hornik, Thomas McCarroll, "The Savings and Loan Crisis: Finally, the Bill Has Come Due", Time, February 20, 1989, http://www.time.com/time/printout/0,8816,957083,00.html.
39. Thomas Ferguson & Joel Rogers, Right Turn: The Decline of the Democrats and the Future of American Politics (New York: Hill and Wang, 1986), 130~137을 참조하기 바란다.
40. Eisenhower, Dwight D. Personal and confidential to Edgar Newton Eisenhower, November 8, 1954. In The Papers of Dwight David Eisenhower, L. Galambos & D. van Ee, Eds. doc. 1147.
41. Jeffrey Eisenach, executive director of GOPAC, quoted in Daniel J. Balz & Ronald Brownstein, Storming the Gates: Protest Politics and the Republican Revival (Boston: Little, Brown, 1996), 145.
42. Thomas Byrne Edsall, The New Politics of Inequality (New York: Norton, 1984).
43. Balz & Brownstein, Storming the Gates.

제8장_19세기와의 가교 만들기

1. http://elsa.berkeley.edu/~saiz/TabFig2007.xls를 바탕으로 계산한 것이다. 이것은 자본 이익이 포함된 수치다.
2. Patrice Hill, "McCain Adviser Talks of 'Mental Recession'", Washington Times, July 9, 2008; "Obama on Gramm: 'America Already Has One Dr. Phil'", Associated Press, July 10, 2008.
3. Arthur Levitt, Take on the Street: How to Fight for Your Financial Future (New York: Pantheon, 2002), 205.
4. Eric Lipton & Stephen Labaton, "A Deregulator Looks Back, Unswayed", New York Times, November

17, 2008.
5. 상기 문헌.
6. David Corn, "Foreclosure Phil", Mother Jones, May 28, 2008.
7. "Transportation-DeLay Stands in Path of Proposal to Expand TEA-21 Spending", Congress Daily PM, March 17, 2003.
8. Kevin Drum, "The New Model Republican Party", www.washingtonmonthly.com/archives/individual/2003_10/002380php.
9. Lyman A. Kellstedt, John C. Green, James L. Guth, Corwin E. Smidt, "Religious Voting Blocs in the 1992 Election: The Year of the Evangelical?" Sociology of Religion 55, no. 3 (1994): 311.
10. Thomas Byrne Edsall, Mary D. Edsall, Chain Reaction: The Impact of Race, Rights, and Taxes on American Politics (New York: Norton, 1992), 131~134.
11. Kimberly H. Conger, John C. Green, "Spreading Out and Digging In: Christian Conservatives and State Republican Parties", Campaigns and Elections, February 2002, http://www.find.articles.com/p/articles/mi_m2519/is_1_23;shai_82757259.
12. Thomas Frank, What's the Matter with Kensas? How Conservatives Won the Heart of America (New York: Metropolitan Books, 2004), 109.
13. Bob Woodward, The Agenda: Inside the Clinton White House (New York: Simon & Schuster, 1994), 161.
14. Dan Balz & Ronald Brownstein, Storming the Gates: Protest Politics and Republican Revival (Boston: Little, Brown, 1996), 175에서 인용한 것이다.
15. 상기 문헌 182, 183.
16. David Maraniss & Michael Weisskopf, "Speaker and His Directors Make the Cash Flow Right", Washington Post, November 27, 1995, http://www.washingtonpost.com/wp-srv/politics/special/campfin/stories/cf112795.htm.
17. http://www.opensecrets.org에 소개된 자료를 바탕으로 계산한 것이다.
18. Date from the Senate Office of Public Records. Calculations by Center for Responsive Politics, www.opensecrets.org/lobby/index.php.
19. 이 논의는 다음과 같은 문헌에서 차용한 것이다. Jacob S. Hacker & Paul Pierson, "Tax Politics and the Struggle Over Activist Government" in Paul Pierson & Theda Skocpol, eds., The Transformation of American Politics: Activist Government and the Rise of Conservatism (Princeton: Princeton University Press, 2007), 256-80.
20. Eliza Newlin Carey, "Moore's Club for Growth Causing a Stir in the GOP", National Journal, October 26, 2002, 3128.
21. William G. Gale, Peter R. Orszag, Isaac Shapiro, "Distributional Effects of the 2001 and 20003 Tax Cuts and their Financing", Washington D.C.: Brookings Institution and Tax Policy Center, http://www.brook.edu/views/papers/gale/20040603.htm.
22. Carey, "Moore's Club for Growth Causing a Stir in the GOP", 3128; Matt Bai, "Fight Club", New York Times Magazine, August 10, 2003, 24.
23. Sean M. Theriault, Party Polarization in Congress (New York: Cambridge, 2008), 197.
24. Balz & Brownstein, Storming the Gates, 15에서 인용한 것이다.
25. David R. Mayhew "Clinton, the 103rd Congress, and Unified Party Control: What are the Lessons?" in Parties and Policies: How the American Government Works (New Haven: Yale University Press, 2008), 114.

26. Tax Policy CenterD Urban Institute-Brookings Institution 연합 프로젝트 데이터를 바탕으로 추정한 것이다. http://www.taxpolicycenter.org/numbers/Content/Excel/T02-0024.xls. 10% 소득층, 부양자녀 공제, 자녀양육비 세액공제, 개별공제 제한, 인적공제 단계적 감액, 대체선택최저세금, 한계세율에 영향을 미치는 조항들은 물론이고 기혼자를 위한 근로장려세제(ETC) 조항, 표준공제, 15% 소득층에 영향을 미치는 조항들도 모두 포함되어 있다. 그러나 은퇴와 교육 관련 조항은 제외되었다.
27. Jacob S. Hacker & Paul Pierson, "Abandoning the Middle: The Bush Tax Cuts and the Limits of Democratic Control", Perspectives on Politics 3 (2005): 39; 2001년 2월 2일, 미셸 데이비스(Michele Davis)가 폴 오닐(Paul O'Neill) 재무부 장관에게 보낸 메모. 출처: Ron Suskind, "The Bush Files", http://thepriceofloyalty.ronsuskind.com/thebushfiles/archives/000058.html.
28. Citizen for Tax Justice, "Year-by-Year Analysis of the Bush Tax Cuts Shows Growing Tilt to the Very Rich", 2002, http://www.ctj.org/html/gwb0602.htm.
29. Joint Economic Committee, U.S. House, "The Alternative Minimum Tax for Individuals: A Growing Burden", Washington, D.C. May 2001, http://www.house.gov/jec/tax/amt.htm.
30. Aviva Aron-Dine & Robert Greenstein, "The AMT's Growth Was Not 'Unintended': How the Administration and Congressional Leaders Anticipated the AMT Problem and Knowingly Made It Worse", Washington, D.C. Center on Budget and Policy Priorities, November 30, 2007, http://www.cbpp.org/files/11-30-07tax.pdf.
31. 상기 문헌 2.
32. Ron Suskind, The Price of Loyalty: George W. Bush, The White House, and the Education of Paul O'Neill (New York: Simon & Schuster, 2004).
33. Michael Graetz & Ian Shapiro, Death by a Thousand Cuts (New Haven: Yale University Press, 2006)
34. Peter A. Gourevitch & James Shinn, Political Power and Corporate Control: The New Global Politics of Corporate Governance (Princeton: Princeton University Press, 2005).
35. Robert Kuttner, The Squandering of America: How the Failure of Our Politics Undermines Our Prosperity (New York: Knopt, 2007), 78.
36. Jesse Westbrok & David Scheer, "Cox's SEC Hindered Probes, Slowed Cases, Shrank Fines, GAO Says", Bloomberg, May 6, 2009.
37. Christine Dugas, "Workers Sue Over 401(k) Losses", USA Today, August 21, 2001; Albert B. Crershow, "A 401(k) Post Mortem: After Enron, Emphasis on Company Stock Draws Scrutiny", Washington Post, December 16, 20001, H1.
38. John W. Cioffi, "Building Finance Capitalism: The Regulatory Politics of Corporate Governance Reform in the United States and Germany", in Jonah Levy, ed. The State after Statism: New State Activities in the Age of Liberalization (Oxford: Oxford University Press, 2006), 185~229.
39. 상기 문헌.
40. 상기 문헌.
41. CBS News, "Bush and Gore Do New York", October 18, 2000, http://www.cbsnews.com/stories/2000/10/18/politics/main242210.shtml.

제9장_민주당의 편승
1. Terry McAuliffe, What a Party! (New York: St. Matin's, 2007), 212~218.
2. Patrick Healy, "The Schumer Book (No, He's Not Running for President)", New York Times, January 30, 2007, http://thecaucus.blogs.nytimes.com/2007/01/30/the-schumer-book-no-hes-not-running-for-

president/.
3. Eric Lipton & Raymond Hernandez, "A Champion of Wall Street Reaps the Benefits", New York Times, December 14, 2008, A1. 뒤에 나오는 두 문단은 이 기사에 많이 의존했다.
4. "Invisible Primary(잘 드러나지 않는 예비선거)"에 관해서는 Mary Cohen, David Karol, Hans Noel, John Zaller, The Party Decides: Presidential Nominations Before and After the Reform (Chicago: University of Chicago Press, 2008)을 참조하기 바란다.
5. Lipton & Hernandez, "Champion of Wall Street".
6. Fredreka Schouten, Ken Dilanian, Matt Kelley, "Lobbyists in Feeding Frenzy", USA Today, September 25, 2008.
7. Center for Responsive Politics, "Finance Sector Gave 51 Percent More to House Bailout Bankers", Capitol Eye Blog, weblog entry posted on September 29, 2008, http://www.opensecrets.org/news/2008/09/finance-sector-gave-50-percent.html; Center for Responsive Politics, "Finance/Insurance/Real Estate-LongTerm Contribution Trends", http://www.opensecrets.org/industries/indus.php?ind=F.
8. Schouten, Dilanian, Kelley, "Lobbyists in Feeding Frenzy".
9. Louise Story, "Top Hedge Fund Managers Do Well in a Down Year", New York Times, March 24, 2009.
10. Lipton & Hernandez, "Champion of Wall Street".
11. Patrick Mc Geehan, "Wall Street Must Recover Before City Can Overcome Recession, Economist Say", New York Times, April 14, 2010.
12. FEC 수치는 Paul S. Herrnson, "National Party Organizations at the Dawn of the Twenty-First Century", in L. Sandy Maisel, The Parties Respond: Changes in American Parties and Campaigns (Boulder: Westview Press, 2002), 55, 58에서 인용했다.
13. John Judis, "Abandoned Surgery: Business and the Failure of Health Reform", American Prospect, March 21, 1995.
14. Paul Pierson, "The Deficit and the Politics of Domestic Reform" in Margaret Weir, ed., The Social Divide (Washington, D.C.: Brookings Institution Press, 1998).
15. Bob Woodward, The Agenda: Inside the Clinton White House (New York: Simon & Schuster, 2005), 161.
16. Irving Kristol, "The Battle for Reagan's Soul", Wall Street Journal, May 16, 1980, A22.
17. Malcolm Gladwell, "Game Theory", New Yorker, May 29, 2006.
18. Michael Lewis, Moneyball: The Art of Winning an Unfair Game (New York: Norton, 2003).
19. Larry Bartels, Unequal Democracy: The Political Economy of the New Gilded Age (Princeton: Princeton University Press, 2008); Mark Smith, The Right Talk: How Conservatives Transformed the Great Society into the Economic Society (Princeton: Princeton University Press, 2007).
20. George Packer, "The Hardest Vote", New Yorker, October 13, 2008.
21. John D. Griffin, "Senate Apportionment as a Source of Political Inequality" (2004년 9월 Political Science Association Meeting에서 발표된 논문).
22. Matthew Shugart, "Reform the Senate, But Don't Take Away the Filibuster", Daily Herald (Provo, Utah), May 5, 2005, 3.
23. Ari Berman, "K Street's Favorite Democrat", Nation, March 19, 2007.
24. 상기 문헌에서 인용한 것이다.
25. Jacob S. Hacker & Paul Pierson, Off Center: The Republican Revolution and the Erosion of American Democracy (New Haven: Yale University Press, 2005).
26. David R. Mayhew, Parties and Policies: How the American Government Works, (New Haven: Yale

University Press, 2008), 273~287.
27. Barbara Sinclair, "The '60-Vote Senate': Strategies, Process and Outcomes", in Bruce I. Oppenheimer, ed. U.S. Senate Exceptionalism (Columbus: Ohio State University Press, 2002), 241~261.
28. Sarah A. Binder, Minority Rights, Majority Rule: Partisanship and the Development of Congress (Cambridge: Cambridge University Press), 1997; Gregory J. Wawro & Eric Schickler, Filibuster: Obstruction and Lawmaking in the U.S. Senate (Princeton: Princeton University Press, 2006).
29. Ezra Klein, "The Rise of the Filibuster: An Interview with Barbara Sinclair", Washington Post, December 26, 2009.
30. Mark Schmitt, "When Did the Senate Get So Bad?", American Prospect, November 24, 2009.
31. Klein, "The Rise of the Filibuster".
32. Michael C. Jensen, Kevin J. Murphy, Eric G. Wruck, "Remuneration: Where We've Benn, How We Got to Here, What Are the Problems, and How to Fix Them", Harvard NOM Working Paper No. 04~28 (July 12, 2004).
33. Arthur Levitt, Take on the Street: What Wall Street and Corporate America Don't Want You to Know (New York, Pantheon, 2002), 118. 연방 연구가들은 1995~2000년 사이 스톡옵션에 따른 비용을 재무제표에 투명하게 반영했다면 S&P 500대 기업의 소득 증가율은 12%에서 9.4%로 하락했을 것이라고 주장했다.
34. Levitt, Take on the Street, 112~118.
35. Richard Posner, A Failure of Capitalism: The Crisis of '08 and the Descent into Depression (Cambridge: Harvard University Press, 2009), 294.
36. Louis Uchitelle, "The Richest of the Rich, Proud of a New Gilded Age", New York Times, July 15, 2007.
37. Eric Dash & Louise Story, "Rubin Leaving Citigroup; Smith Barney for Sale", New York Times, January 9, 2009.
38. Naftali Bendavid, The Thumpin': How Rahm Emanuel and the Democrats Learned to be Ruthless and Ended the Republican Revolution (New York: Doubleday, 2007), 156~157.
39. John Carney, "Rahm Emanuel: Wall Street's Man in the White House", Business Insider, November 7, 2008, http://www.businessinsider.com/2008/11/rahm-emanuel-wall-street-s-man-in-the-white-house.
40. Bendavid, The Thumpin', 157.

제10장_대격돌

1. Emmanuel Saez, "Striking It Richer: The Evolution of Top Incomes in the United States" (2007년 전망을 업데이트한 것임), August 5, 2009, http://elsa.berkeley.edu/~saez/saez-UStopincomes-2007.pdf.
2. Carmen DeNavas-Walt, Bernadette D. Proctor, Jessica C. Smith, Income, Poverty, and Health Insurance Coverage in the United States: 2008 (Washington, D.C.: U.S. Census Bureau, September 2009), http://www.census.gov/prod/2009pubs/-60-236.pdf.
3. Lynnley Browning, "Ex-UBS Banker Pleads Guilty in Tax Evasion", New York Times, June 20, 2008.
4. Andrew Ross Sorkin, Too Big to Fail: The Inside Story of How Wall Street and Washington Fought to Save the Financial System-and Themselves (New York: Viking, 2009), 489.
5. Barbara Sinclair, "Barack Obama and the 111th Congress: Politics as Usual?", Extensions (Spring 2009).
6. Barack Obama, "Renewing the American Economy", March 27, 2008. http://www.nytimes.com/2008/03/27/us/politics/27text-obama.html?page-wanted=print.
7. Charles Homans, "The Party of Obama", Washington Monthly, January 2010. www.washingtonmonthly.

com/features/2010/1001.homans.html.
8. Lisa Taddeo, "The Man Who Made Obama", Esquire, November 3, 2009. www.esquire.com/features/david-plouffe-0309.
9. Doris Kearns Goodwin, Team of Rivals (New York: Simon & Schuster, 2005).
10. Matt Bai, "Taking the Hill", New York Times Magazine, June 2, 2009.
11. 상기 문헌.
12. Ezra Klein, "The 'Congressionalist' White House", The Washington Post, June 8, 2009. http://voices.washingtonpost.com/ezra-klein/2009/06/the_cogressionalist_white_hou.html.
13. Rebecca Johnson, "On the Money", Vogue, March 2010.
14. Dan Balz & Ronald Brownstein, Storming the Gates: Protest Politics and the Republican Revival (Boston: Little Brown, 1996), 118~126; Julian E. Zelizer, On Capitol Hill: The Struggle to Reform Congress and Its Consequences 1949-2000 (New York: Cambridge University Press, 2004).
15. Alexander Bolton, "Collins, Snowe Stymie Dems' Tactics", The Hill, April 21, 2010.
16. Jacob Hacker & Paul Pierson, Off Center (New Haven: Yale Press, 2005), 110.
17. 의원들의 이념적 성향을 측정하기 위해 키스 풀(Keith Poole), 하워드 로젠탈(Howard Rosenthal)이 개발한 의회 기록 표결 점수를 바탕으로 연구 프로젝트를 실시한 것이다. www.voteview.com/dwnomin.htm.
18. 이론의 여지가 있겠지만 진짜 미스터리는 공화당이 왜 과거처럼 중도적인 입장을 취하지 않느냐 하는 것이다. 2006년, 2008년도 선거를 통해 자신들의 세를 확대한 민주당의 경우 하원에서의 기록 표결 점수가 중도 쪽으로 약간 이동한 것으로 나타났다. 하지만 공화당은 자신들의 세가 확대되었을 때나 축소되었을 때나 항상 변함없이 보수를 향해 치달았다.
19. Sean Theriault, "Party Polarization in the 111th Congress", www.apsanet.org/~lss/Newsletter/jan2009/Theriault.pdf.
20. 상기 문헌; Legislative Studies Newsletter, American Political Science Association(2009년 1월 출판)에 들어 있는 추가 발언.
21. Andrew Ross Sorkin, Too Big to Fail (New York: Penguin, 2009), 409, 504; Eve Fairbanks, "From the GOP's New Guard, The Audacity of Nope", Washington Post, October 5, 2008.
22. 더리올트(Theriault)는 2008년 이후 공화당의 상원 지도부 내에서 더 이상 보수주의가 부상하지 않고 있다고 보고 있다. 그러나 콜먼(Coleman)의 경우에는 승리한 후 스펙터보다 먼저 지도부를 떠날 것이라고 적고 있다. 2010년 1월 4일 발표한 풀-로젠탈의 의회 기록 표결 점수는 상당히 보수쪽으로 이동했음을 보여준다.
23. William E. Brock, "A Recipe for Incivility", Washington Post, June 27, 2004, B7.
24. 비대칭적 양극화와 관련하여 보다 자세한 논의는 Hacker & Pierson, Off Center를 참조하기 바란다.
25. Jim DeMint, "The American Option: A Job Plan That Works", Heritage Lecture #1108, January, 2009.
26. Ben Furnas, "Senate Conservatives Propose $3.1 Trillion 'Stimulus Plan', Three Times More Costly Than Obama's Plan", Center for American Progress, February 2, 2009, http://wonkroom.thinkprogress.org/2009/02/senate-conservatives-plan.
27. 하지만 〈National Journal〉에 따르면 2007년에는 경제 사안에서 그보다 더 보수적 성향을 지닌 상원이 10명이나 되었다고 한다. http://nj.nationaljournal.com/voteratings/sen/cons.htm?o1=con_economic&o2=desc#vr.
28. Bruce Bartlett, "Supply-Side Economics, RIP", October 13, 2009, www.capitalgainsandgames.com/blog/bruce-bartlett/1168/supply-side-economics-rip.

29. Bruce Bartlett, "Why I Am Anti-Republican", August 30, 2009, www.frumforum.com/why-i-am-anti-republican.
30. Pete Nickeas, "Enzi Sees Healthcare Impasse: Senator Takes Credit for Blocking Democrats' Reform Legislation", Star-Tribune (Casper, Wyoming), February 16, 2010.
31. 하원에서 이 법안을 지지한 공화당 의원은 조지프 카오(Joseph Cao) 의원 단 한 사람뿐이었다. 그는 윌리엄 제퍼슨(William Jefferson) 관련 스캔들이 터지면서 2008년 선거에서 운 좋게 당선된 인물로 민주당 텃밭인 지역구에서 선출된 공화당 의원은 그가 유일하다.
32. 이 편지는 원래 Ezra Klein의 블로그에 게재되어 뜨거운 논쟁이 벌어졌던 것이다. "How A Letter from 1964 Shows What's Wrong with the Senate Today", Washington Post Blog, November 25, 2009, http://voices.washingtonpost.com/ezra-klein/2009/11/how_a_letter_from_1964_shows_w.html.
33. Lindsay Renick Mayer, Michael Beckel, David Levinthal, "Crossing Wall Street", Center for Responsive Politics, November 16, 2009.
34. Gregory Koger, Jennifer Nicoll Victor, "Polarized Agents: Campaign Contributions by Lobbyists", PS: Political Science and Politics, July 2009, 485~488.
35. 이 문단과 다음 문단은 Jeffrey Birnbaum, "Big Bank Brings In a Face from the Clinton Administration", Washington Post, May 27, 2008, A11 기사에 의존했다.
36. 다음 문단은 로비스트와 의회 내 특정 의원들 간의 네트워크를 도표화한 Sunlight Foundation의 주요 활동에 많이 의존했다. 보다 자세한 예는 다음 사이트를 참조하기 바란다. www.sunlightfoundation.com/projects/2009/healthcare_lobbyist_complex와 www.sunlightfoundation.com/projects/2009/11/09/the-max-baucus-energy-climate-lobbyist-complex/.
37. Center for Responsive Politics, "Federal Lobbying Climbs in 2009 As Lawmakers Executive Aggressive Congressional Agenda", Capital Eye Blog, February 12, 2010.
38. Center for Responsive Politics, "New Lobbying Reports Show Big Business Keeps Spending to Influence Politics", Capital Eye Blog, February 12, 2010.
39. Public Citizen 보고서는 Eliza Newlin Carney, "Big Banks Are Back in the Game", National Journal's Under the Influence blog (December 14, 2009)에서 인용한 것이다.
40. Eliza Newlin Carney, "Big Banks Are Back in the Game", National Journal.com, December 14, 2009, www.nationaljournal.com/njonline/rg_20091214_8881.php.
41. Brody Mullins & Neil King Jr. "GOP Chases Wall Street Donors: Data Show Fund-Raiers Begin Capitalizing Over Banker Regret On Backing Obama", Wall Street Journal Online, February 4, 2010, http://online.wsj.com/article/SB10001424052748703575004575043612216461790.html?mod=WSJ_hps_MIDDLEThirdNews; Center for Responsive Politics, "Efforts by Health Business Industries Help Push Influence Peddling to New Heights", February 12, 2010.
42. Peter H. Stone, "Health Insurers Funded Chamber Attack Ads", National Journal, January 12, 2010, http://undertheinfluence.nationaljournal.com/2010/01/health-insurers-funded-chamber.php
43. Jim VandeHei, "Political Cover: Major Business Lobby Wins Back Its Clout by Dispensing Favors", Wall Street Journal, September 11, 2001, A1; Stephen Power, "No Deal: Chamber Battles Obama", Wall Street Journal, November 2, 2009.
44. Associated Press, "Chamber of Commerce Opposes Obama's Plans", August 9, 2009, http://abcnews.go.com/Business/wireStory?id=8286157.
45. Kimberly A. Strassel, "The Weekend Interview: Business Fights Back", Wall Street Journal, October 23, 2009. 지출 수치는 Center for Responsive Politics, "New Lobbying Reports"를 참조하기 바란다.

46. Strassel, "The Weekend Interview".
47. Noam Schreiber, "Could Wall Street Actually Lose Congress?" November 23, 2009, www.tnr.com/blog/the-stash/could-wall-street-actually-lose-congress.
48. Media Matters for America, "Report: Despite Warnings from Many Economists That Stimulus May Be Too Small, Network News Rarely Raised the Issue", March 6, 2009, http://mediamatters.org/reports/200903060025.
49. Elizabeth Drew, "The Thirty Days of Barack Obama", New York Review of Books, March 26, 2009; Ryan Lizza, "The Gatekeeper", New Yorker, March 2, 2009.
50. Frank Luntz, "The Language of Financial Reform", The Word Doctors, Arlington, VA, January 2010; Eric Dash & Nelson D. Schwartz, "As Reform Takes Shape, Some Relief on Wall Street", New York Times, May 24, 2010, B1.
51. Carl Hulse & Adam Nagourney, "Senate GOP Leader Finds Weapon in Unity", New York Times, March 16, 2010.
52. Michael Tomasky, "Something New on the Mall", New York Review of Books, October 22, 2009. 집회에 참석한 인원 집계와 관련해서는 www.politifact.com/truth-o-meter/article/2009/sep/14/tea-party-photo-shows-large-crowd-different-event/를 참조하기 바란다.
53. CNN Opinion Research Poll에서 954명의 등록 유권자를 비롯한 1023명의 미국 성인을 대상으로 2010년 2월 12~15일 사이에 실시한 조사이다. http://i2.cdn.turner.com/cnn/2010/images/02/17/rel4b.pdf.
54. 2010년 1월 14~17일까지 퓨 리서치(Pew Research Center)에서 1003명의 미국 성인을 대상으로 실시한 조사. http://people-press.org/reports/quesionnaires/586.pdf.
55. 1160명의 미국 성인을 대상으로 2009년 12월 16~20일까지 CNN Opinion Research Poll에서 실시한 조사. http://i2.cdn.turner.com/cnn/2009/images/12/21/rel9a.pdf.
56. 2002명의 미국 성인을 대상으로 2010년 1월 7~12일까지 Kaiser Health Tracking Poll에서 실시한 조사. www.kff.org/kaiserpolls/upload/8042-C.pdf; Nate Silver, "Health Care Polls: Opinion Gap or Information Gap?" FiveThirtyEight.com, January 23, 2010, www.fivethirtyeight.com/2010/01/health-care-polls-opinion-gap-or.html.

결론 승자 독식 몰아내기

1. 이것을 영화 '찰리와 초콜릿 공장'에 나오는 골든 티켓에 비유한 사람은 그레고리 맨큐(Gregory Mankiw)였다. "The Wealth Trajectory: Rewards for the Few", New York Times, April 20, 2008.
2. Ronald D. Oral, "If Senate OKs Bank Bill, Expect a Year of Debate", Marketwatch.com, March 17, 2010.
3. "Gohmert Calls for Amendment Convention by States", March 23, 2010, http://gohmert.house.gov/index.cfm?sectionid=125&parentid=44&sectiontree=4,44,125&itemid=805.
4. ABC News, "Boehner: 'Hell No' on Bill", March 22, 2010, http://abcnews.go.com/Health/video/john-boehner-blasts-health-care-bill-10165837.
5. Carl Hulse & Adam Nagourney, "Senate GOP Leader Finds Weapon in Unity", New York Times, March 16, 2010.
6. 지금까지 글렌 벡(Glenn Beck)은 의사진행방해 개혁안에 대해 권리장전(The Bill of Rights)을 폐지하자는 것과 같다고 주장해왔다. 전직 부통령인 댄 퀘일(Dan Quayle)은 조정 과정을 통해 의료보험 개혁안을 입법화하는 것은 "미국 상원에서 51표의 찬성표만으로 법안을 통과시키기 위해 의사진행방해 제도를 몰아내려는 것과 같다. 그러나 그것은 미국 건립자들의 의도에 어긋나는 것

이며 헌법과도 합치되지 않는다"라며 폭스 뉴스(Fox News)에 출연해 불만을 표시했다. http://tpmlivewire.talkingpointsmemo.com/2010/02/quayle-51-votes-not-what-our-founding-fathers-had-in-mind.php

7. Alexander Hamilton, Federalist #22, in Alexander Hamilton, James Madison, John Jay, The Federalist Papers (Oxford University Press, 2008), Lawrence Goldman, ed.
8. James Madison, Federalist #58, 상기 문헌.
9. 사실 이와 관련된 내용은 우리의 전작들에서 많이 다룬 바 있다. Jacob S. Hacker & Paul Pierson, Off Center: The Republican Revolution and the Erosion of American Democracy (New Haven: Yale University Press, 2005); Jacob S. Hacker, The Great Risk Shift: The New Economic Insecurity and the Decline of the American Dream, rev. and exp. (New York: Oxford University Press, 2008).
10. James Fallows, "How America Can Rise Again", Atlantic Monthly, January/February 2010, 49.
11. Eric Patashnik, Reforms at Risk: What Happens After Major Policy Changes Are Enacted (Princeton, N.J.: Princeton University Press, 2008).
12. Paul Ryan, "A Road Map for America's Future Version 2.0", U.S. House of Representatives, Washington, D.C. January 2010, http://www.roadmap.republicans.budget.house.gov/UploadedFiles/Roadmap2Final2.pdf.
13. Ari Melber, "Year One of Organizing for America", President Special Report (January 2010), www.techpresident.com/ofayear1.
14. Michael Waldman, My Fellow Americans: The Most Important Speeches of American Presidents, From George Washington to George W. Bush (Naperville, IL: Sourcebooks, 2003), 106; Michael Sandel, "Obama and Civic Idealism", Democracy 16 (Spring 2010): 10.

KI신서 3832

승자 독식의 정치학
부자들은 왜 우리를 힘들게 하는가?

1판 1쇄 발행 2012년 3월 10일
1판 2쇄 발행 2012년 3월 30일

지은이 제이콥 해커·폴 피어슨 **옮긴이** 조자현
펴낸이 김영곤 **펴낸곳** (주)북이십일 21세기북스
부사장 임병주 **출판개발실장** 주명석
기획1실장 김성수 **기획** 심지혜 홍지은 양으녕 **해외기획** 김준수 조민정
편집팀장 정지은 **책임편집** 최진 **편집** 썬앤미디어 **디자인 본문** 디자인콩 **표지** 엔드디자인
마케팅영업본부장 최창규 **마케팅** 김현섭 김현유 강서영 **영업** 이경희 정병철
출판등록 2000년 5월 6일 제10-1965호
주소 (우 413-756) 경기도 파주시 문발동 파주출판문화정보산업단지 518-3
대표전화 031-955-2100 **팩스** 031-955-2151 **이메일** book21@book21.co.kr
홈페이지 www.book21.com **트위터** @21cbook **블로그** b.book21.com

ISBN 978-89-509-3588-7
값은 뒤표지에 있습니다.

이 책 내용의 일부 또는 전부를 재사용하려면 반드시 (주)북이십일의 동의를 얻어야 합니다.
잘못 만들어진 책은 구입하신 서점에서 교환해 드립니다.